法政大学現代法研究所叢書　56

地方自治基礎理論の探求
～宮﨑伸光の自治体学をめぐって～

名和田是彦・宮﨑伸光　編著

法政大学出版局

目　　次

はしがき……………………………………………………………………… 1

第1部

地方自治基礎理論の探求

第1章　「ズームレンズ理論」における「領域社団」論を読み解く

名和田是彦

Ⅰ　はじめに ……………………………………………………………… 9

Ⅱ　問題提起　〜「ズームレンズ」論の体系的位置〜 ……………… 9

Ⅲ　宮﨑「ズームレンズ理論」の全体像 …………………………… 13

　　1　「ズームレンズ理論」に至る宮﨑の思索の跡 ……………… 13

　　2　「ズームレンズ理論」の構成要素　その1「ズームレンズ」論 … 14

　　3　「ズームレンズ理論」の構成要素　その2「自治」概念 ……… 18

　　4　「ズームレンズ理論」の構成要素　その3「領域社団」概念 …… 21

Ⅳ　「ズームレンズ理論」の展望 …………………………………… 23

　　1　領域的秩序について …………………………………………… 23

　　2　「調整・規制・給付」のための権限 ………………………… 25

Ⅴ　結びにかえて ……………………………………………………… 27

第2章　自治体に住民は含まれるのか？
──故・宮﨑伸光教授のズームレンズ理論と消防行政論

嶋田暁文

はじめに ………………………………………………………………… 29

Ⅰ　宮﨑の「ズームレンズ理論」……………………………………… 31

　　1　概要 …………………………………………………………… 31

　　2　自治体に住民は含まれるのか？ …………………………… 35

iii

Ⅱ　宮﨑の消防行政論
　　——その内実とズームレンズ理論への接合の意義 ················ 38
　　1　消防広域化推進論〜国および永田尚三の立場 ·············· 38
　　2　消防広域化慎重論〜宮﨑の立場 ························· 41
おわりに ··· 48

第3章　自治体と市民のあいだ——「自治体論」の射程をめぐって
土山希美枝

Ⅰ　本稿の目的と構成 ···································· 51
　　1　宮﨑伸光氏講義が「自治体論」であることの示唆 ·········· 51
　　2　本稿の構成 ······································· 52
Ⅱ　自治体の発見 ······································· 52
　　1　敗戦から1960年代なかばまで ························· 52
　　2　高度成長の本格化と地域課題の顕在化 ··················· 53
　　3　革新自治体から先駆自治体へ ························· 53
　　4　2000年分権改革 ··································· 54
Ⅲ　地域社会の構造変動と「都市型社会論」·················· 55
　　1　高度成長期の社会変動と「都市型社会論」·············· 55
　　2　地域課題をめぐる政策主体の再設定 ··················· 57
　　3　地域課題をめぐる政策主体としての市民の３面性 ·········· 59
Ⅳ　自治体と市民のあいだにある「期待」と「制度」··········· 62
　　1　市民（による）政策と政府政策との境界 ················ 62
　　2　自治体と市民の政策主体間関係 ······················ 63
　　3　市民政策主体にたいする自治体の「期待」·············· 65
Ⅴ　自治体と市民・住民の自治の論 ························ 67
　　1　地縁系市民政策主体への行政による「期待」と「支援」····· 67
　　2　「自治の萎縮」という危機 ·························· 70

第4章　アメリカにおける自治体設立
　　　　（自治体法人化）と公共サービス　　　宗野隆俊

Ⅰ　アメリカの地方自治における自治体 ……………………………… 73

　1　「市民が自治体を創る」……………………………………………… 73

　2　地方政府の類型 …………………………………………………… 74

Ⅱ　境界変更の一形態としての自治体設立 ………………………… 76

　1　自治体の境界変更 ………………………………………………… 76

　2　境界変更としての合併 …………………………………………… 76

　3　自治体の設立 ……………………………………………………… 79

　4　自治体の権能 ……………………………………………………… 83

Ⅲ　自治体設立の手続き ……………………………………………… 85

　1　自治体設立の要件と手続き ……………………………………… 85

　2　ノースカロライナ州における自治体設立の手続き …………… 86

Ⅳ　自治体設立と公共サービス ……………………………………… 88

　1　サンディスプリングス市 ………………………………………… 88

　2　サンディスプリングス市設立の過程 …………………………… 89

　3　サンディスプリングス市の統治機構と公共サービス ………… 93

Ⅴ　おわりに …………………………………………………………… 95

第5章　小規模自治体のサステイナビリティに関する一考察
　　　　　　　　　　　　　　　　　　　　　　　　　武藤博己

はじめに ………………………………………………………………… 97

Ⅰ　島嶼自治体 …………………………………………………………102

　1　青ヶ島村 ……………………………………………………………102

　2　御蔵島村 ……………………………………………………………106

　3　その他の島嶼自治体 ………………………………………………108

Ⅱ　山間地自治体 ………………………………………………………110

　1　野迫川村 ……………………………………………………………111

　2　檜枝岐村 ……………………………………………………………113

おわりに：小規模自治体が存続してきた要因 ……………………………116

   1 地理的状況 ……………………………………………………………116

   2 住民の意思 ……………………………………………………………117

   3 自治体の持つ資源の魅力 ……………………………………………117

   4 自治体という仕組み（制度）…………………………………………119

第6章 「国による〈自治〉の擁護」についての一試論
——戦間期の内務省地方局長講話を端緒として　谷本有美子

Ⅰ はじめに ………………………………………………………………121

   1 解題「戦間期における町村自治」………………………………………121

   2 分析の視座：町村自治に対する「後見」………………………………123

Ⅱ 国家振興に期する自治体：自治の発達が意味するもの ………………125

   1 自治の本義と国民の精神面における発達 ……………………………125

   2 農村地域の開発課題 …………………………………………………127

Ⅲ 名誉職・公民と自治制 …………………………………………………129

   1 「治者」たる名誉職の心得 ……………………………………………129

   2 有給吏員の待遇問題と政党政治の影響 ………………………………130

Ⅳ 自治行政と財政・税制 …………………………………………………132

   1 町村財政の原則と運営の実際 ………………………………………132

   2 税負担の公平均衡問題…………………………………………………133

まとめにかえて ……………………………………………………………134

第7章 公共サービス動機付けと職務パフォーマンス
——自治体職員に対するアンケートデータを用いた実証分析
林　嶺那

概要 …………………………………………………………………………139

Ⅰ はじめに ………………………………………………………………140

Ⅱ 公共サービス動機付けと多面的な職務パフォーマンス ………………142

Ⅲ 研究方法 ………………………………………………………………146

   1 データ …………………………………………………………………146

2　測定尺度 ……………………………………………………148

　Ⅳ　分析結果 …………………………………………………………149

　Ⅴ　考察と結論 ………………………………………………………152

第8章　市民と熟議する自治体議会：
　　　　ベルギーにおける熟議委員会制度　　　　徳田太郎

はじめに ……………………………………………………………………161

　Ⅰ　「多様な人材が参画し住民に開かれた地方議会」………………162

　Ⅱ　選挙制による議員と抽選制による市民との混合熟議 …………166

　Ⅲ　ベルギー・ブリュッセル首都地域議会の熟議委員会 …………169

　Ⅳ　わが国における類似制度の導入の可能性と課題 ………………173

おわりに ……………………………………………………………………176

第9章　国土利用と地域コミュニティ
　　　　──自治機能の「伝来」・「制度保障」と「固有」の狭間に
　　　　　おける運用をめぐる考察　　　　竹野克己

　Ⅰ　はじめに（日本における「地域計画」の特性）…………………181

　Ⅱ　国土利用計画「国土の管理構想」における
　　　「地域管理構想」策定制度 ………………………………………188

　Ⅲ　「地域管理構想」の課題 …………………………………………194

　Ⅳ　「国土計画」における住民と「地域コミュニティ」の
　　　意思の反映 ………………………………………………………198

第10章　ウィーン市都市内分権制度　　　　細井　保

　序　理論的視座 ……………………………………………………………203

　Ⅰ　歴史 ………………………………………………………………205

　Ⅱ　制度 ………………………………………………………………209

　Ⅲ　運用 ………………………………………………………………215

　Ⅳ　課題 ………………………………………………………………217

　補　オーストリア共和国の政治構造と政治文化 ……………………219

vii

第2部
宮﨑伸光の自治体学

その1　座談会　宮﨑さんの学問と人を語る
　　　　　　　武藤　博己・牛山久仁彦・嶋田　暁文・名和田是彦
　　　………………………………………………………………………233

その2　宮﨑伸光名誉教授
　　　　2020年度春学期「自治体論Ⅰ」講義録
　　　………………………………………………………………………259
　第1回　開講 ……………………………………………………………261
　第2回　古典的地方自治理論
　　　　　　〜民主主義と地方自治をめぐる古典的議論〜 ………………270
　第3回　古典的地方自治理論（その2）
　　　　　　〜民主主義と地方自治をめぐる古典的議論（つづき）〜 ……280
　第4回　古典的地方自治理論（その3）
　　　　　　〜民主主義と地方自治をめぐる古典的議論（つづき2）〜 …289
　第5回　領域社団の形成と自治の普遍性
　　　　　　〜独自の視点から自治の普遍性を導く〜 ……………………306
　第6回　統率者の選出と統率者に対する授権
　　　　　　〜地域共同社会の統率者をどのように決めるか〜 …………320
　第7回　統率者の選出と統率者に対する授権（その2）
　　　　　　〜地域共同社会の統率者をどのように決めるか（つづき）〜 342
　第8回　統率者に対する統制
　　　　　　〜「殿」の思い上がりの予防と対処〜 ………………………365

はしがき

　本書は、法政大学ボアソナード記念現代法研究所叢書の第56号として、2021年度から2023年度にかけて3年間行なってきた現代法研究所都市法部門プロジェクト「地方自治基礎理論研究会」の成果を取りまとめたものである。

　この研究会（以下「本研究会」という）は、何と言っても、2020年7月16日に惜しくも亡くなられた宮﨑伸光名誉教授の業績を読み解いて引き継ぐことを大きな動機として開始された。

　宮﨑教授は、新型コロナウイルスによるパンデミックが日本を襲ったあと、2020年4月下旬から早くも始まった法政大学のオンライン授業への対応で、非常に凝った作りの半動画を配信することにより、内容面においても斬新な「自治体論」を展開されていたが、それ以前から体調を崩されていたところに、この授業の準備における無理が祟ったか、講義半ばにして急逝された。ここで「宮﨑伸光名誉教授」と記しているのは、亡くなられたあとに名誉教授の称号が追贈されたことによる。しかし、これではあまりにもよそよそしいので、以下においては、「宮﨑さん」とよばせていただく。

　私も含めて生前から宮﨑さんと親交があった者の衝撃はたいへん大きかった。その後、宮﨑さんの葬儀や宮﨑さんの講義とゼミの採点問題、上記の「自治体論」講義の半動画が置かれていた法政大学のサーバーからご遺族の了解を得て法政大学情報センターの協力のもとでファイル群を抽出する作業などで時を過ごしているうちに、悲しみの中からなんとか宮﨑さんの学問を引き継ぎ生かしていくような研究的な取り組みをしていこうという前向きな発想が生じてきた。特に私のほか九州大学の嶋田暁文教授は、生前より宮﨑さんにとりわけてお世話になっており、また死の数ヶ月前から宮﨑さんが思いついた地方自治

の新理論（「宮﨑のズームレンズ理論」）などに関して、しばしば病床からメールをいただいて議論のやり取りをしてきた経緯があり、何か研究会を立ち上げて出版をするといったことができないだろうかと強く思ったのである。そこで、私が研究代表者となって現代法研究所のプロジェクトに応募し、本研究会を立ち上げ、我々の周りにいる地方自治に造詣の深い先生方や宮﨑さんにゆかりのある方々にお声がけをし、３ヶ年にわたる議論を経て、本書の刊行に至ったものである。

　本書は、本研究会メンバーの寄稿からなる第１部と、宮﨑さんの講義録及び宮﨑さんを偲ぶ座談会からなる第２部との、２部構成である。

　本研究会の議論は、毎回宮﨑さんの業績を意識しながら各メンバーが報告したものを議論していくという内容であったし、第１部の論文はいずれも宮﨑さんの業績を意識しながら執筆されている。宮﨑さんはいわば天国から我々の議論を導いてくれていたのである。また第２部は、宮﨑さん自身の講義録を収録している。こうした構成から、本書の編著者に宮﨑さんをも加えることとした。

　以下、本書の冒頭にあたって、ごく簡単に概要を述べたい。

　第１部は、宮﨑さんの地方自治研究に触発されつつ、地方自治の基礎的な諸問題に関する論稿を収録している。

　最初の２篇、すなわち私の「『ズームレンズ理論』における『領域社団』論を読み解く」及び嶋田教授の「自治体に住民は含まれるのか？ ──故・宮﨑伸光教授のズームレンズ理論と消防行政論」は、晩年の宮﨑さんがたどり着いた基礎理論を読み解こうとしたものである。私の論文は、宮﨑さんがその基礎理論を展開するにあたって採用した、自治体を指す言葉である「領域社団」という観念が、思想史的にどのようなものであるかを踏まえ、宮﨑さんがこれをいつ頃どのように受容したのか、それに込めた着想はなんであったのかを解明し、その理論的志向をさらに発展させる（weiterdenkenする）ことを試みたものである。また、嶋田論文は、宮﨑ズームレンズ理論・領域社団論を、宮﨑さんの消防行政研究と接合することによってより深く読み解き、理論としてのメリットを明らかにしようとしたものであり、東京大学の金井利之教授の近年の議論とも関連させて論じられている点でも興味深い。

　以上２篇は、本研究会のいわば「言い出しっぺ」の二人が宮﨑理論そのもの

を題材として執筆したものであるが、以下の第3章以降の論文は、本研究会の
メンバーの面々がそれぞれ、宮﨑さんの理論や実証的な研究などを参照し意識
しながら、ご自分の問題関心に引き付けて、地方自治の基礎理論に関連する
テーマを論じたものである。

　第3章は、土山希美枝教授による「自治体と市民のあいだ ──「自治体論」
の射程をめぐって」と題した論文である。土山教授は、宮﨑さんのいわば後任
として法政大学法学部に2021年4月にご着任いただいており、松下圭一名誉教
授の理論的系譜に連なる代表的論客のお一人である。宮﨑さんの2017年の論文
「『自治』および『行政』：自治体の基礎理論に向けて」（『法学志林』第114巻
第3号）は、松下圭一名誉教授追悼号に寄せた、宮﨑さんなりの松下理論への
応答であったと思われるが、本書の土山論文は今度は土山教授による宮﨑理論
への応答として捉えることができる点で大変興味深い論稿である。論文は、戦
後日本の地方自治の歴史を振り返り、「政策主体としての市民・住民」のあり
ようを基軸としつつ今日の地方自治の危機的状況を描いている。

　第4章には、宗野隆俊教授による「アメリカにおける自治体設立（自治体法
人化）と公共サービス」を配した。アメリカ合衆国では自治体はあらかじめ与
えられたものではなく市民が設立するものだと考えられていることはよく知ら
れているが、しかし実際自治体がどのような手続で設立され、その実態はどの
ようなものなのかは、実はあまり知られていない。宗野論文はそれをかなり詳
細に描いているだけでも大変興味深い論稿であるのみならず、宮﨑さんの地方
自治理論は自治体というものの存立をその基礎から考えたものであり、その論
理を社会的実態として実践するアメリカの自治体設立は、本書にとって本質的
な貢献といえよう。

　第5章は、武藤博己名誉教授による小規模自治体に関する論文「小規模自治
体のサステイナビリティに関する一考察」である。何度も大規模合併運動を繰
り返してきた日本で、「平成の大合併」を経てもなお残る小規模自治体を対象
として、なぜ合併しなかったのか（できなかったのか）、自治体としての特徴
や課題は何かを、丁寧に分析した論稿である。人口の上で比較的小規模な地域
社会が、単にいわば地域コミュニティのようなものとして存続するだけではな
く、地方自治体として制度化（上記宗野論文流にいえば「自治体法人化」であ

3

り、第1章の私の言い方では「コトラーの4条件」を付与することである）ことの意義を考察することは、そのまま自治体とは何かという基礎理論的な問いに直結しているのである。

　第6章の、本学社会学部の谷本有美子准教授による「『国による〈自治〉の擁護』についての一試論 ——戦間期の内務省地方局長講話を端緒として」は、戦間期の1917（大正6）年10月に開催された「第1回自治講習会」（主催：中央報徳会）における内務省地方局長渡邊勝三郎の講話を手がかりとして、谷本准教授がその著作で論じた「地方自治の責任部局」という問題（谷本有美子（2019）『「地方自治の責任部局」の研究－その存続メカニズムと軌跡［1947-2000］－』公人社）を発展させるものであるが、この問題も地方自治の基礎理論の重要問題であることはいうまでもない。ドイツにおいても、地方自治思想の転換期でもあった1930年代において、「今日においては自治体はあまねく国家の行政施設（Verwaltungseinrichtung）と見られているのであって、委任事務領域だけではなく固有事務の領域においてさえも国家から導出される公権力を行使するだけである」、「この歴史的展開を特にはっきり示しているのは、自治体に対する国家監督の概念が被った変遷である。前世紀［19世紀のこと　－筆者註］の中ごろには、国家監督は国家ではなく自治体の利益となる制度であるとみなされていたのに対し、今日においては公行政の統一性のためだという認識で一致している」（Ernst Forsthoff（1931）Die öffentliche Körperschaft im Bundesstaat, Verlag von J. C. B. Mohr（Paul Siebeck）, S. 7）と述べられるようになっていた。自治体への国家監督（Kommunalaufsicht）のありようは、地方自治思想の基本的なスタンスを表出するものなのである。

　第7章の、林嶺那教授による「公共サービス動機付けと職務パフォーマンス——自治体職員に対するアンケートデータを用いた実証分析」は、「公共サービス動機づけ」がプラスの効果を与えるとされてきた公務員の「職務パフォーマンス」の中にも、熟達行動・適応行動・プロアクティブ行動という3つの側面が含まれていることに着眼し、独自のアンケート調査によって統計的に解明した論文であり、この分野の研究の最先端をなすものである。宮﨑さんも公共サービスに関しては並々ならぬ関心を持っており、とりわけ彼が心血を注いだ消防という危険と背中合わせの分野を念頭に置くとき、こうした研究動向を宮

﨑さんはどのように見たことであろうか。

　第8章は、現代法研究所客員研究員で本学兼任講師の徳田太郎氏による「市民と熟議する自治体議会：ベルギーにおける熟議委員会制度」と題した論文であり、議会を熟議民主主義の実践の場とすべく「選挙制による議員と抽選制による市民との〈混合熟議〉の導入があり得ることを、ベルギーのブリュッセル首都地域議会における『熟議委員会』制度の事例検討を通じて明らかにし」たものである。本書の第2部に収録している座談会では、宮﨑さんが、どんな研究がしたいかと問われて、即座に「議会だ」と答えたら、そんなつまらないテーマはやめよと言われたとのエピソードが出てくるが、今日では議会改革は地方自治論の重要テーマの一つである。

　第9章は、同じく現代法研究所客員研究員の竹野克己氏による「国土利用と地域コミュニティ ——自治機能の「伝来」・「制度保障」と「固有」の狭間における運用をめぐる考察」と題する論文であり、宮﨑さんが2020年講義で取り上げている自治体に関する固有説、伝来説、制度保障説を意識しながら、国土計画の近年の動向を扱ったものである。国土計画の分野においても、「新たな公」という考え方のもとで、地域コミュニティを計画主体として位置づけようとする政策動向が現れてきたことを論ずるもので、宮﨑さんも地域コミュニティについては、「自治体論」の本質的な構成要素として大きな関心をもっていたところである。都市内分権制度や、今般制度化された「指定地域共同活動団体」制度（第3章で土山教授が批判的に論じている）など、地域コミュニティを法制度上に位置づける仕組みはあるのだが、国土計画の場合はそうした制度的な位置づけが欠けているところに機能不全の一因があるのではないかと思わせる。

　第10章には、細井保教授の「ウィーン市都市内分権制度」を収録している。日本との比較において、オーストリアのウィーン市の都市内分権制度を論じたものであるが、これを松下圭一理論の視点と往復運動させながら、地方自治の基礎理論に接近しようとしている。

　以上の第1部に引き続いて、第2部では、宮﨑さんの主要な業績をすべて収録したいところではあったが、紙数の関係で、未公刊の2020年度春学期「自治体論Ⅰ」の講義録を収録し、あわせてこの講義録へのいわば前置きとして、

2024年9月11日に現代法研究所会議室で行なった、宮﨑さんを偲ぶ座談会を収録した。座談会は、本研究会のメンバーである武藤名誉教授、嶋田教授、私のほか、宮﨑さんとご縁の深い明治大学の牛山久仁彦教授にもお越しいただいて行なった。講義録とともに、宮﨑さんの人となり、学問をよく知ることができる。

　編集作業をしてみて、もっとこうすればよかったとか、こうした手を加えることが宮﨑さんの意図したところにかなうのだろうかとか、いろいろな迷いや悩みがあったが、とにもかくにもこうした形で4年前の思いを実現することができて、大変晴れやかな気持ちである。嶋田教授をはじめ本研究会の先生方に厚くお礼申し上げたい。また、4年間にわたり天国から我々を導いてくれた共編著者の宮﨑さんにも甚深な感謝を表するとともに御冥福をお祈り申し上げる。

　2025年2月

名和田是彦

第1部

地方自治基礎理論の探求

第1章
「ズームレンズ理論」における
「領域社団」論を読み解く

名和田是彦

I　はじめに

　本章は、地方自治の基礎理論を探求する本書の冒頭の論文として、宮﨑が晩年に到達した地方自治基礎理論である「ズームレンズ理論」を、その中の「自治」という概念と「領域社団」という概念に着目して読み解くよう試み、さらにその含意をより発展させるべく筆者なりの考察を試みるものである。

　「ズームレンズ理論」の解明については、次章で嶋田が卓抜な考察をしており、しかも「領域社団」概念についても、金井利之の最近の議論を題材に考察しているので、ここでは、この概念のドイツにおける理論史を手がかりに、やや別な角度から接近することとしたい。

II　問題提起　～「ズームレンズ」論の体系的位置～

　宮﨑は、自らの地方自治に関する一般理論、というより社会に関する一般理論を、「ズームレンズ理論」と呼んでいる。本書第2部の座談会でも話題になっているように、宮﨑はカメラ好きであったらしく、自らのグランドセオリーに到達した喜びを「ズームレンズ」の比喩を使った用語で表現しているのだろう。

　しかし、筆者としては、宮﨑がそのグランドセオリーの全体を「ズームレンズ理論」と呼ぶのには、やや違和感があった。というのは、このグランドセオ

リーの構成要素の大部分は、すでに以前から宮﨑が考えていたものであり、ズームレンズの比喩による論（これをここでは「ズームレンズ」論と呼んでおこう）はそれに新たに付け加えられた一部（宮﨑にとっては画竜点睛の一部）であるように思われるからである。

　嶋田も第2章及び第2部の座談会においてふれているように、宮﨑は亡くなる直前に嶋田と筆者にいくつかのメールを出している。2020年6月28日のメールにおいては、とうとうまとまった「ズームレンズ理論」の概要を披瀝し、論評を求めていた。

　宮﨑は、「実は、グランド・セオリーと言うべきか、一般理論と言うべきか、新たな理論を開拓した気分でいます。」と述べ、「このところの私の高潮している気分に一気に冷水をぶっかけて欲しい」と、我々の批判的論評を求めたのである。そして、その「グランド・セオリー」の命名として、「その名称は、当初「私たちの自治の基礎理論」と仮に考えていたのですが、その後いろいろと考え、今のところ「宮﨑のズームレンズ理論」と仮称しようかと考えています。」と、「ズームレンズ理論」と呼ぶことを宣言している。ご遺族によると、宮﨑はこの命名を、ある時パッと思いついて決めた、と語っていたそうである。

　この6月28日のメールでは、「ズームレンズ理論」の概要が、次のように述べられている。少々長くなるが、引用する。

　「■第Ⅰ部
　　ヒトは、記憶と類推により、意思を形成するとともに、意思によって記憶と類推を喚起する。この相互作用は、行為として具現化する。
　　ヒトは、見ようとする意思に基づいて対象に焦点を合わせて見える事象を見る。あたかもズームレンズを通して見るかのように、同一の事象であっても、全く異なる相が見える。
　　ヒトは、独りでは生命を維持し得ない。記憶と類推により、ヒトはそれを理解し、個々の自由は制約から逃れ得ない。特定の属性を共有するヒトの集合に着目するとき、それが自治である。
　　したがって、自治とは、人間社会のいたるところで観察できる、個人における自由を社会に集団において見出そうとしたときに見える、諸個人が

「私たち」と思う範囲を基礎として、拘束力ある行為規範を互いに守る自覚的共同営為である。

■第Ⅱ部

　ヒトは、無数とも評するべき種々の属性による集団を形成する。したがって、自治は、普遍的無数に存在する。

　一方、ヒトは、記憶と類推に基づき、特定目的を共通属性とするものも含まれるが、そうした集団は、一般目的の集団と合わせて、生業に根ざした農産漁村（筆者註：原文ママ）からILOやWTOなどが対象とする地球規模の社会まで、狭広さまざまな地域共同社会の内部に組み込まれて記憶と類推から想定される生活の不幸ないし危機に備えられていく。

　そこで、地域共同社会には、それぞれに統率者を選出し、その下に政府機能を信託する社会構造を創出していく。政府機能は、規制、給付、調整のそれぞれに及ぶが、その発現形態はさまざまである。

　規制機能は、多少なりとも剥き出しの暴力を背後に備えるが、実働部隊の頂点においてその行使が委ねられる権力者は、その正統なる信託をややもすると踏みにじりかねない。

　また、給付機能については、正当性の判断に見解が分かれ得る。

　そこで、種々の工夫された制度が試みられるとともに、諸個人・家族といった範囲を超える共同生活に係る公共政策課題をめぐる価値観の相違等による対立などの調整機能の重要性が記憶と類推から導かれる。

　地域共同社会は、それぞれの成立時の由来により、より広域の領域社団に含まれ、さらにより狭域の領域社団を内包する。

　あらゆる地域共同社会の政府機能には、より広域の共同社会からの種々の作用が及ぶが、同時にまた狭域からの作用も及ぶ。この両者からの作用と反作用の当面の均衡点として各地域共同社会の公共政策課題に備える社会的装置のあり方は決まる。

　とまぁ、こんな感じです。

　そして、今のところは、十分に管理された火がヒトの生活に不可欠な要素でもありながら、火災が、ときにうっかり過失の小火から森林大火災など地球環境の変化にまで影響を及ぼすほどの脅威をもたらす事実を念頭に

置きながら、消防行政を対象としつつ自治体学の研究書にとりまとめたい
と考えています。」

　このグランド・セオリーを適用した実証的な研究としてまずもって消防行政
を考えていることが末尾に示されており、この点については、第2章で嶋田が
みごとに分析している。

　本章で考察の対象とするのは、グランド・セオリーの部分である。その個別
の構成要素については、以下においてやや詳細に論じていくが、そのどれを
とっても、遅くとも2017年くらいの段階で宮﨑がすでに考えをまとめていたも
のである。

　例えば、独自な生物種としてのヒトの思考能力を表現する「記憶と類推」と
いう言い方は、たしかに2020年に入って宮﨑が使い始めているようであるが、
それ以前にも「想像力」という言い方で同趣旨を論じていたことが、宮﨑の講
義ノートや宮﨑（2017）に見える。そのほか、ヒトは一人では生きられないた
めに生存条件を求めて社会を形成すること、その中で各個人はその自由が制約
を受けることを甘受すること、そうした諸個人のなす地域社会集団が複数形成
されること、などなど、以下に節を改めて逐一検討する予定の概念や理論モ
チーフは、すでに2014年度あたりから宮﨑が講義の中で論じていたものである。

　では、宮﨑自身を「高潮」させるような「ズームレンズ理論」の新しい部分
とはなんであったかといえば、このメールにおける、「ヒトは、見ようとする
意思に基づいて対象に焦点を合わせて見える事象を見る。あたかもズームレン
ズを通して見るかのように、同一の事象であっても、全く異なる相が見える。」
という部分であるように思われる。この部分を「ズームレンズ」論と呼ぶとす
れば、宮﨑のグランドセオリーとしての「ズームレンズ理論」の中で2020年6
月になって初めて姿を現したのは「ズームレンズ」論の部分であり、これに
よって「ズームレンズ理論」は画竜点睛を得て完成した、ということになる。

　本章では、「ズームレンズ理論」の各構成要素の成立過程と内容とを検討する
ことを通じて、宮﨑の到達したグランドセオリーの内容と意義を解明していく。

Ⅲ　宮﨑「ズームレンズ理論」の全体像

1　「ズームレンズ理論」に至る宮﨑の思索の跡

　本節では、宮﨑「ズームレンズ理論」をその構成要素ごとに分解して解明していくが、その前に、それらの構成要素がどのように形成されたかを時系列を追って確認しておきたい。これについては、我々にはいくつかの手がかりが遺されている。

　本書第2部の座談会で話題にされているように、宮﨑は2002年度から法政大学法学部政治学科の「地方自治論」担当教授として着任した。それ以降のシラバスが当然残っている。ただ、近年の大学の運営スタイルを教員としてあるいは学生として身をもって経験している人たちにはおわかりのように、年間の授業予定をあらかじめ詳しく示して新年度を迎えるというやり方はこの20年くらいの間に徐々に浸透・定着してきたもので、特に法政大学ではその浸透・定着のスピードは緩慢であった。法政大学の事務室に残っている2002年度以降のシラバスを見ると、宮﨑の担当した講義に関する記載もかなり簡略で、2015年度に至ってようやく、各回のテーマのほかその内容についての簡単な説明が付されるというスタイルになっている。

　そして、本書第2部の座談会でも話題になっているように、宮﨑は、学生センター長等の激職に従事することやサバティカルのため、いくつかの年度で講義を担当していないが、特に2009年度から2013年度までに大きなブランクがある。その間、学生センターでの激職をこなしながらも頭の中ではグランドセオリーを温めていたことであろう、2014年度になって満を持して講義に臨み、「ズームレンズ理論」に近いものを展開している。ちなみに、この時期からの講義ノートは、ご遺族から提供いただいた電子ファイル群の中にも見出される。そこでの理論構成の仕方やフォーミュレーションは、宮﨑（2017）に酷似しており、宮﨑（2017）は長いブランクの間の思索の結実であると見ることができる。

　このブランク以前のシラバスは極めて簡略なので手がかりに乏しいが、それでも、「コミュニティと地縁的組織」という項目が、2002年度という法政大学

の最初の講義のシラバスからすでにあるのが注目される。次節で論ずるように、宮﨑の「領域社団」や「自治」の概念は、地方自治体のみならず、国や国際社会、国際組織も、また市町村の部分領域であるコミュニティも含んでいる。そうした発想を表現する諸概念はこの時期の宮﨑においてはまだ確立されていなかったようだが、発想としては早くもこの時期に存在した。宮﨑は、横浜市立大学文理学部在学中に、今井清一（日本近代史）のゼミに所属しながら、越智昇（地域社会学）にも大きな影響を受けており、宮﨑（1992）に示されるように、自治会・町内会についても深い知識と独自な認識を持っていた。そしてそれは、宮﨑の地方自治理論の有機的な一部をなすものであったのである。この「コミュニティと地縁的組織」への言及がブランク後のシラバス（つまり2014年度以降のシラバス）では消えているのだが、それはまさに固有のグランドセオリーを講義の最初で展開するように講義を再編した結果、グランドセオリーの中にしかるべき位置を占めたためであろう。

　また、宮﨑は、2005年度から担当する講義名を「地方自治論」から「自治体論」に変更している。その趣旨は、本書第2部の講義録の第1回で説明されている。「地方」自治といってしまうと、中央（国）とそれに従属する地方（自治体）という対比が想起されてしまうが、人間が生存のために諸々の社会集団（属性共有集合）を作りそれを運営することを「自治」と捉えてみれば、国と自治体の対比という発想を超えた「自治」と「自治体」に関するグランドセオリーが必要であるという考えだったのだろう。そうしてみると、やはりブランク後のグランドセオリーの急速な結実の時期以前にも、宮﨑の中には新たなグランドセオリーの予兆があったと見てよいだろう。

2　「ズームレンズ理論」の構成要素　その1「ズームレンズ」論

　簡単ではあるが、宮﨑のグランドセオリーの形成過程を、そのいくつかの構成要素に即して追ってみたところで、この「ズームレンズ理論」の構造を解明すべく、その構成要素を吟味する作業を行ないたい。

　このグランドセオリーは、上記ブランク期での思索を経て、2014年度講義あたりから本格的に形成され、宮﨑（2017）において一応の完成を見たように思われる。しかし、宮﨑は満足していなかったようだ。画竜点睛を求めてさらに

思索を重ねた結果、「ズームレンズ」論という画竜点睛が必要とされた。

本書第２部に収録されている2020年度春学期の宮﨑の「自治体論Ⅰ」[1] 講義録では、その第５回において、「今回は、前回までとは違い、私独自の考察を講じます。オンラインの講義形式で上手く伝えられるかどうか心許ないのですが、思い切って試してみることにしました。」と述べて、講義では初めて取り上げたものであることをやや緊張気味に宣言して、「ズームレンズ理論」が展開されている。

しかし、先に2020年６月28日のメールに即して述べたことがここでも当てはまり、宮﨑がその地方自治基礎理論を展開した論文である宮﨑（2017）ではすでに、この講義で述べられた諸々の理論的モチーフがふんだんに出てくる。ズームレンズ理論に直接つながると思われる、「外敵から身を守るために群れをなして行動する動物」の話題もすでに登場している（宮﨑（2017）：192）。

では宮﨑はなぜ2020年の講義で、初めて取り上げる独自の理論で、上手く伝えられるかどうかわからないとか、思い切って試してみるとかいった言い方をしたのであろうか。上記メールで見せた宮﨑の「高潮」感とは異なる躊躇の感情が講義録では示されているが、しかし新しいものを試みる緊張感は共通している。こうした緊張感を宮﨑に持たせた新しい要素は何であったのか。

宮﨑（2017）と突き合わせてみると、2020年講義において宮﨑が「思い切って試してみ」たのは、ズームレンズの比喩で語られる、「記憶と類推」による人間の社会認識の基礎構造に関する理論、すなわち「ズームレンズ」論であったようである。2020年講義では、次のように説明されている。

まず、第５回講義の「２　記憶と類推に基づくヒトの行動」では、学生との対話形式という設定の中で、宮﨑はいきなり「ヒトは記憶と類推に基づいて行動します。」と述べて、架空の対話相手の学生を当惑させている。それに対して宮﨑は、より力の強い魚からの捕食を免れるようにイワシなどが群れを作っ

---

[1]　法政大学では、2010年代からいわゆるセメスター制が進められ、教員には担当する講義を半期（セメスター）ごとに区切るように要請された。宮﨑も2014年度の講義への復帰時からその講義を「自治体論Ⅰ」と「自治体論Ⅱ」の２単位ずつに区分し、それぞれ春学期（前期）と秋学期（後期）とに担当している。本稿で宮﨑の担当講義を「自治体論」といったり「自治体論Ⅰ」といったりしているのはこのためである。

て強い魚を威嚇するかのような行動を取るが、それは特に統率者がいるわけではなく、各個体の本能的な行動の結果として現れる非意図的な集団行動であることを注意しつつ、それと対比して、人間の場合は思考能力によって自覚的に、自らが独力では生きられず、社会を構成して個体としての自由の制約を受容して生活していくことを納得するという点に「ヒト」の特徴が見られる、と説く。この説明はかなり長く丁寧で、ヒトの行動において「記憶」と「類推」という精神作用がどのように機能しているかが詳しく述べられている。これを宮崎は「記憶と類推」という言い方で表現した。それまでの論文や文書ではこうした立ち入った認識論的な考察は特にされず、言語を媒介とした人間の「思考能力」と「想像力」といった常識的な言葉で語られていた[2]。

したがって、「ズームレンズ」論の新しさは、まず宮崎グランドセオリーの認識論的基礎が、「記憶と類推」に関する考察によって格段に深められた点にある。

そして、「ズームレンズ」の比喩に直接つながるモチーフである「外敵から身を守るために群れをなして行動する動物」の例についても、上記のように宮崎（2017）やいくつかの講義メモでは、ごく簡単に触れられていただけだったのが、より微細に分析されている。それをよく読むと、実はこれまでの「外敵から身を守るために群れをなして行動する動物」の比喩とは意味合いが異なり、擬似的な社会を作る例というよりは、ものを見る視点によって事態が異なって見えるということを説明したいための例であることがわかる。

宮崎は講義のこの箇所で、群れをなす動物のうち、イワシのように目的意識的に群れをなしているとはいえないケースと、狩りをする動物の群れのように目的意識をもった群れのケースとを区別し、後者の線上にヒトの社会を位置づけているが、しかし、群れを作る動物を持ち出した主たる理論的意図は社会の形成というところにあるのではない。そうではなくて、宮崎は、「（4）　見ようとする「意思」と見える「もの」」と題した箇所で、「ここまで縷々述べてきたことの意味がわかるでしょうか。イワシの群れを「外敵から身を守ろうとする

---

(2)　例えば、宮崎（2017）：192, 193, 194, 201。このほか、ご遺族から提供された宮崎のパソコンの中のファイル群の中にあった、2014年度、2016年度、2018年度の各種講義メモにおいても同様であった。

行為」と見ること自体が、予め意味を付与して習性を見ているのではないか、ということです。」と注意し、この箇所の考察の締めくくりで、「要するに、ヒトが見ようとする「意思」とヒトに見える「もの」は切り離すことができないということです。同じものを見るときでも、電子顕微鏡を用いる場合、肉眼で注視する場合、天体望遠鏡で見る場合では、みな違った様相を呈します。この事実をわきまえて「自治」を見つめたいと思います。」と、この議論の意図を明確化している。

　このあとに展開される宮﨑の自治体論を見るとき、こうした認識方法の有用性は一見するとあまり明確には出ていないように感ぜられるのだが、先に引用した2020年6月28日のメールでの論述を想起すれば、そこで宮﨑は、「自治とは、人間社会のいたるところで観察できる、個人における自由を社会に集団において見出そうとしたときに見える、諸個人が「私たち」と思う範囲を基礎として、拘束力ある行為規範を互いに守る自覚的共同営為である」と述べていた。このあとでも見るように、宮﨑は、単に国と自治体だけを視野に入れていたのではなく、広くは国際社会、狭くは市町村内の地域コミュニティをも視野に収めてグランドセオリーを考えていたのであり、それらの狭広様々の地域レベルにそれぞれズームレンズの焦点を当て、そのときに見えてくるものを考察していくのだという方法的態度を考えていたのではなかろうか。各レベルの集団（国際社会、国、都道府県、市町村、地域コミュニティ）にそれぞれ焦点を当て、その時に各人の自由の範囲の画定と享受を「集団において見出そうとしたときに見える」姿をそれぞれ考察していくのである。そしてこうした観察態度は、単に研究者がそのようなものとして認識するときの方法論というだけではなく、その社会関係（「属性共有集合」）の当事者が自身の「記憶と類推」に基づいて、社会的に制約された「自由」を見出そうとするときの認識態度でもある。各人は、地域コミュニティにおいて（例えば自治会・町内会の会員として）、市町村や都道府県の住民として、あるいは国の国民として、あるいは国際社会の一員として、それぞれの地域レベルにズームレンズの焦点を当てて考え、そのそれぞれにおいて妥当する行為規範を受容（ないし何らかの形で反抗）していくのである。

　宮﨑のメールでの言い方を手がかりに「ズームレンズ論」の方法的意図の核

心をつかんでしまえば、実は2020年度講義の随所に、そうした方法的意図が現れていると思われる言葉の端々があることに気づく。例えば、次項で引用するが、講義では、「諸個人を要素とする属性共有集合には無数の種類があり、さまざまな意味で拘束力のある行為規範がそれぞれに定立されている」と、ズームレンズの焦点が当てられるべき複数の地域レベルが存在することに留意させた上で、「自治」を、「個人における自由を社会集団において見出そうとしたときに見える」ものである、と述べている。

　「ズームレンズ」論は、「自治」というものをいわば重層的複眼的多面的に考察する際にぜひとも必要な認識論的立脚点として設定された理論的構成要素であるといえるだろう。この認識論的立脚点に立って、宮崎は安んじてそのグランドセオリーを展開することができるようになったのであり、ここに宮崎の「高潮」感の根拠があったのである。

　では、さらに宮崎のグランドセオリーをたどってみよう。

3　「ズームレンズ理論」の構成要素　その2「自治」概念

宮崎（2017）は、次のように述べている。

　「『自治』は、個人における『自由』の社会集団における拡張であり、『属性を共有する諸個人の集合において、拘束力ある行為規範を自ら定立すること』である。」（宮崎（2017）：191）

　この、論文冒頭に置かれた筋肉質の力強く手短な定義は、2020年度講義においても提示され、説明され、また繰り返し強調されている。

　例えば、2020年度講義第7回冒頭で、次のように述べている。

　「本講では、諸個人を要素とする属性共有集合には無数の種類があり、さまざまな意味で拘束力のある行為規範がそれぞれに定立されていることを基礎として考察を進めています。そして、
　・「自治」は、人間社会のいたるところで観察でき、
　・個人における自由を社会集団において見出そうとしたときに見える、

・諸個人が「私たち」と思う範囲を基礎として拘束力ある行為規範を互いに
　守る自覚的共同営為である、
と考えます。」

　ここでまず注目すべきは、宮﨑のこの「自治」という概念は、「地方自治」
よりはるかに広く、およそ社会秩序を形成すること一般を指しているというこ
とである。宮﨑が、自治は普遍的なものであって、地方自治体の自治に限られ
ないと強調しているのは、この趣旨である。定住後の人間は、「自治」を一定
の領域を画して形成しており、そのような「領域社会」（後述のように、宮﨑
が2014年から2016年頃まで使っていた用語）が国際組織や主権国家、都道府
県、市町村、地域コミュニティ（自治会・町内会）といったように重層してい
る姿を宮﨑は思い浮かべていたのである。
　このように、自治体に限定せずに、上は国際組織や主権国家、下は自治会・
町内会の民間地域組織（2020年度講義では、「狭域の地域共同社会」とも表現
される）まで視野に入れているのは、宮﨑の社会理論の大きな特徴であろう。
そして、「本講は、そうしたさまざまな「自治」の中でも自治体に主要な関心
を向けて論じますが、前回にも述べたように、必要に応じて適宜それ以外の地
域共同社会を構成する「自治」の単位にも焦点を移しながら考察を進めること
にします。」（2020年度講義第7回冒頭）というように、宮﨑の最大の関心事
は、いわゆる地方自治体、特に市町村の「自治」にあり、これをより広域な自
治の審級である国や都道府県との関係についても、またより狭域の自治の審級
である地域コミュニティとの関係についても、時折目配りしながら論じていく
のである。特に、地域コミュニティとの関係に関心を持っているのが、宮﨑の
地方自治論の当初からの特徴であったことはすでに述べた。
　ところで、こうした発想を宮﨑はどのようにして得たのであろうか。
　宮﨑（2017）には、註がついておらず、どんな文献から理論を発想したのか
が分からない。学生センターの仕事は終わったとはいっても、学内外で多忙を
極めていたため、自分のグランドセオリーのエッセンスのみを記したのであろ
う。ご遺族から提供いただいた宮﨑のノートパソコンの中に入っていたファイ
ル群の中の、講義資料的なファイルの中には、文献の挙示が若干あり、例えば

このあと論ずる「領域社団」概念については、フーゴ・プロイスを参照したことが明示されているが、これは例外的である。

　想像をたくましくすれば、人間個体の絶対的自由への渇望とその社会的制約の受容という議論はハンス・ケルゼンの『民主制の本質と価値』を思わせるし、基礎的な概念から理論を積み上げていく手法は、マックス・ヴェーバーを想起させる[3]。また、広狭様々な社会集団内の秩序形成を「自治」という概念で統一的に捉えようとする手法は、中田実の「地域共同管理」概念を思わせる。しかし、これらの学者の名前は、宮﨑の書いたものの中にはほとんど登場しない。

　他方、「自治」概念に対して、「自治」の展開する場である領域性を基礎とした社会集団（「属性共有集合」）を一般的に指す言葉として宮﨑が選んだのは「領域社団」であり、2017年度の講義録[4]には、この概念の代表的な主張者であるフーゴ・プロイスとその主著『領域社団としての市町村、国家、帝国』も登場している。

　「自治」概念の説明においても、宮﨑は、「こうして「自治」を捉えた場合、たとえばことさらに国と自治体の違いを強調して済ませるよりは、まず地域共同社会を構成する領域社団、すなわち「自治」の単位として共通するところを明らかにする必要を感じます。」（第7回冒頭）とか、あるいは、「こうして「自治」を捉えた場合、たとえば日本独自の自治会・町内会等をはじめ、市町村や都道府県といった自治体、あるいは国も、地域共同社会を構成する領域社団という観点からは、同種の単位に見えます。」（第8回講義の冒頭）というように、各層の領域社団の「自治」の同質性を強調しているが、これもプロイスを想起させる発想である。

---

(3)　宮﨑は2016年度に担当した「政治学入門演習」で、マックス・ヴェーバーの『社会学の根本概念』（清水幾太郎訳の岩波文庫版）を教材としていた。ちなみに、宮﨑の「自治」にあたるマックス・ヴェーバーの概念は「秩序の制定」であろう（名和田（2003b）を参照）。

(4)　先にもふれた、ご遺族から提供いただいたファイル群の中にあった講義録である。講義録といっても、レジュメのようなもので、詳しい論述はない。筆者自身もそうであったが、コロナ禍の下でオンライン授業を行なう必要に迫られてはじめて、宮﨑もその講義内容を、ほとんど出版物の原稿としても通用するくらいに詳しく正確に文字にする機会を得たのである。

第1章　「ズームレンズ理論」における「領域社団」論を読み解く

　このように見てくると、宮﨑の「自治」論の基礎的な枠組みは、プロイスら
の「領域社団」論にあったのであろうと想像される。

　では宮﨑はこの「領域社団」論にどのように出会い、影響を受けたのであろ
うか。

4　「ズームレンズ理論」の構成要素　その3「領域社団」概念

　この問いに答えることは、資料上の制約から極めて難しいが、一通りのこと
を述べて、推測を示しておこう。

　上記のように、2017年の論文と2017年度の講義資料においてはすでにかなり
完成された「自治」と「領域社団」の構想が示されていることはわかるが、そ
れ以前に遡るとすれば、もはや法政大学法学部が作成していたシラバスで見て
いくしかなさそうである。

　宮﨑が法政大学法学部政治学科に着任したのは2002年度で、それ以降のシラ
バス[5] を見ると、2014年度のシラバスに初めて「領域社会の形成」という言葉が
現れる。しかもこれは、「自治体政府の導出」というテーマの下での内容として
記載されており、2020年度講義のように基礎的なところから積み上げて「自治」
や「自治体」をまさに「導出」するというスタイルを確立した時期だと思われる。
そして、2017年度のシラバスでは初めて「領域社団」という言葉が使われている。

　この頃までの法政大学のシラバスはかなり簡略なものであり、また宮﨑は学
生センター長等の激職にあったため、講義をしていなかった（兼任講師をお願
いしていた）時期もあるが、2017年論文の登場をも考え合わせると、2016年く
らいに「領域社団」という言葉を用いて自治論を展開する構想を熟成させたの
ではないか。

　それに至る熟成のプロセスの詳細については知る由もないが、2005年に筆者
が法政大学法学部政治学科に着任して、慣例にしたがって、「政治学コロキア
ム」という研究会で報告したときのことは、一つの手がかりかもしれない。

　新たに着任した、またはサバティカルから戻ってきた政治学科（及び国際政治

---

(5)　2006年度までは『法学部講義ガイド』、それ以降は『法学部講義概要（シラバス）』と
　　いう名称であった。

学科）の教員は、この「政治学コロキアム」で報告するのが慣例となっている。座談会でもふれたように、筆者は、2005年12月12日に、「領域団体論　〜「領域社団」概念の理論史と「領域団体」概念の構成〜」と題して報告を行なった。この研究会には、宮﨑はもちろん、本書第5章を執筆した武藤も参加していた。

　筆者は当時、オットー・ギールケやフーゴ・プロイスといったドイツのいわゆるゲルマニスト法学派の構成した「領域社団」という概念に飽き足らず、これをより客観的認識のための社会学的概念として構成し直したマックス・ヴェーバーの「領域団体（Gebietsverband）」という概念に魅力を感じ、これに沿って、自らの日本における地域コミュニティに関する研究成果を加味した理論構成を考えていた（名和田（2003a）及び名和田（2003b）を参照）。

　この研究会で、武藤は、「領域社団」とか「領域団体」とかいった用語が、ややエソテリックであり、筆者の理論の普及のためにはもっと馴染みやすい用語を考えるべきだと助言した。それを受けて筆者はその後、「地域的まとまり」という用語を使用することにした（例えば、名和田（2009）第1章および第2章）。

　宮﨑の発言はより理論内容に本質的に関わるものだった。宮﨑は、研究会にプロイスの主著Hugo Preuss "Gemeinde, Staat, Reich als Gebietskörperschaften" を持参していた（もちろんドイツ語の原書である。この本には翻訳はない）。宮﨑は、プロイスの議論が当時のドイツ国法学の学者たちを批判する点では鋭いが、それだけではいかがなものか、というようにプロイスの議論を受け止めているようであった。持参した原書はまだ真新しく見えたが、その大半を読んでいるようであった。

　プロイスは、諸々の領域社団の中で、国民国家を偏重してそれに「主権」という特別な力を認めるドイツ国法学主流の考え方を批判して、すべての領域社団が同質的であることを強調したのであるが（そして、それらの領域社団の重層構造の中で「下から上へと（von unten nach oben）」秩序が構成される民主的な国家を提唱したのであるが）、実は、「領域高権（Gebietshoheit）」という別な概念を導入して、自治体とは異なる国家の特有な性格を認めようとしていた（Preuss［1889］（1964）：406）。プロイスによると、「領域高権」とは、当該領域社団の内部にある領域社団の範域（境界）を変更できる権限のことであり、領域社団の中には、領域高権をもったものとそうでないものとが区別で

きる、というのである。これは、国は市町村合併を自由に指令できるという議論になりかねず、宮﨑はそこに反発していたのかもしれない（これは筆者の推測であり、宮﨑とその点について議論して確かめたわけではない）。

　もう一つ、この研究会で自治会・町内会が議論の対象となった場面で、宮﨑はかつての恩師の越智昇の議論を持ち出しながら議論した。やはり宮﨑にとって、横浜市立大学の学生時代に得た地域社会学の知識は、その後も自らの学問の有機的な一部であり続けていたのである。すでに述べたように、宮﨑は着任以来担当する講義で、自治体を論ずるに際して地域コミュニティをも扱っており、2014年度以降はおそらく自治体を説明する基礎理論の部分にこれを組み込んでいた。ひょっとしたら、この政治学コロキアムでの筆者の報告が一つの機縁となって、地域コミュニティをも含む「自治」の多層的な展開を「領域社会」（2016年以前）ないし「領域社団」（2017年以降）という概念で説明するという理論構成を思いついたのではなかろうか。

Ⅳ　「ズームレンズ理論」の展望

　2005年の「政治学コロキアム」の当時は、筆者自身も、宮﨑と同様な発想でグランドセオリーをめざして苦吟していた。このたび本書を取りまとめる作業をして、宮﨑は地方自治体を、筆者は地域コミュニティを、それぞれ十分に説明できるグランドセオリーをめざして並走していたことを知った。

　故人となった宮﨑はもはや並走してはくれないが、そのつもりになって、「ズームレンズ理論」の課題を筆者なりに考えてみて、自らの今後の理論研究の道標としたい。紙数の制約もあり、本章では、2つの点のみ論ずる。

1　領域的秩序について

　まず、宮﨑が、そのグランドセオリーにおいて、定住的な生活に移行した後の人類の「自治」のあり方を「領域社会」と呼び、さらに2017年からは「領域社団」と呼んでいたことについて考えたい。

　筆者自身は、「領域社団」という法律的概念を客観的な認識をこととする場面で使用することに疑問を感ずるようになり、マックス・ヴェーバーの「領域

団体」という言葉や「領域的秩序」といった言い方を試みたのち、上記の武藤の助言もあって「地域的まとまり」という用語に着地した。

　宮﨑は、2005年の研究会における筆者とのやり取りを参考に（と想像するのだが）、学生センターにおける激職の中で思索を熟成させ、2014年にまず「領域社会」という言葉を使い、ついで2017年以降は「領域社団」という用語に着地した。

　どうして「領域社団」という言葉が宮﨑の琴線に触れたのか、想像する文献上資料上の手がかりはない。

　「社団」という概念は、今でこそ財団と並ぶ法人の二大類型の一つというふうに理解されるのだろうが、ドイツのゲルマニスト法学派にとっては並々ならぬ思い入れのこもった概念であった。すなわち、財団においては、寄附行為者の意思が法人のあり方を決定するのであり、これを政治的な編成原理として捉えれば（つまり国家の秩序原理として捉えれば）支配者による国民への一方的な支配というローマ法的なヘルシャフト原理を裏付けることになるのに対して、古ゲルマン時代以来ゲルマン民族が育んできた「社団」においては、構成員間の相互的な権利義務関係が存在しており、これを政治的な編成原理として捉えれば、支配者と国民との間に、支配・被支配、命令・服従の関係がありながらも、国民の側も支配者に対して権利を持ち得るという自由主義的なゲノッセンシャフト原理を裏付けることになる。この「社団」概念を用いて、ゲルマニストたちは、当時のドイツの「官憲国家」を批判し、より自由主義的で民主的な国家を対置した。20世紀におけるその代表者こそプロイスであり、彼はワイマール憲法の起草者となったのである。

　したがって、社団ないし領域社団という概念は、単なる認識概念ではなく、すぐれて実践的な概念なのである。その実践的な意図に賛同するにせよ反発するにせよ、客観的な社会科学的認識に際して使う概念としては余計なニュアンスが混入しすぎているといえるだろう。そこで、マックス・ヴェーバーは、「ギールケ＝プロイスの領域社団」概念の参照を求めつつ、自らは「領域団体」という別な用語を設定したのであった（引用箇所も含めて、名和田（2003b）を参照）。

　宮﨑が、社団概念のこうしたニュアンスを十分意識していたかどうかは、今となってはわからない。もしこうした「領域社団」という概念を使い続けると

第1章 「ズームレンズ理論」における「領域社団」論を読み解く

すれば、例えば講義の中で彼が扱ってきた「統率者」への統制を論ずる局面で、上記のような社団概念の論理を関連させて論ずることができるかもしれない。しかし、グランドセオリーの構成としては、より実践的なニュアンスの少ないニュートラルな言葉を用いるべきではなかろうかと考え、筆者は「地域的まとまり」という用語を使っている次第である。

2 「調整・規制・給付」のための権限

もう一つは、「自治」の中身の問題である。

2020年度講義の第5回で、グランドセオリーのレベルで「自治」を定義して、「個人における自由を社会集団において見出そうとしたときに見える、諸個人が「私たち」と思う範囲を基礎として拘束力ある行為規範を互いに守る自覚的共同営為」であると定義したら、次なる課題は、この自治概念を今日の地方自治体のあり方に適用して、「さまざまな「自治」の中でも一定の領域を基礎とする領域社団における政府機構の制度を導出する作業」が求められる（2020年度講義第5回の末尾）。

「自治」が展開する「領域社団」の中でも、政府を有するそれは、単に「私たち」が受容している行為規範の遵守を保障するだけではなく、「私たち」の幸せを確保し増進するための様々な機能を持つはずである。その様々な機能を宮﨑はまとめて「調整・規制・給付」としている。この言い方は2020年度講義の第6回以降で登場する。まさに実際の中央政府や地方政府の行なっていること、特にその公共サービスに即した記述が登場してくる。

しかし、この問題に関する宮﨑の理論展開では、領域社団における統率者の選出という問題に起点が置かれているので、その誤作動をどのように防ぐかという民主的統制の問題が基調をなしている。

これはこれであり得る理論展開なのだが、筆者としては、「自治」を可能にする権能という問題に注意を向けざるを得ない。筆者は、地域コミュニティに主たる研究関心があり、これを自治体の内部の部分領域に展開する「自治」であると見るならば、「政府」という形態を取っておらず、単なる民間地域組織によって担われる「自治」というものが、果たしてまたどのように機能しうるのか、という問題を考えざるを得ないからである。

25

地域コミュニティが市町村合併によって市町村としての地位を失い、「政府」という形態を取らなくなったことの不都合を糾弾し、その地位を回復するために「近隣政府（neighborhood government）」の制度化を求めたのは、1960年代のアメリカの社会活動家ミルトン・コトラー（Milton Kotler）であった。このコトラーの議論に学びつつ筆者が、地域コミュニティの（宮﨑流に言えば）「自治」が可能なのはなぜかを考えたのが、名和田（2011）である。そこでは、コトラーが地域コミュニティの「自治」にとって必要だと考える権能を、管轄領域の公的画定、法人格、条例制定権、課税権の四つとして読み取り、この４条件を、都市内分権制度や自治会・町内会が果たしてまたどのように・どの程度満たし得ているか、を整理した。この理論構想については、本書のもととなっている地方自治基礎理論研究会でも、2022年度第４回研究会（2023年１月９日開催）で筆者は「地域コミュニティから見た自治体の本質論　～コトラーの４条件論と領域社団論～」と題する報告を行なった。

　この理論に従えば、自治会・町内会は、一定領域の住民（の世帯）全員を会員にすることによって、会員の分布をもって管轄領域が画定され、条例制定権はなくとも会の規約や議決が地域のルールとなり、課税権はなくとも会費を徴収して財政を構成できる、というようにして、上記４条件をかろうじて満たすことができることが示される[6]。この条件充足は、自治会の加入率が低下し、全員を会員にすることができなくなると、その限度において次第に機能しなくなる（例えば非会員は、自治会・町内会が設定したルールを守る義務がないし、会費を負担しなくても自治会・町内会のサービス（お祭りや防犯灯や地域清掃など排除性のないものが多い）にただ乗りできる）。だからこそ自治会・町内会は、全員加入に腐心するのだが、しかし今日ほとんどの地域でもはや全員加入は実現していない。そのため、地域コミュニティを「自治」の一審級として維持するために、都市内分権制度が民間地域組織を補完するものとして広く取り

---

[6]　二つ目の条件の法人格は、根拠となる法律がないと得られない（民法第33条）のでいかんともしがたいが、ただそれゆえにか日本では早くからいわゆる「権利能力のない社団」に関する学説や判例法理が発達し、また民事訴訟法でも訴訟当事者性を認める改正がなされた。ちなみに、都市内分権制度についても、４つの条件に沿って点検すれば、それが「薄められた」形で自治を実現するものであることが示される。

組まれるようになってきている。つまり、公的な制度によって自治会・町内会の民間組織的な弱点を補おうというのである。

こうした議論を宮﨑にぶつけてみて、筆者のグランドセオリーを深めていく機会は、今や永遠に失われてしまった。

V 結びにかえて

宮﨑さん（ここでは「宮﨑」ではなく、「宮﨑さん」と呼ばせていただきたい）が亡くなられて、法政大学現代法研究所で「地方自治基礎理論研究会」を組織し、３年間の共同研究を経て、本書を世に出すことができるところまで来て、あらためて「研究代表者」であった自分の研究の過程を振り返ると、宮﨑さんの半動画形式の講義を視聴し、彼の論文や講義資料を読み、ご遺族にお送りいただいた100箱程度の段ボールに入った資料を少しずつ整理する中で、「宮﨑のズームレンズ理論」というグランドセオリーの構築を彼が目指していたことがだんだんわかってきたのだが、それでも本稿をまとめるまでは、十分に細部にわたって理解してはいなかった。このたび本稿をまとめるにあたって、あらためて宮﨑さんの書いたもの作ったものを何度も見直しながら、彼の研究の足跡をたどってみてはじめて、ズームレンズ論の意図、「自治」概念の意図、「領域社団」概念の意図が、納得できるようになった。

宮﨑さんはよく、「地方自治総合研究所の研究員だった時代はいつもリアルタイムでやっていた」と言っていた。実践的な研究機関の研究員らしくその時々の問題に関する情報を素早く入手し、きめ細かく検討し、素早く的確な判断をしていくようなスタイルを筆者は思い描いて受け止めていた。しかし、座談会でも話題になっているが、宮﨑さんは、横浜市立大学文理学部文科を卒業したあと、さらに同理科の数学課程に学士入学している。それだけ理論思考が強く、また単純な概念から積み上げて複雑な社会現象を説明しようとするグランドセオリー志向が強い人であったのだ。そのことをこの間の共同研究で次第に強く意識するようになっていった。そこで、本稿も宮﨑さんのグランドセオリーそのものを読み解くものとした。

これをもっと早く知っておれば、たまに、本当にたまに、忙しく飛び回って

いた宮﨑さんと酒食を共にする機会に恵まれた時にでも、もっと理論的な議論
をふっかけておけばよかったと思う。

　読者におかれては、やや不十分ではあるが宮﨑グランドセオリーを読み解こう
とした本章のほか、第1部に収録されている諸論文を参照され、さらに第2部
の宮﨑さんの講義をお読みいただいて、自治と地方自治についての考察を深め
ていただければ、編者である筆者と宮﨑さんの喜びはこれに過ぎるものはない。

参考文献

Preuss, Hugo［1889］（1964）„Gemeinde, Staat, Reich als Gebietskörperschaften",
　　Springer Verlag.

名和田是彦（2003a）「『領域社団』論 ～都市社会の法的分析のための基礎理論の試み～」
　　日本都市社会学会編『日本都市社会学会年報』第21号、39～56頁。

名和田是彦（2003b）「地域社会の法社会学的研究の理論的枠組の試み ～「領域社団」
　　理論にむけたマックス・ウェーバーの再読～」（日本法社会学会編『法社会学』第
　　59号、5～21頁。

名和田是彦編著（2009）『コミュニティの自治 ～自治体内分権と協働の国際比較～』
　　日本評論社。

名和田是彦（2011）「『コミュニティ・ニーズ』充足のための『コミュニティの制度
　　化』の日本的類型について」日本法社会学会編『法社会学』第74号、1～13頁。

宮﨑伸光（1992）「自治会・町内会等の存立構造と政治機能」『法学新報』第98巻第
　　11・12号、167-204頁。

宮﨑伸光（2017）「『自治』及び『行政』」『法学志林』第114巻第3号、191-201頁。

宮﨑伸光（2020）「2020年度春学期「自治体論Ⅰ」講義録」（本書第2部に収録）。

第2章
自治体に住民は含まれるのか？
──故・宮﨑伸光教授のズームレンズ理論と消防行政論

嶋 田 暁 文

はじめに

2020年7月16日、宮﨑伸光・法政大学名誉教授（以下、「はじめに」と「おわりに」では親しみを込めて「宮﨑さん」と呼ぶ）は、この世を去った。奥様から訃報のお電話をいただいたときは、身体から力が抜け、体が震えて、しばらく動けなかった。大きな悲しみが襲ってきた。

実は、亡くなる6日ほど前（つまり7月10日）にお電話をいただいたばかりであった。その時は確かに辛そうでとても沈んだ声であった。しかし、その少し前の7月1日にいただいたメールでは、どうにかその日の授業の準備が間に合ったこと、そのために完全徹夜をした旨が書かれていた。完全徹夜ができるくらいなのだから、それなりに回復されているのだろう、と安心していたのである。だから、まさかという思いであった。

何度も無理をしないで欲しいとお願いしたが、それでも、最後の最後まで徹夜をして授業に臨まれたところ──決して手を抜かない（抜けない）ところ──が、教育者としての宮﨑さんの矜恃であり、宮﨑さんらしさでもあった。しかし、今でも、「あんなに無理しなければ…」と悔しい思いが残っている。

悔しいと言えば、ついに自らの研究成果を単著の形で公刊されることなくこの世を去られてしまったことこそ、その最たるものである。宮﨑さんは、地方自治、消防行政の実態にすこぶる詳しく、理論にも造詣が深かった。その貴重な知見をまとまった形で遺していただけなかったのは、残念極まりない。

29

というのも、実は、宮﨑さんは、亡くなる17日前（つまり6月29日）の名和田是彦教授と筆者宛てのメールの中で、「まず新書のような読みやすい形に要旨として示しました第Ⅰ部と第Ⅱ部の内容をまとめ、続いて消防行政を題材として自治体学を探る研究書用に内容を適宜改めて、その序章ないし第1章に収めようと考えて（いる）」という単著公刊構想を語っていたのである[1]。

　この「要旨として示しました第Ⅰ部と第Ⅱ部の内容」については後で紹介したいが、それを宮﨑さんは「（宮﨑の）ズームレンズ理論」と題して、まず、新書の形で世に問おうとしていたのである。その上で、消防行政を題材として「自治体学を探る研究書」を世に送り出す、という夢を抱いていた。しかし、宮﨑さんにはそのための時間が残されていなかった。

　そこで本章では、宮﨑さんの夢の一部を形にすべく、「ズームレンズ理論」の内実とそれが宮﨑さんの消防行政論との接合されることによって発揮される意義について論じることにしたいと思う。

　ただし、予めお断りしておかなければならないことがある。それは、「ズームレンズ理論」については論文だけでなく講義録も残っていてそれなりに正確に再現できるが、宮﨑さんの消防行政論については、その全貌を把握することが難しいという点である。もちろん、消防行政についても、再現に際しては、できる限り宮﨑さん自身の論文、メールの文言に依拠したいと考えるが、やや断片的なのである。加えて、「ズームレンズ理論」と消防行政論との関係性については何も語られていないのであり、そこは類推するほかない。

　断片的だという点については、宮﨑さんが生前に非常に親しくされていた消防関係者にお話をお聞きし[2]、それなりにカバーできたように思っている。しかし、必ずしも宮﨑さんの考えに沿ったものになっていない部分もあるかもしれない。まして、「ズームレンズ理論」と消防行政論との関係については、具体的に語られたものは（メールを含め）一切ないため、筆者なりの解釈でしか

---

(1)　2020年6月29日10時51分付の名和田教授と筆者宛てのメール。
(2)　元・鈴鹿市消防消防長の中西貞徳氏、亀山市消防署長の倉田利彦氏へのヒアリング（2023年11月15日）および元・全国消防職員協議会（以下、全消協と呼ぶ）事務局長の中村義彰氏、元・同会長の門間孝一氏、元・同事務局長の谷内栄次氏へのヒアリング（2024年8月3日）。

ない。

　だが、おそらく宮﨑さんは、「仮に自分が途中で世を去っても、その構想を形にして世に示してくれるのではないか」という想いで、名和田教授と筆者にメールを送ってきたのだと思う。そこで、宮﨑さんの考えを正確に再現することはできないであろうが（「そこは僕の考えとはちょっと違う」とあの世から厳しい指摘を受けそうな気もするが、）そうした想いに少しでも応えるべく、蛮勇をふるうことにしたい。

　以下、まず、宮﨑さんの「ズームレンズ理論」の概要を説明した上で、その意義を明らかにする。その上で、宮﨑さんの消防行政論がそれとどのように関連しているのかを論じ、その含意を明らかにしたい。なお、以下では、論文としての体裁を確保すべく、「宮﨑さん」ではなく、「宮﨑」と呼ぶことにしたい。

I　宮﨑の「ズームレンズ理論」

1　概要

　まずは、「ズームレンズ理論」について、その概要を説明することから始めることにしよう。幸いなことに、その内実については、「『自治』および『行政』——自治体の基礎理論に向けて」（宮﨑2017）という論文で全体像が示されており、講義録の第5回から第8回でも詳細に語られている（宮﨑2020c）。また、その概要については、宮﨑自身がメール[3]の中で「要旨として示しました第I部と第II部の内容」としてまとめてくれている。ここでは、宮﨑自身によるこの要旨を引用した上で、適宜、他の資料で補う形で説明することにしたい。

　「要旨として示しました第I部と第II部の内容」とは、以下のようなものである。

■第I部
　ヒトは、記憶と類推により、意思を形成するとともに、意思によって記憶と類推を喚起する。この相互作用は、行為として具現化する。

---

(3)　2020年6月28日21時51分付の名和田教授と筆者宛てのメール。

ヒトは、見ようとする意思に基づいて対象に焦点を合わせて見える事象を見る。あたかもズームレンズを通して見るかのように、同一の事象であっても、全く異なる相が見える。

　ヒトは、独りでは生命を維持し得ない。記憶と類推により、ヒトはそれを理解し、個々の自由は制約から逃れ得ない。特定の属性を共有するヒトの集合に着目するとき、それが自治である。

　したがって、自治とは、人間社会のいたるところで観察できる、個人における自由を社会に集団において見出そうとしたときに見える、諸個人が「私たち」と思う範囲を基礎として、拘束力ある行為規範を互いに守る自覚的共同営為である。

■第Ⅱ部

　ヒトは、無数とも評するべき種々の属性による集団を形成する。したがって、自治は、普遍的無数に存在する。

　一方、ヒトは、記憶と類推に基づき、特定目的を共通属性とするものも含まれるが、そうした集団は、一般目的の集団と合わせて、生業に根ざした農山漁村からILOやWTOなどが対象とする地球規模の社会まで、狭広さまざまな地域共同社会の内部に組み込まれて記憶と類推から想定される生活の不幸ないし危機に備えられていく。

　そこで、地域共同社会には、それぞれに統率者を選出し、その下に政府機能を信託する社会構造を創出していく。政府機能は、規制、給付、調整のそれぞれに及ぶが、その発現形態はさまざまである。

　規制機能は、多少なりとも剥き出しの暴力を背後に備えるが、実働部隊の頂点においてその行使が委ねられる権力者は、その正統なる信託をややもすると踏みにじりかねない。

　また、給付機能については、正当性の判断に見解が分かれ得る。

　そこで、種々の工夫された制度が試みられるとともに、諸個人・家族といった範囲を超える共同生活に係る公共政策課題をめぐる価値観の相違等による対立などの調整機能の重要性が記憶と類推から導かれる。

　地域共同社会は、それぞれの成立時の由来により、より広域の領域社団に含

まれ、さらにより狭域の領域社団を内包する。

あらゆる地域共同社会の政府機能には、より広域の共同社会からの種々の作用が及ぶが、同時にまた狭域からの作用も及ぶ。この両者からの作用と反作用の当面の均衡点として各地域共同社会の公共政策課題に備える社会的装置のあり方は決まる。

いかがであろうか。抽象度が高く、理解しづらいかもしれない。そこで、今一度、筆者なりにそのエッセンスを若干の補足をしつつ簡潔に整理し直してみよう。なお、上記で「（地域）共同社会」とされているものは、論文や講義では「領域社団」（一定の地域すなわち領域に基礎を置く共同性を帯びた継続性を有する社会集団）という語で基本的に説明されているため、以下では「領域社団」の語を用いることにしたい。

第1に、「ズームレンズ理論」という言葉に込められた含意は、「ヒトは、見ようとする意思に基づいて対象に焦点を合わせて見える事象を見る。あたかもズームレンズを通して見るかのように、同一の事象であっても、全く異なる相が見える」という点にある。言い方を変えれば、「ヒトが見ようとする『意思』とヒトに見える『もの』は切り離すことができないということ」（宮﨑2020c：第5回）である。

第2に、「個人における自由を社会に集団において見出そうとしたとき」に見えてくる、「諸個人が『私たち』と思う範囲を基礎として、拘束力ある行為規範を互いに守る自覚的共同営為」が「自治」である。言い換えれば、「自治」とは、「個人における『自由』の社会集団における拡張であり、『属性を共有する諸個人の集合において、拘束力ある行為規範を自ら定立すること』」である（宮﨑2017：191）。

第3に、「自覚的共同営為」は、ヒトは記憶と類推が形成する意思——正確に言えば、意思が記憶と類推を惹起する面もあるので、その相互作用——によって生み出される。

第4に、自治は人間社会のいたるところに見出すことができ、自治の単位（領域社団、集団）は無数にある。一般目的だけでなく、特定目的を共通属性とするものもある。

第5には、自治の単位は、「生業に根ざした農山漁村からILOやWTOなどが対象とする地球規模の社会まで」、大小さまざまにある。

第6に、領域社団の中には、生活の不幸ないし危機[4] に備えるべく、それぞれに統率者を選出し、その下に政府機能を信託する社会構造を創出するものがある。自治体（や国）がそれである。政府機能は、調整・規制・給付のそれぞれに及ぶ。この調整・規制・給付の役割を担任する組織とその機能のことを「行政」と呼ぶ（宮﨑2017：191）。

第7に、自治体は、より広域の領域社団（国）に包摂される一方、より狭域の領域社団（自治会・町内会）を内包する。この狭広双方の領域社団からの作用と反作用の当面の均衡点として、公共政策課題に備える社会的装置としての自治体の政府機能のあり方は決まる。

おそらくは、以上の説明をもってしてもなお大まかな理解にとどまらざるを得ないだろう。詳細は、上述の論文および講義録をご覧いただくほかない。

宮﨑は、上記の説明のメリットについて、この世のありとあらゆる「自治」と政府機能のあり方を説明する「グランド・セオリー」あるいは「一般理論」とでも言うべき内実を備えている点にあると考えていた[5]。ただ、仮にそうだとしても、そうした「グランド・セオリー」にいかなる意味があるのかは定かではない。これは「理論」に何を求めるのかという点に関わり、多分に好みの問題かもしれないが、何か新しい知見が得られるわけでもなく、単に一貫してすべてを説明ができるというだけならば、筆者にとってはさほど魅力的ではない。

しかし、筆者は、上記の宮﨑の議論は十分に注目に値すると考えている。それは、繰り返しになるが、ズームレンズ理論が「グランド・セオリー」だからではない。筆者が注目に値すると考える理由は、自治体が領域社団であることを明示している点、自治体を領域社団としてとらえる根拠を明確に示している点、そして、おそらくは、消防行政論と組み合わせることで自治体を領域社団としてとらえることの意義を明らかにしようとしている点にある。項を改め、この点を論じていくことにしたい。

---

(4) 何が「不幸」であり「危機」であるかは、狭広さまざまな地域共同社会に組み込まれた人々の記憶と類推から想定されることになる。
(5) 2020年6月28日21時51分付の名和田教授と筆者宛てのメール。

2 自治体に住民は含まれるのか？

（1） 自治体は政府なのか？

　ズームレンズ理論に対する筆者の評価と大きく関わるのが、「自治体に住民は含まれるのか？」という論点である。これは、言い換えれば、（「国家の三要素」になぞらえて）「自治体＝住民＋区域＋自治権」と理解するのか、「地方自治＝住民＋区域＋自治体」と理解するのかという論点である（金井2015：27）。前者の理解は、「自治体＝領域社団」ととらえ、自治体の中に住民が含まれるとするものである。他方、後者の理解のポイントは、「自治体に住民は含まれない」ととらえる点にある。

　後者の理解に対しては「自治体に住民が含まれないのはおかしい」という反論が直ちに呈されそうである。しかし、日本国憲法の「地方公共団体」を「自治体」と置き換えて読めば、「自治体」は明らかに「政府」である（森2006：30）。もし仮に「自治体」が「政府」だとするならば、「政府信託論」的に考えれば、政府形成権力である「住民」と、それによって制御され、それに奉仕すべき「政府（機構）」とは識別すべきで、「自治体＝政府の中に住民が含まれる」と理解するのはおかしな話ということになる。つまり、後者の理解も十分説得力を持つ。

　実は、こうした二つの自治体観をめぐっては、比較地方自治論において、「地方自治単位のとらえ方」をめぐる英仏の違いとして指摘されていたことでもある（山下2010：28-29）。すなわち、山下茂によれば、「地方自治体」は、イギリスではlocal authorities、フランスではcollectivités locales（collectivités territorialesとも呼ぶ）とそれぞれ表現するが、直訳すると、前者は、「『地方（行政）当局』であり、一定の行政事務を地方レベルで所管する正統性を制定法によって付与された行政主体という意味合いになる」。一方、後者は、「『地方団体』を意味し、住民が居住する地域という物的・人的な実体に対応するもので、名称、区域、及び住民を構成要素とする」。前者においては、「council（＝議会）こそが制定法によって法人格を付与された地方当局＝自治単位であり、一方、仏・独など大陸法系諸国では、一定地域とその住民全体を構成員とする団体が総体として法人格を持つと論理構成される」という。

しかし、こうした「地方自治単位のとらえ方」をめぐる差異は研究者の中でも十分に意識化されて来ず、当該論点は、「自治体＝政府」という点を強調した「地方政府論」（西尾勝1983、井出1972）においてさえ、十分自覚化されていなかった。

では、当該論点につき、どう考えるべきか。森啓によれば、実は、かつて北海道自治体学会のMLでこの論点が話題になったのだという（森2006）。森は、そこで出てきた意見を踏まえつつ、次のような自らの見解を述べている。「神奈川県が『自治体』であって、神奈川県庁（代表機構と代行機構）は『神奈川県の政府』すなわち『自治体の政府』である。そして、その『政府である神奈川県庁』を『神奈川県の市民』が制御するのである。すなわち、『自治体』は『自治主体の市民』と『制度主体の政府』との緊張関係で運営するのである」（森2006：29-30）[6]。

確かに、森のように「自治体」と「自治体の政府」というふうに理解すれば、政府信託論の面でも矛盾は生じず、この論点は解消するように思われる。

（2）　金井利之による問題提起

しかしながら、そうした理解に飽き足らず、自治体観の違いがもたらす帰結に着目する形で、新たな問題提起を行ったのが、金井利之であった。

金井によれば、自治体観には「機構的自治体観」と「群民的自治体観」とがある（金井2018：1-2）。「機構的自治体観」は、「区域」要素を重視し、自治体を「特定区域を管轄する空間管理の政府機構」ととらえるものである。一方、「群民的自治体観」は、「住民」要素を重視し、自治体を「生きた住民の集団」、すなわち、住民を構成員とする「領域社団」としてとらえるものである。言うまでもなく、機構的自治体観は、先に言及した「地方自治＝住民＋区域＋自治体」という理解に立つものであり、群民的自治体観は、「自治体＝住民＋区域＋自治権」という理解に立つものである。前者の場合、自治体は住民から信託を受けた政府機構であり、そこに住民は含まれない。後者の場合、住民は構成員として自治体に含まれることになる。

---

[6]　なお、森は次のようにも述べている。「中央に従属しない『地方の自立』を強調するには、『自治体』と『政府』を理論化しなくてはならない。すなわち、『地方公共団体』を『自治体』へ、『地方行政機関』を『政府』へと転換する理論である」（森2006：31）。

第2章　自治体に住民は含まれるのか？

　金井によれば、自治体観は自治体のあり方・行動を大きく左右することになる（金井2019）。すなわち、機構的自治体観に立てば、自治体は、現在民（people）の意向に沿って、粛々とサービスを提供する機構（道具）と位置づけられるのであり、雑念にとらわれずに、行政サービス提供に専念すればよいことになるという。一方、群民的自治体観に基づく自治体は、群民（population）と意識的に一体化する形で焦燥してしまい、本来民間に任せるべき、経済活動としての「地域振興」に取り組んでしまうがゆえに、失敗し疲弊しやすい。また、自治体と住民の切り分けが不明確であるがゆえに、住民が動員され、自らサービスを生産・提供していかなければならなくなるという。これは、言い換えれば、行政の下請け的な「協働」が行われやすいということであろう。

　このように対比した上で、金井は、機構的自治体観を推奨するのである。

　すでに触れたように、自治体と自治体政府とを区分し、"「自治主体としての住民」が「制度主体としての自治体政府」を制御することで「自治体」が運営される" と観念すれば、特段問題は生じない。にもかかわらず、あえて二つの自治体観を対置させ、"自治体を「領域社団」と理解することに伴う危うさ" を指摘した点に、金井による立論の新しさがある。

（3）　どう考えるべきか？〜宮﨑のズームレンズ理論の可能性

　しかし、上記の金井の立論に対し、筆者は以下の三つの危惧・疑問等を抱かざるを得ない。

　第1に、自治体を「サービス供給装置＝機構」としてのみとらえてしまうことは、自治体を道具的存在と見なす限りにおいて、「システム効率」を高めることを旨として「平成の大合併」を推進した為政者たちの発想とも通底するような面があり、少々、危うさを感じる[7]。第2に、機構的自治体観においては、

---

(7)　"人口減少・税収減の中で、非効率を排し、統治効率を高めることによって、「全国民に対する法令上の行政サービスの持続的な供給」を実現する。自治制度は、そうした観点から再構築されなければならない"。これが自治制度を掌る官僚たち（「総務省・統治派」）の考える「自治制度」観である。そこにおける「自治体」は、「法令上の行政サービス供給のための装置」であり、「国の手足」に過ぎない。これは、国と自治体とを一つの「行政システム」として把握した上で、「システム効率」を追求する思考である。この思考に基づいて行われたのが、「平成の大合併」にほかならない。それは、「安心して暮らし続けられる地域、住み続けたいと思える地域を維持もしくは創っていくこと」こそが、自治体の存在理由であるにもかかわらず、「システムを維持することが大事→そのためには合併

「市民的住民」（行政に仕事をするように命令を出す住民）と「対象住民」（行政の仕事の結果を受ける住民）が重視され、「公務住民」は等閑視されることになるが（金井2023）、果たしてそれで良いのかという疑問が残る。第3に、それと関連するが、住民自らがサービスを生産・提供することにつき、そこに含まれうる積極的な意味を看過し、「動員」という観点でのみとらえることへの違和感も残る。

このように考える時、自治体を「領域社団」としてとらえた上で、「行政」を「調整・規制・給付」の役割を担う組織として観念し、その政府機能の発現形態を消防行政を題材にして具体的に明らかにしていく——そこでは、住民自らがサービスを生産・提供することの積極的な意味なども明らかになると思われる——という宮﨑の構想は、金井の立論に対する対抗的なオルタナティブとなる可能性を秘めているのではないか、というのが筆者の考えである（嶋田2021）。節を改め、宮﨑の消防行政論に目を移してみたい。

II　宮﨑の消防行政論[8]
——その内実とズームレンズ理論への接合の意義

1　消防広域化推進論〜国および永田尚三の立場

宮﨑の消防行政は、消防広域化問題を基軸に構築されている。そこで、そ

が必要→地域は疲弊し、住民生活は厳しくなるかもしれないが、システムの維持のためにはそれも仕方ないことだ」といった具合に、「本末転倒」な事態をもたらしてきた（嶋田2020）。

　金井の立論においては、むしろ住民のための行政サービス提供機構として自治体は位置づけられるため、上記のような「本末転倒」な事態は惹起されにくいと思われるが、自治体を単なる「機構（装置）」と道具的に見なしてしまうと、「システム効率」の観点が過度に重視されかねないと考える。

(8)　全消協の元事務局長・中村義彰氏によれば、宮﨑が消防行政に関わることになった端緒は、全消会が消防の広域化問題に取り組む中で、地方自治法改正で導入された広域連合制度について詳しい人を紹介して欲しいと自治労本部に相談したところ、地方自治総合研究所に若くて素晴らしい研究員がいるからということで宮﨑を紹介されたことであったという。この法改正は1994年であったからその頃のことであろう。それはともかく、その出会いがきっかけで、「全消協としても、研究者の方と交流を持つということは有益だから幹事会の案内を出すから時間が空いてる場合には参加して欲しい」という話になり、宮﨑は徐々に消防行政への関心を深めていった。特に大きな転機となったのが、1995年に長野

のポイントを浮かび上がらせるためにも、まずは、いわば宮﨑の「論敵」とでも言うべき国（消防庁）および研究者の永田尚三の消防広域化問題をめぐる立場を概説することにしたい。

「消防広域化」とは、「二以上の市町村が消防事務（消防団の事務を除く。以下同じ。）を共同して処理することとすること又は市町村が他の市町村に消防事務を委託することをいう」と定義され、「消防の体制の整備及び確立を図ることを旨として、行わなければならない」とされている（消防組織法31条）。すなわち、一部事務組合、広域連合、事務委託のいずれかの制度を用いた消防本部の規模の拡大により、さまざまな問題を抱えている小規模消防本部を解消し、消防体制の整備・確立を図ることを目指すことを指す。なお、一部事務組合制度もしくは広域連合制度による広域化は「広域再編」と呼ばれることがある。

これが推し進められてきた背景には、「管轄人口10万人未満の小規模消防本部が多い」という実情がある。すなわち、全国の消防本部数は、1994年4月1日現在で931本部であったが、そのうち487本部が小規模消防本部だったのである。その後、広域化が進められてきたものの、2023年4月1日現在でも、全国の消防本部数722本部のうち432本部が小規模消防本部となっている。つまり、全体の約6割が小規模消防本部ということになる。

では、具体的に小規模消防本部では何が問題なのであろうか。永田によれば、①財源の乏しさから高度な装備や資機材の導入ができない、②人員不足から複数業務を掛け持つ兼業体制とならざるを得ないため、専門的な知識・技術を有する人材の養成が不十分になる（永田2020：41）、③人員不足のため、二交代制しかとれず、火災や救急事案が同時に複数件発生した場合には、十分な対応ができなくなる（永田2023：89）、④人員不足のため、予防査察の実施率が低くなり、違反の放置がなされやすい（永田2023：92）、⑤火災原因調査に

市で開催された第27回自治研全国集会のプレ自治研での救急問題についてのシンポジウムの時のことであった。宮﨑はこのシンポジウムのコーディネーターを務めたが、終了後の懇親会において、鈴鹿市消防の中西貞徳氏から「研究したいんなら、消防署に泊まり込んで、いっぺん現場見たらどうですか」という誘いがあったのである。好奇心を触発された宮﨑は、二つ返事でこれに応えた。そして、実際に鈴鹿市で指揮車に同乗して消防（火事）の現場に立ち会うという貴重な経験をしたのである。この経験が、宮﨑が消防行政にのめり込む決定的な契機となった。

要する研究機材や実験環境や実験等を行う人材の確保が困難である（そのため、不明火（火災原因が特定できない火災）が多く、類似火災の再発防止につながらない）（永田2020：56、永田2023：93）、⑥救急消防援助隊による大規模自然災害・事故時の広域応援活動が長期化すると、消防資源を割かれる負担が大きく、管轄区域における平常時の日常業務にも支障が生じうる（永田2023：214）、といったデメリットがあるという。

　逆に、国によれば、（イ）広域化により複数の消防本部を統合すれば、人員配備の効率化が図られ、事務職員や指令員であった職員を消防隊員として現場で活動させることができる。（ロ）周辺地域の消防本部に応援を要請する場合、出動に遅れが生じるが、消防本部が統合され、広い地域をカバーしていれば、最初の通報の段階から、必要な規模の出動を早く行うことができる、（ハ）隣接する地域の消防本部が境界線をはさんで近い距離に消防署を設置してしまうケースがあるが、消防本部を統合すればバランスよく消防署を配置できる、（ニ）消防本部が大きくなって職員数が増えれば、救急救命、火災原因の調査、立入検査に関する専門的な人材を育成したり、確保したり、専任化したりすることができる、（ホ）予算規模が大きくなるため、はしご車や救助工作車などの高度な車両、119番通報に素早く対応するための高機能の指令システム等を導入できる、（ヘ）人事ローテーションが容易になったり、高度な研修を受けさせたりすることができ、組織の活性化、職員の能力向上が期待できる、といったメリットがあるという（総務省消防庁2007）。

　以上のような認識の下、国は、1994年9月に「消防広域化基本計画について（通知）」に基づき、広域化の方向に舵を切った。2006年には、消防組織法が改正され、「市町村の消防の広域化」が法律に初めて位置づけられた。そして、同年7月には「市町村の消防の広域化に関する基本指針」が告示され、推進期限を区切る形で広域化の推進が図られた。その後、同指針の一部改正を通じて、計3回ほど推進期限が延長されており、現在の推進期限は「2029年4月1日まで」となっている。なお、同指針では、「管轄人口の観点から言えばおおむね30万以上の規模を一つの目標とすることが適当である」とされている[9]。

---

(9)　「おおむね管轄人口30万以上の規模」という目標をめぐっては、「大都市を中心とする

第2章　自治体に住民は含まれるのか？

2　消防広域化慎重論〜宮﨑の立場

（1）　宮﨑による指摘

　宮﨑は、上記のような国等の考え方に対して疑問を呈する形で、さまざまな指摘を行っている。ただし、かなり個別具体的な指摘であるため、そこから帰納的にその意味するところを抽象化する形で整理し直した方が理解しやすいだろう。筆者なりに整理し直せば、次の通りとなる。

　第1に、広域化しても必ずしも想定されているメリットが創出されるとは限らない。たとえば、署所の適正配置は、白地に新たに自由に署所を配置できるならばともかく、多くの場合には、既存の署所を前提とせざるを得ないのではないか（宮﨑2006：4-5）。現に署所が特定の場所に現存する場合には、それが「足枷」となることもあるのである（宮﨑2000：64）。また、広域化によって消防本部が統合されると、事務職員や指令員であった職員を消防隊員として現場で活動させることができると喧伝されるが、通常、旧体制下の各消防本部要員の総計は維持されない。効率化の要請の下、予防業務にあたる人員についても総数が削減される場合がある（宮﨑2000：67-68）。さらに、広域化のあり方次第では、全くメリットが生じない場合もある。たとえば、組合消防は構成市町村の負担金（法律上は「分賦金」）によって運営されるが、消防本部にかかる経費だけを出し合い、残りはそれぞれの構成市町村が自区域内に位置する署所の運営にかかる経費を負担するという、「組合消防」とは名ばかりの方式[10]がとられる場合、喧伝されているようなメリットは生じない。

　第2に、そもそも広域化を通じて得られるとされるメリットが本当に地域にとってメリットとなるかどうかは定かでない。たとえば、高いレベルの資機材

イメージであり、全国一律の目標値としての有効性には疑問がある」、「小規模消防本部の消防力の強化という点でも現実的な水準とはいえない」という指摘がなされている（飛田2007：53-54）。管轄人口だけでなく、地理的状況（平野か中山間地）や人口密度によって、広域化の有効性は大きく左右されるからである。もっとも、この点については、国のパンフレット等においても留意がうながされている（総務省消防庁2007）。

（10）　「鉛筆一本でも、よその自治体が使う分は払いたくない」と揶揄されるこの方式は、北海道では「自賄い方式」と呼ばれ、長野県では「連邦制」と呼ばれている（宮﨑2000：61-62）。

41

やシステムを導入できるとされるが、40メートル級はしご車につき、「巨大都市を除き、配備されている消防署のどこで聞いても火災現場での活躍は極めて稀であるという。ほとんど使用されないといっても過言ではない」（宮﨑2000：55）のであり、「資機材を高度化して拡大していく路線のみが有効なのか、あるいは違う方向を模索する必要があるのか」（宮﨑2006：51）[11] を、地域の実情に照らして再考する必要がある[12]。

　第3に、広域化によるメリットとされるものは、広域化しなくても、工夫次第で達成できる可能性がある。たとえば、初動体制や応援体制の充実については、消防組織を改編せずともその実を挙げることは可能である（宮﨑2007：4）。また、小規模消防本部の人的資源不足等についても、地方交付税において保障されている消防分の財政需要額が消防費にきちんと充てられれば、改善を図ることができる。この事情について、宮﨑は、筆者のためにまとめてくれたメモ[13] の中で次のように述べている。

　「現在に至るまで、消防財政は地方交付税交付金の相当額が実際に支出される決算額を上回っています。これは、…（中略）…他の財政分野にはない消防財政の特徴です。…（中略）…市町村の財政当局の立場からこれを見ると、消防を常備化すれば、実際の支出以上のお金が舞い込んでくると見えるわけです。すなわち、常備消防は『金の卵を生む鶏』ということになります。そこで、市町村消防の常備化がまず進みました。では、どうしてある時期から単独消防ではなく組合消防による常備化が進められたのでしょうか。それは、いくら『金の卵を生む鶏』とはいえ、財政規模の比較的小さなところでは消防だけを突出

---

(11)　宮﨑自身は、「消防機関において単に装備の充実を図るばかりではなく、それを常に正しく活用できるだけのノウハウを保持すること、さらに一般化していえば、労働安全衛生への配慮が重要である」（宮﨑2000：57）としている。こうした認識が、宮﨑（2001b）、宮﨑（2020a）、宮﨑（2020b）といった仕事につながっていると思われる。
(12)　たとえば、ビル火災の場合、防火扉を閉めてしまえば、火災はだいたい止まるため、迅速に防火扉を閉じることができるシステムを導入すれば、水をかけて火を消すという行為自体がいらなくなる可能性があり、また、高層ビルの1階か2階に診療所を整備すれば、救急車による搬送も不要になるかもしれないという（宮﨑2006：52）。この指摘がどこまで現実的なのかは定かでないが、そうした柔軟な発想でさまざまな選択肢を考えることは極めて重要であろう。
(13)　「嶋田暁文君宛『消防広域再編』メモ」。このメモは、筆者の質問に答えるべく作成され、2019年9月22日付の筆者宛てのメールに添付する形で送られてきたものである。

して先行させるわけにもいかず、頭打ちの傾向が見えるなかでの『秘策』が用いられるようになったからでした。その『秘策』とは『六・四方式（ろくよんほうしき）』と呼ばれるものが典型です。…（中略）…地方交付税は、一部事務組合に係る経費分であっても、その構成市町村に配布されるという仕組みを利用します。簡単に記すと、消防団に係る経費を消防関係経費の4割と見積もり、組合消防に拠出する構成市町村の消防費は6割分だけで構わない、という制度運用です。実際に消防団に係る経費は、どんな市町村でも消防財政の4割には遠く及びません。つまり、ここでも消防行政以外にまわすことができるお金を留保できることになります。これが組合消防の増えていった背景にある理由です」。

　こうした運用の背景には各自治体の厳しい財政状況もあるが、そうした運用が小規模消防本部の人的資源不足につながっているとすれば、やはり改善すべきであろう。そのためには、もっと住民に身近な消防行政になっていく必要があるし、住民に消防行政の実情を知ってもらう必要がある。

　第4に、広域化をすると、さまざまなデメリットが新たに生じうる。たとえば、消防行政には発災現場へのいち早い到着が強く求められるため、管轄面積が広がれば、その分、署所、すなわち消防力の分散配置は避けられない。しかし、分散配置は、「消防行政の希薄化」を招くことになる（宮﨑2000：64）。また、広域化に伴って（特に構成団体が多い場合には）会議等に経費や時間が多くとられることになる。そのため、財政の好転や行政サービスの向上に必ずしも結びつかず、手間等によるデメリットの方が顕在化する場合がある（宮﨑2007：5）。さらに、広域化に際して、構成市町村間での賃金労働条件や階級の運用の違いを統一することが容易ではなく、それが広域化後の組織のひずみにつながるというデメリットも生じうる（宮﨑2000：66）。

　第5に、広域化してしまうと、従前のメリットが失われる可能性がある。たとえば、消防団等、地域住民との密接な連携が困難になりうる。また、かつては、通報者は屋号で発災箇所を特定し、受信者も即時に理解できたが、通信指令室の統合によって屋号が通じなくなり、通報者には住所あるいは目標対象物の特定が求められるようになった。覚知から出動までにかえって時間がかかるようになったケースもある（宮﨑2000：67）。現在ならGPSを用いれば地理不

案内の問題は解消されるという反論があるが、農村部での通報は必ずしも携帯電話でなされるとは限らず、また、住所よりは「屋号」の方が今でもわかりやすい地域は珍しくない。

第6に、広域化とは逆の道を選択することで、独自のメリットを生み出すことが可能になる。たとえば、稲城市で1975年から始まった「救急医療届出制度」は、いわゆる災害弱者が事前登録をしておくことで、119番に電話をして、登録番号だけを言えば、予め想定し準備された適切な処置を直ちに受けることができるという仕組みであるが、これは、稲城市消防本部の対象規模が小さいからこそできたキメ細かいサービスである（宮﨑2006：52）。

「お互いに顔の見える関係、人の手による福祉サービスとの連携等々を念頭に置けば、地域における安全・安心を消防行政が提供していくためにコミュニティ・レベルで解決を待つ課題は山積している」（宮﨑2000：69）のであり、後述する通り、広域化による機能向上によって「地域性」が失われてしまうことを宮﨑は強く危惧していた。

（2）地域ごとの実情に合った最適な消防行政のあり方の探求

以上の宮﨑の議論の根底にあるのは、"地域ごとの実情に合った最適な消防行政のあり方を見出すべき"という考えである。「あれもできます、これもやります、あるいは逆に、あれもやれ、これもやれ、と言い合うばかりではなく、力の限界はどこにあるのか、お金はどこまでかけられるのか、などといったリアルな認識をあらゆる関係者の間で対話を通じて共有し、今後のあるべき消防行政の姿を考えていく必要がある」（宮﨑2006：52-53）というのが、宮﨑の考えであった。北海道の場合について、「そもそも一般的な建物・敷地の態様からして延焼の可能性は相対的に低く、火災等への応援出動を要請する必要性も相対的に少ない。むしろ地元の消防団との連携が重視される」（宮﨑2000：62）と述べられているように、地域の実情は一様ではないからである。

では、そうした地域ごとの実情に合った最適な消防行政のあり方を探求していくには、何が必要なのか。宮﨑がそのポイントとしたのは、「市民の視点・声」と「職員同士の対話」であった。

まず、前者について、宮﨑は次のように述べている。「現下の事態の進展には重大な欠落があるようにみえる。それは市民の視点・声である。架梯する場

第2章　自治体に住民は含まれるのか？

所がみつからない超大型梯子車、路地に入れない大型救助工作車、等々市民が
よく知らないことで存在が許されているもの、不合理な内部組織運営、防災・
消防・救援等をめぐる縦割り行政、広域再編の後も依然として各市町村単位に
組織される消防団のあり方、自主防災組織など地域社会の防災力の涵養等々、
広域再編の前、あるいは同時に、市民の声を得て見直すべきところは多々ある
のではないか。現在の消防行政制度が戦後の民主化改革の賜物であるというこ
とを、忘れてはいけない。地域の実情に見合った消防行政を実現するために
も、人々の関心を呼び覚まし消防行政を民主的コントロールの下に置くことが
必要だ」（宮﨑2006：5）。

　人々の関心を呼び覚ますには[14]、消防行政のあり方を再考する必要がある。
全消協が1994年度全国懇談会において「未来の消防行政のあり方」として提起
した「地域安全安心センター」構想[15] に宮﨑が賛同していたのは、そのため
である。そこまで大掛かりでなくても、たとえば、今後ますます「高齢者世帯
を対象とする、個人住宅の防火診断・火災予防指導など、きめの細かい業務が
必要かつ有効になってくる」（宮﨑2000：53）が、そうしたところに力点を置
き直すといった見直しであれば、今でも十分できるだろう。そのために不可欠
なのが、後者の「職員同士の対話」にほかならない。

　しかしながら、「階級」[16] に基づいて組織された消防現場の多くにおいては、

---

(14)　宮﨑がその必要性を痛感したと思われるのが、1995年頃に行われたと思われる高松市
　　での市民アンケート──宮﨑はこれにアドバイスする形で関わったという──の時のこと
　　である。このアンケートは、非番の消防職員が街頭に立って、「消防署はどこの所管なの
　　かご存じですか？県、市町村のどちらでしょう？」といった質問をするものであった。そ
　　の結果、消防について市民が想像以上に何も知らないということが判明したのだという。
(15)　24時間フルタイム稼働の行政機関として、消防行政機関を住民の緊急のお困りごとに
　　対応する機関として再定義していくという構想。
(16)　消防吏員の階級は、消防組織法に基づき消防庁長官が定める「消防吏員の階級の基準」
　　（1962年消防庁告示第6号）を参考に、市町村の規則で定められている。上から順に、消
　　防総監、消防司監、消防正監、消防監、消防司令長、消防司令、消防司令補、消防士長、
　　消防副士長、消防士の10階級があり、階級間の上下関係は絶対である。ちなみに、上位の
　　階級は、消防総監は東京消防庁の消防長、消防司監は管轄人口50万以上の市の消防長、消
　　防正監は消防吏員の数が200人以上又は人口30万以上の市町村の消防長、消防監は消防吏
　　員の数が100人以上又は人口10万以上の市町村の消防長、消防司令長は人口10万人以下の市
　　町村の消防長といった具合に、管轄人口および職員数で定められている。その結果、消防
　　本部内だけでなく、消防本部間においても、東京消防庁を頂点とする序列関係が存在する。

45

自由闊達に議論できる雰囲気がない。別の場が必要なのである。そこで宮﨑が「職員同士の対話」の舞台になりうるものとして期待を寄せたのが、1996年10月に誕生した「消防職員委員会」（消防組織法17条）の場であった。この消防職員委員会を「対話」を通じていかに活性化させていけるかが非常に重要だというのが宮﨑の考えであった（宮﨑2006：52-53）。

2003年1月にILOで開催された消防、救急、警察を対象とする「公共緊急サービスに関する合同会議」の結論としてとりまとめられた「変わりゆく環境における公共緊急サービスの社会対話に関するガイドライン」を、宮﨑がわざわざ翻訳し（宮﨑2005）、法政大学の『法学志林』で紹介したのは、このガイドラインを活用して「対話」につなげて欲しかったからである（宮﨑2006：53）。

しかし、「対話」を行うにも、まずは消防職員自身がもっと勉強しなくてはならない。現場の消防職員は、これまで「上」から言われたことを「当然のもの」として受け止めるばかりで、消防行政がどうあるべきか、他の行政分野に対し消防行政はどのような貢献が可能なのかといった点について、きちんと考えてこなかったからである。宮﨑はそのように考えていたからこそ、消防職員から学ぶためだけでなく、消防職員を叱咤激励し、学びをうながすべく、全消協に積極的に関わったのであった[17]。

（3）　ズームレンズ理論と消防行政論の接合──その理論的意義

ズームレンズ理論は、以上の宮﨑の消防行政論と接合されることで、そのポテンシャルが引き出されるように思われる。その結果、同理論の有効性が高まり、金井の立論への対抗的オルタナティブとしての意義を発揮することになるというのが、筆者の見立てである。最後にこの点を論じて、本稿の結論としたい。

第1に、宮﨑のズームレンズ理論が消防行政論と接合されることで、「領域社団」として自治体を語ることの具体的意味合いが明らかになるように思われる。キーワードは「地域性」である。これは言うまでもなく地域的条件によっても規定されるが、そこに住む人々あるいはその関係性が育んできた面もある。この「地域性」は、「私たち」というアイデンティティを支えるものでも

---

(17)　中村氏、門間氏、谷内氏へのヒアリング（2024年8月3日）による。

ある。「領域社団」という側面を正面から打ち出すことによって、宮﨑は、この「地域性」の重要性を語ろうとしたのではないか[18]。

宮﨑は、筆者へのメールの中で次のように述べている。「消防行政は、戦後の自治を基本とした民主改革で誕生したことを銘記するべきです。警察から分離独立したことには大きな意義があるはずです。要するに『地域性』を消防行政から抜いてしまうことは、単に機能や消防力の問題を超えた問題を呈するのではないかという論点の存在です」[19]。

機構的自治体観は、まさにここで言うところの「機能」や「〜力」（消防力だけでなく、各行政分野あるいは分野横断的に自治体に求められる各種の能力）に着目して自治体をとらえがちである。しかし、そこには危うさが潜んでいる。そのことを宮﨑は指摘していたと思うのである。「地域性」を規定し、「地域性」に規定されている「私たち」が地域ごとに実情に合った最適の消防行政のあり方を民主的に決めていくというのは、「地域性」を消防行政に吹き込むことでもある。宮﨑は、その重要性を、「消防行政が、戦後の自治を基本とした民主改革で誕生したこと」の中に見出していたのであった。

第2に、ズームレンズ理論が宮﨑の消防行政論と接合されることで、政府機能を信託する社会構造の政府機能の発現形態の多様性の一端が具体的に示されている。消防団という存在に見られるように、「私たち」は単純にすべてを機構に信託するわけではない。消防行政においては、常備消防はあっても、それとは別に住民が公務の一部を担い続けるというあり方が併存している。まさに機構的自治体観においては等閑視されていた「公務住民」の存在がクローズアップされているのである。

そして、いざという時には常備消防だけでは対応は不十分になるのであって、消防団およびコミュニティとの連携が重要であること、つまり「公務住民」との「協働」が重要であることを、宮﨑は重視している。この点もまた、住民自

---

(18)　こうした理解は、「自己統治が特定の場所に根ざした活動であり、またその場所やそれが具現化する生活様式に忠誠を持つ市民によって担われる活動である」（サンデル2011：285）ととらえる共和主義的な伝統（コミュニタリアンの立場）と高い親和性を有している。ただし、宮﨑がこうした政治思想の系譜をどこまで意識していたかは定かではない。
(19)　2019年9月23日付の筆者宛てのメール。

らがサービスを生産・提供することにつき、「動員」という観点で否定的にとらえる機構的自治体観に対するアンチテーゼということになろう。

　以上のように、宮﨑のズームレンズ理論は、消防行政論と接合することによってその有効性を高め、金井の立論への対抗的オルタナティブとしての意義を発揮することになるのである。

おわりに

　以上、本章では、宮﨑さんのズームレンズ理論と消防行政論を取り上げ、その意義を論じてきた。「はじめに」でも触れたように、その理解や解釈において、必ずしも宮﨑さんの意に沿うものにはなっていない部分もあるかもしれない。しかし、筆者としては、宮﨑さんの論文や講義録やメールから直接引用したり、宮﨑さんと親しかった方の証言を参考したりすることによって、できる限り正確な再現を試みたつもりである。

　大学院だけでなく、地方自治総合研究所でも先輩後輩の関係にあったということもあり、時折、「なぜこんなに自分のことを気にかけてくれるのだろう？」と思ってしまうほど、宮﨑さんには本当にお世話になった。筆者が自治体学会に深くコミットするようになったのも、宮﨑さんがきっかけである。本当に感謝しても感謝しきれない。

　今でも目を閉じると、宮﨑さんがにこやかに語りかけている姿が目に浮かぶし、メールの末尾の「すいがんの宮　でした。　　ごきげんよう。」という決め台詞を懐かしく思い起こす。宮﨑さんが亡くなってしまったことは本当に残念極まりないが、宮﨑さんのことを忘れることは一生ないだろう。

　これからも宮﨑さんへの感謝の気持ちを忘れず、彼が遺してくれた知的財産とそこに秘められた想いをしっかり引き継いで行ければと考えている。本稿は、そうした筆者の決心の現れにほかならない。

参考文献

・井出嘉憲（1972）「地方政府論」『地方自治の政治学』東京大学出版会。
・今井照（2014）『自治体再建──原発避難と移動する村』ちくま新書。

第2章　自治体に住民は含まれるのか？

・金井利之（2015）「公務住民側面から見た自治体・空間の関係」『自治総研』2015年4月号。
・金井利之（2018）「自治体という存在―群民的自治体観と機構的自治体観」幸田雅治編著『地方自治論―変化と未来』法律文化社。
・金井利之（2019）「地域振興（2）」『地方自治職員研修』2019年3月号。
・金井利之（2023）「これからの地方自治における『住民』」『自治研かながわ』203号。
・拳酔眼（1996）「松本広域消防局を訪ねて」『月刊自治研』1996年10月号。
　　　＊「拳酔眼」は、宮﨑伸光のペンネームである。
・サンデル，マイケル（2011）『民主政の不満―公共哲学を求めるアメリカ（下）　公民性の政治経済』（小林正弥監訳）勁草書房。
・嶋田暁文（2020）「自治体は何のために存在するのか？なぜ農山漁村は大事なのか？」『自治体学』34号。
・嶋田暁文（2021）「自治体に住民は含まれるのか？」『自治日報』2021年7月16日号。
・総務省消防庁（2007）『市町村の消防の広域化―強くなる地域の消防力』。
・総務省消防庁（2024a）『令和5年度　消防白書』。
・総務省消防庁（消防・救急課）（2024b）「消防広域化関係資料」。
・飛田博史（2007）「消防の広域化と行財政の効率化」『自治総研』2007年7月号。
・永田尚三（2005）「わが国救急行政の課題についての一考察」『武蔵野大学現代社会学部紀要』6号。
・永田尚三（2020）「市町村の消防行政―小規模消防本部の現状」佐野亘＝山谷清志監修、焦従勉＝藤井誠一郎編著『政策と地域』ミネルヴァ書房。
・永田尚三（2023）『日本の消防行政の研究―組織間関係と補完体制』一藝社。
・西尾勝（政府間関係研究集団）（1983）「新々中央集権と自治体の選択」『世界』1983年6月号。
・西尾勝＝松下圭一（1984）「転換期の行政イメージ」『都市文化をデザインする―松下圭一対談集』有斐閣。
・廣瀬克哉（2020）「まちの消費者からまちのオーナーへ」『月刊地方自治職員研修』2020年3月号。
・宮﨑伸光（1996）「転換期の消防行政」『月刊自治研』1996年10月号。
・宮﨑伸光（2000）「常備消防行政体制の広域体制」『自治総研』2000年10月号。
・宮﨑伸光（2001a）「抜本的行政制度改革における漸変性と跛行性―警防団から消防団へ」『法学志林』98巻4号。
・宮﨑伸光（2001b）「消防行政における勤務時間と休憩時間」『自治総研』2001年11月号。
・宮﨑伸光（2005）「対訳 ILO『変わりゆく環境における公共緊急サービスの社会対話に関するガイドライン』」『法学志林』103巻1号。
・宮﨑伸光（2006）「東京における消防行政の今日的課題」『るびゅ・さあんとる』6号。

・宮﨑伸光（2007）「消防行政における広域再編の新展開」『信州自治研』187号。
・宮﨑伸光（2017）「『自治』および『行政』―自治体の基礎理論に向けて」『法学志林』114巻3号。
・宮﨑伸光（2020a）「対訳　ILO『公共緊急サービスにおけるディーセント・ワークに関するガイドライン』」『法学志林』117巻2号。
・宮﨑伸光（2020b）「消防救急行政におけるディーセント・ワークの確立のために―新型コロナウイルス感染症（COVID-19）への対応事例から」『労働の科学』75巻5号。
・宮﨑伸光（2020c）『自治体論Ⅰ　講義録第1回～第8回』（本書に収録）。
・宮﨑伸光＝石川正紀＝森公良（2012）「（座談会）消防職員がみた東日本大震災」『月刊自治研』2012年3月号。
・森啓（2006）「自治体の概念」『自治体学の20年　自治体学会設立の経緯』公人の友社。
・山下茂（2010）『体系比較地方自治』ぎょうせい。

第3章
自治体と市民のあいだ
──「自治体論」の射程をめぐって

土 山 希 美 枝

I　本稿の目的と構成

1　宮﨑伸光氏講義が「自治体論」であることの示唆

　宮﨑伸光氏が、ご逝去の直前2020年前期のなかばまで、法政大学法学部で担当されていた学部講義科目は「自治体論」であった。

　自治体、法律等では「地方公共団体」となるこの団体をあつかう科目は、「地方自治論」と称されることが多い。そこで、宮﨑氏の2020年度初回講義は、この科目を「自治体論」として設計し開講することの意味が語られる。さらに、字面では自治の主体とも政策の主体とも読みとれない公式名称「地方公共団体」を使わないことはもとより、「中央」との相対関係から導かれる「地方」の語を使うこともやめ、「自治体」を「論」として展開することの意思と根拠が語られるところから講義は始まる（宮﨑 2020：第1回講義）。

　「自治」や「自治体」という用語も、われわれがいま体感している文脈で用いられてきた歴史は長くない。市民にもっとも近い政府であり、自治の機構である「自治体」と、自治の政治主体である「市民」とが、どのように今日の位置にたどり着いたか。この文脈はいままた、「自治の萎縮」ともとらえうる様相をみせている。宮﨑氏が語った「自治体論」の基盤を確認し、その現在地を示すことが、本稿の目的である。

2　本稿の構成

本稿では、第2節で、政府セクターに存在する地域政策の主体としての「自治体」の発見から2000年地方分権改革で地方政府として位置付けられるにいたった歴史的経緯を、第3節で地方政府としてのこんにちの社会における位置と、自治体政策と深くかかわる政策主体としての市民の存在を、松下圭一の都市型社会論をふまえながら確認する。第4節では、行政の政策展開の「協力」が期待されてきた市民社会セクターの政策主体が、ときに自立した主体としての境域を曖昧にした「支援」の対象になっている問題性を、第5節ではそうした「期待」の2024年における帰着点とも言える地縁系団体の再編組織化、とりわけ指定地域活動団体の政治的な文脈の上での危うさを指摘し、他方、地域を共通の関心事とする市民・住民の活動主体の意義を改めて確認する。

II　自治体の発見

1　敗戦から1960年代なかばまで

日本国憲法では第8章に「地方自治」がおかれているが、敗戦後、現行憲法の策定過程のなかで、日本側は地方自治の規定に大きな力を注いでいなかった。天川（2016：3-4）によれば、大日本帝国憲法の部分改訂を前提にした政府案はもとより、高野岩三郎らの憲法研究会案にも地方自治をめぐる条文はなく、初めて登場するのは1946年2月のGHQの憲法モデル草案であって、「地方行政」（self government）をめぐる条文が書き込まれていたという。

しかし、憲法案を詰めていく過程では、国─自治体関係をめぐる日本政府の「感覚」あるいは設定を読み解ける事象をみることができる。たとえば、知事公選をめぐっては、GHQとの交渉でも大きな論点となった。また、GHQとのやり取りの過程では「local government」と表記されていた自治体は、成立時は「local public entity」地方公共団体となった。日本国憲法の成立後も、公選された首長を国省庁の下部機関とみなす機関委任事務体制が残り、「地方自治の本旨」をめぐる議論は、曖昧で宮﨑氏も「重きを置かない」（宮﨑 2020：第2回講義）とした「団体自治」「住民自治」という表現で説明された。内務

省の解体があっても、自治体は国政府の、より具体的には各中央省庁の、下部機関としての位置付けが維持されていたといえるだろう。

2　高度成長の本格化と地域課題の顕在化

しかし、理念と体制が刷新されても、それを使って実現される事象がなければ変革は起こらない。この意味では、「自治」とその機構としての「自治体」の変革は、高度成長の本格化によって顕在化された、地域で解決されるべき課題にたいするさまざまな動きが牽引することとなった。

60年安保改訂反対運動によってもたらされた現行憲法体制の安定（猿谷2021）は、経済成長を加速させていくが、それは過密と過疎の進行をともないながら進んだ産業と生活様式の急速な工業化であった。これが、社会資本、社会保障、社会保健をめぐるさまざまな政治・行政の課題を、過密地域だけでなく過疎地域でも異なる様相で顕在化させていった（西尾1977）。

地域課題は地域における解決を模索する。住民運動・市民運動が反対と批判から始まるのは、市民参加・情報公開が未熟であった当時、むしろ当然であった。だが、1963年の地方統一選から始まる革新自治体の潮流は、市民にもっとも近い政府として地域課題に対応する自治の機構、政策主体としての「自治体」というありかたを「発見」させ、そこに地域政策にたいする市民の参加という関与の方法をもたらすことになる（松下1991, 1996）。

3　革新自治体から先駆自治体へ

革新自治体の潮流は、「自治・分権」の理念、それにたいする自治体政策という成果、「参加と情報公開」という基盤手法を、日本の自治体に普遍的なものとした（土山2007：5章）。革新自治体という名称は革新勢力に由来したが、その潮流がもたらしたのは文字どおり自治の「革新」だった。

当初、多くの革新首長候補者が掲げた「市民生活最優先」という旗印は、戦前から続くナショナルイシューとしての「経済成長」にたいし、大気汚染、水キキン、ゴミ戦争、交通戦争など鬼気迫る名称でよばれた都市地域の生活環境の改善を優先することを意味し、公害協定や宅地開発要綱などの手法をはじめとして、政府・中央省庁に対峙する場合もあった。中央省庁の下部機関として

は想定されていない独自の動きや政策主体としてのとりくみを展開すること
は、とりわけその始動期は政府・与党に対抗する党派性をもつ首長だからこそ
とりえる立ち位置であったといえる。

　自治体改革の嚆矢は革新政党を支持母体とする首長によって放たれたが、市
民の支持やそのとりくみの評価が高まっていくと、その言説は党派をこえて共
有されていく[1]。「地方の時代」が流行語となった1980年代には、数としての
「革新自治体」は減少するが、これは自治体革新の普遍化という文脈で理解さ
れよう（土山 2007）。

　2000年以降に制定が進む自治（体）基本条例、議会基本条例の多くが、行
政・議会のありかたとともに、その基本方針として「市民参加・情報公開」を
掲げることになるが、その基礎は革新自治体という潮流がもたらした自治体の
革新が築いたといえるだろう。

4　2000年分権改革

　1993年、超党派議連によって提案された「地方分権の推進に関する決議」は、
1995年の地方分権推進法、地方分権推進委員会の設置にいたり、中間報告をへ
て1999年の地方分権一括法・地方自治法の大規模改正、いわゆる2000年分権改
革につながっていく（西尾 1999）。

　かつて「local government」から「local public entity」＝地方公共団体へと
呼称を置き換えられた自治体は、この改革では「地方政府」と位置付けられ、
機関委任事務と通達は全廃され、国―自治体関係は「上下・主従から対等・協
力へ」変わるとされた[2]。明治以来の近代化で設定されてきた国の「統治」シ
ステムにたいする、極めて大きな変革であった。

　この変革を用意した背景には、自治体からみれば高度成長以来の自治体革新

---

(1)　その意味で象徴的だったのは、「中央直結か住民直結か」のスローガン対決といわれた
　1971年東京都知事選で、当時の佐藤栄作首相と政府与党の強力な支援を背景に立候補した
　秦野章にたいし「広場と青空の東京構想」を掲げ二期目をめざした美濃部亮吉が大差で当
　選したことであった。参加と情報公開、市民生活最優先といった旗印は、党派にかかわら
　ず共有されていくようになっていく（土山 2007）。
(2)　たとえば、地方分権推進本部（2000）『スタート！地方分権』など、政府系のパンフレッ
　トをはじめ、このスローガンは2000年分権改革をあらわすものとしてひろく用いられた。

による理念と手法、自治体独自政策の多様な蓄積という成果があるが、国から
みれば事業を縮減させ支出を削減する、行政改革というコストカットの必要も
あった。1990年代後半から長引く経済的停滞、むしろ増大する行政需要の拡大
は、自治体の政策資源にも深刻な影響を与えることとなる。

　2000年分権改革で、国一自治体関係の再設定がなされ、機関委任事務体制が
なくなったという変化も、その制度を運用してうまれる成果つまり「実現され
る事象」が乏しければ、形骸化しうる。2014年のいわゆる「増田レポート」[3]
のインパクトにつづいた「地方創生」政策は、中央省庁による政策誘導を強く
し、人口獲得をはじめ自治体間競争を惹起しながら進んでいった。

　多くの自治体で社会と経済が縮小し、コロナ禍をへて痛みと疲弊が可視化さ
れている。社会と経済が困難な状況であればなおさら、自治体政策における創
意工夫や先駆となる模索が、求められているといえるが、分権による制度変革
が存分にいかされているとはいえない状況にある。

Ⅲ　地域社会の構造変動と「都市型社会論」

1　高度成長期の社会変動と「都市型社会論」

　1950年代から社会の変化をいち早く捉え日本における「大衆社会論」を展開
した松下圭一は、自治体の基盤である社会構造の変化を「都市型社会」化と
し、都市型社会における政治・政策の条件を整理した。

　松下によれば、人類史の第一の画期となる農耕という生産手段革命によって、
農業と農村が社会・経済・文化の基盤となる農村型社会があらわれ、数千年続
いてきたが、第二の画期となる工業化・民主化＝近代化が17世紀ごろから広が
り、世界規模では現在もその変化は進行中であるが、社会形態を都市型社会に
変容させていく（松下 1991：18-23）。

　近代化の過程では、農村型社会の特徴であるイエ・ムラで構成される地域自

---

(3)　増田寛也氏を座長とする日本創成会議・人口減少問題検討分科会が2014年5月に発行し
　た「成長を続ける21世紀のために『ストップ少子化・地方元気戦略』」。会議の名称は「創
　成」であったが、安倍政権下に「地方創生」として「まち・ひと・しごと総合戦略」の策定
　が自治体に求められた。

給を実現する地縁共同体とそれを基盤に成立する身分・伝統による支配が動揺し、崩れていくことになる。社会契約説は「自由・平等な個人」の「信託」により政治権力を正統化するモデルを生み出していたが、アメリカ独立戦争、フランス革命をはじめとした動乱を経ながら、現実の社会に制度として実装されていったといえる。数百年かけて、こんにち、世界のほとんどの国が政府が「自由・平等な個人」の「信託」によりつくられる「民主制」を、少なくともモデルとしては採用している。

　松下は、農村型社会から近代化をへて都市型社会にいたる過程で展開される政策を以下のように類型化している【表3-1】。

表3-1　社会変動と政策類型

農村型社会	近代化（＝工業化・民主化）			都市型社会
原基型政策 （伝統政策）	近 代 化 政 策 Ⅰ型 ／ Ⅱ型 ／ Ⅲ型			Ⅲ型段階の市民課題 （市民型政策？＊）

	農村型社会	近代化 Ⅰ型	近代化 Ⅱ型	近代化 Ⅲ型		都市型社会
特徴	支配層の 支配の継続	政治装置の構築・ 統一基盤の形成	生産力の整備・ 国富の増大	生活権の保障・ 国富の再配分	政治スタ イルの転換	世界共通 課題
政策展開	治安・軍事 貢納・徴税	行政・議会・裁判所など創設 国語、通貨、度量衡など統一 道路など交通、通信など整備 教育制度、国民宗教など擁立	資本蓄積 （国内／植民地） 経済開発 （保護貿易／自由貿易）	社会保障・ 社会資本・ 社会保健 シビル・ミニマム の公共整備	分権化 国際化 文化化	国際人権 南北調整 環境保全 危機管理 （核・侵略・災害）
構造変動 政治理論		権力の構造改革 一元化理論 （国家主権）	経済の構造改革 二元・対立型理論 （階級闘争）	社会の構造改革 多元・多重型理論 （市民自治）	分節政治理論	
現代分化	財政政策 治安政策 軍事政策	基盤政策	経済政策	福祉政策 都市政策 環境政策	分権化政策 国際化政策 文化化政策	国際人権政策 国際経済政策 国際環境政策 国際平和／協力政策

歴史的展開　→　現代的再編

松下（1991:36-46、1996:12、1987:4）から土山が作成。ただし、行のタイトルは「現代分化」以外は土山が設定。
＊松下（1987、1991）では「市民型政策」が使われているが、後年の松下（1996）ではこの用語は使われず、「Ⅲ型段階の市民課題」とされる。

　ひとびとの暮らしに目を向ければ、それを支える基盤は、農村型社会では地域自給する地縁共同体を基盤とした身分・伝統であるが、近代化をへて、都市型社会では〈政策・制度〉のネットワークとなる。松下の整理によれば、農村型社会以来の治安・軍事、貢納・徴税をさす原基型政策に、近代化の過程では、国政府に権力を一元化する近代化Ⅰ型政策、国富の増大をめざし経済構造

の変容をすすめる近代化Ⅱ型政策、近代化の進行がもたらす社会構造の変化に対応し国富の再配分による社会権・生活権の保障をめざす近代化Ⅲ型政策がくわわっていき、Ⅲ型政策段階に入るころ都市型社会への移行期となるとされる（松下 1991）。

　ところで、近代化Ⅲ型段階とされる社会資本、社会保障、社会保健政策は、自治体政策の領域でもある。ひとびとの暮らしはかならずどこかの場所で営まれる。生活権が〈政策・制度〉による保障の対象となるとき、そこには、その場所つまり「地域」固有の状況が密接に関わってくる。つまり、社会資本・社会保障・社会保健は地域固有の課題状況を反映した自治体政策を必要とする。松下が1970年代に松下が造語し提起した「シビル・ミニマム」論（松下 1971、松下・北海道町村会企画調査部 2003）は、近代化Ⅲ型段階の政策展開における自治体政策の独自領域の存在を示したものでもあった。

　都市型社会は、〈政策・制度〉のネットワークがあってはじめてひとびとの生活が成り立つ社会であって、そこでの政府の役割は、ひとびとから集めた社会余剰を政策資源とし、ひとびとの生活に必要不可欠な〈政策・制度〉を整備することとなる。したがって、国も自治体も、対象とする領域と分担する権限は異なってもどちらも政府である。ひとびとの生活が政策課題の現場であり、自治体はそれに最も近い政府であり、補完性の原理が導かれる。とりわけ近代化Ⅲ型政策が展開される段階にはいれば、社会資本・社会保障・社会保健をめぐって、国政府と必ずしも予定調和しない自治体の政策展開が広がる。これが、分権改革につながる1980年代以降の状況であった[4]。

2　地域課題をめぐる政策主体の再設定

　こうした自治体政策の展開は、すでにみたように、自治・分権という理念、市民参加・情報公開という基盤手法を、ひろく、少なくとも言説では自治体に共通のものとしていったが、それにともない、地域課題をめぐる政策主体とし

---

[4]　1960年代から90年代まで、革新自治体などの先駆政策をあつめたものとして、『資料・革新自治体』（全国革新市長会・地方自治センター編 1990）、『資料 革新自治体（続）』（地方自治センター資料編集委員会 1998）、『戦後自治・政策・制度事典』、神原・辻道（2016）がある。

て市民・住民[5] の存在があたらしくあらわれてくる。

　地域課題をめぐる政策主体としての市民・住民のありようは当然ながら一様ではない。しかしその存在は社会形態を前提にとらえられる。地域におけるひとびとの集合体のありかたには生産形態が密接にかかわり、農耕と定着農業の開始はとりわけ大きな契機として位置づけられる。松下圭一は「農村型社会」宮﨑伸光は「定住型生活様式」とよび（宮﨑 2020：第5回講義3（1））、地縁共同体とそこでの規範、共同性をとらえている。

　松下（1991：36-40）によると、農村型社会においては、王権や帝権あるいは封建制における領主などの支配層がおこなう政策は、支配の維持を目的に社会余剰を集約するための治安・軍事、貢納・徴税という「原基型政策」として類型化される【表3-1】。農村型社会では政治また政策は統治の秘術として神秘化され、その主体は支配層となるが、王権、領主の権能としての原基型政策が展開されるとき以外、地域とそこに住むひとびとはその地域内の身分・伝統を規範として日々を営む。地域の「自治」は、この地域内の身分・伝統を規範とし基盤とする。ムラからイエの内部のひとりひとりまで、自明の理として存在する序列という身分と、受け継ぐべき伝統が共同体としてのありようを規定していたといえる。

　しかし、近代化は工業化・民主化によって、農村型社会とその基盤にある身分・伝統による安定を掘り崩していくことになった。世界規模でみればなお進行中であるが、この3～4世紀にわたる近代化＝工業化・民主化により、人口は地域から流動化[6] し、ひとびとは互いに自由・平等な固有の存在として社会また政治の最小単位として設定されることになった。民主化とは、自由・平等な固有の存在である市民による集合により代表者を選んで政府を構成し、特定の領域における権限の行使による〈政策・制度〉を信託する、ひとびとの集合つまり社会のありようをめぐる理論と制度の編成でもあるといえよう。

---

(5)　本稿でいう市民はcitizenをさし、住民は「地域に住み日々の暮らしを営むcitizen」をさす。市民は住民を包摂する概念であるが、「その地域に住んでいる」という視点で主体を検討する必要があることから、その場合の主体を限定する意味で市民・住民と表現することとする。
(6)　たとえば、1970年の国勢調査報告によれば、1960年から1970年の間、移動した人口は1億人にのぼる（土山 2007）。

もちろん、国レベルでも、地域レベルでも、この設定がすなわち実態となるものではない。だが、日本でいえば高度成長期、〈政策・制度〉がひとびとの暮らしの基盤として拡大・深化し、もとより脆弱なインフラのもとでおこった急速な生活と産業の工業化、これと相関する社会構造の変動のなかで自治体が政策主体として「発見」されたように、身分・伝統という規範をこえ自由な意志と行動によって市民・住民は、都市型社会の政策主体として多様な活動を展開していく。

　このように、こんにち、都市型社会の地域課題にたいして、地域の政府としての自治体と、個人としての市民・住民、また市民・住民の多様な集合つまり団体が政策主体として設定されることになる。

3　地域課題をめぐる政策主体としての市民の３面性

　都市型社会においては、多様な主体が多元的に政策主体となる【図3-1】。

図3-1　公共政策の主体

　政策は課題にたいして設定される目的・目標と手段の組み合わせ（松下1991：137-140）だが、都市型社会においては、個人の解決能力をこえ社会で共有される課題が「公共課題」となり、それに対応する政策が「公共政策」となる。

　公共政策のうち、政府が展開するものが「政府政策」となる。政府政策は、

たとえば予算の議決など一定の手続きによって決定され、その〈政策・制度〉は、実施を政府機構の内部で直接おこなわないとしても、政府の責任によって整備される。近代化をへて成立する都市型社会では、政府とは「その地域を構成するひとびとにとって必要不可欠な〈政策・制度〉をひとびとの信託によって整備する」ことを存在理由とする機構であり、したがって、その対象とする地域や範囲、政府間関係によって分配される権限の範囲は異なるとしても、国も自治体も政府である。むしろ、近代化Ⅲ型政策の段階に入れば、自治体との政策領域はひとびとの暮らしという課題の最前線にあり、その課題にたいしてみずから政策を展開できるように、補完性の原理とそれに基づく地方分権が重要視されることになる。効果の高い政策は類似の課題をもつ地域の先駆政策として参照されることからも、積極的な政策開発が期待される。政策資源が縮小すれば、本来はさらに、資源を有効にいかす政策手法が求められる。

〈政策・制度〉が拡大・深化する都市型社会において、公共政策の主体は、政府政策を展開する国・自治体のみではなく、市民社会セクターの主体、市場セクターの主体に広がり、その公共政策の展開が重要視され、存在感を増すことになる。

市民社会セクターの政策主体は、きわめて多様多元である。とりくむ課題は地理上の空間を特定することもしないこともあり、個人であるか団体であるかも多様である。その活動は大別すれば３つの面を持つ。①社会のメンバーとしての側面、②〈政策・制度〉のユーザーとしての側面、③政府のオーナーとしての側面である（土山 2018）。

なによりもまず①社会のメンバーとして、市民・住民は〈政策・制度〉のネットワークを共有している。個人では解決できない、この〈政策・制度〉にかかわる課題を抱える「困っているひと」つまり当事者と、それを「ほっとけないひと」つまり支援者が、主体となって〈政策・制度〉にかかわることが、この面での政策主体としての市民・住民のありようである。

さまざまな〈政策・制度〉のありようによって、社会とそこで営まれるひとびとの暮らしは影響を受ける。みずからを対象とする〈政策・制度〉の②ユーザーとして、既存の〈政策・制度〉によって起こる状況にたいして向き合う面がある。国・自治体の〈政策・制度〉にたいしてだけではなく、たとえば企業

第3章　自治体と市民のあいだ

の経営戦略にたいするボイコットなども挙げられる。

　さらに、いうまでもなく、主権者として位置付けられる市民・住民は政府に正統性を与え政策資源を負担する③政府のオーナーである。こんにち、設定のみか実態をともなうかは別として、市民参加と情報公開を重要視しないとする自治体はない。また、地方自治法には、条例の制定・改廃という政策の直接制御、信託の解除手法としてのリコールがすでに装備されているだけでなく、自治体独自にパブリックコメントや審議会委員の公募など特定の政策へ市民・住民の声を反映させる制度を装備していることもめずらしくない。

　これら3面は、市民の政策主体としての活動のうえでは、明確に分割されるというよりも、ときに重なる部分をもつものといえるが、政府機構としての自治体政策には、市民は②自治体〈政策・制度〉のユーザーとして、③自治体政府のオーナーとして関与し、①社会のメンバーとしての政策展開では、地域やその課題を共有する自立した政策主体として存在し、自治体と政策主体間関係を形成するといえるだろう。いわゆる「協働」は、本来この①社会のメンバーとして当事者・支援者が政策主体として自立してその課題にとりくむ側面であるはずだ（土山 2015）。

　それでは、町内会・自治会といった地縁団体と自治体はどのような関係にあるのだろうか。町内会・自治会は地縁によって形成される任意団体で、自立した活動団体である。したがって、①社会のメンバーとして活動する団体である。しかし、それでは町内会・自治会のありかたの説明にはならない。自治体行政からみたとき、町内会・自治会は、地域によっても濃淡があるが、行政施策の実施を支援する機能をもつ特別な存在として理解されている。この機能そのものについても議論がなお残るが、地縁によって形成される任意の市民・住民活動の団体としても、そのありかたや運営の継続が懸念される状態にある。この状況をどのように整理することができるだろうか。

IV　自治体と市民のあいだにある「期待」と「制度」

1　市民（による）政策と政府政策との境界

市民と公共政策とのかかわりは、前述のように①社会のメンバー、②〈政策・制度〉のユーザー、③政府のオーナーの３面がある。

いわゆる「協働」をめぐり、NPOなどをはじめとする市民政策主体と自治体の関係を「対等」とすることがあるが、これは市民の側からすれば①社会のメンバーつまり当事者と支援者を「自分たち」として公共課題にとりくむ政策主体としての視角となろう。①②③の面は明確に区分され独立して存在しているわけではなく、たとえばパブリックコメントを募集するときには、自治体は②また③の面から市民に呼びかけることになる。市民からみたときには①の立場からパブリックコメントを投稿することがあったとしても、寄せられた投稿は②③のものとして扱われる。自治体が①としての声を求めるときには、当事者ヒアリングなどの形をとることになるだろう。

くり返すが、政府政策は、なによりも「その地域を構成するひとびとにとって必要不可欠な〈政策・制度〉の整備」であることを特性とする。国も自治体も、政府が整備することができるのは必要不可欠な、いいかえれば最低限度の水準にとどまる。都市型社会、とりわけ近代化Ⅲ型政策の展開は、ひとびとの生活権を社会資本、社会保障、社会保健によって保障するもので、その〈政策・制度〉はひとびとの生活基盤の整備となる。ひとびとの営みにあらわれる公共課題は無限だが、政府がもつ資源は有限である。したがって、資源を配分し政策によって対応する課題とそうでないものがある。本来、財源や権限など市民・住民の自由の領域にある資源を強制的に集めることなぜ正統性をもつかといえば、それが「市民・住民じしんにとって必要不可欠な〈政策・制度〉の整備」のためであるからとなろう。

政府政策は、「その地域を構成するひとびとにとって必要不可欠」であることに正統性をもつが、それを制度上担保するものが、行政の内部では長を頂点とする行政の裁量と、より高次には議会による予算の議決が、その〈政策・制

第3章　自治体と市民のあいだ

度〉、最小単位としては事業への資源の配分を担保している[7]。行政の内部での意思形成また議会の議決は、課題状況が争点化されなければならず、時間がかかる。政府セクターの政策は、意思決定されれば当該地域にひろく展開され、そのための資源が投入されるが、その意思決定には一般的には時間がかかることに特徴づけられる。

　これにたいして、市民社会セクターの政策は、「困っているひと」である当事者と「ほっとけないひと」である支援者の自発性によって展開されるため、広範な争点化にいたらない段階でも、当事者・支援者の「困りごと」にたいする共感を軸に起動できる柔軟性がある。しかし、その課題の対策が、政府政策や大きな資源を必要とするときには、課題の共有をつうじて社会のなかで可視化させること、とりわけ政府政策にアクセスするときには現状を変更をめぐって〈争点化〉することが、その活動の過程で一貫して必要になる。市民社会セクターの政策主体（以下、市民政策主体）は、国境なき医師団などのように巨大な資源を寄付など市民社会セクターの内部で、調達することができる団体もあるが、一般には、調達できる資源量は大きくない。当事者・支援者の自発性に基づく、市民政策主体の自治としての政策展開は、柔軟な課題対応ができるが組織化や資源の確保が課題となる。

　市民社会セクターの政策課題は、政府セクターの政策課題と重複しうる。そのため、重複した活動領域では、政策主体間関係による連携・協力により、相互に負担の軽減や効果の上昇がありうる。これがいわゆる「協働」の効果さところである。ただし、市民政策主体と自治体との政策主体間関係は、「協働」におさまらないし、おさめるべきでもない。

2　自治体と市民の政策主体間関係

　市民政策主体と自治体の間には、政策主体としてどのような関係がありうるか。

----

(7)　ただし、自治体の予算・決算は款項目節でなされるため、個々の事業への資源配分が可視化されているとは限らない。事業別予算・決算を按分による職員人件費をふくめ公開している自治体として、兵庫県川西市がある。また、総合計画による事業レベルで予算・決算を連動させる体系的整理をおこなっている団体として、岐阜県多治見市や多治見市を先駆として導入した北海道栗山町がある（土山 2016）。

63

まず、関係がないこともありえる。課題や課題の対象が交錯していても、相互の存在や活動を知らなければ、政策主体間関係はないことになる。もちろん、〈政策・制度〉がネットワークとして機能することを考えると、関係がないことは望ましいことではない。

　相互に存在と活動を認知している場合、一方には「連携・協力」の関係を、他方には「緊張・競争（もしくは対峙）」の関係を置くことができるだろう【図3-1】。「連携・協力」の関係の基本は、その関係によって政策の効果を相乗したり負荷を軽減したりすることができる互恵的連携となる。ここで重要なことは、自立した主体どうしの関係であることであって、契約や金銭の移動がともなうかには着目しない。

　「緊張・競争」の関係は、たとえば自治体が設定する制度や基準では対応できない内容に市民政策主体が踏みこんでとりくむ場合、また自治体の政策手法を批判しみずからとりくむ場合などが挙げられる。「緊張・競争」関係は、市民政策主体の政策活動の結果、自治体政策の制度や基準が更新されたり政策手法が変化したり、あるいはもっと単純に当事者・支援者からみて選択肢が拡大するといった展開になりうる。「緊張・競争」関係も、〈政策・制度〉のネットワークという視点からとらえれば否定されるべきものではなく、むしろ必要で積極的に評価されるべき関係であるといっていい。

　政策主体間関係といっても、こうした関係は団体間の関係にひもづくというよりも政策課題にひもづくとみていいだろう。つまり、同じ市民政策主体と自治体が、ある政策課題をめぐっては「連携・協力」の関係にあるが、また別の課題をめぐっては「緊張・競争」の関係にあることもあり得る。ただし現実には、こうしたいわば政策課題単位を最優先にした割り切りは容易いことではないであろう。

　現実には、地域における市民・住民と自治体との関係もまたこのような政策主体間関係、とりわけ目的の異なる団体どうしの自立した関係を明確にして動いているわけではない。1990年代後半以降、自治体でひろくいわれるようになった「協働」について、名和田（2007）は「財政危機のために行政サービスが縮小し重点化する中で、必要とされる公共サービスを確保するために、「市民社会」の中にある公共的な力（これを「新しい公共」ということが多い）と

行政の力とが協力することを意味している」とする。この時期は、自治体の政策資源の縮小が財政危機として顕在化してくる時期でもある。市民政策主体にたいする自治体行政からの協力者としての「期待」は、国と自治体財政の悪化、合併と定数減という自治体の状況のなかで、市民政策主体の存在感の拡大にともなって、大きくなっていったともいえる。

3　市民政策主体にたいする自治体の「期待」

　自治体の「期待」は、自治体と市民政策主体との関係にどのような影響を与えてきたのかをみてみよう。

　1998年に創設された特定非営利活動法人法（NPO法）は、市民政策主体を法人化する制度というかねてからの議論の結実であったが、1995年の阪神淡路大震災にさいしてさまざまな市民・住民が、個人また集団として関わったことで、その必要性の認知が高まるだけでなく、この制度により特定非営利活動法人（NPO法人）は急速に増大した[8]。

　こうした公益活動団体の増大を、自治体も後押しをした。NPO団体の登録は都道府県・政令市の所管となるが、市民公益活動を自治体が中間支援組織を設立するなどして支援するだけでなく、その主体やNPO法人数の増大を政策目標として「育成」する自治体も少なくなかった。

　NPO法人数が増大する一方で、NPO法人と自治体との間の関係は、市民社会セクターの自立した政策主体と自治体との政策主体間の「連携・協力」「緊張・競争」にあったとは言いにくい。「官製NPO」「囲い込み」といわれるような行政機構との距離と「下請け化」「安上がり行政」といわれた事業の担い手としての関係が問題視された。

　この状況を動かしていたものが、自治体の市民政策主体への「期待」であるとして、その「期待」はなににたいするものだったかといえば、やはり名和田（2007）が整理したように、自治体の「行革」にともなう行政サービス縮小の受け皿としての部分が少なくなかったといえる。拡大してきた自治体事業のな

---

(8)　2000年には3,800団体、2010年には約4.2万団体、2017年の約5.2万団体を最高に、2020年には約5.1万団体となっている。内閣府「NPO法人数の推移」https://www.npo-homepage.go.jp/uploads/kiso_ninsyou_nintei_insatu.pdf（2024年9月30日最終確認）。

かで、止めることが難かしい部分を、公益活動団体だから、非営利だから、現実として安価に外部化でき少なくとも言説の上では良質の行政サービスの担い手として位置づけうる市民政策主体へ「期待」が、「新しい公共」という切り口で語られてきた側面がある。それが市民政策主体にとっても対等で互恵的な「協力」関係であることが本来の姿であるはずだが、巨大な官僚機構と資源の動員力の弱い市民政策主体の間での「対等」な「協力」関係であること自体が簡単ではないことは理解できるだろう。

　自治体の財政危機を受けて縮小する行政サービスを担うことが市民政策主体の主体性また自発性にかなうこともありえよう。ただし、それは自治体レベルの必要不可欠（ミニマム）からそのサービスが外れることであり、その後それを展開していくかどうかは市民政策主体の主体的判断による。そもそも、自治体がおこなうより専門性や適性が高いのであれば、人件費をふくめ十分な資源が移動されるべきであろう。しかし、しばしば批判された人件費を含まない助成や事業委託がなされ、巨大なタテ割りの官僚機構である自治体との連携のしにくさなどもあり、市民政策主体の活動の持続可能性がスポイルされていく現象は「協働疲れ」や「燃え尽き」ともいわれた。

　1990年代後半から今日にいたるまで厳しくなる自治体の政策資源の制約は、自治体職員を大きく減少させた[9]が、自治体の事業の背景にある行政需要が減ったわけではない。2000年の分権改革の背景で推進された市町村合併、「新しい公共」により進んだ指定管理制度をはじめとする多様な自治体行政展開の外部化は、市民政策主体をその担い手として、互恵性や政策主体間の自立性をふまえて展開したというよりは、政策主体間の境域を「期待」によって侵食したようにもみえる。

　市民政策主体として、NPO法人を念頭においてここまでこんにちの状況を整理してきたが、町内会・自治会なども①社会のメンバーとして地域というつながりで構成される成員による活動団体である。このように位置づけるとき、地縁系団体も、NPO法人と同じ行政の施策展開、具体的には行政サービスの

---

(9)　財政の逼迫は、事業単位でのコスト計算が一般的でない自治体行財政のなかで、職員定数削減による人件費削減を大きく進めた。一般行政職員は2006年のピーク時にくらべ、2020年ごろには約27％減となる（総務省 2024）。

提供にたいして、NPO法人よりはるかに以前からその担い手また受け皿として「期待」されそれを展開してきたと見ることができる。

　いうまでもなく町内会・自治会は戦前戦中には、国→自治体→市民・住民という行政施策展開の末端を支える機構として機能してきた。戦後、町内会・自治会は任意団体となったが、ほとんどの自治体で、もちろんどのような「協力」を求めるかは異なるとはいえ、その機能は残されてきた（都政調査会 1960）。市民政策主体が高度成長をへて可視化される以前から、セクターの境域を曖昧にしつつ、「協力」は展開されてきた。

　町内会・自治会にたいする自治体が「期待」する「協力」は、回覧板や掲示版を典型とする周知・広報だけでなく、広聴あるいは地域の意思の集約・形成の面もある。行政サービスだけでなく、政治的な機能も果たしてきた。そうした「期待」に応える「協力」は、地域社会の変動が進むなかで難しさを増していく。地縁系市民政策主体の前提条件の変化により、加入率の低下と役員の担い手の不足がすすむ一方で、「協力」の負荷は、自治体の状況から、必ずしも減らない。地域における意思の集約・形成はより難しくなる。町内会・自治会を「支える」ことは、この文脈でも、自治体にとって、他の市民政策主体を支えるものとは異なる、ある意味当事者性のある課題でもあった。

V　自治体と市民・住民の自治の論

1　地縁系市民政策主体への行政による「期待」と「支援」

　町内会・自治会、またその上位にある自治連合会といった地縁系市民政策主体はもとより多様であるが、多くの自治体内で、自治体機構と密接な関係にあって組織化されて、自治体という政府機構にとって広報をはじめとした施策の展開、地域の意思の集約・形成に「協力」してきた歴史も長い。自治体行政の側でもそうした「協力」への「期待」が維持あるいは高まるなかで、しかし、地域社会とその構成員である市民・住民の変動は、加入率[10] に示される

---

(10)　町内会・自治会加入率を毎年把握している全国600団体の加入率は、2010年の78.0％から2020年の71.7％と減少している（地域コミュニティに関する研究会 2022：7）

ように町内会・自治会のありかたそのものが危ぶまれる状況にも至っている。

　町内会・自治会が、こんにちにおいては任意団体であり、①社会のメンバーとして地域課題に当事者また支援者として対応する市民政策主体であるという前提でありながら、他の市民政策主体と異なるレベルの「支援」があることは、自治体行政また国が町内会・自治会による「協力」の喪失の回避を重要視していることを示すと同時に、行政活動がセクターの境域を曖昧にしつつこれまで展開されてきたことの帰結とも読める。

　町内会・自治会などの地縁系市民政策主体の加入率低下の要因を、名和田は高度成長期をつうじた個人所得の向上と行政サービスの充実をあげている（名和田 2021：22-23）が、1969年の国民生活審議会調査部会コミュニティ問題小委員会が『コミュニティ　生活の場における人間性の回復』を報告し、「コミュニティ政策」の嚆矢となった議論とも重なっている（山崎 2014）。町内会・自治会は団体活動への支援とその組織力の維持・強化、また近年では再編が、国・自治体政策によっても模索されてきた。町内会・自治会の広域組織である「区」への加入を義務として条文化している自治基本条例もあり[11]、国からは2022年には町内会・自治会加入促進にかかる経費、活動内容の周知にかかる経費を住民活動支援事業に含んで交付税算定するようになっている。

　地縁系市民政策主体の組織化は、町内会・自治体にかぎらず地域の各種団体などを核にした住民参加組織は1980年代後半からみられる「まちづくり協議会」、平成の大合併による自治体の広域化にたいし旧市町村区域を念頭に2006年に制度化された「地域自治区・地域協議会」、小学校区を念頭にした「地域自治協議会」、これらをより包摂的に「地域運営協議会」などのように展開されている。

　2018年7月の「自治体戦略2040構想研究会第二次報告」では、自治体の「公共サービス提供」の従来水準の維持が困難になるとし、これを「公共私相互間の協力関係の構築」で対策すること、「自治体は新しい公共私相互間の協力関係を構築する「プラットフォーム・ビルダー」へ転換することが求められる」と

---

(11)　たとえば、長野県小諸市自治基本条例第9条。ただし逐条解説にはこの規定は理念であり強制力を持たないとある。

書かれ、そのあとの第32次地方制度調査会では「公共私の連携」について「連携・協働のプラットフォームの構築」、1991年度に導入された認可地縁団体制度の再構築・共助の担い手の基盤強化が書かれた。

さらに、第33次地方制度調査会答申では、「公共私連携」について、とくに町内会・自治会を念頭においた地縁系市民政策主体の「行政協力業務の棚卸し」が記載されたが、より注目されるべきは「地域の多様な主体と連携・協働して地域課題の解決に取り組む主体の位置付けについて、法律上、市町村の判断で明確化することを可能に」するとし、これをもとに具体的には特定の団体を「指定地域共同活動団体」する制度として2024年6月地方自治法改訂で書き込まれたことである。

第33次地方制度調査会の議論では明確ではなかった[12] この制度は、指定を受けた団体へ、活動資金の助成や情報提供などの自治体の支援、団体の求めるところにより他団体との連携の自治体による調整、行政財産の貸付けや関連事務を随意契約による自治体からの委託を受けることを可能にする（総務省自治行政局市町村課 2024）。

行政サービスの水準の低下を他政策主体との「連携」で対応したい行政としては、選択肢としてありうるかもしれないが、政治的には、長・行政機構が任意でこれほど大きな優越的権限を特定の団体に与えうる制度はあやういと言わざるを得ない。「プラットフォーム」は、自治体がそれを構築できるかという実現可能性の問題はあっても、そこで構成される市民政策主体間の関係は、自立と対等が前提であったはずだ。有力な団体とそうでない団体があっても、強い権限を持つ代表者が選択されるとしても、構成者間の信託という民主制原理の発動として、市民政策主体それぞれは独自のミッションを持つ政策主体として対等であることが前提であるはずだ。しかし、「指定地域活動団体」の制度設定は、その関係性を前提とせず、あらかじめ優越する団体として指定される。指定のしくみや範囲が柔軟であることは、政治的恣意的な指定を可能とするあやうさを増大させることになる。

---

(12)　第20回、第21回地方制度調査会記録を参照。第33次地方制度調査会の答申とそれに由来する地方自治法の改正について問題点を論じた今井照（2024）も、地方制度調査会での当該箇所の議論と指定地域活動団体制度の創設には乖離があることを指摘している。

2 「自治の萎縮」という危機

　1990年代後半以来、日本は30年にわたって経済の停滞が続き、地方、なかでも大都市圏から遠い条件不利地域からは社会減自然減の両面から人口が減少し、資源や人材の域外流出が続く。2014年の増田レポート、これに続く地方創生政策は、本来、国全体のマクロな構造政策であるはずの人口問題、政策資源の確保を自治体間競争に転嫁する一方で、助成金による国から自治体への政策誘導を強めた。自治体行政機構は定数管理という点をみても事業ごとの工数時間数管理といった客観的根拠のないままに大幅に行政職員を減らしたまま、行政需要の増大にあえいでいる。

　資源と人員の縮小は、本来は、だからこそ必要なはずの、試行や新しいとりくみを研究・開発することに制約条件として作用しうる。「地方の時代」と言われた1980年代から1990年代にかけての多様な先駆政策の広がり、2000年の地方分権一括法制定時に国と自治体の関係を「対等・強力」と表現しえた政策主体として、自治の政府をになう自治体の「自治の本旨」が、政策主体としての政策展開の背景に期待される。

　市民政策主体、とりわけ地縁系市民政策主体は、新しい担い手への世代交代や確保が難しい状況にあることは、多様な行政の「支援」や組織化の再編があっても変わらない。むしろ、市民・住民の活動支援に力を入れてきた自治体でも、「まちづくり協議会に参加する負荷が高く、町内会・自治会がまちづくり協議会から離脱する」現象もみられている[13]。

　地縁系市民政策主体は、当事者・支援者の自発性に基づく自治の主体、つまり①社会のメンバーとしてでも、②政策・制度のユーザーでも、③政府のオーナーとしてでもない自治体行政の支援機構として位置付けて支援することが可能か、またそれは望ましいか。しかし、その活動が任意つまり内発的動機でなければ、それはそもそも市民政策主体ではない。

　今井照（2018）が書いたように、しかし、ひとはかならず地理上のある地点

---

(13)　滋賀県草津市「参加・協働のまちづくり委員会」における報告。2023年度第3回会議議事録。

で暮らす存在である。地域を「共通の関心事」(res publica / commonwealth)とする、対等な市民の関係性と自発的参加の上になりたつ地縁系政策主体は、当然に市民・住民じしんにとっても価値ある存在になりえ、行政の施策展開の「協力」を第一義としなくても、能動的に結成される蓋然性は十二分にある。「生活に必要な住民組織」(名和田 2021：23) の活動をともに担うことが、暮らしの喜びを増すこともしばしば言われる[14]。市民政策主体として、また地縁系団体や地域課題を共通の関心事として市民・住民が集まる組織を構想するとき、そこにはどのような権限が、市民社会セクターの政策主体間関係の上にありえ、どのようなモデルが合理的なのか。宮﨑氏がみていた領域社団の理論的構想は、その部分を捉えうるものであったのではないか。

　2020年代半ばに存在するわれわれには、自治体をとりまく萎縮を解きながら、多様多元に展開される市民政策主体の政策活動と、「必要不可欠」をになう自治体の政策活動の、下請けでも囲い込みでも癒着でもない関係性のなかで、連携・協力あるいは緊張・競争によって政策水準を向上させながら、課題に向き合いこれをこえていく自治の実現が、地方自治の本旨として、追求する実践が求められるのである。

参考文献

天川晃（2016）「日本国憲法第八章「地方自治」の新設」、神原勝・辻道雅信編『戦後自治の政策・制度事典』、公人社。

石橋章市朗、佐野亘、土山希美枝、南島和久（2018）『公共政策学』ミネルヴァ書房。

今井照（2018）『地方自治講義』ちくま新書。

今井照（2024）『「転回」する地方自治—2024年地方自治法改正（上）【解題編】』自治総研ブックレット。

神原勝・辻道雅宣編（2016）『戦後自治の政策・制度事典』公人社。全国革新市長会・地方自治センター編（1990）『資料 革新自治体』日本評論社。地方自治センター資料編集委員会（1998）『資料 革新自治体（続)』日本評論社。土山希美枝（2016）「自治体運営の＜全体制御＞とその手法」『龍谷政策学論集』5巻2号、pp.03-14。

---

(14)　ただし、一方で「あいつがいるなら自分の目の黒いうちは絶対に（町内会に）入らない／かかわらない」ということも当然にある。地域でのQoLの向上と、地縁系政策主体への参加は予定調和的に成立しない。

猿谷弘江（2021）『六〇年安保闘争と知識人・学生・労働者―社会運動の歴史社会学』新曜社。

総務省（2024）「地方公共団体の職員数の推移」総務省HP「地方公務員数の状況」、https://www.soumu.go.jp/iken/kazu.html、2025年1月30日最終確認。

土山希美枝（2017）「松下圭一「都市型社会論」の成立：大衆社会論から都市型社会論へ（故松下圭一名誉教授追悼号）」、『法學志林』、114巻3号、pp. 9-48。

土山希美枝（2015）「自治基本条例と「市民」の定義：市民と自治体と自治のかたちをめぐって（坂本勝教授・富野暉一郎教授・堀尾正靱教授退職記念号）」『龍谷政策学論集』4巻2号、pp. 65-78。

土山希美枝（2007）『高度成長期「都市政策」の政治過程』日本評論社。

東京都政調査会（1960）『大都市における地域政治の構造：杉並区における政治・行政・市民』都政調査会。

名和田是彦（2007）「協働型社会構想とその制度装置」名和田是彦編『社会国家・中間団体・市民権』法政大学出版会、pp. 161-192。

名和田是彦（2021）『自治会・町内会と都市内分権を考える』東信堂。

西尾勝（1977）「過疎と過密の政治行政」『年報政治学』28巻、pp. 193-258。

西尾勝（1999）『未完の分権改革：霞が関官僚と格闘した1300日』岩波書店。

松下圭一（1971）『シビル・ミニマムの思想』東京大学出版会。

松下圭一（1987）『都市型社会の自治』日本評論社。

松下圭一（1991）『政策型思考と政治』東京大学出版会。

松下圭一（1996）『日本の自治・分権』岩波新書。

松下圭一、北海道町村会企画調査部（2003）『シビル・ミニマム再考：ベンチマークとマニフェスト』公人の友社。

宮﨑伸光（2020）「2020年度春学期自治体論Ⅰ講義」（本書第2部その2として収録）。

山崎仁朗編著（2014）『日本コミュニティ政策の検証』東信堂。

第4章
アメリカにおける自治体設立
（自治体法人化）と公共サービス

宗野　隆俊

I　アメリカの地方自治における自治体

1　「市民が自治体を創る」

　アメリカの地方自治を語る際に、「市民が自治体を創る」と表現されることがある[1]。また、かの地において、自治体の設立こそが、地方自治の出発点となる最も重要で基礎的な行為であるとされる（小滝2004：216）。

　では、自治体を創る、あるいは設立するとは、一体どのような作為であろうか。とりわけ、平成の市町村合併で多数の町村が消滅した日本では、それを想像することが難しいのではないか。

　そこで、まず宮﨑伸光による領域社団と属性共有集合の議論にヒントを求め、自治体設立のイメージを大雑把につかんでおきたい。

　宮﨑は、ドイツの公法学者フーゴ・プロイスを引きつつ、「一定の地域すなわち領域に基礎を置く共同性を帯びた継続性を有する社会集団」としての領域社団概念に言及する（宮﨑2017：194）。さらに宮﨑は、同じ論考で、「ヒトは、社会生活を営むうえで習慣や価値観を始めとするさまざまな属性において他者との共通性を見出し、その共通性を有しない者とはウチ／ソトを分ける集合を形成する」（宮﨑2017：194）とし、その状態を属性共有集合という概念で表現する。

---

[1]　岡部（2009）は、アメリカの地方自治の本質の一端を伝える優れた書物であるが、同書には「アメリカの自治体は、市民が設立する」という表現があり、また同旨の記述が随所に見られる。

73

こうして領域社団と属性共有集合の概念を提示したうえで、宮﨑はこれら両概念を用いて、国と自治体の包摂関係を以下のように説明する。

「各国とその法令によって地理的範囲やその機能が規定されている自治体が包摂関係にある属性共有集合の典型例であることは、（中略）もはや容易に理解されよう。自治体と国は、他にも無数に存在する領域社団のともに一例である。とくに包摂関係にある領域社団については、包摂する側を広域社団、包摂される側を狭域社団と相対的に呼ぶことができる。」（宮﨑2017：199）

これらの宮﨑の論及では、主として日本の地方自治制度に基づく国と自治体の関係が念頭に置かれていると推察される。しかしながら、冒頭に述べた（アメリカにおいて）「市民が自治体を創る」という事態もまた、広域社団と狭域社団の2つの概念を通じて、よく理解できるように思われる。すなわち、「市民が自治体を創る」という事態は、既に複数の狭域社団を包摂する広域社団のなかに、新しい「ウチ」（境界）を有する狭域社団が市民の発意によって創られることを示唆するように思われるのだ。

以下では、こうしたことも念頭に置きつつ、アメリカ合衆国における自治体の設立を、その手続きと（自治体設立後の）公共サービス提供の態様に着目しながら論じてみたい。

2　地方政府の類型

(1)　州と地方政府の機能の分担

自治体の設立（municipal incorporation）とは何か。この問いを考えるにあたり、まずは連邦制度の中での州政府と地方政府の関係から考察すべきであろう。

アメリカ合衆国の連邦制度では、合衆国憲法によって連邦政府に委譲されていないあらゆる政府の機能（governmental functions）につき、州政府が第一義的に責任を負うとされる。各州政府は、州の管轄下にある行政活動の責任につき、その一部を自らが担い、あるいは州内の地方政府に委譲し分担させる。州政府と地方政府のいずれかが責任を持つべき機能は多様であるが、全米50州におおむね共通するのは、選挙管理、裁判所の運営、法執行、刑務所、消防、

公教育、公衆衛生、公設水道、土地利用開発への規制、下水処理、廃棄物の収集と処理、一般道路・高速道路の敷設と管理、空港等々であるとされる（Lawrence 2014：3）。これらの行政の機能が州と地方政府の間でどのように分担されるか、あるいは州がどのような機能の遂行を地方政府に委ねるかは、州ごとに異なる。

（2）　地方政府としてのカウンティと自治体

ところで、国務省国勢調査局は、地方政府（local governments）を5つの類型に分けている。すなわち、①カウンティ（county）、②自治体（municipal）、③タウンシップ（township）、④特別目的区（special district）、⑤独立学校区（school district）である。つまり、連邦政府の統計上、自治体は地方政府の一類型ということになる。また、国勢調査局は上記①②③を、一般目的政府（general purpose government）としている。

国政調査局の2022年センサス調査では、アメリカ合衆国全土に90,837の地方政府が存在し、その内訳はカウンティ3,031、自治体19,491、タウンシップ16,214、特別目的区39,555、独立学校区12,546となっている[2]。

このうち、カウンティは地方政府であると同時に、州政府の地域管轄単位としての性質も色濃く帯びる。後者の観点からは、カウンティは「州の政策・事業・役務を執行するために設定された主要な地方統治単位」（小滝2004：135）として定義される。すなわち、州の種々の事業や公共の業務──先述の裁判所の運営、選挙管理、消防等──を原則として自らの地理的範域で担う、州行政の管轄単位である。その一方で、28の州の憲法ないし州法で、カウンティによる憲章（charter）の採択が認められており、カウンティを単なる州の手足、あるいは州の出先機関とみなすこともできなくなっているという（小滝2014：163）。

では、自治体とは何か。自治体には、市（city）、タウン（town）、ヴィレッジ（village）が含まれる（Smith 2018：1）。そして、自治体の設立とは、カウンティの中の一定区域を自治体として法人化することに他ならない。とりわけ、

---

(2)　データソースはhttps://www.census.gov/data/tables/2022/econ/gus/2022-governments.html　最終閲覧日は2024年9月16日である。

憲章を取得し法人格を持つ自治体を、新たにカウンティの中に設立するということである。

II　境界変更の一形態としての自治体設立

1　自治体の境界変更

　自治体の設立あるいは法人化は、新たな境界を不可避的に発生させる。そもそも、設立された自治体それ自体が領域を持つことになり、この領域は周囲の自治体との間に境界線を生じさせる。自治体の設立は、したがって、当該自治体に接する既存の自治体の境界変更（boundary change）を余儀なくする。

　境界変更の原因は、新たな自治体の設立に限定されない。合併（annexation）、分離（secession）、市とカウンティの統合（city-county consolidation）、特別目的区の設置も、境界変更をもたらす。

　ここで、自治体の設立の何たるかを説明するために、境界変更を伴う仮想事例を考えてみよう。たとえば、A州の中に、Xカウンティ、Yカウンティ、Zカウンティがあるとしよう。さらに、Zカウンティの中の、自治体が存在していない区域——このような区域を、未法人化区域（un-incorporated area）という——で新たにS市が誕生するとき、この事態は文字通り自治体の設立である。これは、未法人化区域が新たに法人化されてS市という自治体になることであり、Zカウンティの中で境界変更が起こったことになる。カウンティの中の白地の地域が、境界を持つ市として法人化されたのである。

　さらに、S市が、Zカウンティの中の未法人化区域を合併して市域を拡大するとき、再びカウンティ内の境界変更が起こることになる。これは、S市が境界を外に広げ、カウンティの中の白地がS市に包含されるということである。自治体の境界変更とは、こうした事態を指すものである。

2　境界変更としての合併

（1）フェニックス市にみる合併の軌跡

　ここで、合併の影響を考えるために、全米有数の大都市であるフェニックス市（City of Phoenix）の市域拡大の軌跡をみてみよう。ちなみに、フェニック

ス市は、アリゾナ州マリコパカウンティのほぼ中心に位置している。表4-1は、フェニックス市と、同市と境界を接する11自治体中の5自治体の面積推移である。空欄の部分は、その年に当該の自治体が存在していなかったことを意味する。その時点では、カウンティの中の未法人化区域であったということだ。

表4-1　マリコパカウンティの自治体の面積の推移　1950年-2005年

	1950年	1960年	1970年	1980年	1990年	2000年	2005年
フェニックス	16.09	110.95	245.50	321.03	420.36	475.15	515.10
ケイブ・クリーク					22.60	27.89	28.65
スコッツデール		3.38	61.34	107.08	182.36	183.19	184.43
エイボンデール	0.54	1.10	2.26	5.08	22.01	40.62	43.80
グレンデール	1.27	3.66	15.23	39.45	50.30	54.34	57.01
ピオリア		1.08	3.72	21.85	60.72	140.68	177.58

（注）面積の単位は平方マイル
出典：Heim（2011）をもとに作成

　各自治体の面積拡大が顕著である。1950年に約16平方マイルであったフェニックス市の面積は、1980年に約321平方マイル、そして2000年には約475平方マイルに拡大している。半世紀で、面積がおよそ30倍になったことになる。この急激な市域の拡大は、数次にわたり周辺の未法人化区域を合併したことによる（Heim 2011：833）。同様の拡大現象は他の自治体でも起こっているが、フェニックス市の面積は他を圧倒している。

　1950年の時点では、フェニックス市と周辺自治体との間には、法人化されていない区域が広がっていた。たとえば、スコッツデール市は1951年に設立されたものであり、それ以前は未法人化区域であった。それが、1960年から2005年にかけて、面積が約55倍に拡大している。フェニックス市はもとより、スコッツデール市やエイボンデール市、さらにグレンデール市に至るまで、競うように市域を拡大してきたのだ。

　こうした市域拡張の引き金となったのは、この圏域の中心にあるフェニックス市の拡大であったとされる（Heim 2011：831）。同市が合併を重ねて大きくなる中で、他の市も、残された未法人化区域の合併を進めるという構図である。

そもそも1951年のスコッツデールの法人化は、フェニックス市による合併を避けるためのものであった（Heim 2011：843-844）。あるいは、タウンであるケイブ・クリークは2009年に隣接する未法人化区域を合併しているが、これは、当該区域がフェニックス市に合併されることへの懸念に起因するものであった。フェニックス市に合併を先んじられると、当該区域の中の未開発地を保全できなくなる危惧があったとされる（Heim 2011：841）。

（2）なぜ合併が目指されるのか

なぜ、既存の自治体が合併をして領域を拡大しようとするのだろうか。そこには、どのような思惑や動機があるのだろうか。この問いに対しては、複数の視角から応答がなされてきた。

代表的な応答は、既存自治体の行政幹部に働く財政的な誘因から合併の動機を説明するものである。すなわち、課税対象となる人口を増やして税収を増加させるために未法人化区域を合併するというものだ。とりわけ、人口と行政需要が大きい一方で低所得の人びとが多く住む大都市にとっては、税収増は重要な課題である。このような自治体にとっては、周辺の未法人化区域から売上税や固定資産税の増収が期待できる場合に、合併のインセンティブが生まれやすい。もちろん、これは合併を目指す側の動機であり、逆に合併の対象とされる未法人化区域では、強い反発を生むこともあろう。近接する大都市による合併を恐れた未法人化区域が法人化する例があることは、先に見た通りである。

税収増を主たる誘因とする合併には、負の側面もある。大きな税収が見込まれない区域——中・高所得の人びとよりも低所得の人びとが多く住む区域——が忌避され、法人化されないまま存続することである。もちろん、こうした区域ではカウンティによる公共サービスが展開されるが、中・高所得層が多く住む経済的に豊かな区域とのコントラストは否応なく生じる。また、法人化から漏れる区域がマイノリティの多く住む区域であれば、合併されて市の一部となった区域と、それに隣接する未法人化区域の間に分断が生まれるかもしれない。

加えて、再開発への指向という観点から合併の誘因を説明することもできる。先に見たフェニックス市では、新規の住宅開発用地を求めるディベロッパーが、近接する未法人化区域の合併を検討するよう市議会に求めている。市議会はこの要請を受けて、1980年に合併の是非を議論するべく検討委員会を設置した。

また、同市では、工業団地の造成を目指すディベロッパーから、用地候補地である未法人化区域の合併が要請された例もある（Heim 2011：840）。逆に、市のゾーニングがカウンティのそれよりも厳格化することを恐れるディベロッパーが、未法人化区域の法人化に異を唱えるケースもある（Heim 2011：840）。

このような事例は、枚挙にいとまがない。後にも述べるように、ゾーニングや建築規制は市の重要な権能の1つである。この権能をいかに用いるかをめぐって市とディベロッパーの思惑が交差し、合併に関わる判断にも影響を与えるのである。

3 自治体の設立

（1）自治体の設立とは何か

合併という事象には、合併する側の自治体の存在が前提となる。すなわち、既に設立されている自治体が存在しなければならない。そこで、あらためて自治体の設立とは何かを考えてみよう。自治体の設立を考えるにあたっては、州、カウンティとの関係の中でこれを捉える必要がある。

たとえば、現在、アリゾナ州には15のカウンティと91の自治体が存在する。先にみたマリコパカウンティは15カウンティの1つであり、その中にフェニックス市を始めとする27の自治体が存在する。州の領域が複数のカウンティに分画され、各カウンティの中に複数の自治体、すなわち市やタウン、ヴィレッジが存在するのだ。とはいえ、カウンティの領域が自治体によってくまなく覆われているわけではない。カウンティの領域には、自治体になっていない未法人化区域も存在する。カウンティの中には、法人化された区域と未法人化区域が併存しているのである。

なお、未法人化区域が法人化される──すなわち自治体が設立される──にあたっては、州ごとに異なる手続きがある。法人化すなわち自治体設立の手続きは、厳格な州と緩やかな州があるが、大半の州では住民の署名と請願（petition）を州議会に提出することが出発点となる。この点については、後にあらためて述べる。

（2）なぜ自治体の設立が目指されてきたのか

それでは、なぜ、未法人化区域において新たな自治体の設立が目指されるの

か。わざわざ法人化せずとも、カウンティによる公共サービスは存在しているのである。また、カウンティの公共サービスの他にも、民間事業者から様々なサービスを購入することは可能であるし、特定の公共サービスを提供する特別目的区を設置することもできるのだ。

　この問いへの典型的な応答は、おそらく以下のようなものになるだろう。カウンティの中の未法人化区域において、各種のインフラや公共サービスはカウンティによって提供される。その財源の大元は、カウンティの住民から徴収される税である。しかし、カウンティの中には、中・高所得層が多く住む区域もあれば、低所得層が多く住む区域もある。前者の住民が、自分たちの税が後者のために過分に使われているという不満を抱くならば、彼らはやがて、納税額に見合う公共サービスを求めて何らかの行動を起こすかもしれない。その最たるものが、世帯所得が高い区域での法人化、すなわち自治体の設立である。

　あるいは、中心市街地から郊外の未法人化区域に移住した住民がインフラと公共サービスの不足に強い不満を抱くとき、その提供主体としての自治体を設立しようとする機運が高まるであろう。

　こうした事情が市設立の背景にあることは、確かであると思われる。ただし、自治体の設立には様々な事例があり、その背景もまた多様である。そのことを反映して、自治体設立の要因については多くの先行研究がある。ここでは、ラッセル・スミスによる先行研究レビューを参照して、自治体設立の要因を検討してみよう。スミスは、自治体設立の要因を新聞報道から抽出し、およそ20通りに分類している（Smith 2018：43）。表4-2は、抽出された諸要因のうち、紙面登場の頻度で最上位から上位に位置づけられるものである。

第4章　アメリカにおける自治体設立（自治体法人化）と公共サービス

表4-2　新聞記事検索で抽出された自治体設立の要因

自治体設立の要因	自治体設立が目指すもの／設立の根拠
合併からの防御	合併の脅威からコミュニティを防御する
開発抑制と土地利用	（ディベロッパーからの）望ましくない開発・土地利用の提案に対抗し、ゾーニングの権限を獲得する
公共サービスの提供・拡充	公共サービスを提供する、あるいは拡充する
田園的特性の維持	田園的な特性を維持し、既存コミュニティのアイデンティティを保持する
歳入のコントロール	独自の歳入についての裁量を可能にする
カウンティへの不満	カウンティのガバナンス（歳出の構造、政党の党派性等）への不満
連邦政府・州政府からの補助金	上下水道を始めとする諸事業に対する連邦と州の補助金を交付されるための適格性を獲得する
経済開発	経済開発や経済成長を促進する

出典：Smith（2018：43）をもとに作成

　たとえば、「合併からの防御」と「開発抑制と土地利用」、「田園的特性の維持」は、近接市による合併と再開発を回避する方策として自治体設立が目指されることを推測させる。あるいは、「公共サービスの提供・拡充」は、一定の人口規模を持ちながらも法人化されていない区域が、カウンティから独立した公共サービスを指向して自治体設立を目指す局面を想起させる。
　このように、自治体設立の要因は様々であり、かつ、それらは相互に排除しあうものではない。1つの自治体の設立の背景には、複数の要因が複合的に作用している場合が多いと思われる。次項では、あるタウンの設立の事例から、自治体設立の実相の一端を見ておこう。
　（3）　自治体設立の要因：具体例
　「公共サービスの提供・拡充」を主因とする自治体設立の一例に、バミューダ・ラン（Bermuda Run）がある。バミューダ・ランは1999年に法人化され、近接するキンダートン・ビレッジ区域を2010年に合併して今日に至るタウンである。市ではなくタウンであるが、興味深い論点を含んでいるので、ここに紹

介する。

　バミューダ・ランは1920年代初期にノースカロライナ州のデービーカウンティ内に造られた農場を起源とし、1960年代にはカントリークラブと退職者施設が整備された。その後も、域外の開発事業者による土地購入と新規カントリークラブ開発が進む。ゴルフ場とシニア向け施設を中心とする開発は現在も続き、コンドミニアムや新規の住宅開発も続いている[3]。実は、バミューダ・ランは、高さ8フィート（約240センチ）の壁で外部と遮断されている。いわゆる住宅所有者協会（Home Owner's Association）によって管理運営される、ゲーテッドコミュニティとして存立してきたのである。

　裕福な人びとのコミュニティとして発展したバミューダ・ランであるが、1990年代に至って、大きな問題に直面する。下水道を始めとするインフラの老朽化と、住民からのサービス向上の要求である。この時点では、バミューダ・ランはカウンティの中の未法人化区域であったが、カウンティによる公共サービスは限定的にしか利用せず、壁内の街路や上下水道施設、街路灯、除雪作業等を自己調達していた。しかし、コミュニティの規模が拡大し、またインフラが老朽化する中で、バミューダ・ランはインフラ更新のコストを抑制するべく、タウン創設に向けた手続きを開始したのである。

　もっとも、なぜタウンとしての法人化がインフラコストの抑制に寄与するのか、わかりづらいかもしれない。スミスによると、バミューダ・ランは法人化後、カウンティ内で徴収される売上税を税源とする歳入の一部を人口割で配分されることになり、その額はバミューダ・ランの年間予算の3分の1にもなったという（Smith 2014：45-46）。つまり、法人化によって、州政府からの補助金を獲得できるようになったのである。こうしたことから、バミューダ・ランの法人化は、「公共サービスの提供・拡充」と「連邦政府、州政府からの補助金」を目的とするものであったと考えられるのである。

---

(3)　バミューダ・ランの歴史については、同タウンのホームページ（https://www.townofbr.com/about-bermuda-run/）を参照した。最終閲覧日は2024年9月19日である。

第4章　アメリカにおける自治体設立（自治体法人化）と公共サービス

4　自治体の権能

　全米の多くの自治体は共通の権能を持ち、同じような業務を遂行していると
される。デール・クレーンらは、自治体が行う業務を9の類型に分類する。
表4-3は、クレーンらのいう9分類をまとめたものである[4]。

表4-3　自治体の業務と権限の類型

類型	内容
行政管理	立法・執行・司法各部門の業務、選挙管理、徴税、州の事業の執行、公の建造物の保全、人口動態統計の保管 等
安全	法の執行、拘留・更生・収監、消防、救急および緊急通報サービス 等
公衆衛生	衛生委員会の設置と運営、衛生担当官の配置、病院、精神衛生施設 等
公共事業	道路建設、固形廃棄物処理、空港、港湾、その他諸施設の運営、公共交通、流水量調節 等
社会福祉	公共住宅、児童保護・成人保護、福祉、青少年支援、高齢者支援、公営墓地 等
経済開発	経済開発法人・コミュニティ開発法人、工業団地 等
空間・環境整備	ゾーニング、土地利用のコントロール、環境規制、資源の保全・管理 等
文化・レクリエーション	図書館、文化活動、歴史協会、公園・レクリエーション、スポーツイベント 等
公立学校	幼稚園・初等・中等・高等学校の設置運営 等

出典：Krane et al.（2001：484-485）をもとに作成

　行政管理カテゴリーに含まれる「立法・執行・司法各部門の業務」、「選挙管
理」と「徴税」、安全カテゴリーに含まれる「法の執行」と「消防」、そして空
間・環境整備カテゴリーに含まれる「ゾーニング」、「土地利用コントロール」

---

(4)　表4-3に記載された業務は、全米の自治体が行っている業務の全てではなく、比較的多
　くの自治体が行っている代表的な業務である。

と「環境規制」等が、自治体が有する権能の中核をなすものであろう。これらは、統治する主体としての自治体の側面を際立たせるものである。

　もちろん、住民から徴税し、あるいは住民の自由を規制するポリスパワーだけで自治体の行政が成り立つはずもない。自治体は、連邦政府や州政府からの補助金を財源の一部として、各種の事業を行う。自治体が、民間企業と契約を結ぶ局面も多々ある。これら様々な主体との関係なしに、自治体の業務は成立しえない。また、自治体には、諸々の施設を所有し、管理運営する主体としての側面もある。表4-3は、こうした自治体の様々な側面を垣間見させるものとなっている。

　ただし、自治体は、これらの業務を全て実施することを求められているわけではない。たとえばノースカロライナ州においては、2000年1月1日以降に法人化された市は、少なくとも100ドルあたり5セントの従価税を課税したうえで、さらに8の業務——警察、消防、廃棄物の収集・処理、配水、道路の整備・維持、道路の敷設ないし公道用地の取得、街灯設置、ゾーニング——のうち、少なくとも4業務を行うことが求められる。この要件を満たさなければ、カウンティから売上税収入の配分等を受け取ることができなくなる（Bluestein 2014：16-17）。

　とはいえ、上記のうちの4業務でも足りるというのは、自治体の業務量としてはいかにも軽量の感がある。そもそも同州においては、1990年代に、公共の業務をほとんど行わない、もしくはこれらを民間事業者に委託する自治体も多数見られたという（Smith 2014：42）。ペーパータウンとも呼ばれるこの種の自治体の多くは、公共業務にかかるコストを減らし、その財源となる所得税負担を軽減しようとする目論見から設立されたと言われる。こうしたことは、先に見た自治体設立の要因にも通じるところである。

　また、ここからも分かるように、自治体の設立には、公共業務の遂行やコストをめぐる思惑と不可分の面がある。ときに総合行政主体とも呼ばれる日本の基礎自治体のように、多種多様な公共サービスを担うとは限らず、いずれの業務をどのような態勢で行うか——自ら担うか、カウンティの公共サービスを利用するか、あるいは民間事業者に委託するか——が自治体設立の際に重要な争点となるのである。このことは、Ⅳであらためて検討したい。

第4章　アメリカにおける自治体設立（自治体法人化）と公共サービス

Ⅲ　自治体設立の手続き

1　自治体設立の要件と手続き

　自治体設立に関わる法律や規則を有する州は、50州のうち35州である。この
種の法律を有しない州の多くは、ニューハンプシャー州、マサチューセッツ州
等、北西部の州である。これらの州は、古くから都市化して自治体が生まれ、
また境界変更を繰り返してきたために、そもそも新たに自治体を設立する空間
がないともされる。

　35州の中でも、設立の要件と手続きは州ごとに異なり、これらの点で全く同
じ州は2つとないと言われる。とはいえ、そこには、ある程度の共通要素があ
るとされる。つまり、自治体設立には、人口・地理に関わる要件と手続きに関
わる要件があり、これらは、いずれの州にもある程度の共通性があるのだ。

　人口・地理に関わる要件には、①最低人口の要件、②最低人口密度、③既存
自治体との最低距離、④最低従価税率がある。たとえば①では、アラバマ州と
ジョージア州が500人と規定する。③では、アーカンソー州とサウスカロライナ
州が5マイルという要件を規定する（Smith 2018：22-23）。

　これに対して、手続きに関わる要件は、以下のようにまとめられる（USACIR
1992：2-3, Smith 2018：5,24）。

　　⑤設立が提議される自治体の境界と人口を記載した請願があること。

　　⑥自治体設立に対する支持を確認する住民投票が行われること。

　　⑦住民投票の結果が自治体設立を支持するものであること、ならびに自治
　　　体設立のためのあらゆる要件が満たされていることを、州務長官が確認
　　　すること。

　自治体設立の手続きに関する上記の説明は簡潔明瞭ではあるが、それゆえ情
報量が不足し、また厳密性にも欠けるように思われる。実務での手続きは、こ
れよりもはるかに複雑ではなかろうか。たとえば、提出された請願が適正なも
のであることにつき、どのように精査されるのか。あるいは、新たに設立され

85

る自治体での公共サービスの態様や水準は、いかにして決められるのか。こうしたことに思いを馳せると、実際の手続きが上記よりも複雑であり、手続きに関わる当事者も多岐にわたることが容易に想像されるであろう。

そこで、次節では、ラッセル・スミスが整理したノースカロライナ州の自治体設立の手続きを参照し、その複雑なプロセスの一端に触れてみる。

2　ノースカロライナ州における自治体設立の手続き

ノースカロライナ州における自治体設立手続きのハイライトは、州議会による承認である。ただし、州議会の承認に先立ち、自治体設立に関する合同立法委員会（Joint Legislative Commission on Municipal Incorporation, 以下、合同立法委員会）による審査が行われ、その結果を州議会に提出することとなっている。ここには、設立にかかる種々の議案を審議、承認する前に、一拍置いて請願の内容を精査する狙いがあるものと思われる。

ともあれ、具体的な手続きは次のようなものである。

自治体の設立を目指す者は、州議会の次期通常議会の少なくとも60日前に、以下の要件を満たした請願を合同立法委員会に提出しなければならない（Smith 2018：28）。

①提出される請願に、自治体設立が提案される区域の登録有権者の15パーセントが署名していること（ただし、当該区域の登録有権者25人を下回らないことが求められる）。この署名入りの請願は、カウンティの選挙管理委員会によって確認されること。

②自治体の名称、地図、自治体が提供する公共サービス、暫定理事会（interimgoverning board）を構成する者3名の氏名、自治体憲章の案、推定人口、区域の不動産評価額、既往の開発の程度、人口密度、ならびに設立後の採用が推挙される統治形態と選挙手法が明記されていること。

③設立が提案される自治体の領域内で、課税され得る全ての財産に少なくとも100ドルあたり5セントの従価税を課す予算条例が制定される旨が述べられていること。

④設立が提案される自治体が、8の公共サービス（警察、消防、廃棄物の

収集と処理、水道、道路の修繕、道路の敷設ないし公道用地の取得、街灯、ゾーニング）のうち４項目を、遅くとも自治体発足から３会計年度の初日に提供する旨が述べられていること。

　求められる請願の内容はこれらにとどまらない。請願はさらに、以下の内容を含んでいなければならない（Smith 2018：28-29）。

⑤設立が提案される自治体の周囲の自治体、ならびに当該自治体が包含されるカウンティに対して、自治体設立の周知が行われること。
⑥近接する既存自治体からの、（新しい自治体の設立に関する）支持の決議があること。
⑦設立される自治体に少なくとも100人以上の住民がおり、１平方マイル当たり250人の人口密度があること。
⑧新たに設立される自治体が他の地方政府に与える影響についての、ならびに公共サービス提供に係る契約に与える影響についての、会計的な分析がなされていること。
⑨新たに設立される自治体で、少なくとも４の都市的な公共サービスを適正な税率で提供する計画を備えていること。

　合同立法委員会は、これらの内容を含む請願を審査し、自治体設立の適否についての判断を州議会に提出する。州議会は合同立法委員会の判断を受けて、さらに新設自治体の憲章を主内容とする法案を審議し、採決する。このように、ノースカロライナ州では、合同立法委員会の審査が州議会の法案審議に大きく影響する。
　また、請願の審査に際しては、設立された自治体が住民に適正な税負担で公共サービスを提供できるか否かが、判断基準の１つとなっている。設立される自治体の区域では、従前は、州政府の地域管轄単位としてのカウンティが公共サービスを提供してきたはずである。法人化後は、その全てではないが、一定程度のものを新設自治体自らが担うことが目指されている。法人化後の自治体がどのような公共サービスをいかに提供するかは、本稿が特に焦点を当てたい

論点であるが、この点はⅣであらためて論じることとする。

　なお、ノースカロライナ州議会は1981年から1994年の間に49件の自治体設立法案を可決し、39の市が誕生している。自治体設立に至らなかった10件は、法案可決後に実施された住民投票で法人化が否決されたものである。また同州では、1995年から2005年の間に38件の自治体設立法案が可決され、29の市が誕生した。さらに2005年から2013年の間に9件の自治体設立法案が可決成立し、6の市が誕生した（Bluestein 2014：16）。

Ⅳ　自治体設立と公共サービス

1　サンディスプリングス市

　近年最も話題となった自治体の設立は、サンディスプリング市（City of Sandy Springs）のそれであろう。同市は、2005年12月、ジョージア州北西部のフルトンカウンティで、一部の区域が市として法人化したものである。この区域は、フルトンカウンティ最大の都市であるアトランタ市の北に位置している。法人化当時の面積は約38平方マイル、人口は約9万人であったが、2020年のセンサスでは人口が約10万8千人に増加している。ジョージア州の中でも、世帯所得の高い市である[5]。同市については、とりわけ公共サービスの民間事業者への外部委託が注目され、日本でもたびたび紹介されてきた。

　そこで本章では、同市における公共サービス提供の主体や態勢について述べるとともに、公共サービスの全体像がどのように形成されたのかを紹介したい。さらに、その前提として、同市の設立に至る経過を、その渦中にあったオリバー・ポーターの著書（Porter 2006）に材を取りながら概観する。ポーターは、アメリカの通信大手AT＆T社を退職後、後にサンディスプリングス市となる未法人化区域の住民らとともに市の設立に奔走し、同市設立後に初代のシティマネジャーを務めた人物である。

---

(5)　2020年のセンサスでは、サンディスプリングス市の世帯所得中間値は110,401ドルであり、ジョージア州全体のそれ（74,632ドル）を大きく上回る。データはhttps://data.census.gov/profile/Sandy_Springs_city,_Georgia?g=160XX00US1368516で確認した。最終閲覧日は2024年9月30日である。

第4章　アメリカにおける自治体設立（自治体法人化）と公共サービス

2　サンディスプリングス市設立の過程

（1）　自治体設立を求める市民の活動

サンディスプリングス市として法人化された区域は、フルトンカウンティの中でも所得の高い住民が多く、住民には自分たちの納税額がカウンティから提供される行政サービスに釣り合っていないという不満、さらにはカウンティが自分たちの不満に向き合おうとしないという不信感があったとされる（Porter 2006：24-25,119）。

カウンティへの不満や不信とともに法人化の契機となったのは、1966年にアトランタ市による合併の危機を経験したことであった。このときは合併を免れたものの、それを契機に自治体設立を目指す市民の活動が始まった。後に初代市長となるエヴァ・ガランボス[6] を中心に、1976年にサンディスプリングス委員会（Committee for Sandy Springs）という運動体が組織されたのである。この市民組織が、法人化に向けてきわめて大きな役割を果たすことになる。

サンディスプリングス委員会は、発足後からジョージア州議会に法人化を求めるロビー活動を継続的に行ったが、報われなかった。当時、同州における自治体設立はきわめて低調であり、その背景には、法人化を困難にする州法の障壁があったとされる。その1つが、既存自治体の境界から3マイル以内の区域での自治体設立を禁止する規定であった。

ところが、2002年の州知事選挙と州議会上院選挙、2004年11月の同下院選挙で共和党が勝利を収めるに至って、風向きが変化し始める。

（2）　州議会での法案可決と住民投票

この変化を、サンディスプリングス委員会は首尾よくとらえる。民主党と共和党の勢力図に逆転の兆しが見えてきた2000年代の序盤に、サンディスプリングス委員会は憲章委員会（Charter Commission）を組織し、法人化に不可欠となるサンディスプリングス市憲章の草案を、手探りで作り始めたのである[7]。

（6）　エヴァ・ガランボスについては、サンディスプリングス市のホームページhttps://www. sandyspringsga.gov/city-historyを参照した。閲覧日は、2024年8月30日である。

（7）　ポーターは、サンディスプリングス市が設立される前には、暫定シティマネジャーを務めるとともに、憲章委員会の委員長も務めている。したがって、憲章草案の作成過程で

89

憲章委員会は、法人化を目指す区域内の各地区から市民を募り、3つの小委員会（「市の権能とその限界」、「組織」、「法務」）を組織して議論を重ねた。各委員会での議論は、最終的に憲章委員会での多数決を経て成案化された（Porter 2006：3-4)。憲章には、新設自治体の統治機構の構成、課税やゾーニング等の権能に関する規定が記載されねばならず、その草案の策定が大きな困難を伴うことは容易に推察される。このような状況の中、憲章委員会は、ジョージア州の自治体協会や他自治体の協力、あるいは学識経験者らのアドバイスを得て、これらの事項を検討して草案を作成していった（Porter 2006：3)。

憲章草案作りの労は、間もなく報われることとなった。2005年3月に、件の‘3マイルの制限’に関わる規定の削除を含む州法修正案とともに、サンディスプリングス市憲章案が州議会上下両院で審議可決され[8]、翌4月にジョージア州知事の署名を得たのである。

また、2005年3月には、自治体設立の是非を問う住民投票の法案が上下両院で可決しており、これを受けて6月に投票が実施された。この投票は、法人化される区域の住民を投票権者とし、有効投票の94パーセントが自治体設立を可とするものであった（Porter 2004：14)。さらに、11月に市長選挙と理事選挙が行われ、12月1日にサンディスプリングス市が誕生した。この間、上記の内容にとどまらぬ実に様々な動向が生起し——自治体設立に向けての署名集め、さらには署名簿と請願の提出も当然に含まれる——、多様な主体が関わったのであるが、本稿では立ち入らないこととする。

（3）　公共サービスの種類と態勢をめぐる議論

新設される自治体においては、どのような公共サービスがいかなる態勢で提供されるかが、その設立前に時間的な余裕をもって確定されなければならな

も、大きな役割を果たしたものと思われる。

(8)　州議会で審議された憲章案は、憲章委員会が作成した草案それ自体ではない。憲章委員会が作成した草案は、サンディスプリングス委員会を通じて州議会議員に手渡され、立法の専門家である政策スタッフらによって徹底的に修正された。その後、州議会には、4名の下院議員によって憲章案が提出された。議会提出の暁には、憲章委員会が作成した草案はほとんど原型をとどめないほど修正されていたとされるが、その大元となる草案は憲章委員会の手によって作成されたものである。なお、サンディスプリングス市憲章は、同市のホームページから閲覧することができる。https://www.sandyspringsga.gov/city-charter

第4章　アメリカにおける自治体設立（自治体法人化）と公共サービス

い。その確定が法人化後にずれこんでしまうと、市民生活にきわめて大きな支障が生じるからである。この点につき、サンディスプリングスの状況はどのようなものであったのだろうか。

　同地では、当時は暫定シティマネジャーの立場にあったポーターの働きかけで14のタスクフォースが設置され[9]、各タスクフォースで公共サービスの種類、提供主体と提供態勢に関する議論が行われた。タスクフォースには総勢120名を超える市民が関わったのであるが、これらの人びとは、サンディスプリングス委員会の公募に応じたボランティアであった（Porter 2006：41-42）。ただし、タスクフォースの設置は2005年1月であり、法人化まで11ヶ月を切っていた。この時点では、憲章案は州議会で審議可決されてもおらず、2005年12月にサンディスプリングス市が設立されることは確定していない。それでも、長い時間をかけて議論する余裕がないことは、タスクフォースでも認識されていた。厳しい時間的制約の下、公共サービス提供の主体と態勢について、タスクフォースでは4つの選択肢が検討されることになった。すなわち、

　（a）組織を創り職員を配置して、公共サービスを提供する
　（b）フルトンカウンティと契約して、現行通り公共サービスを提供する
　（c）他の市もしくはフルトンカウンティと契約して、公共サービスを提供する
　（d）民間事業者と契約して、公共サービスを提供する

というものである（Porter 2006：59）。

　このうち（a）は、新設自治体が職員を雇用して、公共サービスを直接提供することを意味する。（b）を選択すれば、現行通り、カウンティの公共サービスを市民に提供することになる。（c）を選択すれば、近接する他市かフルトンカウンティの公共サービスを市民に提供することになる。これらに対して、（d）では、文字通り新設自治体が民間事業者に対価を支払い、公共サービスを購入

---

(9)　14のタスクフォースとは、「行政管理」「会計」「財務」「人事」「IT」「法務」「警察」「消防」「公共事業および交通」「公園およびレクリエーション」「コミュニティ開発」「市の資産」「広報」「緊急通報ダイアル」である。

することになる。

　以上の選択肢から、各タスクフォースがサンディスプリングス委員会に最終案として提言した公共サービス提供の態勢は、表4-4の通りである。

表4-4　タスクフォースが提言した公共サービスの種類と提供・執務の主体

	選択肢	公共サービス・執務内容
I	新設自治体自ら提供・執務する	裁判所、書記官、裁判所書記官、法務官室 ※将来は、警察、消防、緊急通報ダイアルは新設自治体が提供する
II	現行の体制（カウンティによる提供・執務）の継続	警察、消防、緊急通報ダイアル、下水道 ※警察、消防、緊急通報ダイアルは6ヶ月間の提供
III	カウンティや他市との契約によるサービス提供・執務	拘置所、拡大図書館サービス、上水道
IV	民間事業者によるサービス提供・執務	会計、財務、IT、行政管理、人事、裁判所・警察・消防の事務支援、公園・レクリエーション、コミュニティ開発（プランニング、ゾーニング、許認可）、公共事業、交通、固形廃棄物処理

出典　Porter（2006：60）をもとに作成

　注目したいのが、警察と消防の扱いである。タスクフォース最終案では、これらの業務は自治体設立から6ヶ月間はカウンティが従前通り提供し、その後は自治体独自の業務提供を目指すとされている。警察と消防については、暫定シティマネジャーであったポーターが、サンディスプリングス委員会の理事らとともにカウンティ政府との折衝にあたった。これらの業務の遂行に必要な数の職員を、法人化されたばかりの自治体が確保するのは難しい。そこで、サンティスプリングス側は、自身の態勢が整うまでのカウンティの業務継続を要請したのであるが、カウンティはこれを拒んだ。その結果、法人化後6ヶ月間はカウンティが警察と消防の業務を提供するものの、その後は、サンディスプリングス市が独自に業務を行うこととなったのである。

　次に、民間事業者の提供が想定される公共サービスが多岐にわたることに注

目したい。会計、財務から公共事業、交通（市道の保全や公共交通等）等に加えて、裁判所・警察・消防の事務支援等がこの範疇に含まれている。100人規模の市民が参加したタスクフォースで、自治体の中核的な業務に民間事業者が深く関与することが期待されている。

　自治体行政の各種業務を、フルタイム雇用の職員ばかりでなく、多数のパートタイム職員が支えるという構図は、いまや日本でも当たり前のものとなっている。その意味で、民間事業者の公共業務への関与は、我々に強い違和感を覚えさせるものではない。それでも、次のような事実は、やはり多くの人を驚かせるのではないだろうか。その事実とは、サンディスプリングス委員会の理事会と暫定シティマネジャーによって、アメリカ国内外の民間事業者に対して、公共サービス提供に関わる提案依頼書（Request for Proposal）が提示され、大々的に競争入札が行われたことである。競争入札の実施は公共調達の実務として当然であるが、新たに設立される自治体の幅広い業務を対象に実施されたことが興味深い。なお、次項でみるように、実際に業務提供に携わることになるのは1社のみであった。

3　サンディスプリングス市の統治機構と公共サービス

（1）　統治機構

　サンディスプリングスは2005年12月に市として法人化され、憲章に基づいて市の統治機構が正式に発足した。その中核にあるのは、全市一区の選挙で選ばれる市長と、市内6選挙区から選出される6名の議員[10] からなる市議会である（市憲章 2.01）。

　ただし、市の行財政運営の実質的な舵取りをするのは、市議会の承認を得て市長から任命されるシティマネジャーである。市長が市の最高執行責任者（Chief Executive Officer）として位置づけられるのに対して（市憲章 3.01）、シティマ

---

(10)　市長の給与と議員の報酬は、市設立直後はそれぞれ年間25,000ドルと12,000ドルであったが、現在ではそれぞれ40,000ドルと18,000ドルである。これらの額は、サンディスプリングス市と同程度の人口がある日本の基礎自治体のそれと比べても低く感じられるところであるが、市長職や議員職がいわゆる職業政治家を想定していないことに由来すると思われる。

ネジャーは最高管理責任者（Chief Administrative Officer）として位置づけられる（市憲章 3.03）。市長の任命を受けたシティマネジャーが市長と市議会に責任を負って行政実務を管理監督することになる[11]。

シティマネジャーの職務の本質は、行政管理部門の統括である。具体的には、市が必要とする全ての被備者を任用・雇用し、あるいは解雇し、市の行政各部局を指導監督し、市の予算を用いて種々の契約を適法に行うといったことが、その職務となる（市憲章 3.04）。シティマネジャーが持つこれらの権限は、サンディスプリングス市の多くの業務が民間事業者からの出向者によって担われていることとも深く関わる。

（2）公共サービス提供と民間事業者

以上のように、サンディスプリングス市の行政運営は、民間事業者との契約なしでは成立しえない。法人化前に活動したタスクフォースの最終報告書では、自治体の中核的な業務の民間事業者への委託が提言されたが、それが見事に実現している。より具体的には、法人化後のサンディスプリングス市は、民間事業者であるCH2Mヒル（CH2M HILL., INC）と業務提供の協定（Agreement）を締結し、同社からの出向者が、警察と消防を除く公共サービスを提供することとなったのである。CH2Mヒルとの協定では、行政管理、財務、コミュニティサービス、公共事業、調達等の様々な分野で法人化後の業務委託が行われることが確認されている。その中には、査閲（Inspection）のような、専門性と権力行使への慎重さが求められるものも含まれていた。

2017年にサンディスプリングス市を訪れた渡辺靖の報告によると、当時同市では、警察と消防以外の業務が全て民間委託されていたという。市民課や税務課、建設課等の業務さえ例外ではない。当時、市役所には約130人のスタッフがいたが、そのうち市の職員はわずか9人であったという（渡辺2019：34-35）。同市の人口は、法人化の時点から大幅に増加し11万人に迫ろうかという勢いだが、人口比での市役所スタッフの数はきわめて少ないように思われる。図書館

---

(11)　憲章によると、市長と議員の任期はいずれも4年である一方で、シティマネジャーには任期がない。任期を定めないということは、シティマネジャーの職位が常時保障されているわけではないことを意味するであろう。そのことはさらに、市長が遅滞なくシティマネジャーを解任できることを示唆すると思われる。

や学校、病院等がカウンティによって設置運営されていることにもよるであろうが、そのことを差し引いてもこの人数は少ない。これが民間事業者への公共業務の委託によって可能になったものであることは、あらためて言うまでもない。そして、この点にも、公共サービスの提供態勢を決定できる自治体設立の意義がみてとれるように思われる。

V　おわりに

本稿は、アメリカ合衆国における自治体の設立を境界の変更という観点からとらえ、また、自治体設立の動機や設立後の公共サービスの種類と提供態勢を検討してきた。そもそも、カウンティという州の行政管理単位の中に自治体と未法人化区域が併存し、さらに住民の発意で未法人化区域から新たな自治体が誕生するという事態が、多くの人には新鮮なのではなかろうか。

本稿の最終盤では、サンディスプリングス市という具体例を参照し、新たに法人化された自治体がどのような公共サービスをいかなる態勢で住民に提供するかを紹介した。これを通じて、公共サービスの民間委託と自治体行政のダウンサイジングを追求する市民の姿勢も浮き彫りになったと思う。

また、サンディスプリングス市の経験は、公共サービスの種類と提供主体、提供形態をめぐる調整を実験的に試行する過程とみることもできる。その中核に100人単位の市民が関わったこと、そして、自治体法人化を求める市民運動が生成し、継続したことも実に興味深い。

州の行政の一端を担い、またその設立に州の承認が求められるという点で、自治体は「州の創造物」とされてきた。それでもなお、市民の発意を起点として自治体が設立されるということは、州の中の1つの区域で市民の自己統治が実現されることでもある。そして、この側面こそ、アメリカ合衆国における自治の1つの柱をなすものであろう。

このような意味での「アメリカにおける地方自治」は、我々の地方自治と必ずしも同じものではない。そうであればこそ、「アメリカにおける地方自治」を深く追究する意義がある。

引用文献

岡部一明（2009）『市民団体としての自治体』御茶の水書房

小滝敏之（2004）『アメリカの地方自治』第一法規

宮﨑伸光（2017）「「自治」および「行政」：自治体の基礎理論に向けて」、法学志林 114巻3号、191-201頁

渡辺靖（2019）『リバタリアニズム　アメリカを揺るがす自由至上主義』中公新書

Bluestein, Frayda S. (2014) Incorporation, Annexation, and City-County Consolidation, in Frayda S. Bluestein ed., *County and Municipal Government in North Carolina*, University of North Carolina, 15-26.

Heim, Carol E. (2011) *Border Wars: Tax Revenues, Annexation, and Urban Growth in Phoenix*, International Journal of Urban and Regional Research, 36 (4), 831-859.

Krane, Dale, Platon N. Rigos and Melvin B. Hill Jr. (2001) *Home Rule in America: A Fifty-State Handbook*, CQ Press.

Lawrence, David M. (2014) An Overview of Local Government, in Frayda S. Bluestein ed., *County and Municipal Government in North Carolina*, University of North Carolina, 3-14.

Porter, Oliver W. (2006) *Creating the New City of Sandy Springs: The 21st Century Paradigm: Private Industry*, Author House.

Smith, Russell M. (2018) *Municipal Incorporation Activity in the United States: Patterns, People and Procedures*, Springer.

United States Advisory Commission on Intergovernmental Relations (1992) *Local Government Commissions: Status and Roles in Forming, Adjusting and Dissolving Local Government Boundaries*, M-183.

第5章
小規模自治体のサステイナビリティに
関する一考察

武藤博己

はじめに

　小規模自治体とは、人口規模が小さい自治体を指す。ただ、その基準となる人口数は決まっていない。1万人とする場合もあれば、5千人としたり、1千人としたりする場合もある。研究テーマによって、小規模自治体の基準を決めているというのが正しいであろう。ちなみに、総務省の資料では、「人口1万人未満の市町村は489団体（全団体の27.4％）。5千人未満では232団体、1千人未満では24団体」という説明（総務省、小規模市町村の状況 ―団体数、人口、年齢構成、財政状況など―という資料だが、上に資料4と枠囲いされており、何かの審議会の資料と思われるが、発行年は不明）がある。2024年1月1日現在の「全国の市区町村　人口・面積・人口密度ランキング」によると、福島県の帰還できていない大熊町・双葉町・浪江町を除くと、1千人未満の自治体は、39となっている。

　上記総務省資料によると、住民1人あたり歳出額は、「人口規模が3万～5万人規模で約40万円であるのに対して、4千～5千人はその約2倍、1千～2千人では3.5倍となる」、「人口規模が3万人以上から、一人あたり目的別歳出額が平準化される」、「人口規模が2万人以上になると財政力指数が0.5を超える。5千人未満では、0.26以下となっている」などと説明されている。国は人口規模が多いと財政効率が高くなると考えており、これまでも明治・昭和・平成の大合併を推進してきた。ただ、ここでは面積や山間地域・島嶼地域などの

地理的環境が考慮されていないため、最も財政効率のよい自治体の人口規模を求めることは難しい。もっとも、それが出たとしても、島嶼地域や陸の孤島のような地域などでは意味がないことが多い。

　ところで、人口戦略会議から「令和6年・地方自治体「持続可能性」分析レポート ―新たな地域別将来推計人口から分かる自治体の実情と課題」が2024年4月24日に発表された。このレポートは、「増田レポート」第二弾ともいえるが、相変わらず自治体の「消滅」という語が使われている。制度的に自治体は消滅しないにもかかわらず、である。たとえば、吸収合併された自治体は消滅といえるのだろうか。日本には、自治体に属しない土地は存在しない[1]。この制度が変われば、消滅はありうるが、そうした制度変更の提案は現在のところ存在しない。だが、アメリカのように、自治体のない地域を設けたらどうか、という議論は皆無ではない。こうしたことから、自治体の消滅ではなく、自治体名称の変更に過ぎないのである。たとえ、人口がゼロになっても、その地域は近隣の自治体の区域に編入され、自治体は継続する。ただ廃村（集落の消滅）は多数存在する。上記レポートは集落ではなく、自治体について消滅という語を用いているので、そもそもの前提で間違っているといえる。

　ここでの論点は、「若年女性人口が2020年から2050年までの30年間で50％以上減少する自治体を「消滅可能性自治体」として」、その数は744自治体とされている。2014年の段階では896自治体だったので、10年で152自治体も減った。「若干改善が見られる」との評価だが、「若干」ではないように感じる。また、「前回対象としなかった福島県の自治体を除くと、711自治体となる。今回、消滅可能性自治体を脱却したのは239自治体だった」とも述べられており、人口推計の信頼性に危うさを感じる。

　とはいえ、「少子化の基調は変わっていない」ことは確かである。「日本人人口で見れば、前述した「日本の将来推計人口」においても、日本人女性の出生率仮定値（中位推計）は前回推計の1.40（2065年時点）より低い1.29（2070年時点）まで低下しており、楽観視できる状況にはない」と警告しているが、40

---

(1)　正確に言うと、基礎自治体に属していない地域は存在する。しかしながら、都道府県には属している。たとえば、鳥島は東京都には属しているが、基礎自治体には属していない。また、境界未確定の地域や新海面処分場などである。

年も先の推計はほとんど科学的に信用できるとは言い難い。

今回のレポートでは、「自治体の人口特性別9分類（自然減対策と社会減対策）」が示されている（p. 99）。

◆自立持続可能性自治体（A）

　移動仮定、封鎖人口ともに若年女性人口の減少率が20％未満の自治体は、「自立持続可能性自治体」として位置付けている。減少率が20％未満であれば、100年後も若年女性が5割近く残存しており、持続可能性が高いと考えられるからである。

◆ブラックホール型自治体（B-①、B-②）

　移動仮定における若年女性人口の減少率が50％未満である一方、封鎖人口における減少率が50％以上の自治体は、人口の増加分を他地域からの人口流入に依存しており、しかも当該地域の出生率が非常に低い。いわば人口の「ブラックホール型自治体」と呼ぶことができる。

◆消滅可能性自治体（C-①、C-②、C-③）

　前回と同様に、移動仮定における減少率が50％以上の自治体である。

◆その他の自治体（D-①、D-②、D-③）

　上記の分類にあたらない自治体で、そのほとんどで若年女性人口が減少する見込みである。減少状況によって、必要な対策が異なることに留意す

自治体の人口特性別9分類（自然減対策と社会減対策）

A 自立持続可能性自治体：65
B ブラックホール型自治体： 25　（B-①:18、B-②:7）
C 消滅可能性自治体：744　（C-①:176、C-②:545、C-③:23）
D その他の自治体　 895　（D-①:121、D-②:260、D-③:514）

封鎖人口 移動仮定	減少率20％未満	減少率20〜50％未満	減少率50％以上
減少率20％未満	A 自立持続可能性	D-① 自然減対策が必要	B-① 自然減対策が極めて必要
減少率20〜50％未満	D-② 社会減対策が必要	D-③ 自然減対策が必要 社会減対策が必要	B-② 自然減対策が極めて必要 社会減対策が必要
減少率50％以上	C-① 社会減対策が極めて必要	C-② 自然減対策が必要 社会減対策が極めて必要	C-③ 自然減対策が極めて必要 社会減対策が極めて必要

（注）縦軸および横軸の「減少率」は、若年女性人口（20〜39歳）の減少率

る必要がある。

　Aの自立持続可能性を除くと、封鎖人口減少率20〜50％未満で移動仮定減少率20〜50％未満のD-①、D-②、D-③は、D-①が「自然減対策」が必要、D-②は社会減対策が必要、D-③は自然減・社会減の両方の対策が必要、とされている。B-①、B-②は封鎖人口が50％以上なので、自然減対策が「極めて」必要とされ、C-①、C-②、C-③は移動仮定減少率が50％以上なので、社会減対策が「極めて」必要とされ、C-③は自然減・社会減の両方の対策が「極めて」必要とされている。

　今回新たに分類された「ブラックホール型自治体」について、細かいことをいうようだが、この自治体からの移動もあるので、正確にはブラックホールではない。社会増依存自治体にすぎない。消滅にしてもブラックホールにしても、正確な表現ではなく、脅しとも思える言葉づかいで、とても科学的な分析とは言い難い。筆者の見解では、本気で対応する必要のないレポートである。

　本稿の問題意識としては、小規模自治体が合併もせずに存続してきた要因を探ることである。ここでは、小規模の基準人口として700人未満としている。人口規模の小さい順に選び出したものが図表5-1である。25自治体となっている[2]。2024年4月1日の段階で、島嶼地域が10自治体、山間地域が15自治体である[3]。

　本稿では、自治体毎の特徴に大きな差異が存在するため、また調査能力も限られているため、これらすべての自治体を扱うわけではなく、特徴的と考えられるいくつかの要素を取り上げて、個別の自治体を考察することにしたい。まずは、島嶼自治体で人口が一番少ない青ヶ島村から考えてみたい。筆者は2016年9月に訪問調査・ヒアリングをしている。

　この25自治体について、島嶼と山間に分けて、それぞれの数値を比較すると、島嶼自治体の面積を単純平均で比較すると、山間自治体の面積の1／10以

---

(2)　ただし、人口といっても、住民票を有する人数と国勢調査の人数、そこから推測した推定人口などが用いられる場合があり、出店によって、人口数が異なっている場合がある。

(3)　2023年の段階では、700人未満の自治体は20であった。島嶼自治体が9、山間自治体が11であった。人口減少が進んでいることを示している。

第 5 章　小規模自治体のサステイナビリティに関する一考察

図表5-1　人口700人未満の小規模自治体

	自治体名	人口	面積㎢	人口密度	R4 財政力指数	
1	青ヶ島村／東京都	166	5.95	27.90	0.16	島嶼
2	渡名喜村／沖縄県	302	3.89	78.04	0.07	島嶼
3	御蔵島村／東京都	303	20.39	14.86	0.11	島嶼
4	葛尾村／福島県	322	84.37	3.82	0.17	山間
5	粟島浦村／新潟県	332	9.78	33.95	0.10	島嶼
6	利島村／東京都	334	4.04	82.67	0.13	島嶼
7	野迫川村／奈良県	341	154.90	2.20	0.13	山間
8	大川村／高知県	348	95.27	3.65	0.12	山間
9	平谷村／長野県	366	77.37	4.73	0.15	山間
10	北山村／和歌山県	374	48.20	7.76	0.13	山間
11	三島村／鹿児島県	374	31.39	11.91	0.06	島嶼
12	上北山村／奈良県	405	274.22	1.48	0.12	山間
13	檜枝岐村／福島県	491	390.46	1.26	0.29	山間
14	丹波山村／山梨県	503	101.30	4.97	0.07	山間
15	売木村／長野県	504	43.43	11.60	0.12	山間
16	北大東村／沖縄県	555	13.07	42.46	0.13	島嶼
17	黒滝村／奈良県	565	47.70	11.84	0.12	山間
18	知夫村／島根県	594	13.70	43.36	0.08	島嶼
19	小菅村／山梨県	615	52.78	11.65	0.11	山間
20	音威子府村／北海道	633	275.63	2.30	0.10	山間
21	粟国村／沖縄県	646	7.65	84.44	0.10	島嶼
22	渡嘉敷村／沖縄県	662	19.23	34.43	0.07	島嶼
23	王滝村／長野県	665	310.82	2.14	0.20	山間
24	下北山村／奈良県	693	133.39	5.20	0.21	山間
25	北相木村／長野県	699	56.32	12.41	0.15	山間

*推計人口の統計年月日2024年4月1日、https://uub.jp/rnk/cktv_j.html

下であり、山間自治体はわずかな人口で大きな山間地域を管理するという仕事がある。逆に、島嶼自治体は、上下水道・電気などのライフラインが十分に整備できていない場合があり、国土管理という観点からは両者とも厳しい状況におかれている。

人口密度は逆に、島嶼自治体は単純平均で45.4人だが、山間自治体は5.8人と低い。当然と言えば当然で、広い山間地域を有する山間自治体は人口密度が低くなる。逆に島嶼自治体は、小さな島の場合が多く、そこにわずかな住民がいたとしても、山間自治体よりはずっと多くなる。

　最後に、財政力指数を単純平均で比較すると、島嶼自治体は0.101、山間自治体は0.146と、山間自治体のほうが少し高くなっている。一番財政力指数の高い自治体は、福島県檜枝岐村の0.29であり、多くの事業を村として推進していることが知られているが、山間自治体のほうがいろいろな町おこしの工夫がしやすいことが貢献しているのではないかと考えられる。

I　島嶼自治体

1　青ヶ島村

概要

　村の公式ホームページから青ヶ島の概要が「気候・面積・人口」の項には、次のように述べられている。

　気候・面積・人口東京の南358km、八丈島から68kmの洋上、伊豆諸島最南端に位置する青ヶ島は、緯度からいえば九州の宮崎県とほぼ同じ。島全体を黒潮暖流の流れに包まれ、年間平均気温では東京はもちろん宮崎県よりもいくらか高く、一年を通じて10〜25℃と温暖な気候です。ただ、青ヶ島の集落がいずれも標高250m以上にあるため、いったん島に上がれば八丈島などほかの島々よりやや涼しく感じられます。そのほか、湿度が年間平均85％と伊豆諸島のなかで特別高いことが、青ヶ島の気象を特徴づけています。春特有の嵐や梅雨、秋の台風には注意が必要です。

歴史

　また、「歴史」の項目では、いつ頃から「人が住むようになったのか、はっきりしたことは分からない。けれども、青ヶ島の歴史はこの黒潮とともに流れてきたといってもいいでしょう。はじめてこの島に住んだ人は、きっと黒潮に

第 5 章　小規模自治体のサステイナビリティに関する一考察

運ばれてきたに違いないのです」と述べられ、「青ヶ島の歴史に大きな一石を
投じたのが、天明 5 （1785）年に起こった天明の大噴火。島民200人余りが70
km離れた隣島の八丈島へ逃れ、青ヶ島は無人島と化したのです。佐々木次郎太
夫らが島民の先頭にたち、ふるさと青ヶ島へ還住を果たしたのは、天保 6
（1835）年、約半世紀も後のことでした」との説明もある。また、人口につい
ては、次のように説明されている。

　　還住時の人口は240人ほど、半世紀後の明治14年には、最大人口754人を記
　録します。しかし、年に 2 回小笠原へ行く船が青ヶ島へ寄港するようにな
　り、小笠原諸島などへの流出がはじまります。それからはだいたい400人ぐ
　らいでの人口推移。明治38年には東海汽船のマミノエ丸が寄港し、青ヶ島へ
　の定期航路がはじまりました。こうして、絶海の孤島に近かった青ヶ島も本
　土との交流と発展がはじまり、昭和15年には青ヶ島村へと独立、人口407人
　での出発でした。

行政部門

　次に、役所についてみると、職員数は全部門23人（2019年 8 月 1 日現在）
で、島外から人で占められている。村議会は定数 6 人である。人口は144人
（男86人、女58人）、108世帯である（広報あおがしま、2024年 4 月号）。
　また、特徴的なこととして、各戸には住所がなく、村役場も「〒100-1701
東京都青ヶ島村無番地」と表記されている。郵便等の配達員がすべてを把握し
ているものと考えられる。

財政

　財政については次の通りである。2024年度の歳入については、都支出金
35.6％、地方交付税22.3％、国庫支出金8.2％など、依存財源が66％と 2 ／ 3 を
占める。また、歳入については、総務費35.4％、土木費24.3％、衛生費121.6％
など、小規模な島嶼自治体の特徴として総務費が高いことが指摘できる。ま
た、土木費については、島嶼自治体の中でも多い方である。急峻な崖に取り囲
まれた海岸であり、土砂崩れを防止する法枠工（のりわくこう）で多くの場所

103

に設置されており、また港の護岸（防波堤）工事が徐々に少しずつ進められている。冬は着岸率が50％程度とのことであり、工事が急がれるが、完成してしまうと東京都からの公共工事支出金も少なくなってしまい、工事関係者が減れば、村の産業も衰退してしまう。また、火山島であるため、砂防工事や水源管理のための施設の維持管理も必要である。

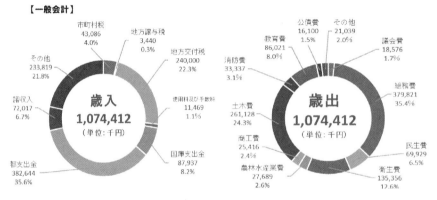

図解財政というHPによれば、次のようなわかりやすい図が示されている。こちらは2021（令和3）年のデータである。

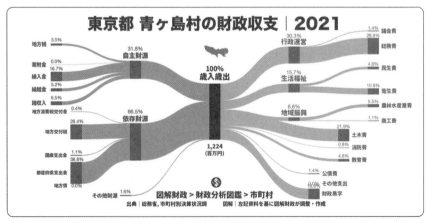

東京都青ヶ島村の財政収支｜マネーフロー図

※図解財政、https://graphic-finance.jp/catalog/city-town-village/aogashimamura/

施設

　村内には、公共交通がなく、また信号機が教育用に1カ所のみ設置されている。村立小中学校が1校ある。生徒数は、小学校5人、中学校5人である。教員8人、職員3人となっている（2023年度）。そのほか、村立図書館、老人福祉館（集会室、乳幼児休憩室、湯沸室等を設けた老人福祉及び子育て支援を行う施設）、おじゃれセンター（青ヶ島の医療・保健・福祉施設が一体となった総合施設。各施設利用者のコミュニケーションが図られ、島民の憩いの場になっている。1階は診療所、2階は保険福祉センター、3階は保育所となっている）、ふれあいサウナ（地熱を利用した天然サウナ）、物流センター（水産業振興及び島内生産品の向上のための冷蔵・冷凍・製氷施設、住民のみ利用可）、青ヶ島ヘリポート（東京愛らんどシャトルが毎日運航される）、クリーンセンターがある。

　こうした施設は、住民の生活を維持する上で不可欠な施設であり、地方交付税や都支出金で運営されている。

単独で村を維持している理由

　合併しない理由として、その最大の要因は、合併してもメリットがないことである。合併するとしたら、八丈島町であるが、八丈島から68km も離れており、船とヘリコプターによってつながっている。必要な食料や燃料などは船で運搬され、住民の生活を支えている。小中学校をはじめとして、村立の施設があり、そこには職員が常駐している。村の職員数は全部門23人であるが、家族を含めると住民の多くを占めることになろう。その他、工事関係者もそれなりの人数がいる。

　こうしたことから、自治体という制度（仕組み）があることにより、地方交付税や都支出金が財源の多くを占めており、住民の生活は成り立っている。

青ヶ島写真

https://lh5.googleusercontent.com/p/
AF1QipPjwY0oqWxyqYazrYg3Vnd3l4f
7AcVI7euorBJS=w810-h468-n-k-no

2　御蔵島村

　御蔵島は、公式ホームページによれば、東京から南へ約200㎞、三宅島から南へ約19㎞の位置にあり、火山活動が5,000年以上確認されておらず、安定した自然環境が保たれた結果、島内には原生林がいたるところに広がっているという。また、豊かな自然はさることながら、水資源が豊富である点は他の離島と比べて特徴的である。

　水が豊富な理由として、「標高851mの御山を頂くこの島は、全島原生林におおわれ多量の水をその地下にとどめている。これら湧出する水は豊かな渓流を作り、枯れることなく流れ、他の伊豆諸島の水不足とは対照的な島でありまず」と2015年4月に当時の村長・広瀬久雄が全国町村会のホームページに書いている。

　人口は上の25自治体のデータでは303人となっているが、『広報みくら』の2024年4月号では279人となっている。面積は20.39㎢、人口密度は14.86となっている。

　職員数は公式ホームページでは10名となっているが、非常勤（会計年度職員）は含まれていないと考えられる。『広報みくら』の2024年4月号に人事異動が掲載されており、村長以下御蔵島診療所を含めて24人となっている。

　しかしながら、職員が定着しないという問題が指摘されている。東京新聞によれば、「本年度までの十年間に、定年を除く自己都合の退職者は四十四人。毎年四・四人ずつ辞めている計算になる。うち五年以内に退職したのは七割、一年以内が三割にも上った。四十人が島外の出身者だった。離職までのスパンは、ここ数年で短くなっており、村は退職者が出るたび欠員募集をかけ、中途採用で穴埋めしている。離島人気からか一、二人の枠に数十人が集まるなど志願者には事欠かない」との記事があった（東京新聞 TOKYO Web、2019年12月25日）。

　また、御蔵島小中学校については、生徒数38人（2024年4月1日）、教職員数27人である。

　東京都総務局によると、御蔵島の産業分類別就労人口は2015（平成27）年でちょっと古いが、第1次産業が農林業1人・水産業3人、第2次産業が建設業

第 5 章　小規模自治体のサステイナビリティに関する一考察

47人・製造業 4 人、第 3 次産業が宿泊飲食業が35人・公務28人・教育関係24人・運輸郵便情報通信23人・生活関連サービス娯楽業15人・そのた37人となっている。

　財政力指数は、0.11で島嶼自治体では平均的である。下図の2021年度で、依存財源が地方交付税27.5％、国庫支出金7.2％、都支出金24.9％で59.6％を占めている。上記の青ヶ島村と同様の歳入構造である。

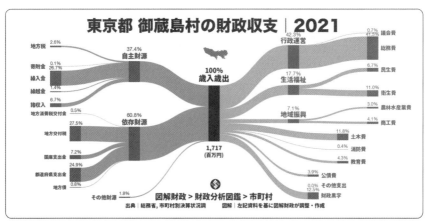

東京都御蔵島村の財政収支｜マネーフロー図

※図解財政、https://graphic-finance.jp/catalog/city-town-village/mikurajimamura/

単独で村を維持している理由

　御蔵島村が単独で維持している理由は、青ヶ島村とほぼ同様と考えてよいであろう。すなわち、その最大の要因は、合併してもメリットがないことである。合併するとしたら、三宅村であるが、19kmも離れており、船は 1 日 1 便（三宅島 5：10発→御蔵島 6：00着、御蔵島12：35発→三宅島13：25着）であり、ヘリコプターも 1 日 1 便である。必要な食料や燃料などは船で運搬され、

御蔵島写真

https://www.islandaccess.metro.tokyo.lg.jp/island/mikurashima/

107

住民の生活を支えている。ただし、船の欠航率は青ヶ島と同様、40％である。小中学校をはじめとして、村立の施設があり、そこには職員が常駐している。

　村の職員数は16人（2021（令和3）年4月1日）であるが、「任期付短時間勤務職員（再任用職員（短時間勤務））及び会計年度任用職員を含まない」と述べられている（「御蔵島村の給与・定員管理等について」）。島民300人から考えると、公務に関わっている人数は青ヶ島村と比較すると、少ないであろうが、駐在所や診療所、その他住民生活を維持するための公共的業務があり、家族を含めるとそれなりに住民の多くを占めることになろう。

　こうしたことから、自治体という制度（仕組み）があることにより、地方交付税や都支出金が財源の多くを占めており、住民の生活は成り立っている。

　　3　その他の島嶼自治体

　島嶼自治体が単独で行政運営をする理由は、島嶼自治体と近隣の島嶼自治体が合併したとしてもメリットがないことであろう。しかしながら、離れた島嶼を複数抱える自治体がある。三島村や十島村、竹富町である。

三島村

　公式ホームページによれば、「三島村は、薩摩半島南端の長崎鼻から南南西約40kmの位置にある「竹島・硫黄島」、坊ノ岬から南西約50kmの位置にある「黒島」の三島、及び無人の「新硫黄島」や数個の岩礁から成り立っており、九州南端から南西にのびる南西諸島の最北部に位置して」いる。

　竹島は、鹿児島港から約3時間、鹿児島市に一番近い島で、周囲9.7km、面積4.2㎢であり、もっとも高い山でも220mという平坦な、竹島という名のごとく島全体が竹に覆われた畜産の盛んな島である。また、この豊富な竹林から取れる筍の王様「大名竹の子」は、村の特産品に加工されているという。住民数は52人である（2024（令和6）年9月1日現在、以下同じ）。

　硫黄島は、竹島から約40分で、3つの島の中心に位置し、周囲19.1km、面積11.7㎢、椿、つつじ、車輪梅の原生林や野生の孔雀が街中を闊歩するのどかな風景が見られる島である。畜産と漁業を主な産業とし、温泉や名所旧跡（安徳天皇・僧俊寛）など豊富な資源の生かした観光も盛んな島である。住民数は

123人である。

　黒島は、硫黄島から約１時間で、村最大の島で、東西に大里と片泊の二つの集落があり、村の人口の約半数が居住している。周囲15.2km、面積15.3km²、標高622mの櫓岳を最高峰に、500m級の山々がそびえ、断崖絶壁の海岸線には、無数の滝が見られる森林と大名竹に覆われ自然が豊かであり、平成23年７月「薩摩黒島の森林植物群落」として国の天然記念物指定を受けた。住民数は164人である。

　ウィキペディアによれば、「第二次世界大戦終戦後の1946年（昭和21年）２月２日に連合国軍最高司令官総司令部の指令である「SCAPIN第677号」が発令され、これにより北緯30度以南の十島村にあたる吐噶喇列島の区域における日本国政府の行政権及び司法権が停止され、アメリカ合衆国の施政下となった。これに伴い十島村役場が置かれていた中之島がアメリカ合衆国統治下となったことにより村役場を失った上三島は鹿児島市に「十島村仮役場」を設置し、鹿児島県知事によって村長臨時代理者が指名された」という。

　その後、「1952年（昭和27年）２月４日にアメリカ合衆国統治下となっていた吐噶喇列島の区域が本土復帰し、これに伴い施行された政令の規定に基づき吐噶喇列島の区域に十島村（としまむら）が新たに設置され、「大島郡十島村を三島村に変更する条例の許可」（昭和27年鹿児島県告示第75号）により上三島の区域のみが残存していた十島村の名称を三島村に変更し、「大島郡十島村の境界」（昭和27年鹿児島県告示第74号）により北緯30度以北（口之島を除く）の区域に変更され、これにより実質的に上三島と吐噶喇列島が分村する形となった」という複雑な経緯がある。

　村役場は鹿児島市に置かれており、三島には出張所が置かれている。フェリーで三島が結ばれているが、生活物資は鹿児島県に依存しており、職員の大半は鹿児島市に居住しているため、村役場を三島に戻すという具体案はないとのことである。

　沖縄県竹富町も町役場が石垣市におかれており、こちらはどこに役場を置くかで住民投票が行われたりしたが、結果として石垣市に落ち着いた。竹島町は、竹富島（住民数は336人、2024（令和６）年８月末、以下同じ）、黒島（223人）、小浜島（781人）、新城島（６人）、西表島（2406人）、鳩間島（62人）、波照間島

（454人）やその他の無人島で構成され、これらをすべて結ぶ航路はない。そのため、構成する島々から交通の便のよい石垣市に役場がおかれている。

　こうした状況を考えると、離島同士の合併により1つの自治体となることのメリットとは、何なのであろうか。西表島などは2400人の住民がおり、それなりの規模があり、町の半分以上を占めているが、八重山という地域全体を考えると、協力する体制ができないと小さな島としては、存続が難しいであろう。たとえ不便な点があろうとも、1つの自治体として協力することが求められたのであろう。

財政力指数0.06

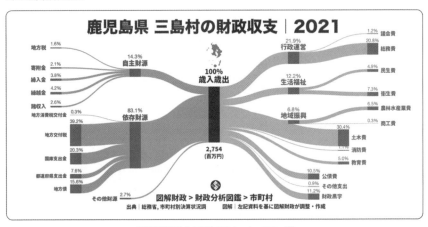

鹿児島県三島村の財政収支｜マネーフロー図
https://graphic-finance.jp/catalog/city-town-village/mishimamura/

Ⅱ　山間地自治体

　次に中山間地域の小規模自治体をみてみよう。図表5-1では、住民数が一番少ない自治体は、葛尾村となっているが、実際に居住している人数、すなわち帰村者の数であって、村外への避難者が多いため、住民登録をしている人は、1305人（2023年2月現在）とされている。そこで、人口が一番少ない奈良県野迫川村からみてみよう。

1 野迫川村

野迫川村公式ホームページによれば、「野迫川村は奈良県の西南端に位置し、和歌山県と隣接しています。村の北部には古くから開けた信仰の山・高野山があり、南には高野龍神国定公園の一部である伯母子岳や護摩壇山が険峻な山容を見せて連なっています。地勢は全般に急峻で標高が高いため、冬季は寒冷で多量の降雪があり、夏季は冷涼で避暑地として広く知られています」と概要が示されている。

また、職員募集のホームページでは、「野迫川村は標高1,000メートル級の紀伊山脈の山々に囲まれ、谷筋に湧き出す雲海で知られる「天空の村」です。世界的に有名な和歌山県高野町の霊場「高野山」の奥に位置し、林野などを除いた「可住地面積」の割合は3％で、人口は357人（令和2年国勢調査）。離島を除き人口が全国最小の村です。」との説明がある。

雲海景勝地があり、観光客も多いとのことである。テレビのニュースで紹介されたりしており、YouTubeでも診ることができる。

村の公式ホームページには、ライブカメラが診られるように工夫され、雲海が出ているかどうかがわかるようになっている。

図表5-1のデータを再掲すれば、人口は341人、面積154.90㎢、人口密度は2.20となっている。山が97％で可住地はわずか3％とのことである。

野迫川村の産業は、ちょっと古いが、2015年の国勢調査によれば、公務（他

111

に分類されるものを除く）39人、建設業34人、林業20人、医療・福祉20人、教育・学習支援業18人、宿泊・飲食業18人、製造業15人などとなっている（野迫川村『人口ビジョン』2016年3月策定、2019年10月改訂）。

　教育については、村立野迫川小中学校があり、小学校は児童数13人、教員数8人、中学校は生徒数10人、教員数8人となっている。

　財政については、財政力指数は0.13であり、歳入は自主財源9.3％、依存財源86.2％、その内訳は地方交付税が60.2％、国庫支出金6.7％、奈良県支出金8.1％となっている。

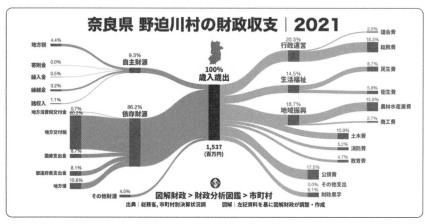

奈良県野迫川村の財政収支｜マネーフロー図
https://graphic-finance.jp/catalog/city-town-village/nosegawamura/

単独で村を維持している理由

　野迫川村は1889年に明治の合併で14の集落区域が統合されて、村が発足した。その後、合併はせず、今日に至っている。しかしながら、平成合併の際に、『奈良県市町村合併推進構造』（奈良県、2006（平成18）年3月）によれば、2002（平成14）年12月に「五條・西吉野・大塔合併連絡協議会」に参加しており、この任意協議会は2003（平成15）年3月に解散し、同年4月に法定の「新制五條市合併協議会」となり、そこに野迫川村は参加している。しかしながら、翌2004（平成16）年3月には脱退している。五條市・西吉野村・大塔村は2005（平成17）年9月に合併した。

第5章　小規模自治体のサステイナビリティに関する一考察

野迫川村が合併しなかった理由と考えられることは、五條市役所と村役場との距離が50km弱もあり、その間に山間地を通過しなければならないという地理的な理由が大きかったのではないだろうか。まさに陸の孤島ともいえる地理的な状況が自立の道を選んだ理由であろう。

2　檜枝岐村

檜枝岐村は、図表5-1の山間地域の自治体であるが、最も財政力指数が0.29と高い自治体である。ここで取り上げる理由は、どのようにしてこのような財政力を培ってきたのか、探ってみたい。公式ホームページによれば、まずは「自然条件」について、次のように述べられている。

> 福島県の西南端に位置し、東西24km南北34.5kmに及び、東は南会津町（旧舘岩村）に、南東は帝釈山、黒岩山等の山岳を挟んで栃木県日光市（旧栗山村）に、南は尾瀬国立公園を挟んで群馬県片品村に、西は只見川を県境として新潟県魚沼市（旧湯之谷村）に、北は只見町及び南会津町（旧伊南村）に接しています。
> 面積は390.46km²で、その約98％を林野が占めており、役場所在地の標高は939m、東北最高峰の燧ケ岳や会津駒ケ岳など2,000m級の山々に囲まれた山村です。
> 平均気温は7.7℃と低く、平均降水量は1,600mmを超え、最深積雪量は例年200cm前後で多い年は300cmを超えることもある豪雪地帯です。

また、「歴史的背景」については、次のように説明されている。

> この地には縄文時代の土器や石器等が多く発掘されていることから、古くから人々が居住していたと推定されます。
> 村に残る記録には、都が奈良から京都に移された794年に、紀州から移り住んだ藤原金晴という人物が邑長になったと記されています。
> その後、江戸幕府直轄領地の時代を経て、明治22年の市町村制の施行により伊南村・大川村・檜枝岐村の組合村となりましたが、大正6年に組合村から

113

独立し「檜枝岐村」となりました。

雪崩・水害・全村焼失・川向集落焼失など多くの災害に見舞われ、苦難に耐えた時期もありましたが、日本の経済成長に合わせ公共施設整備の取組みを始め、昭和36年に奥只見発電所が完成するころから、ライフライン等徐々に生活条件も向上してきました。

昭和48年には温泉が湧出し、昭和50年には村内各家庭に温泉が給湯され、それ以降尾瀬の自然と温泉を結んだ観光立村として、地域資源や特色を活かした村づくりに励んできました。

平成7年には市町村合併特例法が施行され、南会津郡内においても合併検討研究会を設立し検討されましたが、平成14年に檜枝岐村は合併をしない道を選んできました。

「人口の推移」については、次のように述べられている。

国勢調査人口は、昭和35年の983人をピークに平成2年の702人まで減少しましたが、平成12年までに757人と一旦増加したものの、それ以降は減少を続けており、平成22年の人口は637人に、平成27年には614人（速報値）となっています。

このうち、0歳から14歳までは215人の減、14歳から29歳までは229人の減、30歳から64歳までは63人の減となっていますが、65歳以上は161人増加するという、少子高齢化が顕著に表れています。

平成17年から平成22年の減少率が高い要因の一つとして、山小屋の季節的雇用従業員が減少したことが考えられますが、近い将来の労働力が約20％減、出生数を最も期待される年齢層である15〜29歳以下の人口がここ10年で半数以下に激減していることから、今後さらに少子高齢化が進むことが懸念されます。

最後に「産業の状況」について、次のように説明されている。

第1次産業については、面積の大部分を林野が占める本村はかつて木工業が

114

主な産業であり、村においても国有林の払い下げを受け、村営林産所で加工して販売したり村民からの依頼で製材をしていましたが、時代と共に衰退し、現在木工業従事者はほとんどいません。

農業については、県内で唯一米ができない高冷地であるため、そばや自家消費用の野菜や雑穀等の栽培のみにとどまっています。

第2次、第3次産業については、立地条件から民間企業の誘致は難しく、個人経営の観光関連業がほとんどを占め、昭和40年後半から徐々に増加し、尾瀬国立公園や温泉を目的に訪れる観光客の増加とともに観光関連産業が発展しました。これにより、平成22年の国勢調査では第3次産業の就業人口が93.4％となっており、現在においても観光産業が当村の主産業となっています。

ここにも述べられている通り、観光が主たる産業である。就業構造からみても、その点は明快である。宿泊業・飲食サービス業は191人で全体の50％、ついで公務（他に分類されるものを除く）が44人、次いで生活関連サービス業・娯楽業が31人、卸売業・小売業が27人、教育・学校支援業が26人となっている。

「檜枝岐村は合併を一度も経験したことのない県内唯一の自治体」といわれている（町村会のホームページ）。また、「南会津郡は、2006年3月に、田島町、舘岩村、伊南村、南郷村が合併して南会津町が誕生した。それに先立ち、下郷

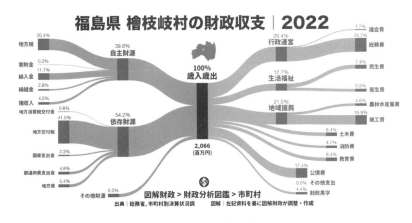

https://graphic-finance.jp/catalog/city-town-village/hinoematamura/

町、只見町、檜枝岐村を含めた南会津郡 7 町村で研究会が立ち上げられ、合併に向けた調査・研究を行っていた。そこから、正式な合併協議会に移行する際、下郷町、只見町、檜枝岐村は参加しなかった経緯がある」という記述もあるが、合併していないことは確かである（政経東北、奥会津編、「合併しなかった福島県内のいま」、https://www.seikeitohoku.com/okuaizu-district-did-not-merge/）。

単独で村を維持している理由

　檜枝岐村も、野迫川村同様、陸の孤島とも呼べる地域である。総務省の資料「未合併要因に関する調査」によれば、「合併に至らなかった理由」として、「離島や山間地等に位置することにより、隣接する団体の市区町村役場までの時間距離が遠いために、合併が困難である」というグループに檜枝岐村が含まれている。野迫川村も同様である。また、青ヶ島村や御蔵島もこのグループに含まれている。

　檜枝岐村は、村立の温泉施設 2 カ所や特産品センター、道の駅尾瀬檜枝岐、スキー場、また滞在も可能なワーケーション施設「つれづれラボ-25」なども運営し、様々な事業を展開している。また、奥只見ダムの完成に伴い、自主財源の比率も高まり、自立できる自治体として存続している。

おわりに：小規模自治体が存続してきた要因

　本稿は小規模自治体のサステイナビリティに関する考察を試みた。時間や能力の関係から、扱った自治体はわずかであるが、小規模自治体が合併せずに自立して行政運営を行っている実態とその存続の要因について、いくらか明らかになったと思われる。ここでは、その要因を整理しておこう。

1　地理的状況

　小規模自治体が合併せずに存続してきた理由の大きな要因は、地理的状況ではないか。離島自治体が存続する理由は、合併してもメリットを受けられないことである。本稿で扱った小規模自治体の多くは、近隣の自治体と合併しても、合併のメリットを住民が感じられないと判断したのであろう。本稿では

扱っていないが、長野県の大鹿村は、近隣の松川町との合併協議会を設置したが、住民からの住民投票の要望をうけ、住民投票を実施した結果、住民の判断は合併しないというものであった。その結果が出た直後の合併協議会は、即座に中止となり、解散となった。

本稿で扱った野迫川村も、離島ではないが、合併候補であった五條市との距離があり、陸の孤島という状況であったことはすでに指摘した。

2　住民の意思

次に指摘すべきは、住民の存続を望む意思である。合併するかしないかについては、住民投票を実施することが望ましいし、それが特別なことではなくなった。合併に関する住民投票は、合併を促進する方法として導入されたが、逆に合併しない住民の意思を示すこととなった事例が多く存在する。

また、合併しない選択をした自治体では、その運動を仕掛けた人物が必ず存在する。逆に合併しようとする運動もあろうが、住民の間に亀裂が生じてしまう場合もなくはない。しかしながら、現在の段階で合併をしない選択をした自治体については、合併するメリットを住民が感じられなかったと考えられる状況がある。もちろん、合併した地域もあるが、それは本稿の対象ではないので、ここで扱う必要はない。合併しない宣言をした自治体は、福島県東白川郡の矢祭町が有名であるが、矢祭町を含む東白川郡4町村の状況について、矢祭町が2001年10月に早々と合併しない宣言をし、残り3町村（棚倉町の人口は約1万6000人、塙町は約1万1000人、鮫川村は約4500人）で法定合併協議会が設置され、議論されたが、住民投票の結果（棚倉町は65％が賛成、塙町は55％が反対、鮫川村は71％が反対）に従って、合併協議会は解散し、3町村ともに単独の道を選択した。

こうした事例を考えると、住民の意思が合併しないことの重要な判断材料だった。

3　自治体の持つ資源の魅力

小規模自治体が単独の道をえらんだ理由として、自治体の持つ資源の魅力をあげなければならないだろう。本稿で扱った檜枝岐村は、奥会津の一番南に位

置し、現在ではトンネルも開通し、隣町の役場との距離も30km弱が距離があり、地理的状況も陸の孤島に近い。それ以上に単独での存続を望んだ理由として、観光という資源を有していることである。

　財政力についても、図表5-1で取り上げた20自治体の中ではもっとも高い0.29という数値であり、早くから観光開発に取り組んできた。自然条件としては、尾瀬への北側の玄関口であり、登山客の宿泊者も多い。また、只見川の電源開発により、村の財政にプラスの効果をもたらしている。

　また、野迫川村について記述したように、雲海という観光資源を活用している。雲海を観光資源として捉えている自治体は、新聞での記事検索ではずいぶんと出てくるのに驚いた。

　また、図表5-1にも掲載されている山梨県丹波山村と小菅村は、山林が多いが、それが東京都の水涵養林として指定されており、東京都から補助金がでており、森林が資源として認識されている。父的にも、東京都の水源である奥多摩湖からの道が通じており、東京都との関係が深い。

　この東京都水源林の事業における小菅村・丹波山村の位置づけについて、「水源林事業費の主な費目は造林、歩道等管理、国立公園管理、シカ害対策、治山、林道である。それぞれの事業における小菅村、丹波山村合計分の事業費ベースのシェアは、造林33.1％、歩道等管理41.6％、国立公園管理０％、シカ害対策18.6％、治山０％、林道4.93％で、主間伐量における両村での伐採材積のシェアは0.756％であった（2009年度）。小菅村、丹波山村の事業が水源林事業全体に占める割合は東京都奥多摩町、山梨県甲州市に比べるとやや小さいが、事業費ベースで17％程度、約１億円が小菅村、丹波山村を対象に支出されていることが推測できる」との指摘がある（泉桂子、「山梨県内の非合併山村自治体における高齢化・町村財政・女性就業率の推移―水源林地元村に着目して―」、『林業経済』、2016年６月）。

　自治体の持つ資源を活用すること、活用できることが、小規模自治体としての単独の存続を機能させる１つの要素として指摘できる。

4　自治体という仕組み（制度）

　最後に指摘すべき点は、自治体という仕組み（制度）があることにほかならない。自治体という仕組みとは、憲法・地方自治法を中心に自治体の存続が法的に守られていることである。いくら人口が少なくても、自治体が国の定めるナショナル・ミニマムとしての行政サービスを維持するために、国からの財政援助（地方交付税や国庫支出金、都道府県支出金等）があり、自主財源としての住民からも税徴収の権利が与えられていることを意味している。

　前者は依存財源と区分されているが、特に地方交付税は国の義務としての支出であると考えると、依存財源という区分は正確ではない。国が徴収している税の配分を受けているが、それは自治体の権利として配分を受けている。財政のことは専門ではないので、詳しくは述べないが、行政サービスの財源は、自治体という仕組みがあれば、確保されるということを意味している。

　また、自治体という仕組みがあるから、行政サービスを実施するための自治体職員を雇用することができる。本庁の職員、出張所の職員、学校の教職員、福祉施設の職員等々、国の制度による行政サービスの提供が自治体の義務であり、その給与も捻出できるようになっている。

　たとえば、離島であっても、役所・支所・出張所や学校・福祉施設等があれば、そこに職員を配置し、家族を帯同すれば、住民数も増える。こうした人々が青ヶ島村の住民の多くを占めているように感じられる。

第6章
「国による〈自治〉の擁護」についての一試論
——戦間期の内務省地方局長講話を端緒として

谷 本 有 美 子

I　はじめに

1　解題「戦間期[1] における町村自治」

　本稿は、筆者が旧自治省の研究を行う中で関心を抱いた「国による地方自治の擁護機能」（拙稿2019）の淵源を明らかにする試みの第一歩である。拙稿（2019）では、戦前の内務省地方局の系譜に連なる戦後の「地方自治の責任部局」存続のメカニズムとして、占領期に登場した地方の「代弁・擁護」という後見的な機能に着眼したが、ここでは内務省地方局の「地方自治観」に焦点を定め、主に「町村自治」への指導をテーマとして扱うこととする。

　具体的には第一次大戦の終結が近づいた1917（大正6）年10月に開催された「第1回自治講習会」（主催：中央報徳会）における内務省地方局長の講話（中央報徳会1918『自治の新思潮』に収録）を端緒としながら、内務省地方局に貫かれる「自治の育成（地方自治の健全な発達）」という政策理念、とりわけこの時期に町村の自治を重視した「地方自治観」を素描することを主な目的としている。そこから「国による地方自治の擁護機能」の支柱をなす「後見」思想への接近を試みようとするものである。

---

(1)　「戦間期」とは、厳密には第一次世界大戦終結から第二次世界大戦勃発までの約20年間（1918～1939年）を指すが、当該講習会が大戦末期の1917年に開催され、その内容についても戦後の地方経営への活用が前提となっていた（後藤1918：1）ことから、本稿では「戦間期」に含めて扱う。

なぜ、戦間期に着目するのか。まず、地方自治に関わる制度面において、明治期地方自治制の基盤「市制町村制」が、1911（明治44）年に「市制」「町村制」へと全面改正されていたことがある。日露戦争後に行われたこの改正については、「『自治機関』でありかつ国の行政の担い手でもある市町村長の地位を、市町村機関間の内的関係においては強化」すると同時に、「国による上からの監督もまた強化」する方向にあったことが指摘されている（斎藤1999：26）。すなわち、名誉職議員により構成される市町村会と、国からの委任事務を担う市町村長とのパワーバランスを「是正」し、市町村長の地位強化を図りつつ、国による監督の強化を進めるというねらいがある。とすれば、この改正は、国家統治において市町村自治の果たす役割が重視され始めたことを意味する。

　もう一つの理由として、町村政治を構成する農村社会の構造が日露戦争後の経済発展の中で大きく変化し、名望家層の存在を前提とした町村自治の基礎が崩れ始めていた背景がある。

　内務省は改正「市制」「町村制」の施行に先行して、地方自治を発展させる具体策として町村の改善を掲げ、1909（明治42）年度予算に地方改良事業奨励費を計上して、いわゆる「地方改良運動」を本格的に展開させている（地方自治百年史編集委員会1992：491）。それは「もはや、名望家としての地主層を中核とする予定調和的な農村秩序を前提にはできない」という、町村自治の担い手問題について、上からの指導により構築をめざすものであった（斎藤1999：28）。創設時に予定された町村制の制度設計は、地主の役割変化に伴い、歪み始めていたのである。

　明治期の町村合併は、政府が1888（明治21）年の「市制町村制」施行に伴い、江戸時代から引き続いてきた自然集落（旧町村）を統合し、行政上の目的（教育、徴税、土木、救済、戸籍の事務処理）に合った規模の行政村（新町村）を編成するために全国規模で推進された（岡田・池田2009：38）。そのため、旧町村の寄せ集めの形で創設された新町村の運営には「新町村と住民を結び付ける媒体」が必要となり、その機能を果たしたのが「部落」と称された旧町村における役職者、すなわち名望家層であった（高木1976：280）。「住民の生活＝生産に必要な仕事を旧慣により自治的に共同処理する単位」（高木1976：280）の部落において住民を統合していた「名望家」が、町村内での部落相互の利害

対立や葛藤を調整する役割を担い「一町村内の協調を保持することが、市町村会の任務であり、自治」（高木1976：281）であった。明治地方制度は「その末端に伝統的な部落、部落慣行を包摂することによって安定することができた」（高木1976：281）のである。

しかし、名望家による部落間の利害調整を前提に安定化を志向してきた市町村政治には、明治期後半の産業発展に伴う農村社会の構造的な変化に伴い、動揺がもたらされていく。日露戦争後の「農村自治」の危機（石田1998：29-31）は、内務省を村落共同体の連帯感強化を図る運動へと導いた。

他方、都市部では第一次大戦の戦時下で物価が高騰し、米騒動が各地で起こるなど「都市の民衆が独立した政治勢力として登場してきた」（副田2009：370）時期にも重なる。加えて、先述の「自治講習会」開催の翌年、1918年9月には原敬内閣が発足し、いわゆる「桂園時代」の官僚政治から政党政治の時代へと移行していく過渡期（副田2009：311）でもあった。

歴史学者の松沢裕作が、「日露戦争に伴う負荷の増大」が明治地方自治制の「システムに一定の綻びを生み」、「『地方』と『自治』との問い直しとしての『地方改良運動』へと人々を導いてゆくことになる」（松沢2009：423）と総括したこの時代が本稿の分析対象である。

このようなことから、都市でも農村でも社会構造に地殻変動が進行していた戦間期において、内務省地方局が自治当局者に示した地方自治観を分析することは、〈自治〉の擁護をめぐる時代的な特徴も浮かび上がらせるのではないかと考えている。

2　分析の視座：町村自治に対する「後見」

本稿が着眼する「第1回自治講習会」（1917年）は、「地方改良」運動をけん引した中央報徳会が主催し、内務大臣後藤新平の時代に開催されている。分析対象の内務省地方局長の講話「自治当局者の心得」は、主に町村自治の担い手（治者）である名望家層を聴衆としたものであり、農村の構造的変化や政党政治の影響を受け始めた町村自治（行政）に関する危機意識が語られている。

以上のような農村地域の構造的な変動と政党政治の影響を背景に、町村自治の構築を図ろうとしていた時期の内務省地方局の地方自治観を解明すること

は、「官治のもとの自治」の時代における「国による地方自治の擁護」の特性の一端を明らかにしうるのではないか。そのことと同時に、冒頭に記した占領期のような「外からの」改革圧力、すなわち外的要因を契機とした政策対応ではなく、「内なる」社会構造の変動、いわば内的要因による政策対応という環境条件の違いもある。そうした状況下で、国による〈自治の〉擁護機能はどのように作動するのかも明らかにしうるだろう。こうした問題関心から本稿では、戦間期において内務省地方局がなぜ「町村自治」の啓発・指導に重きを置いたのか、という問題を探究しようとするものである。それにより、その「後見」思想は何に由来しているのか、という筆者の本質的な問いへの接近を試みたい[2]。

　分析対象として取り上げる渡邊勝三郎地方局長（当時）の講話は、「第一節緒論」「第二節自治行政は国家行政の一部なり」「第三節職務上に対する注意」「第四節適切なる行政」「第五節自営自立の精神」「第六節租税問題」「第七節公営事業と地方財政との関係」「第八節公民の訓練」「第九節選挙の革正と町村吏員の待遇」「第十節議決機関の選挙」と10節に分かれている[3]。以下では、それら各節の内容を「国家と自治に関わるもの」「名誉職・公民と自治制に関わるもの」「行政・税財政に関わるもの」という３つのカテゴリーに概括整理し、当時の社会経済情勢も勘案しつつ、その中身について検討をすすめることとする。

　なお、上記３つのカテゴリーに対しては、「国の町村自治政策」の観点から、

---

(2)　このテーマへの着眼は、2021～2024年に筆者が参加した「地方自治基礎理論研究会」（代表：名和田是彦法政大学教授〈法政大学ボアソナード記念現代法研究所助成研究プロジェクト〉）において提供を受けた故宮﨑伸光法政大学教授の論考や研究資料、及び他の研究会メンバー報告から示唆を受けた。
　特に、宮﨑（2017）で提起された、「自治」は「個人における『自由』の社会集団における拡張であり、『属性を共有する諸個人の集合において、拘束力ある行為規範を自ら定立すること』」と、「『行政』とはそうした集合において求められる『調整・規制・給付』の役割を担任する組織とその機能のことである」（宮﨑2017：191）と示された「自治」と「行政」の定義に触発されたものである。行政の活動はその行使に伴う権力性に由来し、「誰がそれを決定するのか」という統治の問題が表裏一体に存在するが、宮﨑論文では「統治」に関わる記述がなく、「旧慣による自治」を前提としているよう解された。そのことが筆者への「町村自治」への関心を促すことになった。
(3)　原文にある漢字は旧字体表記となっているが、使用可能な活字の制約もあり、本稿では当用漢字表記とする。

第6章　「国による〈自治〉の擁護」についての一試論

それぞれ「自治の理念」「自治の担い手」「自治体の行財政」という分析軸を想定している。

Ⅱ　国家振興に期する自治体：自治の発達が意味するもの

1　自治の本義と国民の精神面における発達

①　自治の本義

　地方局長講話は自治の「本義」に沿った運用と自治の当局者としての心得を説くことから始まる。第一節の冒頭では、「自治の本義に従ってその運用を全ふし、自治団体の隆昌を計り、延いては国運の振興を期すること」が「自治当局者として心得ふべき要綱」と説かれる。自治体を一軒の家のようにたとえて「自治体の行政は、円満に平和に行われることが大切」だとする。しかしそれだけではなく「能く治まって融和し、団結したる力を以て、自治体と住民の福利を増進していくところの結果を来さなくてはならぬ。」と福利の増進に対する成果を求めている。「自治体は国家の根底である、自治体が発達し、地方自治体の福利が増進するならば、国家は自ら振興される」（渡邊1918：47-48）のである。国家の基礎をなす自治体の発達が国家振興につながる、との考え方が明確に示されている。

　では、「自治の本義」とは何か。この講話ではその意味内容についての言及はない。その意味を説いたのは、先立って登壇した水野錬太郎内務次官の講話「自治の本義」である。内務次官講話では自治を以下のように定義する。「我が国などで釈する自治は」「地方行政の範囲に於いて国民が国家の政治に参与する手段のこと」（水野1918：24-25）であり、具体的には、「行政の範囲内」で「地方の政治に国民が参与して、国民の選んだ吏員及び市町村長、国民の選挙した議員即ち市町村会議員、さふいうものをして其地方々々の政治の局に当たらしめる」（水野1918：25）ことと語られている。ここで「自治」とは、「地方行政」の範囲内で地方の政治に参加することと捉えられていたのである。

②　地方自治の隆昌

　次いで、地方局長講話は「地方自治の隆昌とは、どういふことであるか」を説く。それは「物質的方面に於ける進歩のみでは」ない。それに加えて「精神

125

的方面に於ける発達が最も必要」だとする。その成功例として挙げられるのが、第一次大戦中のドイツの善戦である。「不撓不屈の精神を以て敵を悩まして居る」「そして弦に三年有余を持耐えてきた」ということについて、「その意気は実に敵ながらも驚嘆を禁ずることのできない事柄」だと感嘆の意を示す。その上で、それは「独逸国民は多年の訓練教養に依ってその国民的精神が統一されて其の如く旺盛であること」が「重要な原因」だと評価する。もう一つの「原因」として、学術や技芸の進歩により兵器や機械、医薬、染料、食料などの自給自足ができる点も挙げてる。

　しかしそれでは不十分だという。「地方団体の隆昌は、これを物質的方面に求めたのみでは十分ではありませぬ」「その源は精神的方面の開発進歩に重きを置かねばならぬ」、そうして「自治体が隆昌になりますれば、その国は自然に盛んになり発達する」（渡邊1918：48-51）との見解である。明治市制町村制に「名誉職制」を進言したのは、ドイツ人モッセであり、それは彼の師であるグナイストの論理を前提にしたもの（高木1976：305）とされる。なお、戦間期の自治講習会で〈自治〉の精神面の手本として、第一世界大戦期におけるドイツ国民の精神的統一に対する憧憬が語られた背景に、内務大臣後藤新平がこの前年（1916年）に発表した「自治制の消長」の存在は見落とせない。日本の自治制が「その範をドイツに採った」ことに言及しつつ、「ドイツ勃興の原因」が「ドイツ自治制の健全な発達に基づくところが最も多い」と後藤が評価していたことと無関係ではなかろう（後藤2009：170-174）。

　③　犠牲的精神

　さらに講話後半の「第八節公民の訓練」では、「その団体に属している住民公民に自治的訓練を与えることが大切」だとして、住民や公民に対する自治の訓練の必要性にも言及する。「その土地の人民が自治の精神を体してやって呉れぬと、その目的を達することが出来ない」「自治政の成績の挙って行くと否とは、地方住民が自己の立場を自覚するといふことを本としなければならぬ」という（渡邊1918：66）。「治者に服従する点に於いては、極めて善良なる服従者として従来訓練されて来て居る」。その一方で、「立派な公民である、立派な国民であるといふ点に於いては、遺憾ながらまだ欠けて居る」として努力を求め、「各個人を健全なる国民、善良なる公民として訓練することは、我が国の

現状に於て極めて必要である」との認識が示される（渡邊1918：66-67）。

この当時の「町村制」における「公民」の規定は、以下のとおりである。

> 町村制第7条　帝国臣民ニシテ独立ノ生計ヲ営ム年齢二十五年以上ノ男子二年以来
> 町村ノ住民トナリ其ノ町村ノ負担ヲ分任シソノ町村内ニ於テ地租ヲ納メ若ハ直接
> 国税年額二円以上ヲ納ムルトキハ其ノ町村ノ公民トス（小早川編1999：374）。

すなわち、当該町村で「公民となる」のは、「独立の生計を営む年齢25歳以
上の男子」であって、「当該町村に住民として2年以上その負担を分任」し、
かつ「当該町内で地租を納める」か、「国税を2円以上納める」者に限られる。
公民には、名誉職の就任義務が課されており、必然的に「治者」となる可能性
がある。しかし、それ以外の人々は「住民」とされ、「公民」の条件に該当し
ない限り、治者への道はない。当然のごとく、女性は論外である。

次に語られるのは、その住民も含めた「公民住民の訓練」の必要性である。
自治制は「所謂住民の公共心、協同心に依って行はれていくもの」であって、
「公共心は進んでは所謂奉公心となり、協同心は進んでは挙国一致の精神とな
る」（渡邊1917：66-67）という思想が説かれる。それは既述の水野内務次官講
話の「犠牲的精神がなければ自治の本義を全うすることが出来ぬ。」（水野
1918：38）という自治観に由来する。水野は「自治の腹は犠牲的精神である。
犠牲的精神を分解すれば一は奉公心となり、一は公共心となる。」「第三には共
同心であり」、「共同してやるといふことは団体として総てのことを処理するに
必要なる精神」（水野1918：38-39）であるとして、「奉公心、公共心、共同心」
から成る「犠牲的精神」の必要性を訴えている。

それこそが、内務省地方局が指導する〈自治〉の基本理念であった。

2　農村地域の開発課題

第二節では、自治体が「上級団体に属する」という位置づけが確認される。
自治体は「国なり府県なりと離れて孤立して存在するものに非ず、即ち国なり
府県なりに属している」「その行っている行政は、広く言へば国の行政の一部
分」であることが強調される。ゆえに「自治体のやっていく仕事は、是等上級

団体の利益と衝突せぬ範囲、方法を選んで自己の発達を図っていかなければならぬ」というのである（渡邊1918：50）。

　そのために市町村の自治当局者は「属している府県、郡の事情を承知していることが必要」だとし、日本経済の問題を例として取り上げ、「国内の事情によって決定されて居った」国内経済が「国際的の経済」の域に入り、それと共に貿易品にも大きな変化が生じたこと、この貿易上の変化が社会事情に影響をきたしていることなど、経済発展に伴う社会構造の変容に言及する。特に工業生産については、「大規模の工場に集中してこれを製作していくという工場組織に進んで来て」いることから「工業の生産物たる工芸品が非常に増加」しており、工業資本が21億円に達したとの趨勢も示されている。

　こうした工業化の進展に伴い、府県の生産高のうち「工産物の方が過半数を占めている」県が増加する傾向にあり、その結果として、「資本は都市に集中されて」「会社資本の七割五分は」「七府県」に集中していると特定府県への資本集中を明らかにする。そのように「資本が都市に集中」するにしたがって、「都市と農村との関係に大なる社会上の変化」がもたらされ、「農業と商工業の経済的位置にも大いなる変化を来し」「その結果は都会と農村における労銀の差が著しく接近してきた」。これにより「地方における小作人の数を減じ、小作人の地主に対する勢力を増すということに進んでいくだろう」との見通しが語られている（渡邊1918：50-52）。

　この時期に地主に対する小作人の勢力が強まった背景には、「明治後期から大正初期にかけて小作地の増加、地主の都市集中が最高の数字を示すと同時に、農村に於いて寄生地主制が基本的階級としての基礎を固めてきた」（大島1994：262）ことが指摘される。それにより農村内部では「地主の在村機能希薄化に伴う人格的支配力の弱化を示す現象」（大島1994：262-263）が生じていたのである。地域に常在しない名望家では、部落間の利益調整役を果たしえない。

　そうした農村地域における社会構造の変化を自治体経営の念頭におくべきことを教示し、「いかにして農村と都市との関係を改善すべきか」「国の不調和なる進歩を矯正すべきか」といった問題を提起する。これについては、「地方自治体に居らるる方々が、十分心に持って之が共生の方法を講ずることが極めて大切なることと考える」（渡邊1918：52）として、各々の町村自治の担い手に

第 6 章　「国による〈自治〉の擁護」についての一試論

よる対応を要請した。さらに外国との関係にも触れた上で、「国内の事情は」
「大なる変遷の時期にあるから」「自分の町村を如何に導くべきかに就て適切な
る判断が出来難からうと考えます。」（渡邊1918：54）として、知識涵養の必要
性も説かれている。

Ⅲ　名誉職・公民と自治制

1　「治者」たる名誉職の心得

　「第三節職務上に関する注意」では、町村制における「治者」としての心得
が語られる。この内容は「自治体は、町村制に就いて見ると、町村長、助役と
名誉職を以て之に当つるを原則」「又有給吏員を以て之に当つる場合と雖も、
その在任中は特に公民権を与える」「又、議員であるとか、委員であるとかい
ふ方々が名誉職であることは申すまでもない」（渡邊1918：55-56）と、まず町
村制における名誉職について、基本事項を確認することから始まる。

　町村制では「町村長及び助役ハ名誉職トス」とされ、内務次官講話で「一定
の俸給を受けず、自己の義務とし、名誉として町村の事を担任するといふの
が、名誉職の意味である」と説明されていたように「名誉職の行ふ行政が自治
政」（水野1918：33-34）であった。

　なお、この条文の後段には「但シ条例ニ依ッテ有給職ト為スコトヲ得」との
規定もあるが、明治の町村制施行時から内務省は、それを妥当とした大町村を
除き、有給吏員の就任を認めていなかった（大島1994：221）。背景には、地域
の事情をよく知る名誉職に次のような役割を期待していたことがある。

　地方局長講話では先の町村長、助役、議員や委員のみならず、「その他有給
吏員」も含め「皆選挙に依って選ばれることになって」おり、「此の趣旨から
考へると、自治行政なるものは、局に当る治者と、被治者即ち団体員との間に
意思が能く疎通して行政をしていくことが特に大切」だとして、被治者との意
思疎通を重視する。これは「市町村長が一度その職を去れば、直ちに自治団体
の被治者になる人で」あり、「故に能く被治者の事情も知り、平素の意見のあ
る所も承知している訳」で、「さういう人が局に当たれば、治者被治者の間は、
意思が能く通じて円満に治まる」として名誉職に対する期待とともに説明され

129

ている（渡邊1918：56）。

　そのように「円満に村を治めていくことが大切」だとする思想は、市町村会
運営の考え方にも共通して語られる。「市町村会を例えて言へば、一家で申せ
ば親族会議のやうなものであろう」「寄合ってお互ひに協議熟談して事を決す
れば宜しい」。また「市町村会などには、演壇を設けて、何か意見があるもの
は演壇に立って言ふやうな議事法を執るのが往々にしてあるやうにも聞く」
が、「是も町村会の性質から申せば望ましくない」「協議熟談といふ精神に照ら
して見て適当でないと思ふ」（渡邊1918：56）との見解も示されており、市町
村会には「協議熟談」による調整が図られることへの期待が看取される。内務
次官講話を参照すれば、町村会のような「機関に依ってことを行はんとするに
は、共同に事をやらうと云ふ心がなければならぬ」（水野1918：40）というこ
とである。意見対立は協議で解決すべし、の考え方に立つ。

　「第四節適切なる行政」では、自治行政が「その自治団体に対して適切なら
しむる」ということに「特に注意を要する」という。「地方々々で各々事情を
異にして居り」、「自治団体としては、一国の利害と抵触をせぬ範囲に於いて
は、その団体自身の福利を進め、公益を挙げることに専心留意すれば宜しい」
と各町村の事情に応じて適切であることを求めている。名誉職を「其の局に当
らしめる」のも「名誉職は多年其の市町村に居住して能くその事情を承知して
いる」ため、「その人が局に当ったならば、その土地に最も適切なる行政が施
されるであろう」。それが「名誉職制度の予期している一の重大なこと」であ
るという。ただし、名誉職が「幾ら事情を知って居ても、その知った知識を善
良に、誠実に使うことが出来ないと、適切なる行政になりませぬ」とくぎを刺
す（渡邊1918：56-57）。

　加えて「政党政派とは没交渉」が説かれる。「政党政派は、一国の政治に就
て、各々見る所に依って相分かれて出来て居るもの」で、「地方の問題に就て
は何ら関係がない」とする（渡邊1918：58-59）。政党政治の参入に対する警戒
態勢がうかがえる。

2　有給吏員の待遇問題と政党政治の影響

　「第九節選挙の革正と町村吏員の待遇」及び「第十節議決機関の選考」では

第6章 「国による〈自治〉の擁護」についての一試論

いずれも、主に吏員の待遇問題が語られ、地方局のこの問題への関心の高さが看取できる。第九節では「市町村当局者に対する住民の尊敬、又是等の人に対する待遇も極めて欠乏している」ことへの言及がある。特に「町村長以下吏員に至っては実に甚だしい」「幾ら公共心に富み、名誉心に富んでいる人でも」、「薄い待遇で永くその職に従事することは、余程の篤志家にあらざる以上は困難である、之を以て一般の国民に求むるのは無理」（渡邊1917：67-70）との実情を示す。工業化の進行に伴う人材不足の影響はここにも波及している。

「第十節」でも、選挙で選ばれた職員（吏員）の勤続問題について、「自治の当局者として留意をすべきことは職員の選挙である」「既に選挙された以上は、その職員の言行に常に注意さるゝことを希望致す」「折角良い人を選択された以上は、これに訓練を加えて永く勤続せしむることが大切である」と、職員の勤続を切望している。「それには相当の待遇をすることが必要であらう」として、公民の義務で職に就いた有給職員の待遇改善を提起するほどである。

これは、選挙で選ばれて職に就いた吏員の更迭が頻繁に行われたことが背景にある。「市町村長を初めとして助役収入役書記等主なる者は、いずれも選挙又は選挙に類したる手続で選ばれるのであって、而かもこれに任期が附いて」いる。しかし、我が国では「大勢の上から見ると随分更迭が頻繁」であること、それは「政党政派が自治行政に這入って居る結果として、吏員の更迭が頻繁であること」が「重大なる原因」（渡邊1918：71-72）であることが指摘される。

日清戦争後の1896年に初めて政党知事が登場し、政党人の知事就任が広がる中（大島：1994：265）、山県内閣期の1899年に文官任用令が改正され、知事を含むすべての高等官は資格任用制となっていた。その結果として「『政党化』の重点が『官僚の系列化』へと移行し」「内務官僚の中から正統的な色彩をもった『政党知事』が現れ」（黒沢2013：33）ていた時期のことである。頻繁な吏員更送は、そうした政党政治の影響が、町村行政にも及び始めた様相を示すものであろう。

131

Ⅳ　自治行政と財政・税制

1　町村財政の原則と運営の実際

　「第五節自営自立の精神」では、自治行政を「独立した経済に依り、又独立した精神により、団体自身の事務を処理していくこと」であるという。それは、「住民各自の負担を以て団体の経費を支弁し住民の精神を以て活動していく」ことであり、「是が自治」だとする。ゆえに「納税の義務は、自治制に於いては、極めて重要なる事柄」だと位置づけられる（渡邊1918：59）のである。

　「第六節租税問題」では、市町村の財政は「財産による収入、使用料、手数料といふが如き収入を以て支弁するのを原則」とし、「是等の収入の不足ある場合に於て、初めて税を課して其の経費を維持して行くことになって」いる。しかし、「財産収入其他の収入で村を維持して居るものは極めて僅少」で「而かも小さい村」である。その趨勢は「事業に関する経費の大になる率の方が、基本財産の殖える率より遥に大である」ことが見込まれ、それを「租税に依って支弁することが今後益々増加する勢」にあるという（渡邊1918：60-61）。

　明治末期からの「地方改良運動」で内務省は、町村に対し基本財産の造成を積極的に求めた。『地方改良の要項』では「今日自治体の経営すべき事業が益々増加するに伴ひ、団体員の負担も亦多くを加ふるは、免るべからざるの趨勢たり。随って、基本財産の造成に勉め、予めこれに応ずるの計を為すは、極めて必要の事たり。」（報徳会1911：4）として、将来的な財政負担の増加に備え、基本財産を予め蓄積しておく方針を示している。それは、「町村制の理念に立ち返り、税に頼らず基本財産から生じる収入によって町村を経営する『不要公課村』」を目指すものであり、「そのために町村合併前の単位である区が保有していた、いわゆる部落有財産を行政村のもとに統一することが推進され」た（中西2018：99）のである。町村の財産的基盤の強化を企図して、部落有林野を町村に帰属統一させることをめざした「公有林野整理開発事業」がこの頃には一定の進展をみていた（地方自治百年史編集委員会編1992：503-506）ものの、「大正初期の時点では地方財産から生じる利子をはじめとした収入は僅少であった」ことから、内務省の「不要公課村」の実現という構想からみれ

ば、町村財産の蓄積は「まだ十分な成果を達したとは言えない」（中西2018：129）状況にあったといえる。

ただしこうした状況下でも、放漫な財政運営を行う町村が存在していた。町村が「どうかすると、自分の力では到底できないやうな仕事を始めて置いて、どうも補助を得なければ困るといふので補助運動をやる。それが為に色々の事件が惹起する」「もう一歩進むと、自分で経営して居る仕事を、どうか之を件でやってもらわなければならぬといふので、補助運動からさらに進んでその事業を他の高いところに引継ぐ運動をする」「甚だしきは其の運動のために手段を択ばずして罪人を出すことがある」。そのような動きについて、「時勢に鑑みても留意を請はなければならぬ」として、戒めている（渡邊1918：60）。

2　税負担の公平均衡問題

「第六節租税問題」では、市町村財政において租税による経費支弁が不可避となり、租税負担が増大する中で、「殊に税制に関する制度が大切な問題」になって来ることも説かれる。「税の取り方」については「負担が大きくなって来てから、不公平な点がある、或いは不適当の点があるといふことになったならば、その不幸は納税者一人の不幸に止まらずして、遂に其の地方の発達を害し国の進歩を害することにな」るため、「これは極めて大切」であるという。ただしこの点についての研究は「不十分で、徹底的でない」として「講究すべき事柄」との問題認識を示す。（渡邊1918：60-64）。

ここで例示されたのは「地方税として最も大きな地位を占めるに至っ」ていた町村の戸数割付加税（坂本1996：290）の問題である。日露戦争後の町村財政を、税負担の観点から探究した大島美津子（1994：276-277）は、町村財政の膨張が租税負担を強化し、この租税負担の強化が「戸数割の相対的増加、地租の相対的減少をともなっていた事実」を明らかにしている。それは地租割のみが官僚による制限を受け、戸数割の賦課徴収が事実上放任されていたことによる（大島1994：277）。それゆえ、町村における賦課基準については「全国各地各様であり、任意性を持つのが特徴」で「賦課徴収の決定はすべて町村会の議決に委ねられた」のである。「殊に賦課基準のうち多数を占める見立割」は「そこに明確な基準が存在しないのであるから、有力者の恣意が最も作用しや

すい形態」（大島1994：280）であった(4)。

　加えて、「明治末期の町村財政は、町村内の上層者に有利に下層者に不利な内部操作をとり、下層者に負担を転嫁する戸数割の重課傾向を伴って運営され」（大島1994：282）ていた。また、日露戦争後の「農村の租税負担の問題はいわば地方税に集中的にあらわれ」ていく。しかも地租、地租付加税は大小を問わず土地に対する均率税であったことから、中小地主、自作農層に過重な負担となっていた（長妻2001：301）。地方局長講話は、このように均衡を欠いた税の賦課徴収を行う町村の実態を問題視していたのである。

まとめにかえて

　以上、本稿では戦間期における内務省地方局長の講話を分析対象としながら、内務省地方局の「町村自治」に対する後見的な指導について、「自治の理念」「自治の担い手」「自治体の行財政」の側面から検討してきた。そこから明らかとなったのは、次のような特徴である。

　一つ目の「自治の理念」に関していえば、「国民が国家の政治に参与する手段」として自治が捉えられ、かつ自治行政による住民の福利の増進が国家の進行につながる、という考え方が「自治の本義」として教示されていたことがある。しかも、その自治には「犠牲的精神が必要」と観念され、それを「奉公心」「公共心」「共同（協同）心」といった言葉に換言しながら、住民／公民に対し訓練を行うことを町村自治の当局者に求めていた。そうした精神論が「官治の下の自治」の時代において人口に膾炙されるのは、極めて当然のことであろう。ただし、それが現代の地方自治運営においても参照されがちな言葉であることには留意しておきたい。

　現代との共通性で捉えれば、「都市への資本集中」という問題への対応策として、内務省地方局が「農村地域の開発」という観点から「町村自治の当局者」に町村の事情に応じ適切な対策を求めている点は、人口減少社会で東京圏

---

(4)　町村会有力者による恣意的な賦課のあり方が、町村の住民間にもたらした矛盾・諸階層間の対抗が広がる過程を詳細に研究した文献として坂本（1996）を参照されたい。

一極集中が進行する現代において、「地方創生」で自治体に創意工夫を要請する政府の政策とも重なるところがあるのは、国政と地方自治との関係性を普遍的に示すものとして興味深い。

　二つ目の「自治の担い手」の側面では、「名望家」に町村内での部落会の対立調整と円満な意思決定を委ねるという、いわば「名望家による自治」の体制構築に内務省が固執し続けた点がある。明治地方自治制が、農村地域の社会構造変動に伴い限界を露呈していたにもかかわらず、内務省地方局は、その体制にこだわり続けた。先述した後藤新平の自治観に沿えば、内務省が政党政治からの隔離手段として、また、職業階級に由来する衝突を回避する手段として、町村自治の活用を企図していたことがうかがえるものの、それだけでは、動機に乏しい。

　むしろ三つ目の「自治体の行財政」との関係が大きな意味を持つと捉えるべきなのかもしれない。というのも、自治行政の経費は専ら住民負担で賄うことを前提に制度設計された町村自治の原則が経済発展のあおりを受け、揺らいでいたことがある。とりわけ「この時期の財政構造が住民負担のいちじるしい増加を支柱として成り立って」いて、「これをいかに支障なく維持するかが国家にとってこの時期の大きな問題」（加藤1994：290）となる中で、町村自治のあり方が問われていたことに留意すべきであろう。それは、この町村財政の構造的な問題に対して、のちの「昭和初期の経済恐慌発生を契機」に「農村部における過重な税負担の軽減と窮乏する町村財政の救済を図る」ためとして、1936年の予算措置で「臨時町村財政補給金」制度が設けられた（矢野2007：143）ことにもつながるからである。

　以上のような戦間期における「町村自治」をめぐる事象は、「官治から自治へ」の戦後改革、次いで「国から地方へ」の90年代の地方分権改革を経た「分権型社会の自治」の現代においても、自治の本質をなす問題として、なお積み残された論点を提示しているのではないだろうか。最後に「町村自治」の制度をめぐる問題にも言及しておきたい。

　戦後の占領改革でGHQが普及を目指した地方自治の基本は「都市自治」であり、それ以来の地方自治の大改革として1990年代後半に推進された地方分権改革も、「市民自治により信託された統治機構」として「自治体をつくる」思

想の松下理論に導かれ、地方の現場で推進された向きもある。そのことの是非はさておき、それが本稿でみてきたような戦間期の「町村自治」で指向された「自治観」とは相容れない「自治観」であることは明らかであろう。

　「中山間地域」「農村地域」に所在する町村自治の構成員は、人口が集中する「都市部」の都市自治の構成員と特性が元々異なる。加えて人口の偏在が進む中で画一的に自治行政のあり方を規定していくのは極めて困難といえ、2000年の地方分権改革から四半世紀が経過する今日、戦後改革で一括された「地方公共団体」による地方自治制度には再考の余地がある。本稿では、「自治団体」をめぐる問題の検討にまでは至らなかったが、町村自治に関する組織の問題も、今後の研究提題として浮かび上がってきた。

　いずれにせよ、戦間期の内務省地方局が国政との関係から町村自治が果たすべき役割を町村自治の当局者に説いた講話からは、現代における「中央の地方自治の責任部局」たる総務省の「後見的な」政策にもつながる共通項が見て取れた。21世紀の「地方創生」政策をサポートするメニューが用意される様相は、「地方改良運動」で内務省が諸外国のさまざまな取組み例を参考に、農村改良を推奨していた様相とも重なり合う。100年の歳月は、組織行動に大きな変容をもたらしていないようである。

　ところで、戦間期の地方局長講話には、自治行政の「自営自立の精神」も示されていたが、その精神は日本の地方自治にどれほど浸透してきたのであろうか。それが、国の「後見」的自治観とは矛盾する原理だけに気にかかる。既述の町村自治の組織の問題とともに、ポスト「戦間期」以降の「国による地方自治の擁護」をめぐる次なる研究課題としておき、本稿を締めくくることとする。

参考文献

石田雄（1998）『自治』三省堂

伊藤隆監修（2001）『現代史を語る②三好重夫―内政史研究会談話速記録―』現代史料出版

猪木武徳編著（2008）『戦間期日本の社会集団とネットワーク―デモクラシーと中間団体』NTT出版

大島美津子（1994）『明治国家と地域社会』岩波書店

岡田彰／池田泰久編著（2009）『資料から読む地方自治』法政大学出版局

荻田保（1988）「市制町村制100年を振り返る」全国市長会編『市政』第37巻4号（通巻429号）全国市長会館　国立国会図書館デジタルコレクション

黒澤良（2013）『内務省の政治史—集権国家の変容』藤原書店

後藤新平（2009）『自治』藤原書店

小早川光郎編集代表（1999）『史料 日本の地方自治第1巻 近代地方自治制度の形成』学陽書房

斎藤誠（1999）「Ⅱ地方自治・行政の展開—明治末年から昭和初年まで」小早川光郎編集代表『史料 日本の地方自治第1巻 近代地方自治制度の形成』学陽書房

斎藤誠（2022）「第4章地方自治の法的構造—その史的前提」公益財団法人後藤・安田記念東京都市研究所『都市の変容と自治の展望』後藤・安田記念東京都市研究所

坂本忠次（1996）『日本における地方行財政の展開—大正デモクラシー期地方財政史の研究【新装版】』御茶の水書房

篠田皇民（1930）『自治団体之沿革』東京都民新聞社　国立国会図書館デジタルコレクション

高木鉦作（1976）「第7章日本の地方自治」辻清明編集代表『行政学講座第2巻行政の歴史』東京大学出版会

谷本有美子（2019）『「地方自治の責任部局」の研究—その存続メカニズムと軌跡［1947-2000］—』公人社

地方自治百年史編集委員会編（1992）『地方自治百年史 第一巻』地方自治法四十周年・自治制公布百年記念会

辻清明（1976）『日本の地方自治』岩波書店

中西啓太（2018）『明治「自治」と明治国家　地方財政の歴史的意義』山川出版社

長妻廣至（2001）『補助金の社会史—近代日本における成立過程』人文書院

副田義也（2007）『内務省の社会史』東京大学出版会

報徳会（1911）『地方改良の要項』国立国会図書館デジタルコレクション

松沢裕作（2009）『明治地方自治体制の起源—近世社会の危機と制度変容』東京大学出版会

水野錬太郎（1918）「自治の本義」上野他七郎編『自治の新思潮』中央報徳会 国立国会図書館デジタルコレクション

宮﨑伸光（2017）「『自治』および『行政』—自治体の基礎理論に向けて—」『法学志林』第114巻第3号

矢野浩一郎（2007）『地方税財政制度』学陽書房

山中永之佑（1999）『日本近代自治制と国家』弘文堂

渡邊勝三郎（1918）「自治の当局者の心得」上野他七郎編『自治の新思潮』中央報徳会 国立国会図書館デジタルコレクション

第7章
公共サービス動機付けと
職務パフォーマンス
——自治体職員に対するアンケートデータを用いた実証分析

林　嶺那

概要

　先行研究は、公共サービス動機付け（PSM）と職務パフォーマンスの間に正の関連性が存在することを繰り返し明らかにしてきたが、職務パフォーマンスの多面性には十分注目が集まってこなかった。本研究の目的は、職務パフォーマンスを、熟達行動・適応行動・プロアクティブ行動という3つの側面に区分した上で、PSMとの関連性を分析することである。本研究の使用データは、管理職・監督職に該当しない一般の自治体職員を対象にした、オンラインによる2波のアンケートを通じて収集された。分析の結果からは、PSMが、3つの行動と明確に正の関連性を有していることが示された。PSMの下位次元（公共サービスの魅力（APS）、公共的価値へのコミットメント（CPV）、思いやり（COM）、自己犠牲（SS））についてみると、APSは3つの行動と有意な正の関連性を示していたが、CPVは熟達行動とのみ、SSはプロアクティブ行動とのみ正に関連し、COMはどの行動とも有意な関連は示されなかった。本研究は、PSMが職務パフォーマンスの多様な側面に与える影響を解明するものであり、特に自治体職員の効果的なパフォーマンスの促進には、PSMの特定の側面に注目した組織的な支援が必要であることを示唆している。

I　はじめに

　公共サービス動機付け（Public Service Motivation：PSM）は、公共部門における職務パフォーマンス向上において重要な役割を果たすことが広く認識されている。PSMとは、「公共的な機関や組織に主に或いは独自に根差した動機に反応する個人の傾向」（Perry & Wise, 1990）を指す。アメリカ行政学において生成された概念であり、その後、世界各国での実証研究が進むことによって、現在では確立された巨大な研究領域として認識されている（Ritz et al., 2016）。多くのPSM研究において、PSMは行政機関の職員のモチベーションを高め、より高い水準のパフォーマンスを促進することが示されてきた（Fan et al., 2022）。近年、日本の自治体においても、少子高齢化や財政難、住民ニーズの多様化といった課題の深刻化を背景に、職務パフォーマンスの向上がますます重要視されている。限られたリソースと増大する業務負担の中で、職員一人ひとりの職務パフォーマンスの改善は、自治体に共通する課題といってよい。その課題に取り組む際、PSMの向上は有効な手段の一つとなりうる。

　しかしながら、熟達行動や適応行動、プロアクティブ行動といった職務パフォーマンスの多様な側面を区別して分析するPSM研究は極めて限られている。従来の研究では、職務パフォーマンスを総合的に測定するアプローチが一般的であった（Fan et al., 2022）。職務パフォーマンスを構成する各側面を区別しないことによって、いくつかの弊害が懸念される。第一に、職務パフォーマンスを一元的に捉えることで、例えば、柔軟な適応や積極的な提案といった、組織内で推進すべき特定の行動が見逃されるリスクがある。このようなリスクが顕在化すれば、組織は人材のモチベーションを活用しきれず、組織全体の活力や効率性が低下する可能性がある。第二に、PSMが各行動に対して異なる影響を持つ可能性が見落とされる懸念がある。例えば、PSMが熟達行動には大きな影響を与えるものの、適応行動やプロアクティブ行動にはさほど影響を及ぼさないとしよう。もし組織が求めるパフォーマンスが適応行動やプロアクティブ行動に関するものであったとすれば、PSMを高める施策は、必ずしも有効とは言えないこととなる。職務パフォーマンス概念を区分し、それぞ

れに対するPSMの影響を分析しなければ、組織が求める行動のためにPSMが十分な機能を果たすか否かを論じることは困難である。第三に、職務パフォーマンスの各側面を区別しなければ、適切な人材配置を行うことが難しくなる可能性がある。例えば、熟達行動が求められる職場に、プロアクティブ行動に優れた職員を配置すれば、その職員の能力を十分に活かすことはできないであろう。業務内容やポジションに応じた人材配置を通じて各職員の強みを引き出すためにも、職務パフォーマンスの概念を区分し、それらとPSMとの関連性を調べることが必要となる。

　職務パフォーマンスの多様な側面を考慮することは重要であるにも関わらず、PSM研究においてはその多面性が考慮されてこなかった。こうしたギャップを埋めるために、本研究は、職務パフォーマンスを、熟達行動、適応行動、プロアクティブ行動の3つに区分し、それらとPSMとの関連性を分析する。これら3つの行動は、現代の職務パフォーマンスを多面的に理解する上で不可欠な要素である（Griffin et al., 2007）。職務パフォーマンスは、職員の業務遂行能力や成果を示す重要な概念であり続けてきたが、その定義と評価方法には議論があった。伝統的に、職務パフォーマンスとは、個々の職務において規定された業務をどの程度正確かつ迅速に遂行できるか、すなわち「熟達（proficiency）」の度合いによって測定されてきた（Jackson & Murphy, 1999）。

　しかし、近年の業務環境は急速に変化しており、不確実性の増大や業務間の相互依存性の高まりといった傾向が、職務の特性として顕著になりつつある。こうした環境下では、熟達度合いは重要であっても、それのみに基づいて職務パフォーマンスを評価することは、適切な成果評価を阻む可能性がある。そのため、近年では熟達度合いに加え、環境の変動に対する適応能力を示す「適応行動（adaptivity）」、将来を見据えて変化を自ら起こすという「プロアクティブ行動（proactivity）」をも含めた3つの側面から職務パフォーマンスを捉える重要性が指摘されている（Griffin et al., 2010）。

　これまでのPSM研究は、職務パフォーマンスを、総合的な概念の下で大くくり化して理解してきた。これに対し、熟達行動、適応行動、プロアクティブ行動という3つの側面を考慮することによって、PSMがどのような職務行動に対して効果的に機能するのかを明らかにする。こうしたアプローチにより、

PSMの全般的な効果にとどまらず、組織が促進したい行動特性に応じてPSM
を活用するためのエビデンスを提供する。

　本研究では、一般職の自治体職員を対象に、オンライン調査を2回にわたり
実施した。このデータを分析することで、自治体職員のPSMが、職務パフォー
マンスのどの側面に対して有効に機能しているのかを検討する。分析に際して
は、PSMを構成する下位次元ごとに職務パフォーマンスとの関連性も検討する。
下位次元と職務パフォーマンスとの関連性を明らかにすることによって、人材
配置戦略に関するより具体的な施策のための知見の提供が可能になるであろう。

　本研究の知見は、理論と実践の両面で重要な意義を持つ。まず理論面では、
PSMと職務パフォーマンスの関係を単一の尺度で捉える従来の枠組みに対し
て、職務パフォーマンスを熟達行動、適応行動、プロアクティブ行動に分ける
ことで、PSMの影響の在り方をより詳細化し、具体的に理解するための視座
を提供できる。PSM研究が見過ごしてきた職務行動ごとの影響力の違いに光
を当て、PSMの下位次元と行動特性の関連を解明することで、PSMの理論的
な発展に寄与する。実践面では、各行動特性に対して有効に機能するPSM要
素を特定することで、自治体における人材配置や動機付け向上施策の最適化に
役立つ実証的知見を提供できる。例えば、本研究から、適応行動を必要とする
職場においては、公共的価値へのコミットメントを強化する施策が有効である
可能性が示唆される。このような知見に基づき、自治体は職員の特性と業務内
容に応じた動機付け戦略を採用することが可能となり、組織全体のパフォーマ
ンス向上を目指す具体的な方針策定に結び付くことが期待される。

II　公共サービス動機付けと多面的な職務パフォーマンス

　PSMは、一個人や個々の組織の利益を越えた、公共的な利益の実現に人を
向かわせる心理行動的なプロセスである（Perry & Hondeghem, 2008）。理論
的に見ればPSM研究は、公務員の行動を、外発的な動機付けによって突き動
かされる一種の経済学的な人間モデルによって説明しようとする新公共管理
（New Public Management）的アプローチに対するオルターナティブとしてみ
ることができる（田井, 2017）。

142

第7章　公共サービス動機付けと職務パフォーマンス

　先行研究からは、PSMがいくつかの異なる次元で構成されていることが示唆されてきた（Wright & Grant, 2010）。PSMを最初に提起したPerry & Wise（1990）は、PSMが情動的動機（affective motive）、規範ベースの動機（norm-based motive）、合理的動機（rational motive）という3つの次元が存在しうることを指摘していた。Perry（1996）は、この多次元モデルをベースに、公共政策形成への魅力（attraction to public policy making）、公益へのコミットメント（commitment to the public interest）、思いやり（compassion）、自己犠牲（self-sacrifice）という4次元を測定するための24項目の尺度を提案している。PSM概念を提起し、その測定モデルの端緒となった24項目は、多くの研究でも利用されている（Wright et al., 2017）。ただし、24項目の回答負担は大きく、また構造が複雑となるため、24項目から5項目を選び出した縮約版が、包括尺度（global measure）として利用されることも多い（Wright et al., 2013）。

　Perryが提起した24項目の尺度は、多くの研究において使用されることとなったが、アメリカのサンプルに基づいて構築されており、国際的な一般性を十分有していないという点がしばしば批判の対象であった。こうした批判を踏まえてKim et al.（2013）は、十分な信頼性と妥当性を有する、4次元からなる国際的な尺度を提案している。Kimらのモデルの4次元とは、公共サービスの魅力（attraction to policy service：APS）、公共的価値へのコミットメント（commitment to policy values：CPV）、思いやり（compassion：COM）、自己犠牲（self-sacrifice：SS）を指す。APSとCPVは、公共サービスの意義に着目するという共通性を有しつつも、APSは公共政策への関与を重視し、合理的・手段的な動機を持って公共の利益の促進を目指すという動機付けの程度を測定する一方で、CPVは公共の利益そのものに対する規範的なコミットメントを評価するものである。COMは、社会的弱者への共感に基づいた情緒的な動機を示し、社会的弱者の苦境を和らげるための努力を重視する次元である。最後にSSは自己を犠牲にしてでも他者や社会の利益を優先する姿勢を反映し、PSMの基礎的な側面とされる。これらの次元は、狭い意味での自己の利害を超えて、他者や社会全体に対する配慮を自らの行動の動機とする諸側面を捉えるものである。こうした包括性と、国際的な尺度としての信頼性および妥当性から、このKimらのモデルを用いる研究も少なくない（Hassan et al., 2021;

143

Schott et al., 2019)。

　こうしたPSMは、行政運営において優れた特徴を有する動機付けの在り方であることが、これまで数多くの研究において示されてきた。すなわち、PSMの高い公務員は、職務満足が高く（Homberg et al., 2015）、優れた組織コミットメントを示し（Moynihan & Pandey, 2007）、離職意向が低い（Campbell & Im, 2016）。こうしたPSMの組織運営にとって望ましい特質の存在は、日本においても支持されてきた（林ほか, 2021；水野, 2020；菊地, 2019）。PSMが様々な好ましいアウトカムと結びついているという意味で、PSM研究は行政管理の実務ニーズにも応える形で発展してきた。

　様々なアウトカムの中でも、PSMと職務パフォーマンとの関連性は特に関心を呼ぶトピックの一つである（Alonso & Lewis, 2001; Kim, 2005; Naff & Crum, 1999; Warren & Chen, 2013）。PSM概念を提起したPerry & Wise（1990）も、高い職務パフォーマンスの達成を目指す際に、PSMが重要な役割を果たすことを強調している。近年のメタ分析によれば、結果には一定のばらつきがあるものの、PSMと職務パフォーマンスとの間には中程度の正の関連性が存在する（Fan et al., 2022）。PSMと職務パフォーマンスの関連は、例えば日本のように権力距離（社会における権威や上下関係の受容度）が大きい国では、特に強まる傾向も指摘されている（Fan et al., 2022）。こうした関連性は、測定できていない要因に基づく疑似相関の懸念に対処した場合でも維持される（Andersen et al., 2014）。このようにPSMは、職務パフォーマンスをよりよく予測するという意味で、採用に際して参照するべき重要な指標になりうると指摘されている（Ritz et al., 2016）。

　PSM研究において職務パフォーマンスとの関連性は重要なトピックではあるものの、職務パフォーマンスの内容について、その多面性に十分な注目が集まっていない。PSM研究においては、職務パフォーマンスを大きく2つに区分する（Borman & Motowidlo, 1997）。すなわち、個人が組織に貢献する活動をどれだけ効果的に行っているのか、というタスクパフォーマンスに着目する研究（Bellé, 2013; Vandenabeele, 2009）と、組織市民行動や利他的組織行動などの、触媒のような形で組織の有効性に貢献するコンテクストパフォーマンスに着目する研究である（Ingrams, 2020; Piatak & Holt, 2020）。これまでの

144

第7章　公共サービス動機付けと職務パフォーマンス

PSM研究は、人間間の関係というよりは、個々人の職務遂行能力に焦点を当てる傾向があったため、タスクパフォーマンスに関する研究が多かったとされる（Fan et al., 2022）。こうしたタスクパフォーマンスに関する研究では、職務パフォーマンスは、総合的な概念として扱われることが一般的であり、生徒の試験成績といった客観的な指標（Andersen et al., 2014）や、自己申告による主観的パフォーマンス評価が用いられてきた（Naff & Crum, 1999）。

　しかしながら、流動化する職務環境においては、職務パフォーマンスをより多面的に捉えることが求められる。事前に定められたタスクを正確かつ効率的に実行することだけではなく、変化に適応して行動することが求められる場合もあろう。また、新しい課題を先取りし、より能動的に行動するような変化志向の行動が求められるかもしれない。こうした変化志向の職務行動の典型的な例が、適応行動、プロアクティブ行動である（Griffin et al., 2007）。

　熟達行動は、個人が事前に規定された職務を一定のルールに基づいて効果的に実施する程度を指す。予測可能性が高い環境の下において、熟達行動は特に重視される。すなわち、制度が安定し、いかなるインプットが与えられるのか、が予測しうる状況の下では、一定のインプットに対して、事前に定められた職務上とるべき行動の基準に従い、個人は正確かつ迅速に職務を遂行する能力が求められる。熟達行動は、職務の質と効率を確保するための基盤であり、特に行政業務のように規則や手続きに基づく業務が多い分野では、その重要性が高いといえる。

　熟達行動に対して、適応行動やプロアクティブ行動は、変化との関連で定義される。適応行動とは、現在の環境変化に自らの職務を適応させる行動である。適応行動が効果的に機能することで、組織は予期せぬ変動にもスムーズに対応でき、サービスの質を維持することが可能となる。これは、固定的な手続きや規則に基づく熟達行動だけでは対応が困難な、不確実性の高い状況において、特に重要である。

　変化に対する受動的な行動を示す適応行動に対し、プロアクティブ行動とは、将来の変化に備えて、自らの当面する状況に変化を生み出す、能動的な行動である。状況の変化を待つのではなく、自ら未来を見据えて積極的に行動を起こすことで、新たな価値を創造し、問題が顕在化する前に対策を講じる行動

145

特性である。行政においては、社会的なニーズの変化や政策の長期的な影響を予測し、事前に適切な対応策を講じることが重要となる。たとえば、少子高齢化に伴う社会保障制度の見直しや、デジタル化推進のための行政手続きの改革など、未来を見据えた施策が求められる場面において、プロアクティブ行動の重要性は高まることとなろう。

　行政の当面する不確実性の大きさを考慮すれば、事前に定められたルールに従って行動する熟達行動だけではなく、環境の変化に対して柔軟に適応する適応行動や、将来を見据えた積極的な提案や行動を促進するプロアクティブ行動といった側面を考慮する必要がある。例えば、消防行政のように、予測の難しい緊急時への対応が求められる職務においては、単に決められた手順に従う熟達行動に留まらず、緊急時に状況の変化に迅速に適応し、将来を見据えた積極的な行動を取ることが重要となろう（宮崎, 2001）。本稿では、これらの行動を明確に区別し、それぞれに対してPSMがどのような関連性を有するのか、を管見の限り、初めて検討する。また、PSMの下位次元が各行動特性に対してどのように連関しているのかについても分析を行う。なぜなら、PSMの下位次元は、それぞれ異なる動機づけのメカニズムを反映しており、それらが熟達行動、適応行動、プロアクティブ行動に異なる形で作用する可能性があるからである。PSMの下位次元ごとに職務パフォーマンスとの関係性を解明することで、組織が職員の動機づけをより効果的に活用し、職務パフォーマンスの向上に繋げるための具体的な施策の基盤を提供することが期待される。

Ⅲ　研究方法

1　データ

　本研究は、PSMと職務パフォーマンスとの関連を実証的に検討するために、自治体職員を対象としたオンラインサーベイデータを利用する。本研究では、コモンメソッドバイアスを最小限に抑えるため、2波にわたるオンラインサーベイを実施した。第1波のアンケートは2024年2月19日から2月22日まで実施され、独立変数と統制変数について調査を行った。第2波のアンケートは2月26日から3月6日までの期間で実施し、従属変数について回答を求めた。全て

の調査に関して、法政大学にて倫理審査を受け、「院・公共倫理第2309号」
（2024年2月19日付）として承認を得ている。

　調査対象者は、地方自治体に勤務する正規の地方公務員である。職務の同質
性を担保するため、対象を行政事務・一般事務、技術職、福祉職の職員に限定
し、ブルーカラーの性質を持つ技能労務職や公安職は除外した。また、医療職
は高度な専門知識を要し、職務内容が他職種と大きく異なるため対象外とし
た。さらに、調査対象を非管理・非監督職の係員に限定した。これは、課長、
係長等といった管理職、監督職と一般職の間には、業務内容に大きな差異があ
ることを考慮したためである。

　代表性の高いサンプルを確保するため、学歴（大卒・大卒未満）と年齢（32
歳未満、32歳以上48歳未満、48歳以上）の組み合わせによる6つのセルに基づ
いてサンプルを割り付けた。この割り付けに際しては、『平成30年地方公務員給
与の実態（平成30年4月1日地方公務員給与実態調査結果)』を参照した。な
お、ジェンダーは重要な要素であるものの、学歴および年齢ごとの男女比のデー
タが公開されていなかったため、ジェンダーによる割り付けは行っていない。

　まず1000人の地方公務員に対して第1波のアンケートを実施した。その際、
母集団の構成を考慮して以下の割り付け目標を設定した。大卒・32歳未満416
名（41.6％）、32歳以上48歳未満265名（26.5％）、48歳以上32名（3.2％）、大卒
未満・32歳未満118名（11.8％）、32歳以上48歳未満121名（12.1％）、48歳以上
48名（4.8％）である。しかし、32歳未満の大卒層および一部の大卒未満層の
データ収集が難航したため、これらの不足分は他の年齢層で補填した。具体的
には、32歳未満の大卒層の不足を、32歳以上48歳未満の大卒者、48歳以上の大
卒者で均等に補填した。また、32歳未満の大卒未満の者、32歳以上48歳未満の
大卒未満の者の不足については、48歳以上の大卒未満の者によって補填した。
最終的に、第1波では大卒・32歳未満157名、32歳以上48歳未満343名、48歳以
上196名、大卒未満・32歳未満31名、32歳以上48歳未満114名、48歳以上160名
のサンプルが確保された。

　第2波のアンケートには最終的に746名が回答した。その内訳は以下の通り
である。大卒32歳未満117名（15.7％）、32歳以上48歳未満256名（34.3％）、48
歳以上146名（19.6％）、大卒未満・32歳未満23名（3.1％）、32歳以上48歳未満

85名（11.4％）、48歳以上119名（16.0％）であった。母集団に比して、大卒、大卒未満ともに若年層が少ないため、分析に際しては、年齢や学歴等の統制変数を用いて統計的に偏りを調整した。

2　測定尺度

　本研究における独立変数は、PSMである。PSMの測定には、Kim et al.（2013）が提案した各下位次元4項目の計16項目からなる国際的な尺度を利用した（付録A1参照）。このバージョンは、国際的な尺度として数多くの研究で利用されるとともに、国を超えた信頼性と妥当性が示されているため、Perry（1996）が依拠するアメリカと、大きく異なる文脈に埋め込まれている日本の自治体職員を対象とした本研究において、その利用は適切である。各項目に対して、5件法（1＝全くそう思わない、5＝非常にそう思う）を用いて回答を求めた。PSMのスコアは16項目の平均値であり、APS、CPV、COM、SSのスコアは各下位次元を構成する4項目の平均値である。

　従属変数は職務パフォーマンスであり、具体的な質問項目は付録A2に示している。Griffin et al.（2007）に依拠し、個人レベルの熟達行動・適応行動・プロアクティブ行動をそれぞれ3項目で測定している。職務パフォーマンスの各項目について、5段階のリッカート尺度（1＝ほとんど行っていない、5＝かなり行っている）で参加者に評価を求めた。それぞれの行動に対応する3項目の平均値をもって、各行動のスコアとした。

　統制変数は第1波の調査時に測定しており、年齢、性別、大卒学歴、自治体規模、自治体種別の5つを使用した。年齢は1歳刻みで数値の入力を求め、性別は「男性（1）」、「女性（2）」、「その他（3）」で計測した。その他と回答した者が1名のみであったため、「男性」あるいは「その他」と回答した者に0を与え、「女性」と回答した者に1を与えるダミー変数を作成して分析に利用した。大卒学歴の有無については、最終学歴として大卒未満と回答した者に0を、大卒以上と回答した者に1を与えるダミー変数を作成した。自治体規模については、「あなたの勤務先における知事部局ないし市区町村長部局に所属する正規の職員の数は全体でどれくらいですか」という問いに対して、「1以上30人未満（1）」、「30人以上100人未満（2）」、「100人以上300人未満（3）」、「300

人以上500人未満（4）」、「500人以上1000人未満（5）」、「1000人以上3000人未満
（6）」、「3000人以上5000人未満（7）」、「5000人以上7000人未満（8）」、「7000人
以上1万人未満（9）」、「1万人以上1万5千人未満（10）」、「1万5千人以上
2万人未満（11）」、「2万人以上（12）」で回答を求めた。自治体種別について
は、勤務先の自治体について、「都道府県庁（1）」、「政令市（2）」、「政令市を
除く市（3）」、「特別区23区（4）」、「町村（5）」、「その他（6）」の中から回答を
求めた。「その他（6）」と回答した者は今回のサンプルには含まれなかった。

Ⅳ　分析結果

　表7-1は、本研究で用いた主要な変数の平均値、標準偏差、及び質問項目の
内的整合性を意味するクロンバック α 係数を示している。クロンバック α が
0.77から0.92までの範囲に収まっていることから、各尺度の信頼性が確保され

表7-1　主要な変数の記述統計およびクロンバック α

		平均	標準偏差	クロンバック α
(1)	PSM	3.04	0.77	0.92
(2)	APS	3.21	0.68	0.77
(3)	CPV	3.49	0.73	0.88
(4)	COM	3.31	0.68	0.80
(5)	SS	2.93	0.74	0.82
(6)	熟達行動	3.47	0.75	0.83
(7)	適応行動	3.26	0.76	0.83
(8)	プロアクティブ行動	3.22	0.78	0.88
(9)	女性	0.35	0.48	—
(10)	年齢	44.1	12.8	—
(11)	大卒	0.70	0.46	—
(12)	組織規模	6.26	3.01	—
(13)	都道府県	0.24	0.43	—
(14)	政令市	0.20	0.40	—
(15)	市（政令市を除く）	0.40	0.49	—
(16)	特別区23区	0.07	0.25	—
(17)	町村	0.09	0.29	—

表7-2　主要な変数に関する相関行列

	(1)	(2)	(3)	(4)	(5)	(6)	(7)	(8)	(9)	(10)	(11)
(1) PSM											
(2) APS	0.905**										
(3) CPV	0.825**	0.690**									
(4) COM	0.891**	0.753**	0.727*								
(5) SS	0.751**	0.619**	0.361*	0.536**							
(6) 熟達行動	0.282**	0.274**	0.267*	0.235**	0.175**						
(7) 適応行動	0.259**	0.273**	0.187*	0.215**	0.201**	0.725**					
(8) プロアクティブ行動	0.275**	0.268**	0.186*	0.239**	0.236**	0.626**	0.790**				
(9) 女性	-0.032	-0.052	0.006	0.036	-0.095**	0.023	0.048	0.044			
(10) 年齢	0.045	0.080*	-0.017	0.014	0.077*	0.055	0.023	0.026	-0.401**		
(11) 大卒	0.020	0.007	0.076*	0.021	-0.038	-0.025	-0.004	-0.038	-0.020	-0.223**	
(12) 組織規模	0.029	0.024	0.060	0.041	-0.025	-0.008	-0.032	-0.079*	-0.040	0.070	0.076*

** p < .01, * p < .05。

第7章　公共サービス動機付けと職務パフォーマンス

ていると判断できる。表7-2は、主要な変数間の相関関係を示している。職務
パフォーマンスは相互に正の相関があり、とりわけ適応行動とプロアクティブ
行動との相関係数が0.79と高い数値が示されており、変化と関連付けられて定
義される両行動は共通する側面が大きいことが示唆される。PSMおよびその
下位次元は、熟達行動・適応行動・プロアクティブ行動と有意な正の相関を有

表7-3　回帰分析の結果

	(1)	(2)	(3)	(4)	(5)	(6)
	熟達行動		適応行動		プロアクティブ行動	
PSM	0.362**		0.342**		0.368**	
	(0.0547)		(0.0545)		(0.0543)	
APS		0.167*		0.260**		0.178*
		(0.0786)		(0.0811)		(0.0830)
CPV		0.164*		-0.00328		-0.0120
		(0.0712)		(0.0634)		(0.0727)
COM		-0.00968		0.0166		0.0885
		(0.0822)		(0.0788)		(0.0806)
SS		0.0343		0.0646		0.115*
		(0.0536)		(0.0549)		(0.0550)
女性	0.0807	0.0820	0.103	0.112	0.0914	0.0988
	(0.0610)	(0.0617)	(0.0626)	(0.0629)	(0.0630)	(0.0635)
年齢	0.00351	0.00351	0.00224	0.00172	0.00191	0.00153
	(0.00226)	(0.00225)	(0.00243)	(0.00247)	(0.00239)	(0.00242)
大卒	-0.0341	-0.0410	-0.000184	0.00571	-0.0500	-0.0414
	(0.0598)	(0.0599)	(0.0600)	(0.0599)	(0.0602)	(0.0601)
組織規模	-0.00759	-0.00942	-0.0182	-0.0166	-0.0237*	-0.0213*
	(0.0111)	(0.0113)	(0.0111)	(0.0110)	(0.0106)	(0.0107)
政令市	0.0781	0.0851	0.140	0.140	0.169*	0.166*
	(0.0861)	(0.0861)	(0.0842)	(0.0840)	(0.0830)	(0.0828)
市（政令市除く）	0.0965	0.0759	0.0810	0.0877	0.122	0.139*
	(0.0736)	(0.0746)	(0.0757)	(0.0768)	(0.0777)	(0.0786)
23区	0.149	0.150	0.115	0.119	0.181	0.183
	(0.103)	(0.102)	(0.123)	(0.124)	(0.141)	(0.142)
町村	-0.160	-0.152	-0.206	-0.198	-0.0424	-0.0406
	(0.109)	(0.110)	(0.120)	(0.119)	(0.111)	(0.111)
定数項	2.134**	2.150**	2.082**	2.121**	1.999**	2.017**
	(0.232)	(0.234)	(0.239)	(0.240)	(0.236)	(0.237)
N	746	746	746	746	746	746
R2二乗値	0.095	0.102	0.087	0.096	0.098	0.104

括弧内はロバスト標準誤差。** $p < .01$、* $p < .05$。

している。相関係数は0.175から0.282までとばらつきはあるものの全て1％水準で有意である。この結果は、PSMが自治体職員の多面的な職務パフォーマンスに寄与することを示唆している。

表7-3は、PSMおよびその下位次元と、熟達行動、適応行動、プロアクティブ行動との関連性について、回帰分析の結果を示している。モデル（1）と（2）は熟達行動、モデル（3）と（4）は適応行動、モデル（5）と（6）はプロアクティブ行動を従属変数としており、それぞれがPSMの全体スコアやその下位次元とどのように関連しているのかを分析している。まず、モデル（1）に示される通り、PSM全体は、熟達行動に対して有意な正の関連性を示している。下位次元ごとに分解したモデル（2）においては、APSおよびCPVがそれぞれ有意な正の関連性を示している。

モデル（3）は、PSM全体と適応行動との間にも、有意な正の関連性があることを示している。下位次元に関しては、モデル（4）の通り、APSのみが有意な正の関連を示すに留まり、他の3つの下位次元と適応行動との間には有意な関連性が見いだせなかった。

最後に、プロアクティブ行動を従属変数とするモデル（5）では、他の職務パフォーマンスを従属変数にとった分析同様、PSM全体がプロアクティブ行動と有意な正の関連性を有することが確認された。モデル（6）からは、APSとSSがプロアクティブ行動と有意な正の関連性を示す一方で、CPVやCOMは有意な関連性を持たないことが明らかとなった。

V　考察と結論

本研究は、PSMと自治体職員の職務パフォーマンスとの関連性を、熟達行動、適応行動、プロアクティブ行動という多面的な視点から分析したものである。以下では、主要な結果の要約と解釈、理論的意義と実践的含意、そして本研究の限界と将来の研究方向性について議論する。

回帰分析の結果、PSM全体が熟達行動、適応行動、プロアクティブ行動に対していずれも有意な正の関連性を有することが明らかとなった。他方で、PSMの下位次元はそれぞれ、各行動と異なる関連性を示した。まず、APSは

3つの行動すべてと有意な正の関連を示した。しかし、CPVは熟達行動に、SSはプロアクティブ行動に対してのみ有意な関連を示した。これらの下位次元に対し、COMはいずれの行動とも有意な関連を持たなかった。これらの結果は、職務パフォーマンスの各側面がPSMの特定の下位次元によって異なる影響を受ける可能性を示唆している。

　APSが職務パフォーマンスに関する幅広い行動と関連することについては、以下のような解釈が考えられる。APSは公共サービスへの関心や使命感を表している。こうしたことから、職務に関する幅広い行動に内発的動機を感じやすくなっているのかもしれない。この内発的動機は、職務の遂行に留まらず、環境への適応や新たな提案といった幅広い行動に積極的に取り組む姿勢を支えるものとなっている可能性がある。職員が公共サービスに使命感を抱くと、自己の役割をより広く捉え、単に規定された職務に従うだけでなく、周囲の変化や新しいニーズに対応するために積極的に行動する意欲が高まることが示唆されている。APSは公共に対する奉仕意識や、社会貢献を通じて自己の存在価値を見出そうとする動機に基づいている。こうしたAPSの特徴が熟達行動、適応行動、プロアクティブ行動全てに積極的に関わる基盤となっている。

　CPVは熟達行動とのみ有意な正の関連を示し、適応行動やプロアクティブ行動とは有意な関連性を示さなかった。CPVは、公共的な利益や諸価値を追求する規範的な動機に基づいている。公共的は様々な価値を含むものの、日本の自治体職員の間では、職務の遂行において一貫した基準を守り、正確かつ効率的に業務を遂行するという規範が、公共的価値の中でも重視されているのかもしれない。行政組織では、安定したパフォーマンスが求められる業務が多いが、CPVの高い職員は、とりわけこうした安定的な業務遂行に力を注ぐ傾向があることが示唆される。CPVがルールの遵守、安定性、正確性、効率性といった諸価値へのコミットを意味するなら、CPVが、柔軟性や創造性を求められる適応行動やプロアクティブ行動よりも、既存のルールに沿って業務を遂行する熟達行動を生み出すことは自然なことである。

　SSは、プロアクティブ行動とのみ有意な正の関連性を示し、他の行動とは有意な関連が見られなかった。プロアクティブ行動との関連性は、リスクの観点で解釈できるかもしれない。プロアクティブ行動は、既存の枠組みを超えて

新しいアイデアを提案したり、組織や業務プロセスに積極的な変化をもたらしたりする行動である。このような行動にはリスクが伴い、場合によっては他者からの批判や失敗につながる可能性もある。これに対し、熟達行動や適応行動は、職務の正確な遂行や環境変化への対応に焦点を当てており、プロアクティブ行動ほどのリスクを伴うものでは必ずしもない。SSが強い職員は、自身の不利益やリスクを顧みず、公共の利益や組織の発展のために行動する傾向があると考えられる。こうしたリスクに対して積極的に挑む姿勢が強いSSの高い職員ほど、積極的にプロアクティブ行動に取り組むことになったと本研究の知見は解釈できる。

　最後に、COMはどの職務行動とも有意な関連を示さなかった。COMは他者への共感や支援を促進する情緒的な動機付けであるが、必ずしも組織目標の達成に直結する個人レベルの行動を生み出すわけではないようである。しかしながら、COMは職場での人間関係の改善や支援的な態度には寄与すると考えられる。したがって、COMは、個人による組織目標への効果的な貢献という意味でのタスクパフォーマンスというよりは、人間関係の改善や他者への支援という形で間接的に組織の有効性に寄与するコンテクストパフォーマンスと関連を示すかもしれない（Borman & Motowidlo, 1997）。パフォーマンス概念をコンテクストパフォーマンスにも拡張することにより、職務パフォーマンスにおけるCOMの機能をより正当に評価することができるであろう。

　本研究の理論的貢献は、PSMと職務パフォーマンスの関連を多面的に捉えることで、職務パフォーマンスに関する従来の統合的な指標では見逃されがちであった、PSMの下位次元ごとの影響の多様性を明らかにした点である。特に、APSが熟達行動、適応行動、プロアクティブ行動において一貫して有意な正の影響を示していることから、PSMの中でもAPSが職務パフォーマンスの改善の鍵となっている可能性が高い。

　また、本研究の知見は、自治体における職務パフォーマンスの向上施策に具体的な示唆を提供しうる。例えば、APSがすべての職務行動に対して有意な正の関連性を示していることから、公共サービスに対し内在的な魅力を感じる職員は、熟達行動や適応行動、プロアクティブ行動といった幅広い職務行動が求められる職場において、パフォーマンスの向上に寄与する可能性がある。APS

を備えた職員は、様々な職場で活躍が期待できるということである。他方で、CPVやSSを備えた職員が、そのポテンシャルを活かした職務パフォーマンスを発揮するためには、前者については熟達行動が、後者についてはプロアクティブ行動が特に求められる職場への配置が望ましいであろう。本研究の知見に基づき、職員の特性と業務内容に応じた、より効果的な配置戦略の策定が可能となる。

　しかしながら、本研究にはいくつかの限界が存在する。第一に、調査データが自己申告による主観的なものであるため、社会的望ましさバイアスなどが影響している可能性がある。第二に、データが日本の自治体職員に限定されているため、他国の公共部門や異なる文化的背景を有する行政機関への一般化には限界がある。将来的には、他国の自治体職員や文化的背景が異なるサンプルを対象に同様の分析を行うことで、PSMの職務パフォーマンスに対する影響の一般化可能性を検証することが求められる。PSMと職務パフォーマンスというテーマは、PSM研究の原点であると同時に、現在も多くの研究者と実務家が関心を寄せている今まさに取り組むべきトピックでもある。職務パフォーマンスの多面性を考慮し、PSMと職務パフォーマンスとの関連をより精緻に理解するためのPSM研究の進展が、研究上も、実践的にも求められている。

付録

A1　公共サービス動機付け

・公共サービスの魅力
私は、私のコミュニティを支援する活動を立ち上げたり、そうした活動に取り組んだりする人々を立派だと思う。
公益に寄与することは私にとって重要だ。
意義深い行政サービスは私にとってとても重要だ。
社会問題に取り組む活動に寄与することは重要だ。

・公共的価値へのコミットメント
倫理的に活動することは公務員にとって不可欠なことだ。
公共政策を策定するとき、将来の世代の利益も考慮に入れることは基本的なことだ。
市民が行政サービスの継続的な提供を当てにできることは大切だ。
私は、市民に対する均等な機会はとても大事だと思う。

・思いやり

私は、ひとが不公平に扱われているのをみると、とても腹が立つ。

私は、恵まれない人々の苦しい状況を気の毒に思う。

他のひとの幸福を考慮することはとても大切だ。

私は、困難に直面しているひとの気持ちがよくわかる。

・自己犠牲

私は、自分のことより市民としての義務を優先することが正しいと信じている。

私は、個人的な損失をはらってでもよろこんで社会の役に立ちたい。

私は、社会のために献身する覚悟がある。

私は、たとえ自分に金銭的な負担が生じても、貧しい人々がよりよい生活をおくるための良いプランに同意したいと思う。

A2　職務パフォーマンス

・熟達行動

職務をうまく遂行している。

標準化されたやり方で職務をこなしている。

職務を適切にやり遂げていると自負している。

・適応行動

職務の変化にうまく適応している。

職務遂行の手法上の変化に対して取り組んでいる。

職務の変化に対応するために新たなスキルを学んでいる。

・プロアクティブ行動

職務をよりよく遂行するための手法を自発的に実行している。

職務を遂行する手法に関する改善案を考え出している。

職務遂行の方法を適宜変更している。

参考文献

菊地端夫（2019）「日本の公務員のPublic Sector Motivationの構造の把握と行政文化、組織コミットメントとの関係性：アンケート調査による測定と分析の試み」『公益学研究』19巻1号25-34ページ.

田井浩人（2017）「Public Service Motivation 研究の到達点と課題：日本での研究始動に向けて」『九大法学』114号162-212ページ.

林嶺那・深谷健・箕輪允智・中嶋茂雄・梶原静香（2021）「公共サービス動機づけ（Public Service Motivation）と職務満足度等との関連性に関する実証研究：最

小二乗回帰と分位点回帰による特別区職員データの分析」『年報行政研究』56号
165-188ページ.

水野和佳奈（2020）「公務員のPSM（Public Service Motivation）と職務満足の分析」
『地方創生』39号29-44ページ.

宮崎伸光（2001）「消防行政における勤務時間と休憩時間」『自治総研』27巻11号1-10
ページ.

Ritz, A., Brewer, G. A., & Neumann, Oliver. (2016). Public Service Motivation: A
Systematic Literature Review and Outlook. *Public Administration Review, 76*,
414-426.

Alonso, P., & Lewis, G. B. (2001). Public Service Motivation and Job Performance:
Evidence from the Federal Sector. *American Review of Public Administration,
31* (4), 363-380.

Andersen, L. B., Heinesen, E., & Holm Pedersen, L. (2014). How Does Public
Service Motivation among Teachers Affect Student Performance in Schools?
Journal of Public Administration Research & Theory, 24 (3), 651-671.

Bellé, N. (2013). Experimental Evidence on the Relationship between Public
Service Motivation and Job Performance. *Public Administration Review, 73*
(1), 143-153.

Borman, W. C., & Motowidlo, S. J. (1997). Task Performance and Contextual
Performance: The Meaning for Personnel Selection Research. *Human
Performance, 10* (2), 99-109.

Campbell, J. W., & Im, T. (2016). PSM and Turnover Intention in Public
Organizations. *Review of Public Personnel Administration, 36* (4), 323-346.

Fan, Y., Blalock, E. C., & Lyu, X. (2022). A Meta-Analysis of The Relationship
Between Public Service Motivation and Individual Job Performance: Cross-
Validating the Effect of Culture. *International Public Management Journal, 25*
(7), 1115-1130.

Griffin, M. A., Neal, A., & Parker, S. K. (2007). A New Model of Work Role
Performance: Positive Behavior in Uncertain and Interdependent Contexts.
Academy of Management Journal, 50 (2), 327-347.

Griffin, M. A., Parker, S. K., & Mason, C. M. (2010). Leader Vision and the
Development of Adaptive and Proactive Performance: A Longitudinal Study.
The Journal of Applied Psychology, 95 (1), 174-182.

Hassan, H. A., Zhang, X., Zhang, X., & Liu, B. (2021). Public Service Motivation and
Employee Change-Supportive Intention: Utilizing the Theory of Planned
Behavior. *Public Personnel Management, 50* (2), 283-304.

Homberg, F., McCarthy, D., & Tabvuma, V. (2015). A Meta-Analysis of the
Relationship between Public Service Motivation and Job Satisfaction. *Public*

Administration Review, 75 (5), 711-722.

Ingrams, A. (2020). Organizational Citizenship Behavior in the Public and Private Sectors: A Multilevel Test of Public Service Motivation and Traditional Antecedents. *Review of Public Personnel Administration, 40* (2), 222-244.

Jackson, S., & Murphy, P. (1999). Managing Work-Role Performance: Challenges for 21st Century Organizations and Employees. In D. R. Ilgen, & E. D. Pulakos (Eds.), *The Changing Nature of Work Performance* (pp. 325-365). Jossey-Bass.

Kim, S. (2005). Individual-Level Factors and Organizational Performance in Government Organizations. *Journal of Public Administration Research and Theory, 15* (2), 245-261.

Kim, S., Vandenabeele, W., Wright, B. E., Andersen, L. B., Cerase, F. P., Christensen, R. K., Desmarais, C., Koumenta, M., Leisink, P., Liu, B., Palidauskaite, J., Pedersen, L. H., Perry, J. L., Ritz, A., Taylor, J., & De Vivo, P. (2013). Investigating the Structure and Meaning of Public Service Motivation across Populations: Developing an International Instrument and Addressing Issues of Measurement Invariance. *Journal of Public Administration Research and Theory, 23* (1), 79-102.

Moynihan, D. P., & Pandey, S. K. (2007). Finding Workable Levers Over Work Motivation: Comparing Job Satisfaction, Job Involvement, and Organizational Commitment. *Administration & Society, 39* (7), 803-832.

Naff, K. C., & Crum, J. (1999). Working for America: Does Public Service Motivation Make a Difference? *Review of Public Personnel Administration, 19* (4), 5-16.

Perry, J. L. (1996). Measuring Public Service Motivation: An Assessment of Construct Reliability and Validity. *Journal of Public Administration Research and Theory, 6* (1), 5-22.

Perry, J. L., & Hondeghem, A. (2008). *Motivation in Public Management: The Call of Public Service*. Oxford University Press.

Perry, J. L., & Wise, L. R. (1990). The Motivational Bases of Public Service. *Public Administration Review, 50*, 367-373.

Piatak, J. S., & Holt, S. B. (2020). Disentangling Altruism and Public Service Motivation: Who Exhibits Organizational Citizenship Behaviour? *Public Management Review, 22* (7), 949-973.

Schott, C., Neumann, O., Baertschi, M., & Ritz, A. (2019). Public Service Motivation, Prosocial Motivation and Altruism: Towards Disentanglement and Conceptual Clarity. *International Journal of Public Administration, 42* (14), 1200-1211.

Vandenabeele, W. (2009). The Mediating Effect of Job Satisfaction and Organizational Commitment on Self-Reported Performance: More Robust Evidence of The PSM-Performance Relationship. *International Review of*

第7章　公共サービス動機付けと職務パフォーマンス

Administrative Sciences, 75（1）, 11-34.

Warren, D. C., & Chen, L. (2013). The Relationship Between Public Service Motivation and Performance. In E. J. Ringquist（Ed.）. *Meta-Analysis for Public Management and Policy*（pp. 442-474）. Jossey-Bass.

Wright, B. E., Christensen, R. K., & Pandey, S. K.（2013）. Measuring Public Service Motivation: Exploring the Equivalence of Existing Global Measures. *International Public Management Journal, 16*（2）, 197-223.

Wright, B. E., & Grant, A. M.（2010）. Unanswered Questions about Public Service Motivation: Designing Research to Address Key Issues of Emergence and Effects. *Public Administration Review, 70*（5）, 691-700.

Wright, B. E., Hassan, S., & Christensen, R. K.（2017）. Job Choice and Performance: Revisiting Core Assumptions about Public Service Motivation. *International Public Management Journal, 20*（1）, 108-131.

第8章
市民と熟議する自治体議会：
ベルギーにおける熟議委員会制度

徳 田 太 郎

制度は、常に次の制度を自らの胎内に宿しているのである（宮﨑1995：107）。

はじめに

2000年代以降、全国の自治体議会において「議会改革」への取組みが広く見られるようになった。「改革」の柱の一つに、議会への市民参加がある。地方自治法が定める、公聴会開催や参考人招致、陳情や請願といった「従来型」の参加に加え、パブリックコメントや、議会報告会・意見交換会などの「市民との対話の場」が実施されることも多くなっている（長野2018、野口2018）。

しかし、「議場の外」で「議会の報告」や「意見の交換」を行うことが、真の意味で「議会への市民参加」となるのだろうか。たとえば廣瀬克哉は、「議会が議場で行う活動そのものを、市民と議会との対話の場にもすることに、これからの課題の焦点があるのではないか」と述べている（廣瀬2016：13）。いま求められるのは、議場内外のさまざまな制度が胚胎する要素を異種交配し、新たな制度を創出することではないだろうか。

そこで本章では、「多様な人材が参画し住民に開かれた地方議会の実現」（第33次地方制度調査会）への一つの方向性として、選挙制による議員と抽選制による市民との〈混合熟議〉の導入があり得ることを、ベルギーのブリュッセル首都地域議会における「熟議委員会」制度の事例検討を通じて明らかにしていく。

以下、第1節では、自治体議会のあり方（とりわけ、市民参加のあり方）に

161

関する、近年の地方制度調査会（以下「地制調」）による答申および総務省の各種研究会の報告書を分析する。そこでは、特に「議会参画員」構想、および「政策サポーター」制度に着目することになる。第2節では、これらの制度の鍵となる2つの要素、すなわち〈抽選〉と〈混合熟議〉に関する先行文献および実践事例を検討する。第3節では、選挙制による議員と抽選制による市民との〈混合熟議〉の先進事例である、ベルギーのブリュッセル首都地域議会における「熟議委員会」制度を分析する。第4節では、わが国の自治体議会において「熟議委員会」（またはそれに類似する制度）を導入することの可能性と、その際の課題を論じる。

I 「多様な人材が参画し住民に開かれた地方議会」

2022年12月28日、第33次地制調の「多様な人材が参画し住民に開かれた地方議会の実現に向けた対応方策に関する答申」が、岸田文雄首相（当時）に手交された。「70年弱の地制調の歴史の中で自治体議会に絞って答申が出されたのは初めてのこと」であった（今井2023：73）。

もちろん、地制調の答申が自治体議会に言及するのは、これが初めてではない。たとえば近年では、第31次地制調「人口減少社会に的確に対応する地方行政体制及びガバナンスのあり方に関する答申」（2016年3月16日）においても、また第32次地制調「2040年頃から逆算し顕在化する諸課題に対応するために必要な地方行政体制のあり方等に関する答申」（2020年6月26日）においても、自治体議会に関連する提言がなされている。前者における「公聴会、参考人、専門的事項に係る調査制度等の積極的活用を通じて議会への住民参加の充実を図り、多様な民意を議会における審議・議決に反映していく」「住民への報告や住民との意見交換の実施等、議場外での住民参加の取組を進める」といった記述、また後者における「議会の意思決定に住民の多様な意見を反映させる」「各議会において多様な層の住民の参画をより一層促す」「住民との意見交換の場を設けるなどにより、住民からの意見や提言を広く聴取する取組の事例も踏まえ、（中略）議場外での住民参加の取組を進める」といった記述の延長線上に、第33次地制調における「多様な人材が参画し住民に開かれた地方議会」と

いう目標像があるといえるだろう（いずれも下線は引用者）。

第33次地制調が「多様な人材が参画し住民に開かれた地方議会」を目標像として掲げる背景には、「住民の構成と比較して女性や60歳未満の割合が極めて低いなど、（議会の議員の構成に）多様性を欠く状況が続いている」、「投票率の低下や無投票当選の増加の傾向が強まっており、住民の議会に対する関心が低下している」といった課題意識がある。これに対する対応方策として地制調が挙げるのは、大きく「議会における取組の必要性」「議会の位置付け等の明確化」「立候補環境の整備」「議会のデジタル化」の４点である。本論考との関連で着目すべきは、１点目の「議会における取組の必要性」である。

「議会における取組」として具体的に挙げられているのは、「多様な人材の参画を前提とした議会運営」「住民に開かれた議会のための取組」「議長の全国的連合組織等との連携・国の支援」の３点である。第１の「多様な人材の参画を前提とした議会運営」は、主に１つ目の課題、すなわち「多様性を欠く議員構成」に対応している。「多様な人材」の例として「女性や若者、勤労者等」を措定し、柔軟な会議日程の設定、ハラスメント防止、育児・介護等の取扱いの明確化、旧姓使用の容認、議員報酬の水準の検討など、議会運営の工夫を例示している。一方、第２の「住民に開かれた議会のための取組」は、主に２つめの課題、すなわち「住民の関心低下」に対応している。情報の発信や公開、意見交換会へのデジタル技術の活用に言及した上で、「住民が議会により積極的に参画する機会」の創出事例として、「特定の政策テーマについて議員と住民が議論し、長に提言を行う等、議会と住民が共同して政策づくりを行う取組である『政策サポーター』、議会運営等に関して住民から広く意見・提言を聴取する場である『議会モニター』、女性の視点から住民の意見を反映させること等を目的とする『女性模擬議会』、中高生の投票により中高生の中から少年議員等を選出し、一般質問や政策提言等の議会活動を行う『少年議会』などの取組」を紹介している。そして最後に、これらの取組を広げていく上で、第３の「議長の全国的連合組織等との連携・国の支援」が必要であるとしている。

いずれも重要な論点ではある。しかし一方で、物足りなさも感じざるを得ない。確かに、自治体議会のあり方は、すぐれて「自治組織権」の問題である。答申が述べているように、「議会運営の具体的なあり方は各議会において決め

られるもの」であり、「各議会において自主的な取組を進めていくことが基本」
となる。しかし、多様な自治のあり方を可能にするための基盤整備という観点
からは、「運営」や「取組」からさらに一歩進んで、「制度」に関する変革も検
討・例示されてもよいのではないだろうか。たとえば、市民の「参画」の形
は、議員になること、あるいは「議場外での」取組みに関わること以外にはあ
りえないのだろうか。「議会が議場で行う活動そのもの」の変革を考えること
はできないのだろうか。ここではそのヒントを、総務省の「町村議会のあり方
に関する研究会」（2017年7月〜2018年3月）での議論に探ってみたい[1]。

　「町村議会のあり方に関する研究会」では、いわゆる「議員のなり手不足」
を背景に、「小規模市町村における議会制民主主義による住民自治の確保」の
方策が検討された。その結果、「集中専門型」と「多数参画型」という2つの
新しい議会のあり方をパッケージで提示し、現行の型も含めた3つのあり方の
うち1つを条例で選択する、との制度案が提示された。前者の「集中専門型」
とは、少数の専業的議員によって構成される議会である。ここでの議員には、
「首長とともに市町村の運営に常時注力する役割」が求められるが、「豊富な活
動量に見合った議員報酬」が支給される。一方、後者の「多数参画型」とは、
本業を別に持つ非専業的な多数の議員によって構成される議会である。ここで
は、「議会の権限を限定する」とともに、「議員一人ひとりの仕事量や負担を緩
和する」ことが構想されている。しかしこれらのパッケージ案に対しては、
「いずれの類型にあっても、議会の審議機能・監視機能を低下させるのではな
いか」、「パッケージとして提供することは、国による自治体への『義務付け・
枠付け』になるのではないか」といった多様な論点から、全国町村議会議長
会、全国市議会議長会、日本弁護士連合会がそれぞれ意見書を発出するなど、
批判が相次いだ（谷口2019：242-4、堀内2020：78）[2]。

　ここでは、議会の「型」に関する議論には踏み込まない。注目したいのは、

---

(1)　この間の地方制度調査会での議論と総務省各種研究会での議論との関係については、
江藤（2020）、堀内（2020）、今井（2023）に詳しい。

(2)　全国町村議会議長会「町村議会のあり方に関する研究会報告書に対する意見」、全国市
議会議長会「「町村議会のあり方に関する研究会」報告書に対する全国市議会議長会会長
コメント」、日本弁護士連合会「町村議会のあり方に関する研究会報告書に対する意見
書」。いずれも『自治総研』第480号に採録されている。

第8章　市民と熟議する自治体議会：ベルギーにおける熟議委員会制度

この制度案において（とりわけ「集中専門型」における「多様な民意を反映させる機能」として）提起された「住民参画の仕組み」である。

　研究会はまず、長野県飯綱町議会が2010年から導入している「政策サポーター」制度に着目する。これは、公募または議員推薦による市民が、常任委員長を座長とする「政策サポーター会議」で議員とともに熟議し、提言を作成するものである。「町村議会のあり方に関する研究会」に限らず、後続の「地方議会・議員のあり方に関する研究会」（2019年6月〜2020年8月）でも参照され、先に見たように、第33次地制調の答申でも言及されている[3]。

　このような事例の存在に言及した上で、研究会は「議会参画員」構想を提起する。議会参画員とは、「くじその他の作為が加わらない方法などにより選定」され、「本会議に議会の要請によって参加し、条例、予算、決算その他の重要な議案について、議員とともに議論に参画する」市民である。ただし、「議決権や議案提出権はあくまで議員のみに留保されるべき」としている。これは、日本国憲法第93条2項が「地方公共団体の長、その議会の議員及び法律の定めるその他の吏員は、その地方公共団体の住民が、直接これを選挙する」と定めているためである。選挙に拠らない議会参画員は、あくまでも「議員とともに議論に参画する」ことに役割が限定されるのである。

　「議会参画員」構想のユニークな点として、以下2つを挙げることができる。第1に、構成員の選出に〈抽選〉を導入している点である。飯綱町の「政策サポーター」は、公募や議員推薦によって選出されているが、研究会は、「議会参画員を公募制にした場合には、人選に偏りが生じ、目的を十分に達成できない懸念がある」とし、「裁判員制度を参考に、市町村の選挙管理委員会による選挙人名簿を元にしたくじその他の作為によらない方法」を推奨している。研究会は「これにより、女性や若者など多様な人材が議会参画員になることも期待できる」としている。

　第2に、議員と市民の〈混合熟議〉の実現という点である。市民参加の手法

---

(3)　政策サポーター制度に関しては、寺島（2011）および長野（2015）に詳しい。また、「議会改革リポート 変わるか！地方議会（159）政策サポーターと議員が協働で、集落機能強化に向けた政策提言書を作成：長野県飯綱町議会」『ガバナンス』第160号122-125頁も参照のこと。

の多くが「議場外での」広報・広聴にとどまるのに対し、議会参画員は、「本会議に議会の要請によって参加し」、「重要な案について、議員とともに議論に参画する」存在である。

　選挙制による議員と、抽選制による市民とが、ともに熟議する議会。これは決して、実現の可能性に乏しい、突飛な制度提案というわけではない。次節では、この制度提案の背景を分析する。

II　選挙制による議員と抽選制による市民との混合熟議

　議会参画員構想の鍵となる2つの要素、すなわち〈抽選〉と〈混合熟議〉は、現在、民主主義理論において注目を集めているテーマでもある。ここで、簡単に整理してみよう。

　まずは、〈抽選〉である。無作為抽出により社会の縮図を構成し、熟議を通じて政策形成を行うミニ・パブリックスは、すでに理論的にも実践的にも定着している。OECDは「ある問題についての判断材料を吟味するための慎重で開かれた議論としての熟議（deliberation）と、抽選代表を選ぶため実施される無作為抽出により実現される代表性（representativeness）、公共的な意思決定への結びつきという意味での影響力（impact）という原則の組み合わせ」の広がりを「熟議の波」と表現している（OECD 2020：3＝2023：3）。そして実際の熟議モデルを、①政策課題に対する十分な情報に基づく市民の提言形成、②政策課題に対する市民の意見の把握、③住民投票にかけられる法案の評価、④常設の抽選代表による熟議機関モデルの4つに分類し、計12のモデルに類型化している（OECD 2020：33＝2023：47）。

　わが国においても、①と②に該当するミニ・パブリックスは、すでに多数開催されている。たとえば近年、①に分類される市民議会（Citizens' Assembly）の中で、特に気候変動対策を熟議する「気候市民会議」が欧州を中心に急速に広がっているが、日本でも2020年からの5年間で20以上の実践例がある（三上2022）。また、同じく①に分類される計画細胞（Planning Cell）を日本で独自にアレンジした「市民討議会」は、2006年から2018年までの間に500回以上開催されている（長野2021：18）。②に分類される討論型世論調査（deliberative

第8章　市民と熟議する自治体議会：ベルギーにおける熟議委員会制度

poll）も、2012年の「エネルギー・環境の選択肢に関する討論型世論調査」を
はじめとして、複数の取り組みがなされている。熟議・代表性・影響力という
OECDの3原則に照らし合わせるとやや弱い面もあるものの、「政策課題に対
する市民の意見の把握」という点では、各種計画策定時のワークショップ等で
も、無作為抽出による参加者の選出は、数多く行われている。

　選挙代表に対する抽選代表の優位性としては、「誰もが選ばれる可能性があ
り、社会の縮図が構成される」「しがらみがないため、理に適った決定をもた
らしやすい」などを挙げることができる（Gastil and Wright 2019、Lopez-
Rabatel and Sintomer 2020、OECD 2020＝2023、吉田2021、田村2022、岡﨑
2024）。前者は、特定の属性を有する人々――たとえば、いわゆるジバン・カ
ンバン・カバンを有する人々――だけではなく、社会的マイノリティを含む多
様な人々が選出される可能性が高まるということであり、また、ほぼ確実にパ
リテ（男女同数）を実現できるということでもある。そして後者は、支持母体
や所属政党に縛られず、よりフラットな議論が可能となるということであり、
さらに、再選のプレッシャーもないため、より長期的な視野での判断が可能と
なるということでもある[4]。

　このようなメリットから、現在では、主題や期間を限定したアドホックなミ
ニ・パブリックスを超えて、無作為抽出による熟議体の常設化、すなわち「抽
選制議会」（抽選制議院）が議論の焦点となりつつある（Van Reybrouck 2013
＝2018、Gastil and Wright 2019、Landemore 2020、岡﨑2019、2022および2024、
山口2020）。また実際に、抽選代表による熟議体の常設化が試みられるように
もなっている。これは、OECDの分類では、④常設の抽選代表による熟議機関
モデルに該当する。世界で最初の事例は、ベルギーの独語共同体（人口約
78,000人）における「常設型市民対話」（2019年2月に制度化、2020年3月か
ら実施）である。これは、選挙制による議会はそのままに、それに付加する形
で抽選制による「市民会議」や「市民評議会」を設置し、議題の設定、政策の
提言、実施の監視といった機能を担わせることで、自治を強化するものであ

---

(4)　もちろん、抽選制には批判も多い。あり得る批判とそれに対する応答は、岡﨑（2024）
　　第7章に詳しい。

る。その後、フランスのパリ市、英国のニューアム・ロンドン自治区などで
も、常設型の抽選制議会が設置されている。

　アドホックなものにせよ、常設型であるにせよ、ミニ・パブリックスは通
常、社会的・政治的影響から構成員を遮断するために、無作為抽出による市民
のみで構成されることが推奨される（Fishkin 2009＝2011）。しかし近年では、
ミニ・パブリックスと立法府または行政府との間の「非接続」のリスクを最小
限に抑えるという観点から、あるいは、複雑性や不確実性への対処に優れる
「認知的多様性」に着目する認識的デモクラシー論の立場から、政治家と一般
市民との〈混合熟議〉の利点に着目する議論も現れている（Farrell et al.
2019、坂井2022）。

　もちろん、選挙制と抽選制との「混ぜ方」は、政治家と一般市民との〈混合
熟議〉に限定されない。むしろこれまで、議論の中心は選挙制議院と抽選制議
院との二院制にあったといえるだろう。たとえばトム・マレソンは、有権者に
よる政治家の統制と能力ある政治家の選出という点では選挙制が優れ、政治的
平等の追求と公平な熟議の実現という点では抽選制が優れる、よって２つのメ
カニズムを組み合わせることが望ましい——と主張する（Malleson 2019）。岡
﨑晴輝はこの議論を基本的に支持した上で、選挙制議院と抽選制議院との二院
制を擁護し、あわせて、「選挙で選出された議員が主導権を握る」可能性から、
選挙代表と抽選代表による一院制に一定の懸念を示している（岡﨑2024：244-
5）[5]。しかし実際には、政治家と市民の構成比率や、適切なファシリテーショ
ンといった運営上の手当てにより、影響を最小限に抑えることが可能である
（これについては後述する）。

　選挙代表と抽選代表との混合熟議体の代表例としては、憲法改正国民投票に
より「婚姻の平等」の実現をもたらした、アイルランドにおける憲法会議
（2012〜14年実施）を挙げることができる（德田2020および2021）。アイルラン
ド憲法会議は、地域・性別・年齢・社会階層・就労状況といった人口統計学基
準において記述的代表性を担保するよう層化無作為抽出された一般市民66名、

---

(5)　一方で岡﨑は、抽選制議院の「前段階として」、「議員の一部を抽選制を活用して選出
　する抽選制議員」制度も詳細に構想している（岡﨑2024：237-243）。

国民議会の政党構成比にあわせて各党から選出された議員33名、議長1名の100名で構成された。先にも触れたように、一般にミニ・パブリックスにおいては、プロセスが政党政治から独立したものになること、熟議が歪められないようにすることなどを目的に、政治家はメンバーから排除される。アイルランド憲法会議においても、「政治家が議論を支配するのではないか」との懸念が寄せられていた。しかし、学術・法律支援グループの検証では、トレーニングを受けたファシリテーターの存在によって、すべてのメンバーが相互尊重の雰囲気の中で平等に発言する機会を保障されていたこと、政治家が自ら場を独占しないよう努力し、テーブルの他のメンバーが貢献することを奨励していたことが明らかとなっている（Farrell 2013：299-300）。そして、無作為抽出による市民と政治家とがともに熟議したことが、ミニ・パブリックスと議会との間の「非接続」のリスクを最小限に抑えるという利点につながり、特に全政党の代表が含まれていたことが、問題に対する党派を超えた合意を確実にしたと評価されている（Suiter et al. 2016：46、Elkink et al. 2017：364、Farrell et al. 2017：128）。

　そして、このアイルランド憲法会議にヒントを得て、混合熟議の常設化を試みたのが、次節に見るベルギーの事例である。

Ⅲ　ベルギー・ブリュッセル首都地域議会の熟議委員会

　選挙制による議員と抽選制による市民との〈混合熟議〉、さらにその常設化という点で注目されるのが、ベルギーのブリュッセル首都地域議会における「熟議委員会」制度である。

　ベルギーは、言語に立脚する３つの「共同体」（Gemeenschap/Communauté/Gemeinschaft）と、地域に立脚する３つの「地域」（Gewest/Région/Region）によって重層的に構成される連邦国家である。ブリュッセル首都地域（人口約124万人）は、その地域の１つである。

　ベルギーの連邦制度・政府階層は独特であり、ここで詳述することはできな

いが、ごく簡単に確認しておこう[6]。3つの共同体（蘭語共同体・仏語共同体・独語共同体）は、文化・教育・対人援助・言語の使用等の政策を扱う。一方、3つの地域（フランデレン地域・ワロン地域・ブリュッセル首都地域）は、地域開発・生活環境・農業政策・経済や雇用等の政策を管轄する。そしてこの6つに、それぞれ議会がある（ただし、フランデレン地域は蘭語共同体に包摂され、両者で1つの議会を構成している）。なお、ブリュッセル首都地域は、蘭語と仏語の両言語地域であるため、共同体が扱うべき政策領域に関しては、ブリュッセル固有の機関である共同体委員会（蘭語・仏語・合同の3つの共同体委員会がある）がそれぞれ議会を構成して担当している。

　地方自治体は、県（Provincie/Province/Provinz）と自治体（Gemeente/Commune/ Gemeinde）の二層制である。ただし、ブリュッセル首都地域には県が存在しないため、ブリュッセル首都地域議会が県議会としての地位も併せ持っている。

　以上を図式化すると、図8-1のようになる。

　さて、そのブリュッセル首都地域議会Parlement de la Région de Bruxelles-Capitale（PRB）、および同地域の仏語共同体委員会Commission communautaire française（COCOF）のブリュッセル仏語議会Parlement francophone bruxellois（PFB）（図8-1の太枠）において制度化されているのが、熟議委員会（commission délibérative）である。いずれも、2019年12月に議会規則の改正により制度化され、2021年4月から実施されている。これは、混合熟議体の常設化として、世界初の試みである（Moskovic et al. 2020、Reuchamps 2020、宮下2024）。

　熟議委員会の設置は、仏語圏の緑の党Ecoloのイニシアチブによるものである。同党が野党にあった2017年の提案は否決されたが、2019年の選挙で与党となったことで実現に至った。その後、2020年7月に熟議委員会の構成が正式に決定され、無作為抽出による市民4分の3（PRBでは45名、PFBでは36名）と、議員4分の1（PRBでは15名、PFBでは12名。対応するテーマに応じた常任委

---

(6)　ベルギーの政府階層および地方自治制度に関しては、自治体国際化協会（2001）、鬼木（2011）、佐藤（2016）に詳しい。

第 8 章　市民と熟議する自治体議会：ベルギーにおける熟議委員会制度

図8-1　ベルギーの各種議会

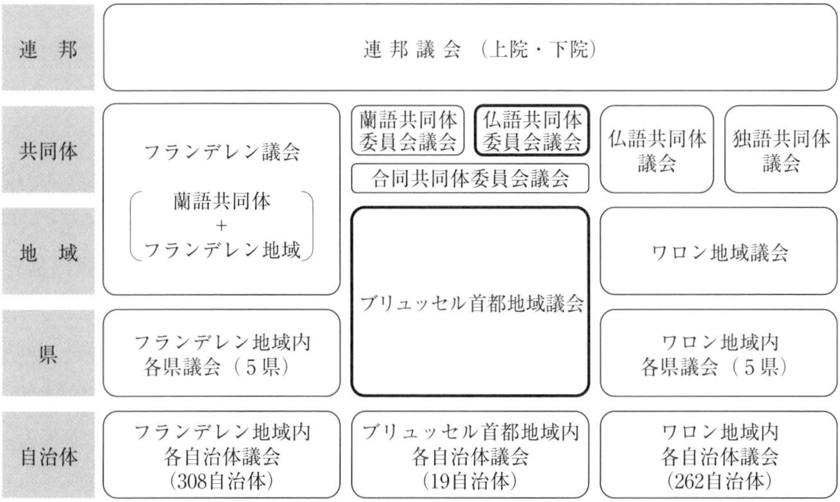

連　邦	連 邦 議 会 （上院・下院）		
共同体	フランデレン議会 蘭語共同体＋フランデレン地域	蘭語共同体委員会議会　仏語共同体委員会議会　合同共同体委員会議会	仏語共同体議会　独語共同体議会
地　域		ブリュッセル首都地域議会	ワロン地域議会
県	フランデレン地域内各県議会（5県）		ワロン地域内各県議会（5県）
自治体	フランデレン地域内各自治体議会（308自治体）	ブリュッセル首都地域内各自治体議会（19自治体）	ワロン地域内各自治体議会（262自治体）

出典：自治体国際化協会（2001）の図 3 および本文をもとに筆者作成。

員会から選出される）で構成されることとなった。2021年 4 月に最初の委員会が開催され、2024年 3 月までに、PRBで 4 回、PFBで 2 回の熟議委員会が開催されている。

　熟議委員会のテーマは、議員提案または市民提案により決定される。市民提案の場合、democratie.brusselsのデジタル・プラットフォームを利用して、16歳以上のブリュッセル市民1,000名以上の署名を集めた提案が、熟議委員会の対象として検討される。2021年 4 ～ 6 月の第 1 回熟議委員会（5G携帯電話規格の導入）は議員提案によるものだったが、同年 6 ～ 7 月の第 2 回熟議委員会（住宅とホームレス問題）は市民提案によるものであった。

　抽選代表の選出は、層化二段階無作為抽出による。まず、無作為抽出による市民（地域内に居住する16歳以上の市民、居住期間や国籍の制限はない）に 1 万通の招待状を送付する。その上で、応諾者に対する層別無作為抽出を行い、人口統計学基準（性別、年齢、居住地、言語、教育レベル、およびテーマに応じて追加される基準）において記述的代表性を担保されるよう選出される。

　市民の参加を促すための支援策も手厚い。報酬（73ユーロ／日）、若者（16～

18歳）や障害者などのための準備セッション、0～12歳の子どものための託児所、週末の開催、招待状の7ヵ国語表記、2つの公用語（仏語・蘭語）による同時通訳、バディ・システム（仏語・蘭語を苦手とする第三言語の話者に対し、仏語または蘭語に堪能な同じ第三言語の話者とペアを組むことで参加を支援する仕組み。参加者に同じ第三言語の話者がいない場合、通訳を担う親族や友人などを伴って参加することも可能）の導入、といった取組みにより、多様な人々が参加できる環境を整えている。

　熟議委員会は約5日間（約2ヵ月間）にわたり、情報段階・熟議段階・提言段階の3つの段階で開催される。情報段階は約1日で、熟議プロセスとテーマについて、専門家による情報提供と質疑応答により情報を提供する。続く熟議段階は約3～4日にわたり、7～8名の小グループと全体での熟議を交互に行うことで、提言を作成する。グループには熟練したファシリテーターが入り、熟議をサポートする。最後の提言段階は約1日で、提案を改善し、投票により採決を行う。

　前節でも見たように、混合熟議に対しては、「政治家が議論を支配するのではないか」との懸念が示されることが多い。しかし、「議員1名に市民3名という比率は、政治家との議論に固有の支配の力学を相殺し、権力の不均衡を避けることに寄与している。熟練したファシリテーターを伴う7～8名の小グループで熟議が行われるため、平等な参加が保証され、政治的圧力が回避されている。さらに、積極的な傾聴、共創、他者の意見の尊重などの基本的価値観に焦点を当てた、議員を対象とした研修も行われている。実際に、参加者（市民と議員）の97％が、討論は敬意を持って行われ、全員の意見が考慮されたと回答している」（Moskovic et al. 2023）とのことである。

　採決にあたっては、憲法上の制約を受ける。ベルギー憲法第116条は、「共同体及び地域の議会は、選挙で選ばれた代表で構成される」と定めている。したがって、抽選代表（市民）の投票は諮問的な扱いとなり、採決はあくまでも選挙代表（議員）の投票によって行っている。具体的には、市民が先に無記名で投票を行い、その後に議員が投票を行う形をとっている。議員の投票は公開で行われ、答責性を負う。すなわち、市民代表の絶対多数の賛成票に反対票を投じた場合、または棄権した場合は、その決定を説明する必要がある。

採択された提言は、常任委員会に提出され、以下のようにフォローアップされる。まず、6ヵ月または9ヵ月以内に、提言内容がどのように実施されているか、または実施されていない理由を示す報告書が作成される。その上で、熟議委員会の参加者出席のもと、常任委員会の公開討論会で報告内容を発表し、討論を行う。

このような混合熟議体の常設化は、ブリュッセル首都地域に次いで、ワロン地域（人口約366万人）のワロン地域議会でも実現しており（2020年10月に制度化、2023年10月から実施）[7]、ベルギー連邦議会も導入を決定している（2023年2月）。

Ⅳ　わが国における類似制度の導入の可能性と課題

それでは、このような「熟議委員会」（またはそれに類似する制度）を、わが国の自治体議会において導入することは可能なのだろうか。

まずは、法的な側面から考えてみよう。すでに確認したように、日本国憲法第93条2項は、「地方公共団体の長、その議会の議員及び法律の定めるその他の吏員は、その地方公共団体の住民が、直接これを選挙する」と定めており、自治体議会を選挙制議会から抽選制議会に置換しようとするならば、憲法改正が必要となる。しかし、選挙制議会を補完する形で、部分的に抽選制の要素を導入するのであれば、関連法（または条例）の整備の範囲内で可能である。「町村議会のあり方に関する研究会」の議会参画員構想が「議決権や議案提出権はあくまで議員のみに留保されるべき」としていたように、また、ベルギーの熟議委員会が、やはり憲法上の制約（「共同体及び地域の議会は、選挙で選ばれた代表で構成される」）から、抽選代表（市民）の投票は諮問的な扱いと

---

(7)　筆者は、2024年2月25日に、ワロン地域議会・第1期熟議委員会の第6回会議（第1期の最終回）を見学する機会を得た。ファシリテーターの関与の仕方（とりわけ、委員長とファシリテーターとの役割分担のあり方）、投票および採決の方法（とりわけ、市民の投票結果の採決時の扱い方）など、数多くの知見を得ることができた。現地でのコーディネーションの労をとってくださった栗田路子さんに感謝を申し上げる。ただし、ワロン地域の熟議委員会制度は、緒に就いたばかりであり、ブリュッセル首都地域議会の同制度との比較など詳細の検討は、今後の課題としたい。

し、採決は選挙代表（議員）の投票によって行っているように、役割を明確化すれば、現憲法との離齬なく導入が可能である。

　それでは、それ以外にどのような課題が考えられるだろうか。ベルギーにおいても、熟議委員会に関する議論において、いくつかの課題が指摘されている（Moskovic et al. 2020）。まずは、財政的な制約である。熟議委員会は、1回の実施につき約10万ユーロの経費を要する。これらの追加的な経費を、当該制度を導入しなければ支出の必要がないコストとみるか、「自治」の拡充・強化のために必要な投資とみるかは、意見の分かれるところだろう。

　次に、熟練したファシリテーターの不足である。ミニ・パブリックスにおける権力関係は、社会全体の権力関係を再現する傾向がある。参加者間の発言量の多寡や影響力の大小によって、参加者の包摂性と議論の多元性が損なわれることを回避する必要があり、そのために求められるのが、ファシリテーターの存在である（Landwehr 2014、徳田2020）。特に〈混合熟議〉においては、アイルランドの憲法会議やベルギーの熟議委員会でも検証されているように、政治家と市民の権力の不均衡を是正するために、熟練したファシリテーターの存在が不可欠となる。しかし、ミニ・パブリックスが一般的になり、世界中の政府がそのメリットを享受するようになるにつれ、熟練したファシリテーターに対する需要が高まり、人材が不足しているのが現状である。

　これらの課題に対しては、どのような解決策が考えられるだろうか。まず財政的な制約、すなわち制度導入の経済的コストである。確かに一定の予算の確保は必要となるが、OECDの費用便益分析によれば、ひとたび熟議プロセスを制度化すれば、アドホックなミニ・パブリックスの実施に比べ、コストを低く抑えられることが確認されている（OECD 2020：143＝2023：184）。

　その点では、むしろ後者、すなわち熟練したファシリテーターの不足の方が大きな課題となるかもしれない。この点に関しては、市民社会の側の努力が必要になるだろう。そもそも、ベルギーにおいて抽選制が広く導入される契機となったのは、市民組織「G1000」の主導による2011年の「G1000サミット」である（Vermeersch 2012、Jacquet et al. 2016）。2010年の総選挙後に連立交渉が難航し、長期にわたって「政治的空白」が生じたことを受け、27名の市民が「無作為抽出による1,000名の市民を集め、政治家への提言を作成する」とのマ

第8章　市民と熟議する自治体議会：ベルギーにおける熟議委員会制度

ニフェストを発表した。そして、数週間のうちに1万人以上の賛同を得て、実際にボランティアと寄付のみでG1000サミットを成功させたのだ。その後、市民組織としてのG1000は、国内外の熟議プロセスの設計・運営を支援し続けており、独語共同体の常設型市民対話、そしてブリュッセル首都地域議会の熟議委員会の設計にも参画している。このように、熟議プロセスのコンサルテーションやミニ・パブリックスでのファシリテーション、さらにはファシリテーターの育成に取り組む市民組織は、世界各国で存在感を増しつつある[8]。これらの知見に学び、実践者を増やしていくことが必要になるだろう。

　これらの課題がクリアされたとしても、さらに議論が必要な点として、自治体規模の問題があるかもしれない。「町村議会のあり方に関する研究会」の議会参画員構想は、いわゆる「議員のなり手不足」が深刻である人口規模の小さい（おおむね人口1万人未満の）市町村議会を想定している。一方で、熟議委員会制度を導入しているブリュッセル首都地域の人口は、約124万人である。同列で語ることはできないと感じる向きもあるだろう。また、議会参画員構想の前提となっている「集中専門型」を採用した場合、議員の数が限定されることから、委員会制を採らずに本会議審議のみとする（すなわち、議会参画員が加わるのも本会議である）ことが想定されているのに対し、熟議委員会制度はその名の通り、委員会に限定して市民との混合熟議を採用しようとするものである。この点でも、同一の次元で扱うことに違和感があるかもしれない。

　しかし、自治体の規模は、本質的な問題ではない。どのような規模であっても、導入は可能だろう。それが「議員のなり手不足」に資すると考えるのであれば、小規模自治体で導入を検討すればよいし、議会の機能不全に対する処方箋となり得るとの期待を寄せるのであれば、基礎自治体に限らず広域自治体でも導入が可能だろう。そして、議会の規模に応じて、本会議において採用するか、委員会において採用するかを考えればよいだけの話である。

---

(8)　主な例として、Involve（英）、Mehr Demokratie（独）、MosaicLab（豪）、NCDD: National Coalition For Dialogue And Deliberation（米）などを挙げることができる。

おわりに

　そもそも、「制度化」とは何だろうか。OECDは、民主政治や政策決定における熟議の制度化を、法的側面と文化的側面の両面において定義している（OECD 2020：122＝2023：151-2）。法的側面においては、制度化とは「熟議的活動を公的な意思決定機構や統治機構のルールに法的に組み込むこと」であり、「基本的な法律や規則の枠組みの確立を通じて政治的変化に左右されない継続性を確保すること」である。一方、文化的側面においては、それは「社会規範によって維持され、承認され、規則正しく繰り返されるプロセスを指す」のであり、これは「新しい制度と社会的価値とが足並みをそろえるために重要である」とされる。

　すなわち、制度化は、「変化を持続させる」ためになされるものである。そして、「ひとたび成立した制度は、客観的な実在たる地位を獲得する。その存在は、独自の合理性をおび、人間の行動の環境を形成する」（宮﨑1995：107）。しかし、と宮﨑伸光は続ける。「この環境は、しばしば具体的な社会現象に対して緊張関係に立たざるを得ない。そして、ときに自らを変容させ、次の環境を準備する。（中略）すなわち、制度は、常に次の制度を自らの胎内に宿しているのである」（宮﨑1995：107）。

　たとえば、松下圭一が次のように記したのは、すでに四半世紀も前のことであった。

　　議会は、（中略）委員会での「公聴会」「参考人」というかたちでの市民参加の制度化をもう一歩すすめることもできます。今日では、公述人、参考人として専門水準、政策水準のたかい市民が、国会のように儀式化することなく、議会討議に実質参加するのは当然です。（中略）みずからの職業をとおして専門情報ないしひろく政策情報をもつ主権市民を、いつまでも「傍聴」あるいは「陳情・請願」どまりにしていること自体、議会の時代錯誤性をしめしています。（松下1999：69-70）

松下による、自治体議会における制度と社会的価値との緊張関係の指摘から25年。それは、本章の冒頭でも確認したように、「議会改革」が進展する時代でもあった。確かに、松下が例として挙げた公聴会開催と参考人招致に関しては、2012年の地方自治法改正により本会議でも可能となるなど、制度上の「拡充」があった。ただし、その運用実績は芳しくない。2017年の調査によると、参考人招致を行った議会は16.8％、公聴会開催に至っては0.1％にとどまっている（長野2018：19）。

しかしその一方で、「議会討議への実質参加」ではないにせよ、「市民との対話の場」の必要性に対する認識、そして実際の取組みが広がったのも、この間の大きな特徴である。まさに、「これからの課題の焦点」は、「議会が議場で行う活動そのものを、市民と議会との対話の場」にしていくことである（廣瀬2016：13）。本章では、そのあり方の一つとして、選挙制による議員と抽選制による市民との〈混合熟議〉を検討してきた。新たな制度の心音は、確かに聴こえている。

参考文献

今井照（2023）「地方自治法の一部を改正する法律（令和4年12月16日法律第101号）及び第33次地方制度調査会「多様な人材が参画し住民に開かれた地方議会の実現に向けた対応方策に関する答申」（2022年12月28日）について」『自治総研』第533号、45-88頁。

江藤俊昭（2020）「議会改革の到達点から第32次地制調答申を読む：地方自治制度改革と地方議会改革との連動」『自治総研』第503号、30-56頁。

岡﨑晴輝（2019）「選挙制と抽選制」『憲法研究』第5号、87-96頁。

岡﨑晴輝（2022）「選挙制・任命制・抽選制」瀧川裕英編著『くじ引きしませんか？：デモクラシーからサバイバルまで』信山社、61-108頁。

岡﨑晴輝（2024）『新しい政治改革へ：国会を市民の手に取り戻す』法政大学出版局。

鬼木達矢（2011）「ベルギーの政府階層と自治制度」金井利之・日本都市センター編著『オランダ・ベルギーの自治体改革』第一法規、136-150頁。

坂井亮太（2022）「熟議における手続と実質の架橋メカニズム：認識的デモクラシー論の貢献」『計画行政』第45巻第4号、33-38頁。

佐藤竺（2016）『ベルギーの連邦化と地域主義：連邦・共同体・地域圏の並存と地方自治の変貌』敬文堂。

自治体国際化協会（2001）『ベルギーの地方自治』自治体国際化協会。

谷口尚子（2019）「わが国における町村議会と町村議会議員のあり方」『法政論叢』第55巻1号、237-251頁。

田村哲樹（2022）「政治的平等：政治理論的考察」愛敬浩二編『人権I（講座「立憲主義と憲法学」第2巻）』信山社、101-128頁。

寺島渉（2011）「「政策サポーター」とともに政策提言を作成」廣瀬克哉・自治体議会改革フォーラム編『議会改革白書2011年版』生活社、35-38頁。

徳田太郎（2020）「対話／熟議の場を生成するファシリテーション」『総合人間学』第14号、110-140頁。

徳田太郎（2020）「アイルランドの憲法改正における熟議と直接投票（上）」『法學志林』第118巻第3号、57-89頁。

徳田太郎（2021）「アイルランドの憲法改正における熟議と直接投票（下）」『法學志林』第118巻第4号、219-249頁。

長野基（2015）「議会モニター・サポーター制度の動向」廣瀬克哉・自治体議会改革フォーラム編『議会改革白書2015年版』生活社、81-89頁。

長野基（2018）「統計で見る自治体議会の変容」廣瀬克哉編著『自治体議会改革の固有性と普遍性』法政大学出版局、12-41頁。

長野基（2021）「市民討議会の現在とその特徴」『地域社会研究』第32号、18-22頁。

野口暢子（2018）「自治体議会への市民参加」廣瀬克哉編著『自治体議会改革の固有性と普遍性』法政大学出版局、128-146頁。

廣瀬克哉（2016）「議会基本条例で進んだ改革、これからの課題」廣瀬克哉・自治体議会改革フォーラム編『議会改革白書2016年版』生活社、8-13頁。

堀内匠（2020）「第32次地方制度調査会「2040年頃から逆算し顕在化する諸課題に対応するために必要な地方行政体制のあり方等に関する答申」を読む」『自治総研』第502号、58-114頁。

松下圭一（1999）『自治体は変わるか』岩波新書。

三上直之（2022）『気候民主主義：次世代の政治の動かし方』岩波書店。

宮下洋一（2024）「くじ引きで政治に参加する市民たち：ベルギーの現場から」『中央公論』第138巻第1号、64-73頁。

宮﨑伸光（1995）「二元代表民主制の再検討：自治体議会の諸権限から」『中央大学社会科学研究所研究報告』第16号、103-162頁。

山口晃人（2020）「ロトクラシー：籤に基づく代表制民主主義の検討」『政治思想研究』第20号、359-392頁。

吉田徹（2021）『くじ引き民主主義：政治にイノヴェーションを起こす』光文社新書。

Elkink, Johan A., David M. Farrell, Theresa Reidy and Jane Suiter（2017）"Understanding the 2015 Marriage Referendum in Ireland: Context, Campaign, and Conservative Ireland," *Irish Political Studies*, 32（3）：361-381.

第 8 章　市民と熟議する自治体議会：ベルギーにおける熟議委員会制度

Farrell, David M.（2013）"The 2013 Irish Constitutional Convention: A bold step or a damp squib?," in: John O' Dowd and Giuseppe Ferrari（eds.）, *Comparative Reflections on 75 Years of the Irish Constitution*, Clarus Press, pp. 292-305.

Farrell, David M., Clodagh Harris and Jane Suiter（2017）"Bringing People into the Heart of Constitutional Design: The Irish Constitutional Convention of 2012-14," in: Xenophon Contiades and Alkmene Fotiadou（eds.）, *Participatory Constitutional Change: The People as Amenders of the Constitution*, Routledge, pp. 120-136.

Farrell, David M., Jane Suiter, Clodagh Harris and Kevin Cunningham（2019）"The Effects of Mixed Membership in a Deliberative Forum: The Irish Constitutional Convention of 2012-2014," *Political Studies*, 68（1）: 54-73.

Fishkin, James S.（2009 = 2011）*When the People Speak: Deliberative Democracy and Public Consultation*, Oxford University Press.（岩木貴子訳『人々の声が響き合うとき：熟議空間と民主主義』早川書房）

Gastil, John and Erik Olin Wright（eds.）（2019）*Legislature by Lot: Transformative Designs for Deliberative Governance*, Verso.

Jacquet, Vincent, Jonathan Moskovic, Didier Caluwaerts and Min Reuchamps（2016）"The Macro Political Uptake of the G1000 in Belgium," in: Min Reuchamps and Jane Suiter（eds.）, *Constitutional Deliberative Democracy in Europe*, ECPR Press, pp. 53-74.

Landemore, Hélène（2020）*Open Democracy: Reinventing Popular Rule for the Twenty-First Century*, Princeton University Press.

Landwehr, Claudia（2014）"Facilitating deliberation: The role of impartial intermediaries in deliberative mini-publics," in: Kimmo Grönlund, André Bächtigerm and Maija Setälä（eds.）, *Deliberative mini-publics: Involving citizens in the democratic process*, ECPR Press, pp. 77-92.

Lopez-Rabatel, Liliane and Yves Sintomer（eds.）（2020）*Sortition & Democracy: History, Tools, Theories*, Imprint-Academic.

Malleson, Tom（2019）"Should Democracy Work Through Elections or Sortition?," in: Gastil and Wright（eds.）*Legislature by Lot: Transformative Designs for Deliberative Governance*, Verso, pp. 169-188.

Moskovic, Jonathan, Bérangère Jouret and Anna Renkamp（2023）"Deliberative Committees: A new approach to deliberation between citizens and politicians in Brussels," Bertelsmann Stiftung. Retrieved from https://www.bertelsmann-stiftung.de/en/our-projects/democracy-and-participation-in-europe/shortcut-archive/shortcut-9-deliberative-committees-a-new-approach-to-deliberation-between-citizens-and-politicians-in-brussels

Moskovic, Jonathan, Fionna Saintraint and Kyle Redman（2020）"The Brussels

Deliberative Committee Model," newDemocracy Research and Development Note. Retrieved from https://www.newdemocracy.com.au/wp-content/uploads/2021/04/RD-Note-Brussels-Deliberative-Committees-Model.pdf

OECD（2020＝2023）*Innovative Citizen Participation and New Democratic Institutions: Catching the Deliberative Wave*, OECD Publishing.（日本ミニ・パブリックス研究フォーラム訳『世界に学ぶミニ・パブリックス：くじ引きと熟議による民主主義のつくりかた』学芸出版社）

Reuchamps, Min（2020）"Belgium's experiment in permanent forms of deliberative democracy," ConstitutionNet. Retrieved from https://constitutionnet.org/news/belgiums-experiment-permanent-forms-deliberative-democracy

Suiter, Jane, David M. Farrell and Clodagh Harris（2016）"The Irish Constitutional Convention: A Case of 'High Legitimacy' ?," in: Min Reuchamps and Jane Suiter（eds.）, *Constitutional Deliberative Democracy in Europe*, ECPR Press, pp. 33-52.

Van Reybrouck, David（2013＝2018）*Tegen verkiezingen*, De Bezige Bij.（岡﨑晴輝・ディミトリ・ヴァンオーヴェルベーク訳『選挙制を疑う』法政大学出版局）

Vermeersch, Peter（2012）"Deliberative Democracy in Belgium," in: Gemma M. Carney and Clodagh Harris（eds.）, *Citizens' Voices: Experiments in Democratic Renewal and Reform*, ICSG, pp. 8-15.

第9章
国土利用と地域コミュニティ
——自治機能の「伝来」・「制度保障」と「固有」の狭間における運用をめぐる考察

竹野克己

Ⅰ　はじめに（日本における「地域計画」の特性）

　「自治」という概念を掘り下げていくと、そこにまつわる制度自体とその領域に居住、生活する住民の意思の反映をどのように定義づけしていくかという命題に直面する。故宮﨑伸光名誉教授はその講義録中、「地方自治」に関わる説明において、「制度は、その有効性が及ぶ範囲において、共通の価値観に基づく集合的意思を表現している、ということが出来ます。しかしそのことは制度が「共通の価値観に基づく集合的意思」そのものを表しているというわけではありません。」と述べている。自治に関する制度自体が住民意思を必ずしも反映してはいない可能性があり、これは住民の意思と定義づけに関する深い問題提起ともなっている。

　また、そもそも住民による自治とは何に根拠を見出すことが出来るのであろうか。故宮﨑名誉教授はこれに関し、以下のように整理している。一つの流れとして、権能は国から与えられてはじめて生ずる、与えられるという考え方である（「伝来説」）。一方で法的に認められた制度が保障するものの一例と考える見方も存在している（「制度保障説」）。さらに「自治的集団は、社会の発展と共に歴史的実態として存在する。」（「固有説」）という見方も存在している、とする。「自治」がどのように根拠づけられてきたかを検討することは、制度の強度、有効性、持続性を測る上でも大きな意味を持つ。

　本稿では「国土計画」という、日本においては、ほぼ国が専権的にその計画

と実施を図ろうとする行政上の「地域計画」の一種、つまり国より住民に対し、ほとんど参加する手段すら与えられていなかった行政上の権能を巡って、市民や地域コミュニティの参加やその意志はどのように位置づけられてきたか、また、どのように位置づけていくべきか、さらには今後自立した地域、都市の形成につなげていくにはどうすればよいか、ということを検討し、考察するものである。換言すれば、付与された自治に関する権能を固有のものとし、さらに実態化させていくことの課題について検討を試みたものである。

　なお、ここでは「地域計画」という概念に含まれる「国土計画」、特に、日本の国の制度である「国土形成計画」及び「国土利用計画」で近年示された指針、その「国土利用計画」中の「国土の管理構想」に盛り込まれた「地域管理構想」をケーススタディとして検討材料とし、「地域」に代表されるコミュニティの関与に関する意義、及び可能性と限界について考察を試みる。

　はじめに、「国土計画」[1] という日本の政策上の用語の概略的な意味を踏まえておきたい。制度上「国土計画」とは、主に行政上の計画に基づくものが一般的であろう。日本においてはかつての「全国総合開発計画（全総）」と、「全総」を引き継いでいる現在の「国土形成計画」、また「国土形成計画」と表裏一体の側面を持つ「国土利用計画」、さらにこれらに基づいて策定される「大都市圏整備計画」や「広域地方計画」、そして各都道府県や自治体の定める「総合計画」等がそれに該当する。

　この「国土形成計画」は法律上では「国土形成計画法」により定めがあり、法令上の条文では以下の通りとなっている。

（国土形成計画法（昭和二十五年法律第二百五号）第一章 第一条 総則（目的））
　国土の自然的条件を考慮して、経済、社会、文化等に関する施策の総合的見地から国土の利用、整備及び保全を推進するため、国土形成計画の策定その他の措置を講ずることにより、国土利用計画法（昭和四十九年法律第九十二号）による措置と相まつて、現在及び将来の国民が安心して豊かな生

---

(1)　本稿では広義的、一般的概念としての「地域計画」の一種としての日本の「国土計画」を指して使用する。

182

第9章　国土利用と地域コミュニティ

活を営むことができる経済社会の実現に寄与することを目的とする。

また、その具体的範囲についても法律上、以下のように定められている。

（国土形成計画法 第一章 総則 第二条（国土形成計画））

　「国土形成計画」とは、国土の利用、整備及び保全（以下「国土の形成」という。）を推進するための総合的かつ基本的な計画で、次に掲げる事項に関するものをいう。

一　土地、水その他の国土資源の利用及び保全に関する事項

二　海域の利用及び保全（排他的経済水域及び大陸棚に関する法律（平成八年法律第七十四号）第一条第一項の排他的経済水域又は同法第二条の大陸棚における同法第三条第一項第一号から第三号までに規定する行為を含む。）に関する事項

三　震災、水害、風害その他の災害の防除及び軽減に関する事項

四　都市及び農山漁村の規模及び配置の調整並びに整備に関する事項

五　産業の適正な立地に関する事項

六　交通施設、情報通信施設、科学技術に係る研究施設その他の重要な公共的施設の利用、整備及び保全に関する事項

七　文化、厚生及び観光に関する資源の保護並びに施設の利用及び整備に関する事項

八　国土における良好な環境の創出その他の環境の保全及び良好な景観の形成に関する事項

　条文を概観すれば容易に分かるように、国土において物理的に存在するものは人工、自然物を問わず、その全てが対象になっていると考えてよいだろう。更に言えば、「国土計画」のうち、国土の利用については、別途「国土利用計画法」に定めがあり、都道府県の義務として以下の地域を定めることが求められている。

（国土利用計画法（昭和四十九年法律第九十二号）第三章 土地利用基本計画等 第九条（土地利用基本計画））

183

一　都市地域

二　農業地域

三　森林地域

四　自然公園地域

五　自然保全地域

　これらの要素に加え、近年では事後評価的な要素も重要であり、現在の「国土形成計画」においては、行政機関が行う政策の評価に関する法律（平成十三年法律第八十六号）第六条第一項に定めがある。その評価項目は全国計画に示された国土像が、計画策定後、的確に達成されつつあるか、社会に大きく影響を与えた事象（震災等が該当する）の影響やその他計画策定後の社会経済情勢の変化を経ても施策の指針として有効に機能しうるものかといったことがあげられる[2]。一般論として言えば、近年においては、計画域内の自然環境の保全や回復を図り、出来るだけ原型の改変を伴わない形で実現できるか、如何に人間社会との両立を図っていくか、また計画によって建設される各種設備群がコスト等の面からみて、果たして将来も建設時と同様の形で維持が図られるか、日本においては長く乏しいとされてきた視点ともいうべき「持続可能性」の観点、また「アセスメント」、「事業評価」といった視点も重要なものとして考えられている。

　では、本稿の主題とも関わる「国土計画」の策定過程において市町村のような基礎自治体、市民や地域コミュニティの参加の位置づけについて考えてみたい。そもそも日本の「国土計画」という制度自体、政府が策定主体であって、国の法令にその根拠があり、その対象も文字通り「国土」であることは言うまでもないが、例えば「国土形成計画」は国会の議決を伴う承認事項でなく、閣議決定了解事項との定めがあり（国土形成計画法第三章国土形成計画の策定（全国計画）第六条4）、中央官庁（具体的には国土交通省）の策定した施策がそのまま実施過程に移され、その策定過程や実施段階においては基本的に市町村、市民や地域コミュニティの関与は想定されてこなかったと考えるのが普通

---

(2)　平成24年度（2012年度）政策レビュー結果（評価書）「国土形成計画」等より。

である。つまり、日本の「国土計画」という制度自体、幅広い分野にわたって、国が専権的に計画し策定する性質を持っているといえる[3]。

　実態をみてみると、1962年の「一全総」（全総）から1977年の三全総までは国土計画の主体は明らかに国を始めとする「公共（すなわち政府）」のみであるが、1987年の四全総において、初めて公共以外による「多様な主体の参加による国土づくり」という用語が掲げられた。但し、その念頭に置かれていたのは相対的に資本力の大きい企業の存在であり[4]、これは厳しい国の財政状況もあって、国土の整備にあたっては、民間投資を促す意図が背景にあったと考えるのが妥当であろう。更に1998年の「21世紀の国土のグランドデザイン（「五全総」とも称する場合がある）」では「多様な主体」の参加がより前面に置かれ、地域住民やNPO等の主体による地域づくりが謳われるとともに、「参加と連携」もキーワードとなった[5]。しかしこのことは、制度上の担保がなされていたわけではなく、必ずしも実態を伴っていた訳ではないということが言える。さらに言えばこの際においても、英国におけるPFI等を参考にした企業の競争原理と民間活力の導入が期待されていたにすぎないとの見方も可能である。

　制度的変化を伴うのは、2005（平成17）年に高度成長期を担ってきた従来の「全国総合開発計画」の根拠法であった「国土総合開発法」が「国土形成計画法」へと改正されたタイミングである。いくつかの条件は付されながら初めて市町村による提案制度が導入され[6]、市町村においてはパブリックコメントの方式にのっとり、市町村内に周知し、市町村は住民に対して意見の公募を行っ

---

(3)　一方でドイツ等のように「国土計画」という概念がない、あるいは乏しいと思われる国も存在する。ドイツでは基礎自治体や州の策定した「計画」が「地域計画」の基礎であり「国土計画」は、その集合体ないし一定の調整過程を経ただけのものという位置づけに留まっている（山井敏章「「計画」の20世紀―ナチズム・〈モデルネ〉・国土計画」（2017）第1章～第3章, 岩波書店）。

(4)　栗田卓也・村木美貴「国土計画にみる「新たな公」への道のり」（2019）公益社団法人日本都市計画学会都市計画論文集Vol. 54 No. 3 p. 1374左段l4。

(5)　栗田卓也・村木美貴「国土計画にみる「新たな公」への道のり」（2019）公益社団法人日本都市計画学会都市計画論文集Vol. 54 No. 3 p. 1374左段l40。

(6)　（「国土形成計画法」（広域地方計画に係る提案等）第十一条）都府県を経由して、当該市町村の区域内における法第二条第一項各号に掲げる事項に関する施策の効果を一層高めるために必要な広域地方計画の策定又は変更をすることを提案することができる。この場合においては、当該提案に係る広域地方計画の素案を添えなければならない。

ている。この方式に拠る形で、一般市民による意見提出が可能となっている。このことを「関与」とみなすことは可能であろう。加えて「国土形成計画」においては、用語上は「四全総」から登場していた「多様な主体」による参画が引き続き謳われるようになった。直近の「（第三次）国土形成計画」（2023（令和5）年7月閣議決定）に至るまで、その点に変わりはないものの、更に「多様な主体」による参画の前提として国土計画を担う主体として、「新たな公」という概念が登場することとなった。これは従来の「公（公共）」の範囲だけでなく、「多様な主体」が「公」と「私」の中間領域に活動範囲を拡げ、地域住民の生活を支え、地域の活力を維持する機能を果たすべき、という考え方に基づいている。

　そもそも、この「国土利用計画法」の改正及び「全総」から「国土形成計画」への転換にあたっては、以下のような問題意識が生まれていた。

　「我が国は、これまで経験したことのない大きな転換点を迎えようとしている。世界に類を見ない急速なペースで少子高齢化が進んでおり、この数年以内に世界の主要国に先駆けて総人口が減少する過程へ移行すると見込まれている。それが地域社会に与える影響についても国民の間に現実味を帯びた問題として認識され始めている。（略）地域づくりに目を向けると、これまで我が国の発展を牽引した国主導の量的充足を満たす整備から、地方が自立的に地域の発展に取り組み、個性をいかす方式への転換が求められている。（傍点部筆者）」

「国土の総合的点検」―新しい"国のかたち"へ向けて―
2005（平成16）年5月　国土審議会調査改革部会（はじめに）より引用

　この制度的変化と「新たな公」という概念の登場の背景を考えるにあたっては、二つの方向からの要請があったことを理解する必要があるだろう。まず一つには国や地方自治体における財政難や人材難と表裏一体的な現象である、行政事務の高度化、効率化と、その点に由来する外部委託加速化の視点である。

　もう一つには「地域コミュニティ」に期待し、住民が主体となって地域づくりを行うことの必要性という視点である。「国土形成計画」上の言葉を借りれ

ば、つまり「住民生活や地域社会が直面している課題に対して、様々な主体が、地域固有の文化、自然等に触発されて芽生える地域への思いを共有しながら、当初の段階から、主体的、継続的に参加することを期待し、これにより、地域のニーズに応じた解決やきめ細かなサービスの供給等につなげる。」(7) というものであって、「多様な主体」が地域づくり決定プロセスの「当初の段階」から参加するということが期待されている。

　この2つの流れをまとめたものとして「新しい公」という主体が構築され「社会・経済システムの転換」を促す必要があるとされている。

　ここで重要な点の一つは国が自らの関与と方向性の限界に関し、明確な形で

表9-1　「国土総合開発法」から「国土形成計画法」転換期、また現在までの動き

平成10年 (1998) 3 月	**「21世紀の国土のグランドデザイン」**（"第5次"全国総合開発計画） 「国土総合開発法及び国土利用計画法の抜本的な見直しを行い、21世紀に向けた新たな要請にこたえうる国土計画体系の確立を目指す。」
平成12年 (2000)11月	**「21世紀の国土計画のあり方」** **(国土審議会政策部会・土地政策審議会計画部会審議総括報告)** 「対等なパートナーシップを基軸とした国と地方公共団体の計画の調和・調整」
平成14年 (2003)11月	**「国土の将来展望と新しい国土計画制度のあり方」** **(国土審議会　基本政策部会報告)** 「計画策定への地方公共団体をはじめとする多様な主体の参画」
平成16年 (2003) 5 月	**「国土の総合的点検―新しい"国のかたち"へ向けて―」** **(国土審議会　調査改革部会報告)** 「国土計画自体も、国土づくりの転換を迫る新たな潮流を踏まえ、大胆にその改革を図るべき」
平成17年 (2004) 3 月	**「総合的な国土の形成を図るための国土総合開発法等の一部を改正する等の法律案」** **(国土形成計画法案)** 閣議決定
平成17年 (2004) 7 月	**国土形成計画法　公布** 国土総合開発法の改正
平成20年 (2008)	**国土形成計画（全国計画）** 「国民の価値観の変化・多様化」、「新しい公」
平成27年 (2015) 8 月	**第二次国土形成計画（全国計画）**
令和5年 (2023) 7 月	**第三次国土形成計画（全国計画）** 「包摂社会に向けた多様な主体の参加と連携」、「こどもまんなかまちづくり等のこども」・「子育て支援」、「女性活躍」

---

(7)　国土形成計画（2008）（平成20年7月4日閣議決定）第3章 新しい国土像実現のための戦略的目標　第5節「新たな公」を基軸とする地域づくり，(1)「新たな公」を基軸とする地域づくりのシステム。

明らかにし、制度的変化も伴う形で政策文書上に盛り込んだことであろう。時代的な変化と背景、より具体的には、少子高齢化と人口減少が進む過程の中で地域社会が受ける影響について、国民における認識が無視できないレベルまで顕在化してきたということが背景にあることには違いないが、この制度的変化と限界点の明示という点は、これまでの国土計画上においては見られない非常に重要な点と思われる（「国土総合開発法」から「国土形成計画法」転換期に至る時系列的な動きについては（表9-1）を参照）。

II 国土利用計画「国土の管理構想」における「地域管理構想」策定制度

「国土の管理構想」と「地域管理構想」

上記1で見てきた通り、国は「新しい公」という概念のもと、また近年とりわけ顕著になった「空き地・空き家」と「所有者不明土地」問題[8]の顕在化に対する対策の一環として一つの制度が策定されている。それが「国土形成計画」と一体として作成されることとなっている「国土利用計画」において、新たに創設された「国土の管理構想」と、同構想に含まれる「地域管理構想」である。これらの「構想」制度は2021（令和3）年に新たに創設された。

日本の国土計画において、その概念やプロジェクトを提示してきた五次に亘る「全総」と三次に亘る「国土形成計画」の策定が重要な位置を占めてきたことは周知の通りである。加えて、その土台とも言うべき国土の利用に関する方向性・ルールを示すことが密接不可分の関係であることを理由として、「国土利用計画」（最新は第六次）を一体的に検討・策定することとされた。その根拠法たる国土利用計画法（1974（昭和49）年制定）は、高度成長期における土地価格の高騰の際、過度に投機的な土地取引の抑制を図るために制定され、一

---

(8)　「空き地」については、業務用の土地を除いた「世帯の保有する空き地」が、2008年度から2018年度の間に約2倍に増加し（国土交通省／土地動態調査）、「空き家」については、2018年度における数は848万9千戸、全住宅数の13.6％に及ぶ（総務省／住宅・土地統計）。更に深刻なのは「所有者不明土地」の増加であり、2016年度での所有者不明土地の割合は約20％であり、広さは九州の広さを凌ぐと推定されている（2016年度地籍調査及び関連サンプル調査における推計に基づく）。

定以上の広さの土地取引につき国・都道府県への届出制がとられる等、一定の規制がかけられることが可能となり、都道府県による都市、農地、森林等の

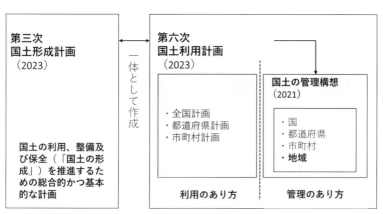

図9-1　国土形成計画・国土利用計画と「国土の管理構想」との関係

（国土交通省資料を基に筆者作成）

ゾーニングを行うことで開発抑制を図るシステムが構築される根拠ともなってきた（「国土形成計画」と「国土利用計画」及び「国土の管理構想」の関係については（図9-1）を参照のこと）。

　その一方、既に述べたように法策定以後約50年の間に国土利用に関する課題は法制定時と比べ劇的な質的変化を遂げた。産業構造の転換や人口減少、また近年の「空き家」や「空き地」問題の顕在化に見られるように、土地所有が価値を生む時代から、負荷を生む時代へと変化し、特に中山間部を中心として、所有者不明土地だけでなく耕作放棄地の急激な増加も見られ、地域の荒廃や自然環境の悪化、防災の阻害要因等の一つと看做されるようになったのである。

　そこで国では2021（令和3）年、国土利用計画に基づき国土の適正な管理を図るための実行計画として、「国土の管理構想」を策定するに至った。本構想では各種課題の顕在化と、デジタル等の新技術や新しいライフスタイルの登場も踏まえて、今後重点的に検討すべき新しい地域管理の視点や事項が、指針・ガイドライン的に網羅された国レベルの指針となっている。併せて本構想で

は、国だけでなく、都道府県、市町村、更にこれらを構成する「地域」においても「管理構想の策定を推進すべき」としており、留意すべき検討事項、及び策定プロセスやフロー等が詳細に明示されている。

「地域管理構想」のスキーム等

この「地域管理構想」において策定主体として期待されているのは個々の住民であり、その住民によって構成され、自治的権能をもった集落単位等の「地域コミュニティ」である。そして「住民自ら、地域の現状把握及び将来予測を前提とした地域の将来像を描き、土地管理の在り方について、地域管理構想図として地図化するとともに、管理主体や管理手法を明確にした行動計画を示（「国土の管理構想」本文ママ）」すこと（表9-2）が期待され、ひいては「国土の国民的経営」を目指すものとされている。

表9-2　「国土の管理構想（概要)」より「地域管理構想」の概要

●計画体系との関係 住民自ら、地域の現状把握及び将来予測を前提とした地域の将来像を描き、土地の管理の在り方について地域管理構想図として地図化するとともに、管理主体や管理手法を明確にした行動計画を示す。 **●地域管理構想の記載内容** ①地域の現状と将来予測（地域資源・土地利用課題の現況・将来予想図） ②地域全体の土地利用の方向性 ③地域管理構想図 ④行動計画表 ⑤地域としてのルール ⑥取組の進捗管理体制 **●地域管理構想の策定プロセス** ・ワークショップを実施し、地域住民自ら現在の土地利用・管理の状況を把握し、10年後の将来予測を行う。 ・フロー図を参考に土地の使い方を選択し、具体的に地図上で見える化する（地域管理構想図）。 ・具体的な利用・管理の手法や実施主体等について行動計画として整理する。

（国土交通省資料（2021（令和3）年）より筆者抜粋）

現状では「地域管理構想」の策定が想定されているのは、主に中山間地域のみであるとはいえ、これまで地域の荒廃につき、解決を望みながら効果的な解

決手段、手がかりすら得られなかった地域において、コミュニティ、住民が地域の管理に係る指針・スキームを手にした意義は大きいといえる。

　一方で、これは国自らが「地域管理構想」本文の中で「全ての土地についてこれまでと同様に労力や費用を投下し、管理することは困難になる。」と記しているように、国土の管理においてこれまでの既存の法・計画等の制度の限界を国が認め、広く国民を巻き込んだ新たな管理手法の確立を目指さざるを得ない事態に至ったことの裏返しともいえるだろう。

　改めて「地域管理構想」の内容を見ていきたい。この構想の対象は特に限定されてはいないが、主には所有者不明土地や耕作放棄地の増加が著しい中山間地域が想定されている。そして国や自治体からの強制でなく、自治体から支援を受ける形での、「地域」における自主的な取り組みが期待されている。対象範囲は集落や旧小学校区単位など（複数集落も可）であって、概ね10年程度の将来を見据えつつも、その計画期間としては5年が想定されており、策定にあたっては場合によって自治体より職員や専門家の派遣といった支援も受けつつ、地域住民がワークショップ等の意見交換を通じて策定することが想定されている。そして地域として将来の土地管理構想を描く中で、優先的に利用を図っていきたい土地や、そうでない土地についての判断を行い「図示」すること（図9-2参照）が求められている。その際に国はモデルともいうべき詳細な「検討フロー」（図9-3参照）を示しており、地域における「合理的」な判断を促している。

　地域はこれらの検討を経て所有者不明土地、耕作放棄地の把握を行い、そして将来、営農者の有無の見通しを行った上で、自主的な地域の管理を適切に行うことが期待されている。

　この制度創設は、2016年から開始された国土審議会計画推進部会国土管理専門委員会での議論に基づいている。2021年までに計21回の会議が開催され、有識者により毎年テーマを絞った議論が交わされたが、「地域管理構想」とその策定主体が主な論点となったのは2019年から2020年10月の委員会とりまとめに至る過程である。中山間地域を中心に荒廃していく地域の管理をどうするかという点について、この「構想」の策定主体としての「地域」はこの際に浮上した。ここでいう「地域」とは主に「地域」に居住する住民グループから構成さ

図9-2 「地域管理構想」における「地域管理構想図」の作成

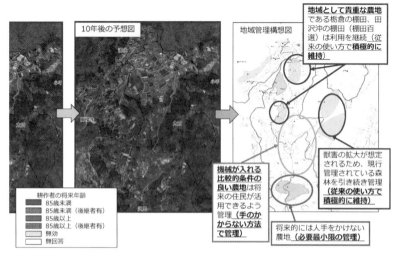

(国土交通省資料（2021（令和3）年）より一部を引用)

図9-3 「地域管理構想」における「持続的な土地の利用・管理についての検討フロー図（「地域」に非常に煩雑な検討過程を踏むことが促されている。）」

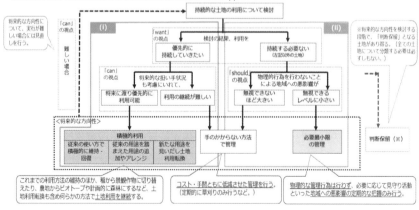

(国土交通省資料（2021（令和3）年）より引用)

第9章　国土利用と地域コミュニティ

れる自治的権能を持った主体、すなわち集落に存在する「区」や「自治会」、「地域協議会」、その他の住民組織等を総称しており、改めて「地域コミュニティ」と称している。

　この「地域コミュニティ」が、国土計画のうち仮に一部であったとしても、その策定主体になること自体の可否は、実は大きな論議の対象にならなかったようである。換言すれば、国土の管理を徹底させる上でただ「ごく当たり前のように」その担い手として期待されたということであろう。その際に策定主体としての「地域コミュニティ」が既に大きく弱体化していることや、全国において画一的な検討フローを目指すことが、かえって「地域コミュニティ」を混乱させているほか、策定主体のあり方についての議論が不十分ではないかと述べる委員もあったものの[9]、議論は総じて「地域コミュニティ」が「土地管理」を「自ら」行うことはごく自然な流れのものとして捉え、それを前提として「土地管理」をどのように国土全体へと徹底させるか、「地域コミュニティ」における土地の自主的管理をいかに全国の各「地域コミュニティ」において普及、徹底させるか、また弱体化しつつある「地域コミュニティ」に対してはその際の「支援策」をどのように充実させるべきかといった方向で論点が集約していった過程が見て取れる。

　大事なことはこの議論の過程において、「地域」における「土地管理」をいかにボトムアップ式に国土全体へ波及させるかといった発想と方針はあまり読

---

(9)　国土管理専門委員会における広田純一委員（岩手大学農学部教授）の発言。
　「管理ビジョンをつくる際にはなかなか色分けができなくて、むしろ模索する主体というのを上手に探すというか、参加できる仕組みをつくるのがむしろ重要なんじゃないかなとすごく思いました。」（第10回）
　「主体形成という視点がないと、ちょっとまずいんじゃないかというところです。どういうことかというと、現状を把握したり、課題を把握したり、計画を立てたりする主体というのが、最初からあるわけじゃないんですよね。最初にあるのは、そういうことに気がついていない人たちとか組織があるわけで、そういう人たちを上手に巻き込んで気づきを与えて、課題を共有して、課題解決の方策を一緒に考えてという、そのプロセスの中で主体が形成されていくという。我々の農村計画の中では、わりと常識的なプロセスなんですけれども。ですから、この国土管理においても主体形成というような視点というのを、やはり何らかの形で入れたほうがいい」（第11回）
　「ほんとうにまた計画的な工学的なリジッドな計画になっちゃうというのが心配で。それはかなりオールドファッションの計画だなと思うので、国土管理においてはそうじゃないような一連の検討ステップにしてほしい」（同）等

193

み取ることはできず、「管理構想」の中に盛り込むべき水準に関する議論が多くを占めたということである。これは従来の「国土政策」の有り様、特に「国土形成計画」に改定される以前までの全総のスキーム等を考えると、例えば国が集中的に計画策定を行い、集中的に予算措置をして多くのプロジェクトを事業化してきたという長い歴史を考えてみても、半ば当然の手法として採用されたということに違いない。

Ⅲ　「地域管理構想」の課題

　前節までに見てきたように、時代の変化や経過とともに、国土計画の主体が国だけでは担えなくなり、都道府県、地方自治体との調整事項の増加と分権化、更には「新しい公」の概念も導入され、ついには「地域管理構想」制度のように地域住民が土地利用とその後の管理像について自ら参画する制度の創設に至った訳である。とはいえ、この「地域管理制度」については国が主導して創設した制度ゆえ、すなわちボトムアップ式の施策展開が想定されていないがゆえの課題もまた多いと思われる。

　まず、この主に中山間地域を対象とした「地域管理構想」の導入が国土審議会計画推進部会国土管理専門委員会にて検討がなされた際の課題設定に問題があるとも考えられるのであるが、課題設定自体が「国土（全体）の管理」という大きな目的の中にあって、策定を行う集落自体の将来的な繁栄に果たしてつながっていくのかどうか、地域住民にとっては必ずしも政策目的と着地点が見えにくく、メリットがないのではないかと思われる点である。なぜならこの「構想」の目的は、地域の現状と将来予測を行い管理方法とその主体像を明確にすることとされているが、この制度自体は、将来における土地利用を基にした地域における利用と経営像、すなわち地域としての生活や運営の「社会像」を明確に描くことまでを必ずしも射程に入れていない。策定作業への「支援策」についても市町村からの職員派遣や専門家派遣への支援といった初期段階の事務的作業に係るものに限定されていて、特に土地制度に絡む「地域」経営の将来像や生活像構築への支援を前提としていないことは重要な問題であろう。

　「地域管理構想」では、まず現在の土地所有者の状況から、将来的に耕作放

第9章　国土利用と地域コミュニティ

棄地、管理不全土地、所有者不明土地の類がどの程度発生するかを予測した上で、地図に落とし込み、今後の行動計画とルールを策定することが目標とされている。しかしながら現在における中山間地域における問題の本質は（壮・若年者が現在において所有し、かつ後継のいる営農地を除けば）、将来的な土地管理の主体像について地域コミュニティも個別の住民も明確に予測できない部分が多く、不確定な要素が多すぎるという点にこそある。

　そもそも、将来的な土地利用と管理のあり方は、特に制度が想定する中山間地域においては今後の地域の農業振興策のあり方と密接な関係がある。実際の中山間地域への支援策も農業に関連したものに集中しているが、これら経済合理性に鑑みた場合に、生産性の低い棚田や中山間地を対象とした営農支援の補助金、平坦地にある農地と同水準の経済合理性、あるいは相応の利点が得られるという趣旨に基づいた支援策は、農村RMO（Region Management Organization）を始めとする関連施策としてその数々が紹介されているものの、「地域管理構想」の策定自体は棚田や中山間地域における農地の維持や新たな営農の動機とはなり得るものではなく、将来に亘って見込まれる管理不全の状況について、現状を維持・確認するためだけの施策ではあっても、状況を好転させるインパクトとしては乏しいと言わざるを得ないだろう。

　また、この「構想」が想定するような中山間地域は食糧自給率、自然環境の保全といった国レベルでの大きな課題と無関係ではない。このような大きな課題との関連を考えるならば、農業を通じた支援策の他に、中山間地域において農業をどう位置付けるか、あるいは産業構造の再構築、つまり短視眼的でない、「土地所有の形態」も含めた生活の場としての「空間管理」をどうするかといった複合的な視点からの支援策がもっと必要になると思われる。その結果、煩雑な事務的作業だけを「地域コミュニティ」に委ねてしまう構造が生じており、その点が解消されないことには国が掲げる「国土の適正管理」も徹底されないのではないかと思われるのである。

　例えば、新たな土地管理のあり方とその主体像に関しては、様々な施策が展開されるようになっているが、2023年度から開始された「相続土地国庫帰属制度」は「個人の所有する土地は市場に委ねる」といった従前の原則を覆す、大きな方針転換を伴うものであった。しかしながら国庫への帰属は主として税制

195

面、つまり「登記的な課題」解決を図るものであって、中山間地域を中心とした「地域」の生活空間の回復、国土、土地の適切な利用といった観点からは、必ずしも十分な解決策とはいえないのは明らかである。「相続土地国庫帰属制度」と本「地域管理構想」とは主管官庁も異なり、そのスキームも全く別種のものであるが、背景にある課題は同じところを出発点としており、かつ「国土の適正管理」という同じキーワードで括られることも考えれば、「地域管理構想」と政策目的は同様と看做すべきであろう。だとすれば、近年の「国土の適正管理」に係る議論は、地域価値の向上のために必要な管理主体像、及び管理像をどうすべきかといった視点から見て非常に不十分な点が多く、その議論には深みが欠けていると言わざるを得ない。

更に言えば、「地域管理構想」では将来（約10年後）における土地の所有と利用、管理形態を明らかにすることが目標とされている。だが、現在の個人による土地所有を前提とした制度の下で問題は解決されるであろうか。つまり各「地域コミュニティ」が何らかの形で策定作業に入れたとしても、更なる耕作放棄地と所有者不明土地の増加、それに加えて、地域において圧倒的な勢いで押し寄せる「個人」や「家」の消滅を前提にした制度とはなっていない恐れがある。現在におけるこれらの問題への当面の解決策としては「相続土地国庫帰属制度」、「所有者不明土地法」の下での「地域福利増進事業」[10] 等の活用等が考えられるであろう。しかしながら、これらは「地域コミュニティ」の体力を考えれば応急処置的なものとならざるを得ない。

現在、多くの中山間地域では、必要に迫られる形での新たな営農者の受け入れ、農業法人の参入等新しい形式での営農事業が始まっている。これらの多くは元来、個人の所有する土地を対象にして事業が開始されたものが多い。その過程では土地を巡るマッチングと交渉に多くの労力が必要となっている。今後もそのような動きを加速させるためには、土地の所有に係る個人の法的な責任

---

(10)　2018（平成30）年に「所有者不明土地の利用の円滑化に関する特別措置法」（いわゆる「所有者不明土地法」）が制定された。この法律では、公共事業実施の際、障害となってきた所有者不明土地の収用手続を簡素化する仕組みが整えられるとともに、近隣住民が所有者不明土地を利用したい場合に、それを公益性の観点から都道府県知事が「地域福利増進事業」として裁可する仕組みが整えられた。

第9章　国土利用と地域コミュニティ

を一時的、あるいは半永久的に一定程度棚上げすることが出来、かつ長期的な利用方針の策定と実際の面的な利用が可能になり、加えて新たな利用者の参入が得やすいといった制度等、新たな価値観に基づく施策も必要となってくるであろう。

　「地域管理構想」のモデルとして挙げられた地域は、もともと地域住民による営農の意識が高く、かつ強固なコミュニティが存在し、棚田等の景観を守るといった強い地域内合意があった箇所（長野市中条御山里伊折区⁽¹¹⁾ 等）であったのは偶然ではない。そしてこのことは、図らずも本「構想」制度を広く国土全体に適用するためには高いハードルが存在するということを示してもいる。

　もともと、「構想」上で「地域コミュニティ」が期待されている機能を端的に言えば、本文中にもあるように「行動計画」を示し、地域の土地利用の将来予測を図示する機能である。しかしながら、単に「国土の管理構想」のいう国土を対象にした広い網目の中の一つの「マス」を埋める作業以上のものが期待されないのであれば、たとえその埋められたマス自体は増加させることが出来たとしても、ここでいう「地域コミュニティ」自体は、単に国・市町村の下請け機能の役割で終わらざるを得ない。よって、「地域コミュニティ」が生活・営農空間等としての価値を向上させるという課題解決の主体であり続けられるか、「地域」が持続性を備えた形で新たな価値を生むことが出来るか、といった根本的課題は引き続き残されたままであろう。つまり「地域管理構想」の必要性は高いものの、「地域コミュニティ」がこの「構想」を策定する過程において、合理的な判断を難しくする要素は内外にあまりに数多く、地域の抱える問題解決に必ずしも寄与しない恐れがあると言わざるを得ない。

---

(11)　「地域管理構想」の推進にあたり、国土交通省から、既に取り組みを始めている筆頭事例として紹介された地域である。同地域では2018年から2021年に亘って計6回のワークショップが開催され、同地区の「地域管理構想」が既に策定済である（参考資料9.）。前述の国土管理専門委員会では委員会による現地視察も行われている。

Ⅳ 「国土計画」における住民と「地域コミュニティ」の意思の反映

　中山間地域の耕作放棄地や所有者不明土地の増加に見られるように、時代や社会状況の変化に伴って、荒廃が進み、きめ細かい対応がとられているとは言い難かった「土地の管理」という分野において、本「地域管理構想」の制度自体は、国からの施策誘導という形式はとられながらも「地域コミュニティ」という新たな主役を立て、立ち塞がる課題の突破を図ろうとするものであった。この局面において、国が自らの責任を一部放棄して、かつ権力的優位性を保持しながら、「地域コミュニティ」の手を借り、施策への巻き込みを図っているという批判はある意味たやすい。本稿においても国が主導することから生じるいくつかの難点は既に述べた。しかしながら現状の問題をその段階に留めて論じて良いものであろうか。

　国土計画において、策定権限の一部を国から都道府県や地方自治体、それから地域住民、「地域コミュニティ」と段々と拡大していったのは、いうまでもなく、中央からの一方的な施策展開に限界と無理が生じ、かつ大きな批判も受け、事実、地域の事情に応じたきめ細かい対応が難しくなったことの裏返しであることは言うまでもない。

　「国土総合計画」から「国土形成計画」への転換等は、地方自治体からの強い要求を踏まえた1990年代から2000年代初頭にかけての「地方分権」の過程の中における一つのトピックとして位置づけられよう。しかしながら今般の「国土利用計画」中で定められた「国土の管理構想」中、「地域管理構想」において、「地域コミュニティ」が登場し、策定主体として位置づけられたことは、近年における耕作放棄地や所有者不明土地の増加がいかに急激であったことを加えても、「国土管理」に関する国の強い焦燥感が現れたものだと言えよう。すなわち、国が全ての国土の管理とそれに基づく計画にある意味、明確な責任が持てなくなっていることの証であろうと思われる。

　では、この国の姿勢を「地域コミュニティ」の立場から考えてみた場合どういうことが言えるであろうか。突然「地域」の将来における管理像の策定主体

第9章 国土利用と地域コミュニティ

として浮上したものの、いくら支援策を伴ったとしても実態として手に負える
ものではなく、実際にその策定作業に耐えうる「コミュニティ」が果たしてど
れだけ存在しているか疑問の残るところであろう。「地域コミュニティ」が
「地域管理構想」の策定を契機に失っていた活力を復活させ、強固なものとな
るといった例も今後皆無ではなかろうが、多くの場合、既に中山間地域を中心
に、急激な少子高齢化と人口減少が進む中では、仮に都市部であっても、「地
域管理構想」をスムーズに策定できる「地域コミュニティ」は稀にしか存在し
ないと言わざるを得ない。よって、このような国から「地域」への権限移譲を
伴った施策展開のタイミングは遅すぎた感も否めない。つまるところ、「国土
管理」に関しては、今は国の制度という「上からの」施策展開も、住民の自発
的な活動に基づく「下からの」展開も既に行き詰まった中にあると言わざるを
得ないだろう。

　とはいえ、繰り返しになるが、従来「国土計画」において、住民や「地域コ
ミュニティ」がその計画策定に直接参加する余地はほとんどといってなく、中
山間地域といった特殊な条件の土地のみを想定しているとはいえ、今回「地域
コミュニティ」が登場した意義は大きいということも述べなければならない。
このことは言い換えれば偶然とはいえ「地域コミュニティ」が新たな「武器」
を手にしたと評価することも可能である。そもそも「国土計画」において「多
様な主体」の参加が掲げられ、追うように「新しい公」という概念が登場した
ものの、それはあくまでも社会情勢の変化と目下の状況を説明したものであっ
て、必ずしも制度的な裏付けを伴うものではなかった。「地域コミュニティ」
におけるこの構想の「策定プロセス」と、実際の構想で描こうとする将来像の
構築は、それらが「土地制度」という地域の基礎的事項であるがゆえに、従来
の農業等の産業や一般的な地域振興策の範疇に収まらない大きな可能性を含ん
だ分野であるともいえる。そのため、「地域」の将来像を自ら描くための「突
破口」を得たと捉えることもまた可能なのである[12]。

――――――――――――――――――――――――――――――――――

(12)　亘理は（参考文献5.）において、国としての「国土形成計画」の成否という側面か
　　ら「『『新たな公』を基軸とする地域づくり』は、個々の地域づくりというミクロの視点か
　　らの方法論であるが、他のすべての戦略目標に関わる横断的な方法論である限り、その成
　　否は、今次国土形成計画全体の成否の鍵を握ることとなる。」としている。

そして「地域管理構想」と同様の制度構築について、国土全体を対象にして考えてみると、既に各種の住民参加手続きが機能しなくなり、いまだに建築紛争や、老朽化したマンションの管理不全を巡って硬直状態に陥るケースも多い都市部への適用、人口減少化であってもスプロール化し続ける郊外部への適用にも十分示唆を与えることとなろう。「地域コミュニティ」が弱体化しつつあるからこそ、この局面を捉え、「地域」における合意を得るといった過程を踏むことで、「地域コミュニティ」が主体性をもって（都市部を含む）国土の利用像を描くという潮流を産む必要があり、更には、国が自ずから保持しているとされる「国土計画」の主体性を住民、「地域コミュニティ」へと移行させ、従来の「国土計画」像を覆す契機とすべきなのである。それはすなわち、「地域コミュニティ」における自治の権能を文字通り「付与され」、「制度的な保障を与えられた」段階から、自治を固有のものと看做したドイツの法哲学者、オットー・ギールケ（1841-1921）が述べたように「社会の発展と共に歴史的実態として存在する」段階へ至らせることにつながるであろう。

参考文献

1. 中島直人，瀬田史彦ほか「都市計画学―変化に対応するプランニング―」(2018) 7章 広域計画，学芸出版社
2. 大西隆ほか「広域計画と地域の持続可能性（東大まちづくり大学院シリーズ)」(2010) 1編1章 広域計画と地域の持続可能性，学芸出版社，2010
3. 山井敏章「「計画」の20世紀―ナチズム・〈モデルネ〉・国土計画」(2017) 第1章～第3章，岩波書店
4. 栗田卓也・村木美貴「国土計画にみる「新たな公」への道のり」(2019) 公益社団法人日本都市計画学会都市計画論文集Vol. 54 No. 3
5. 亘理格「国土形成計画における「新たな公」の役割と限界」(2008)，日本不動産学会誌第22巻第1号 特集【論説】大転換を遂げる国土計画
6. 国土審議会第1回計画部会配布資料（2021. 9. 28)
   https://www.mlit.go.jp/policy/shingikai/kokudoseisaku01_sg_000245.html
   （2024. 4. 30閲覧）
   【資料3】国土形成計画法の概要
   【参考1】国土形成計画法
   【参考2】第二次国土形成計画
   【参考3】国土計画の変遷

第9章　国土利用と地域コミュニティ

【参考5】国土利用計画法（抄）
【参考6-1】第五次国土利用計画（全国計画）概要
【参考6-2】第五次国土利用計画（全国計画）本文
7. 国土交通省「国土利用計画」
https://www.mlit.go.jp/kokudoseisaku/kokudokeikaku_tk3_000008.html
（2024. 4. 30閲覧）
8.【国土の利用に関する諸計画の体系】
国土交通省「国土の管理構想」ポータルサイト
https://www.mlit.go.jp/kokudoseisaku/kokudoseisaku_tk3_000130.html
（2024. 4. 30閲覧）
9.【国土の管理構想（概要全体）】
【国土の管理構想（本文）】
【令和5年度：市町村管理構想・地域管理構想策定推進対策】
同ポータルサイト　取組事例
https://www.mlit.go.jp/kokudoseisaku/kokudoseisaku_tk3_000131.html
（2024. 4. 30閲覧）
10. 国土審議会計画推進部会国土管理専門委員会（2016. 9 ～2021. 6 ）
委員名簿、各回配布資料及び議事録等
https://www.mlit.go.jp/policy/shingikai/s104_keikakusuishin_kokudokanri01_past.html
（2024. 4. 30閲覧）

第10章
ウィーン市都市内分権制度

細 井 　 保

序　理論的視座

　かつて松下圭一は、日本のムラ状況とマス状況の双方を克服し、自治・分権化をめざすみずからの政治理論（分節政治理論）において「コミュニティ」「協働」「安心・安全ネット」といった標語に強い懐疑を示した。同理論で、「コミュニティ」は農村型（ムラ）社会の共同体の残滓、「協働」は行政下請けと位置づけられ、シビル・ミニマムの基準設定と財源負担を問わない「安心・安全ネット」は幻想でしかなかった[1]。

　松下分節政治理論は大衆デモクラシーの問題状況を克服するために中間項もしくは中間団体の再設定を提起するところから出発するのであるが、自発的な結社としての中間項は認めるものの、伝統的中間項を認めようとはしない。同理論によると、ホッブスは中間団体を「ウジムシ」とみなし、これを潰さなければならないとしたが、松下は伝統的中間項の否定という、この発想を強く継承する。

　こうした理論に慣れ親しんできた者は「コミュニティ」を自治の基礎的な単位とする都市内分権制度にどのような姿勢で臨むのか、整理が必要であった。そこでつたない整理ではあるが、さしあたり以下のような整理を試みた。一つ

---

(1)　松下圭一『市民・自治体・政治 再論・人間型としての市民』公人の友社、二〇〇七年、九二頁以下。

203

はまったく否定的に向き合うということであろう。松下分節政治理論の戦略に忠実に、伝統的共同体を無視し、共同体から析出する個人の成熟に期待し、市民社会を構築していくのである。今ひとつは、上記理論が想定しているほど、実は「コミュニティ」といわれるものがもはやムラ型共同体ではないということ。市民活動（NGO・NPO）と対比してその閉鎖性が強調されるが、かならずしもそうではなく、こうした領域が市民社会的構成をとりうるものであるとみなす。三つ目は生命・自由・財産を有し、相互に独立・平等で、理性的な個人という市民的人間型のみを前提として政治秩序を構想することに逆に疑念を示し、そうではなく伝統的共同体というものが前提としていたような人間の情緒的な部分をも視野に入れて政治秩序を構想するというものであろう。

　こうした整理を念頭におきつつ、本稿ではウィーン市の都市内分権制度を紹介する。ただし本稿で対象としたウィーン市の区単位の住民代表組織が、そもそもコミュニティなのかどうかという問題もある。それはウィーン市の行政機構内部に位置づけられた行政区としての性格を有し、連邦レベルの政党配置がそのまま反映してもいる。

　ハンス・ケルゼンは、こうした行政区を区単位の住民代表組織が民主的に制御することに懐疑的であった。かれはみずからのデモクラシー理論において、「行政の民主主義」は、結果として「立法の民主主義」を脅かすと警告する[2]。大規模な社会において行政を実施するには、これを空間的に区切るという意味での分権化が技術的に不可避となり、分権化は要請されてもいる。しかしながら、こうした行政上の要請から設置された下位の区分を、さらに「ラジカルに民主化すること」は、「立法の民主主義を停止すること」につながった。

　ケルゼンによると、設置された行政区が「民主主義の理念」にしたがって、その区域の住民から選出された合議機関に委ねられてしまうと、こうした「自治団体」は、とくに中央の立法機関と多数派がねじれた場合、適法性Gesetzmäßigkeitを目的とするよりも、中央の議会が制定した法律に反する立場をとる可能性があった。このことによって中央の議会によって表明された全体の意思は、個々

---

(2)　Hans Kelsen, Vom Wesen und Wert der Demokratie, J. C. B. Mohr, Tübingen 1929, S.72f.

204

第10章　ウィーン市都市内分権制度

の自治団体の部分的な意思によって麻痺させられかねない。行政の適法性は、ケルゼンにとって、民主的な立法のもとでは、人民の意思、民主主義そのものであった。この適法性は、下位の区分において、自治団体よりも、中央によって任命されこれにのみ責任を負う単一の機関つまり「専制的機関」によってこそ、よりよく確保されるのであった。

I　歴史

一九世紀半ばから二〇世紀初頭にかけて、ウィーンは、市前域Vorstädteと周辺町村Umlandgemeindenの編入によって拡大していく。市前域と周辺町村は一定の自律性を保ちつつ、市区Stadtbezirkenへと再編され、これら町村の機関は区の機関として市行政に組み込まれる[3]。

一八四八年にウィーンで発生した三月革命が同年一〇月に鎮圧されると、君主制は中央集権的かつ絶対主義的な体制への復帰をはかる。一八四九年にクレムジールの帝国議会は解散され、同議会の憲法草案にかわって勅令憲法が発布される。この勅令憲法にもとづいて三月に、スタディオン内務大臣が起草した暫定地方法（Provisorisches Gemeindegesetz, 1849）が皇帝により認可される。スタディオンは、国家体制を刷新するには、自治体の基本的な役割を明確にし、その自律性を示すことが重要であると考えていた[4]。

同法にもとづいてウィーンは区からなる一体的な市域として構想され、区制度の設計が日程にのぼる。したがってウィーン市の区制度の起源は、この法律にさかのぼることができる。

暫定地方法は、その総則第一条において「自由な国家の基礎は自由な自治体Gemeindeにある」とこの法律の理念を述べる。第二条では、自由な自治体の事務には「自然的natürlicheな権能」と「委任übertrageneされた権能」があ

---

(3)　Wien Geschichte Wiki: Dezentralisierung der Verwaltung. このサイトは名称がウィキペディアを想起させるが、かつての書籍版『ウィーン歴史事典』のデータをもとにし、市の図書館と文書館が運営および編集をすることによって、品質の維持を図っている（Das digitale Gedächtnis der Stadt, in: die Presse, 10. November 2024）。

(4)　Peter Csendes, Geschichte Wiens, Verlag für Geschichte und Politik, Wien 1990, S.112.

205

る、とその課題領域を二分し、第三条でこれを定義する。同条によると「自然的な権能」とは、自治体の利害に直接かかわり、その域内において完結することのできる権能であり、全体の利益に鑑みてのみ、これは制限可能である。これにたいして「委任された権能」とは、国家により委任され、国家に代わって自治体が実施する権能である。四条により「自然的な権能」の行政は自治体固有の事務とされ、第五条で自治体の長をその執行機関と位置づける。

　また同法は第二編「区自治体Bezirksgemeinde」の第一章「構成」と第二章「区委員会Bezirksausschussの権能」で区制度について定める。

　こうして暫定地方法は、三月革命を鎮圧した後に発布されたにもかかわらず、革命が追求した自由の理念を総則において反映させるとともに、中央集権化が強まるのを、部分的な分権化によって抑制しようとする試みとして位置づけられる[5]。こうした試みにいたったのは、三月革命が追求した都市の自由をまったく無視することがもはやできなかった、という理由とともに、もう一つ、多民族君主制の一体性を保つ方途を考えなければならなかった、という理由があった。

　起草者のスタディオンは、多民族君主制において中央集権的な行政を効果的に実現するためには一定の分権化が必要である、と考えていた[6]。群や区を設置することによって、かれは、一体性を破壊しかねない多民族君主制の問題を解決しようとした。スタディオンは、広域的な地方を自律性の高い州とみなす連邦主義の立場はとらない。歴史的な固有性を主張する王領地Kronlandではなく、群Kreisが地方法において、地方制度の基本的な単位となる。群の下層に区が設置され、それぞれ群知事Kreispräsident、区知事Bezirkshauptmannが行政の一体性の維持につとめた。スタディオンの企図を評価するためには、こうした連邦主義との対決をも考慮に入れなければならなかった。王領地の歴史的固有性を維持する要求にたいして、近代的な統一国家を形成する必要の範

---

(5)　Maren Seliger/Karl Ucakar, Wahlrecht und Wählerverhalten in Wien 1848-1932, Jugend und Volk, Wien 1984, S.26.

(6)　Maren Selinger/Karl Ucakar, Wien Politische Geschichte Teil 1:1750-1895, Jugend und Volk, Wien 1985, S.285f.

第10章　ウィーン市都市内分権制度

囲内でGemeindeの自治が追求された[7]。

　以上の暫定地方法を根拠に、市憲章となる布令が発せられ、これが一八九〇年まで、ウィーン市行政の基礎となる。暫定地方法は、第一編「地方自治体」の第一章「構成」第六条で、各地方の首都が、法律により独自の憲章をえることを規定していた。スタディオン内務大臣は、地方法につづいて、ウィーン市の憲章の起草にとりかかっていた。起草は一年を要し、一八五〇年三月にウィーンのための暫定地方布令（Provisorische Gemeindeordnung für Wien, 1850）として発せられる。この布令は、暫定的に発せられたにもかかわらず、その後四〇年間、ウィーン市の憲章でありつづける。この憲章により冒頭でも述べたように、ウィーンの市域は著しく拡張することになる。三〇以上の町村を、ウィーンは吸収合併し、これら町村は八つの区に整理統合された。一〇月には市会選挙が実施され、当時、四〇万人をかぞえた住民の内、選挙権を有していたのは、六千名ほどであった。一二〇名からなる市会はその中から市長を選出した[8]。

　もっとも一八四八年革命の反動として、フランツ・ヨーゼフ帝が、いわゆる新絶対主義路線を強化すると（一八五一年～一八六一年）、地方法は停止され、憲章が見込んでいた市の代表制度は凍結され、実施されないままとなる。区の代表機関も選出されるものの、フランツ・ヨーゼフ帝はその活動を認可しない。区の活動を妨げたのは、新絶対主義路線だけではなく、区自体の問題もあった。区に整理統合された旧町村のなかには区割りや、町村として有していた既得権が奪われることに抵抗をしめすものがあった。旧町村の編入は、旧町村に残っていた家産制的な土地と人の支配Patrimonialherrschaft/Grundherrschaftを最終的に廃し、市の行政に、集約していく過程でもあった。この過程は既得権と衝突するものでもあった。市周辺の司教座聖堂参事会や修道院は、依然として千人以上の使役者を有していた[9]。

　ようやく新絶対主義路線がゆるみ、自由主義への譲歩がなされ、一八六一年

---

(7)　Adam Wandruszka u. Peter Urbanitsch (Hrsg.), Die Habsburgermonarchie 1848-1918 Band II Verwaltung und Rechtswesen, Verlag d. Österreichischen Akademie der Wissenschaften, Wien 1975, S. 275f.

(8)　Peter Csendes, Geschichte Wiens, Verlag fur Geschichte und Politik, Wien 1990, S.113.

(9)　Csendes, Ibid., S. 114.

207

に市会選挙が再開すると、区の代表機関もあらためて選出され、翌年にその活動を開始する。ウィーンは、このときさしあたり八つの区から出発し、一九世紀後半をとおして区の数を増やしていく。やがて市域が拡大し、一九番目の区の設立が目前に迫ると、一八九〇年にあらたな布令が発せられ、この布令が帝政がおわるまで、ウィーン市の憲章となる[10]。

　一八五〇年の布令では、それぞれの区が一八名からなる区委員会Bezirksausschüsseを選出し、これが区代表Bezirksvorsteherを選出することが予定されていた。これら区の機関は、それぞれの区の特殊な利害関心を代表するものとされた。一九〇〇年に区の合議機関は、その名称が区委員会Bezirksausschüsseから区会Bezirksvertretungenへとかわり、区会の構成員は区議Bezirksratとなり、これらは今日までつづく名称となる[11]。

　こうして一九世紀に区の代表機関が設けられたとき、想定されていたその課題領域は、市長および地区警察Localpolizeiの行政を支援することであった。市区は地区警察行政Verwaltung der Localpolizeiのために設定されていた警察の所轄の区域Polizeibezirkeとも重なるものであった。また権限を付与されている範囲内で人道的諸施設を運営すること、区に密接に関わる事柄について市会に要請をおこなうことや、区の特殊な利害関心について誇り市長にその内容を伝えることが想定されていた。独自の課題領域を有し、これを遂行するために独自の役人と予算も割り当てられていたが、区代表はどこまでも市の執行機関の一部として位置づけられ、この点は今日にいたるまで基本的にはかわっていない[12]。

　共和制政体のもとでの住民代表組織としての区の機関は、一九二〇年のウィーン市憲法によって形成される。

---

(10)　Wien Geschichte Wiki: Stadtverfassung.
(11)　Wien Geschichte Wiki: Bezirksvertretungen.
(12)　Peter Csendes, Die Entwicklung der Wiener Bezirksvertretungen, in: Josef Rauchenberger(Hg.) Bezirksvertretungen in Wien, PR-Verlag, Wien 1990, S.21.

II 制度

　一九七〇年代から一九九〇年代にかけて、分権化が欧州全体の一般的傾向となるなかで、社会民主党がウィーン市の分権化にも着手し、一九八〇年代には区の住民代表組織は財政的にも強化される。ウィーン市レベルでの政権を長期にわたって維持する社会民主党は、実は分権化にそれほど熱心ではなかった。しかしながら、政治の民主化を党是としている以上、ウィーン市で分権化を進めないわけにはいかなかった。国民党も分権化の一般的論に反対はせず、またウィーン市では野党であるため、むしろ社会民主党市政からの分権化を積極的に望んだ側面もあった。

　ウィーン市は、総面積が約四一五平方キロメートル、総人口が約二〇一万人でEU圏内では五番目に大きな都市である[13]。区の数は、二三を数え、編入の経緯から、その広さは大小さまざまである。例えば区制の発足とともに編入された古い八区は、わずか一平方キロメートルであるのにたいして、二〇世紀に編入される二二区は、一〇〇平方キロメートルもあり、Flächenbezirkeと称される広大な区の一つである[14]。こうしたアンバランスから、かつて話を聞いた七区の当時の区長Thomas Blimlinger氏は、区の権限拡張を求めるにあたって、小さな区の合併も検討課題とすべきである、との考えをしめしていた[15]。

都市内分権制度の仕組み

　ウィーン市の都市内分権制度の法的根拠は、まず直接的にはウィーン市憲法（Wiener Stadtverfassung）第二編「市の機関」第六章「区会」、第七章「区会の委員会」、第三編「市とその行政機関の活動範囲」第一章「通則」第七八条、第六章「区会、区会の委員会、区長の活動範囲」に求められる。くわえてケルゼンにならい法段階説にたつとすれば、根本規範として連邦憲法における諸規定をあげることができる。

---

(13)　Stadt Wien, Wien in Europa, 2024, S.2.
(14)　Stadt Wien, Wien in Zahlen 2024, S.6.
(15)　「七区長へのインタビュー」七区庁舎、二〇一〇年三月。

図10-1 ウィーン市全体と二三区の区分

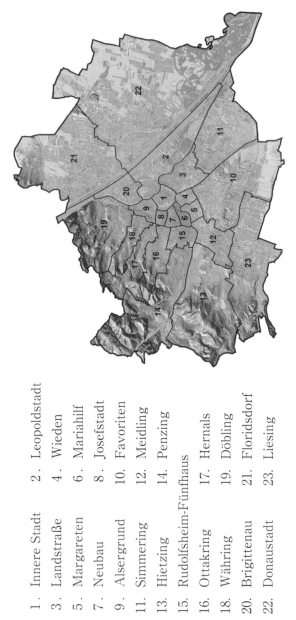

1. Innere Stadt　2. Leopoldstadt
3. Landstraße　4. Wieden
5. Margareten　6. Mariahilf
7. Neubau　8. Josefstadt
9. Alsergrund　10. Favoriten
11. Simmering　12. Meidling
13. Hietzing　14. Penzing
15. Rudolfsheim-Fünfhaus
16. Ottakring　17. Hernals
18. Währing　19. Döbling
20. Brigittenau　21. Floridsdorf
22. Donaustadt　23. Liesing

〔https://stadtarchaeologie.at/start/ausgrabungen/erklaerungen/wien-bezirke/〕

第10章　ウィーン市都市内分権制度

　オーストリア共和国は連邦国家であり（連邦憲法第一編「総則」第二条）、連邦Bund・州Land・基礎自治体Gemeindeという構造をもつ。連邦憲法は、第一〇条で連邦の立法と執行事項を、第一一条で連邦が立法し州が執行する事項を、第一二条で原則を連邦が立法し施行法律の制定と執行を州がする事項を定め、一五条で州の権限事項を定める。連邦憲法は第四編「州の立法と執行」で地方自治のあり方を規定する。第一章「通則」で州の立法と州議会、州憲法、州の執行と州政府が、第二章「連邦首都ウィーン」ではウィーンの地位が定められ、第六編「自治」で自治体等の自治行政が定められる。

　ウィーン市憲法第二編「市の機関」第六章「区会」第六一～六二条「構成と選出」により、区の住民代表組織は区長Bezirksvorsteher/in、区会Bezirksvertretungと諸委員会 Ausschüsseによって構成される。まず区会が有権者区民により選出され、選出された区会から区長が選出される。連邦レベル、州（ウィーン市）レベル同様、選挙の結果、多数派となった政党の名簿一位の候補者が区長に選出されるのが習わしとなっている。

　区議、区長ともに報酬をえているが、区長が月額約一万ユーロであるのにたいして区議が月額約一千ユーロで、区長のみが区レベルでの唯一の専従であ

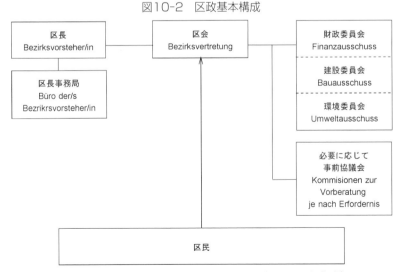

図10-2　区政基本構成

〔https://www.wien.gv.at/bezirke/dezentralisierung/organe/より作成〕

211

り、区議は他に本業をもち、名誉職としての色彩が強い[16]。

　都市内分権制度の理念と原理

　ウィーン市の都市内分権制度は、二〇一二年に閲覧した市のホームページでは
「区機関の協働Mitwirkung der Bezirksorgane」と「行政機関の地域的課題への
適合Ausrichtung der Organisation der Verwaltung nach regionalen Kriterien」
の強化を目ざす、とされていた。この二つは「住民の市行政制度への接触
Zugang der Bevölkerung zu den Einrichtungen der Stadtverwaltung」の改善
にとって決定的に重要であった。「分権化」と「選出された区会の地位の強化」
は、代表制民主主義の構成要素として位置づけられ、幅広い領域において住民
の直接の協働を可能とする[17]。

　二〇二四年現在、区機関の協働という表現は「区機関の内的連携Einbindung
der Bezirksorgane」にかわり、「責任、課題、決定のローカル・レベルへの委
任Übertragung von Verantwortlichkeiten, Aufgaben und Entscheidungen
auf die lokale Ebene」によって、その実現がはかられる。これをとおして、
より市民に近いところで決定がなされ、市民参加が容易になり、ローカルな関
心が重視され、地域に多様性がもたらされるのである[18]。

　住民代表組織による区レベルでの地域的な決定への参画という理念は、四つ
の原理によってなされる。まず第一に、市庁の各部局より市行政の計画や施策
について区への「情報提供Information」の原理。ついで第二にすべての区は、
市がプロジェクトを実現するにあたって最初の段階で、該当する市庁の部署に、
その希望と考えを述べることができる「聴聞Anhörung」の原理。以上二原理
の具体的な項目についは市長令（Verordnung des Bürgermeisters vom 19. März
1998）が定めている。

　さらに第三の「協働Mitwirkung」の原理によって、区は決定に関与する可
能性を有し、第四の「独自領域Eigenzuständigkeit」の原理によって、区は特
定の課題を自身で引き受け、みずからの考えで取り組むことが可能である。こ

---

(16)　Hubert Sickinger, Bezirkspolitik in Wien, Inssbruck Studienverlag, 2006, S.83.
(17)　http://www.wien.gv.at/bezirke/dezentralisierung/geschichte.html（二〇一二年閲覧）
(18)　https://www.wien.gv.at/bezirke/dezentralisierung/

れらの課題はウィーン市憲法第一〇三条に列挙されている。例えば区の独自領域として、幼稚園や学校の改修や維持管理、緑化施設や児童公園の建設や維持管理、道路の建設や維持管理、街灯の設置や維持管理等がある。区には、これらへの取り組みに必要な財源も与えられている[19]。

財源

ただし、財源といっても区に独自の歳入はない。区の予算は、市の予算から充当される。したがって法的に区予算は、市全体の予算の一部である。市は、区に必要な予算を配分し、その枠組みのなかで区の住民代表組織は財源の使途について決定をすることができる。独自財源が割り当てられているわけではないので、予算の管理が市より委任されているにすぎないともいえる[20]。

配分は区財源令（Bezirksmittelverordnung）にもとづいてまず市予算全体のなかで区への財源が決まり、ついでこれをそれぞれの区へ分配する。二〇一〇年は二三ある区への支出として二億ユーロ強の額が計上されていたが（全予算の約一.四％）、二〇二三年になると三億ユーロをこえる額が区への支出として計上されている（全予算の約二.六％）。

それぞれの区の予算規模は、各区の大きさ、住民の構成、建設計画や直面している課題によって異なるため、例えば二二区は、八区の約七倍の配分を受けている[21]。

区財源令によって財源の配分は確定するが、発令までの過程で区長が市と予算折衝をすることが可能である[22]。

市との関係

区は自立的な法人格ではなく、市の行政上の下位区画にすぎず、ウィーン市の一機関にとどまる。この性格は市長と市議会の監督権Aufsichtsrechtにも表

---

(19)　https://www.wien.gv.at/bezirke/dezentralisierung/instrumente/
(20)　https://www.wien.gv.at/bezirke/dezentralisierung/budget/
(21)　Landesstatistik Wien, Die Josefstadt in Zahlen 2024; Ibid., Die Donaustadt in Zahlen 2024.
(22)　Sickinger, Ibid., S.107; 前掲「七区長へのインタビュー」、「二〇区長へのインタビュー」二〇区庁舎、二〇一〇年三月、「二三区長へのインタビュー」二三区庁舎、二〇一〇年三月。

れている。市憲法第六六条「区会の解散」の規定により、区会は市議会により解散されうる。また市長は区長を、市議会は区会の区議を、その職責を著しくおろそかにしたとの理由で、解任することができる。

　他方で上記の都市内分権の理念と原理を実現するために、両者の協力と調整のための場も設定されており、区と市とのあいだに意見の対立が生じた場合にそなえて、特別な規定が設けられている。ウィーン市庁規定（Die Geschäftsordnung für den Magistrat der Stadt Wien）三一条五項は、このような場合に所管を有する市政務官amtsführende Stadträteが仲介し解決しなければならないことを定めている。市政務官がこれに成功しなかった場合には、当該事案は市長の解決に委ねられる。

　区の事項にかかわる市庁の全部局には、協力者として区担当者Bezirksreferent/inが二三区全てにむけて置かれている。区担当者は区長と直接の対話相手Ansprechpartnerである。区担当者は必要な情報を提供し、区の要望を聞き入れ、協力を促進しなければならない。

図10-3　区政に対応する市政職

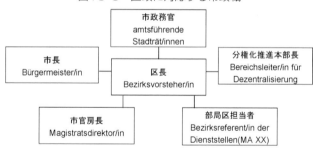

〔https://www.wien.gv.at/bezirke/dezentralisierung/kooperationen.htmlより作成〕

　以前は、すべての区にたいして区調整官Bezirkskoordinator/inという職も設置されていた。これは、複数の部局の協力が区レベルで要請されるような事案において区長を支援していたが、設置されていた当時も区長によっては、この調整官を利用しておらず、むしろこうした調整を自分たちでおこなっていた[23]。

---

(23)　前掲「二三区長へのインタビュー」。

とくに必要としていない区もあったことから二〇二四年現在この職はおかれていない。

市民サービスおよび分権化推進本部長Bereichsleiter für Bürgerservice und Dezentralisierungも区長と対応関係にある。これは市長、市官房長Magistratsdirektor、市政務官に分権化について報告をし、分権化に関する指示を市庁の部局に出す権限を有している[24]。

なお区住民を代表する区機関は、市庁区事務所Magistratisches Bezirksamtの責任者である市庁区事務所長Bezirksamtsleiterとは、制度上は直接対応関係にない。ただ以前おこなった区長へのヒアリングでは、両者の関係を問うたところ、両者が常に密接に連絡をとりあい情報を共有することは重要であり、区政の円滑な運営にとって両者は良好な関係をもたなければならないと回答していた[25]。もっとも、市議会野党系の区長は役所にたいする指示権Weisungsrechtをもたないため、場合によってはこうした権限を有したいとも考えているようであるが、市議会与党の社会民主党系の区長は、こうした権限の必要性は感じていないようである[26]。

III　運用

区会本会議を傍聴した印象として、実質的には非公開の委員会でほとんど決まっていて、本会議は儀式と化している感もある。委員会は非公開であるため、委員会内の議論の実態を直接、うかがうことはできないが、非公開の委員会を、研究者として特別に許可をえて傍聴したことのあるSickinger氏によると、もっとも重要な委員会は常設の財政委員会と建設委員会であった[27]。

これらの他に例えば七区の場合、区長（緑の党）によると、交通協議会では自動車の規制に積極的な緑の党とむしろ自動車の自由な移動や駐車を主張する

---

(24)　http://www.wien.gv.at/bezirke/dezentralisierung/kooperationen.html
(25)　前掲「七区長へのインタビュー」、前掲「二〇区長へのインタビュー」」、前掲「二三区長へのインタビュー」。
(26)　前掲「七区長へのインタビュー」、前掲「二三区長へのインタビュー」。
(27)　「Sickinger氏へのインタビュー」カフェ・ツェントラル、二〇〇九年三月一〇日。

党派とのあいだで、意見が対立する。委員会はほぼ毎月、年に一一回開催され、各回は一時間から二時間程度開催される[28]。

　ただ四区区議（緑の党）によると、実質的な調整は委員会ですらなく、事前の党派の代表者間による非公式の協議によってなされているとのことでもあった[29]。

　区長が住民投票を実施する場合もあるが、これに法的拘束力はない[30]。

　またSickinger氏および八区区長（緑の党）も区新聞の存在を指摘していた。これは、区レベルの政治家（区長、区議）がみずからの政治活動の広報に利用するもので、全市共通面と各区個別面からなり、広告収入によって経営されている[31]。

　以前、傍聴したことのある六区は、住民の学歴が比較的高く、住宅と社会施設が多くある。そこでは自転車専用路の不足、区を通過する交通量の問題、市場の改装などが論点として、当時はあがっていた。

　国民議会議事堂をはじめとした官庁街に接し、公務員、学生が多く居住している八区では、かつて傍聴したときは、人口密度の高い区の課題として、駐車場の不足とオープンスペースの不足が争点となっていた。当時、区会野党であった、社会民主党と国民党は、区会与党の緑の党の駐輪場政策に原因を帰し、批判していた。

　戦後ながらく、一貫して国民党が区長の座にあった一八区でも、住宅が多く、住民の学歴が比較的高い。そこでは、病院跡地の利用計画や文教地区の整備計画が区会では議題となっていた。

　一九〇〇年に二区より分離して成立する二〇区は、もともと二区が東方ユダヤ人が多く住む地区であったため、一九三八年まで多くのユダヤ人が居住していた。現在も移民の割合が高く、義務教育の一年生の五割以上が、十分なドイツ語を話すことのできない区となっている[32]。区会傍聴当時、イスラムセンターの建設計画に自由党支持者が激しく反発していた。また国民党の区議も区

---

(28)　前掲「七区長へのインタビュー」。
(29)　「四区区議（緑の党）へのインタビュー」四区緑の党事務所、二〇一〇年三月。
(30)　前掲「Sickinger氏へのインタビュー」。
(31)　http://www.bezirkszeitung.at/
(32)　Landesstatistik Wien, Die Brigittenau in Zahlen 2024; Wiener Hilfruf zu Deutsch in der Klasse, in: *der Standard*, 27. November 2024.

内の移民の増加を問題視し、当時、単独過半数を区会で有する社会民主党の区政運営に不満を示していた。ちなみに一九一三年にミュンヘンへ移る前にヒトラーが住んでいたのがこの二〇区であり、一九三八年にヒトラーがオーストリアを併合したとき、この区にウィーンのユダヤ人や政治犯を一時的に収容する臨時の施設が設けられ、そこからダッハウへの強制移送がはじまった。後の首相クライスキーもここに拘束される[33]。

　Sickinger氏によると、区ごとにあつかわれる課題に特徴があるわけではなかった。むしろ課題が設定される要因は、区に内在するというよりは外在的であり、その時々によって違った。例えば地下鉄の駅の建設がウィーン市営交通 Wiener Linienによって計画されれば、該当する区ではそれが課題となるが、駅が完成すれば、今度は別の問題が課題となる。

　ただ強いて特徴をあげるとすれば、一般的な区として二、一二、二〇、二一、二二など、中心市街の区としてGürtel内の四、六、七、八、九区など、郊外の国民党が強い区として一三、一八、一九区など、そして例外的な区として一区に分類できるかもしれないとのことであった[34]。

Ⅳ　課題

　かつての調査の印象としては、市政をおさえている社会民主党は、区長を同党以外がたてている区もあるので、やはり区の権限の拡張には慎重であった。他方で社会問題といった、ソーシャルワーカーなど専門家が取り組むべき問題ではあっても、区によってはこれを検討する協議会を設置するなどして、区内のどこに問題があるのかを把握し、こうした問題に積極的に向き合うべきであると考えている区長もいた[35]。

　権限と財源の拡張について継続的に議論がなされている、と述べていた区長

---

(33)　Hans-Ulrich Thamer, Adolf Hitler Biographie eines Diktators, Verlag C.H.Beck, München 2018, S.32, 斉藤寿雄訳『アードルフ・ヒトラー　ある独裁者の伝記』法政大学出版局、二〇二三年、二九頁；Peter Diem/Michael Göbl/Eva Saibel, Die Wiener Bezirke, Perlen-Reihe, Wien 2003, S.26, S.144.
(34)　前掲「Sickinger氏へのインタビュー」。
(35)　前掲「七区長へのインタビュー」、前掲「二三区長へのインタビュー」。

もいたので、コミュニティ崩壊、犯罪や薬物、貧困や福祉といったより多様な社会問題にかかわりうるように市の権限をさらに分権化することは必要と考えるか、との質問をSickinger氏にしたが、こうした質問に答えることは、きわめて党派的な論点なので、答えないことにしている、との回答であった。推測するに、分権化が市政の与野党に応じて道具となっていて、消極的な市政与党の社会民主党と、そうではない市政野党の争いにまきこまれたくないということなのであろう。

ただ少なくとも行政の単純化にはつながらないだろうとも述べており、筆者の感じでは、どちらかというと否定的であった。また年四、五回しか開催されずに、だれも関心をしめさない区会の存在にたいしてかなり懐疑的であった。区長はそこそこ名の知られた地域の政治家であるが、区議はほとんどだれも知らない、とのことであった[36]。

アジェンダ21という、市民の自発的なアジェンダ団体が区の政策・施策を発案する試みがある。これは市と区によって経費（毎年一つの区につき約一〇万ユーロ）が支出され、いくつかの区がこれに取り組んでいる[37]。しかしながら、このアジェンダ21の試みにたいしてもSickinger氏は懐疑的であった。氏によると、オーストリアではその政治構造（コーポラティズム、社会パートナーシップなど）ゆえに、政治とNGOとの関係がこれまで薄く、政治においては従来の利益団体との関係が重視されている[38]。

筆者が調査にいった区でいうと、当時四区、七区、八区、二三区が積極的にこの試みに取り組んでいたが、七区については、区会での承認が得られず、二〇〇九年で終了した[39]。

一九九五年、オーストリアのEUへの加盟後、ウィーンに居住するEU市民は、区会選挙への選挙権を有する。さらに二〇〇二年、区会選挙への選挙権を五年以上ウィーンに居住するEU市民以外にも拡張する試みがなされたが、こ

---

(36) 前掲「Sickinger氏へのインタビュー」。
(37) http://www.la21wien.at/
(38) 前掲「Sickinger氏へのインタビュー」。
(39) 前掲「七区長へのインタビュー」、前掲「二三区長へのインタビュー」、前掲「四区区議（緑の党）へのインタビュー」。

の試みは自由党と国民党の反対によって頓挫した（Verfassungsgerichtshof kippt Wiener Regelung, in: *der Standard*, 01. Juli 2004）。

　当然ながら自由党は多文化共生に反対し、つねに対立を煽ろうとする。赤いウィーンの代名詞の市営住宅には二〇〇六年までオーストリア国籍を有する者しか入居できなかったが、二〇〇〇年代以降、外国に出自をもつ住民が半数を占めるようになる。近隣トラブルなどが発生した場合、本来、権限は市にあり区にはないが、区長などは関わらざるをえない[40]。

補　オーストリア共和国の政治構造と政治文化

　二〇一〇年一〇月におこなわれた市議・区議選挙において、社会民主党は、得票率を約五パーセント減らし一九九六年と同様にふたたび過半数をわり、得票率四四％に後退し、緑の党との連立を余儀なくされる。得票率約一一パーセント増の自由党は、躍進するものの、このときはリベラル左派が危惧した自由党区長誕生にはいたらなかった（当時インタビューしたSickinger氏は、その可能性を低く見ていたが、ウィーン大学から法政大学にきていた交換留学生は、自由党区長誕生をすでに危惧していた）。

　二〇一〇年には誕生しなかったものの、つぎの二〇一五年一〇月の市議・区議選挙では区に自由党区長が誕生する。二〇一五年は、夏に中欧でいわゆる難民危機が発生した年である。ドイツのメルケル首相のWir schaffen dasという言葉と結びついて記憶されているが、ドイツがシリア難民の受け入れを表明すると、ハンガリーに足止めをされていた難民が、一斉にオーストリア国境をこえて流入し、翌年までに数十万人の難民がオーストリアを介してドイツをめざした。人道的観点から難民を歓迎し、いわゆる市民社会Zivil Gesellschaftがこれを支援する一方で、当初から、受け入れに懐疑的で、反感をしめすものもいた。

　その結果、翌二〇一六年一二月の大統領選挙で、緑の党のファン・デア・ベレンが決選投票で自由党のホーファーにかろうじて勝利するものの、第一回目の選挙では、自由党のホーファーが約三五パーセントの得票で一位となっていた。

---

(40)　前掲「Sickinger氏へのインタビュー」。

選挙戦でホーファーはSie werden sich noch wundern, was alles möglich istと述べて、自身が当選した場合、これまでの慣例を無視し、大統領が憲法上本来有しているはずの強大な権限を躊躇無く行使していくことを示唆していた[41]。

　筆者は、大統領選直後の、一二月に一区と二区の区会を傍聴した。また翌四月より二年間ウィーン市で在外研究の機会をえた。以下、二〇一七年四月から二〇一九年三月まで、筆者が在外研究で滞在したオーストリア第二共和国の政治構造と政治文化についての素描をもって本稿を補うこととしたい。

　筆者が在外研究で滞在した二〇一八年は、第一次世界大戦終結と第一共和国誕生からちょうど百年をむかえた記念の年でもあったが、その後二〇二〇年に、第二次世界大戦終了と第二共和国の成立からちょうど七五年をむかえることにもなる。かつて学位論文で第一共和国の政治史と思想史をあつかったことがあるが、第二共和国もこのように成立してすでに七五年以上の歩みを経て、研究の対象として距離をとりやすくなったといえる。

　一九四五年五月八日のドイツ降伏に先だってウィーンに入城したソ連軍の主導により、カール・レンナーを首班とする臨時政府が、ドイツからの独立とともに、一九二〇年憲法（一九二九年改正）の精神にもとづく共和国の再興を宣言する。十年間の四カ国共同統治をへて、一九五五年五月に国家条約が締結されることによって、主権を回復する。同年一〇月には永世中立についての連邦憲法条項を可決する。

　こうして、共和国憲法、国家条約、永世中立条項といった、第二共和国の政治構造、政治文化の基本的な構成要素が定まる。なお国家条約、永世中立条項ともかかわるが、今ひとつの構成要素として戦争中に発せられた一九四三年秋の連合国外相のモスクワ宣言がある。この宣言により、オーストリアはヒトラーの対外侵略の最初の犠牲国であると位置づけられた。宣言においては、オーストリアの戦争責任にも言及されていたが、やがて「犠牲者」の側面だけが、一人歩きをはじめ、「責任」の部分が忘れ去れることによって、一九八〇年代の後半まで、第二共和国のナショナル・アイデンティティーの一部となる

---

(41)　Hans-Henning Scharsach, Stille Machtergreifung, Verlag Kremayr & Scheriau, Wien 2019, S.64.

第10章　ウィーン市都市内分権制度

「犠牲者神話」が形成されていく。

　強制的均質化のテロルのもととはいえ、人種イデオロギーを積極的に支持し、ヒトラー体制下において利得を追求した者が多数いたにもかかわらず、戦後四〇年近く犠牲者神話に覆い隠され、この事実は直視されてこなかった。臨時政府を率いたレンナーも、一九三八年三月にヒトラーがオーストリアをドイツライヒに組み入れたときには、これに賛意をしめしていた。かれは四月三日付けの『新ウィーン日刊紙』紙上で、インタビューに答える形で、「私は賛成する」と明言する。これに先立ち、三月二八日には、オーストリアの司教も、オーストリアにおけるナチスの機関誌『民族的観察者』紙上で、国民投票に際して賛成票を投ずるよううながしていた。

　ヒトラーを受け入れ、やがて絶滅政策に荷担し、そこから利得を引き出す者がいた事実は、表だって語られることはなかった。一九六八年の学生反乱から、徐々にこうした沈黙が問題視されはじめたが、公然とこれが議論され、その実態が解明されるようになるのは、一九八〇年代をまたなければならない。

　一九七〇年代には、ブルーノ・クライスキーがオーストリア共和国の首相に就任すると、以後十三年間にわたって、かれは社会党の単独政権を率いる。クライスキーはやがて「太陽王」と称されるようになり、一九七〇年代を特徴づける。永世中立と犠牲者神話に依拠したナショナル・アイデンティティーと労使の対立を緩和する社会パートナーシップ制度により、オーストリア共和国は「祝福された人々の島」となる。ケルテン州のスロベニア系オーストリア人作家のMaja Haderlapは、共和国誕生百周年の記念式典で、国家条約、永世中立、経済成長、社会パートナーシップを第二共和国成功の基盤とみる一方で、性の同権、少数民族の同権の実質化は遅滞していたと指摘する[42]。

　筆者は、中学時代の三年間、このクライスキー時代の終盤、一九七九年から一九八二年まで、電子顕微鏡メーカーの父親の仕事により、ウィーンに住み、現地一四区の、大半が中卒で職業訓練を経て仕事につく生徒が在籍する、ハウプトシューレに通った。父親が、ウィーンに赴任する前に、ベルギーのブラッ

---

[42]　Maja Haderlap, Im langen Atem der Geschichte, Wallstein Verlag, Göttingen 2018, S.12.

セルに勤務していたことから、ブラッセルからウィーンに、自家用車で引っ越したときのウィーンの最初の印象は、その灰色の暗い雰囲気であった。

なお筆者が引っ越す前年の一九七八年には、第二共和国のスポーツ史に「コルドバの奇跡Wunder von Cordoba」として記憶に残る出来事があった。この出来事も、第二共和国オーストリアのナショナル・アイデンティティを考えるうえで、示唆をあたえると思われるので、ここで簡単に触れておきたい。

一九七八年、軍事政権下のアルゼンチンで開催されたサッカーのワールドカップにおいて、コルドバの地でおこなわれた試合を、オーストリア代表は前回大会優勝国ドイツ代表に逆転勝利する（ドイツではSchmach von Cordobaといわれている）。この試合に勝てばつぎの最終ラウンドに進むことのできたドイツ代表にたいして、すでに第二ラウンドの敗退が決まっていたオーストリア代表にとって、この試合はもはや消化試合にすぎなかった。前半にルンメニゲのゴールでドイツに先制を許すものの、後半にオウンゴールで同点に追いつき、さらにクランクルのゴールで逆転に成功する、その後、同点に追いつかれるものの、八七分にクランクルがこの試合二点目のゴールを決め、これが決勝点となり、オーストリアはこの試合に勝利する。I werd narischというラジオ中継の絶叫とともに、オーストリア人の記憶に残るこの試合は、第二共和国オーストリアのナショナル・アイデンティティを構成する一つの要素になる。

結果にかかわらず自分たちは敗退が決まっているなかで試合に勝利したこと、結果によってはつぎの可能性のあった相手に勝利し第二ラウンド敗退の道連れにしたこと、なによりもその相手がドイツであったことなどの要因が、この試合結果をオーストリア人にとって特別なものとして、帰国したチームは、まるでタイトルでもとったかのような出迎えをうけることになる。ここには、さかのぼれば一九世紀にケーニヒグラーツの会戦で敗退し、プロイセンが中心となってオーストリアをはじき出すかたちでドイツ統一がすすんだこと、一九一八年の帝国の解体、一九三八年のヒトラードイツへのアンシュルスをへた第二共和国オーストリアのいわば屈折した自意識があらわれていたといえる。

八〇年代と九〇年代の二〇年間のあいだに、一九八六年六月八日の、第二次世界大戦後の第二共和国の政治文化を変容せしめることになる連邦大統領選挙、一九八九年六月二七日の、後に鉄のカーテン崩壊の一つの象徴ともなるハンガ

222

リー国境の鉄線の切断、一九九五年の欧州連合加盟をオーストリアはへる。

二〇〇〇年代に七年間にわたって連邦首相をつとめたのが、シュッセルである。かれは、一九九九年一〇月三日の選挙で、国民党が選挙で第三党にしかなれなかったにもかかわらず、意表をついて、総得票数で四五一票上回り第二党に躍進したハイダー率いる自由党との連立交渉をおこない、第一次黒（国民党）・青（自由党）政権を組閣し、首相となる。この政権の成立は内外に大きな波紋を引き起こすこととなる。

まず選挙前にシュッセルは、国民党が三位に落ちた場合、野に下ることを表明しており、選挙直後もそのように言明していたにもかかわらず、首相に就任したのであった。さらに連立交渉は従来、連邦大統領がまず第一党の党首に組閣を命じ、第一党党首が中心となって可能な連立の形を模索し、予備的な政党間会談から始めるのが習わしであった。連邦大統領のクレスティルは、第一党の社会党党首クリマーに組閣を命じていた。しかしながらこれを無視してシュッセルは、水面下でハイダーと交渉し、連邦大統領の意向に反するかたちで社会党のクリマーをさしおいて組閣をして連立政権を成立させたのであった。このようにこの政権は、第二共和国においてそれまでみられなかった異例ずくめの経緯で成立した連立内閣であり、くわえてハイダーのもとで自由主義的要素が一掃され、排外主義的要素を膨らませた自由党が入閣したことによって、成立とともに内外から激しい批判に曝されることとなる。

二〇〇〇年二月四日、シュッセルを首班とする第一次黒・青政権が連邦大統領によって認証されると、国際的な批判をかわすために、二〇〇一年一月に、アンシュルス下のユダヤ人の追放・強制収容・強制労働・絶滅政策をめぐる戦後補償「ワシントン協定Washingtoner Abkommen」を締結し、財団を設立する。

こうした黒・青政権を生み出した第二共和国を、作家のRobert Menasseは、オーストリアの銘菓Punschkrapfenにたとえる[43]。これは、ローザ色のアイシング（砂糖衣がけ）で覆われた小さな立方体のかたちをした菓子で、中身にはラム酒もしくはポンチ酒をまぶした（密度の濃い）スポンジ生地、マーマレー

---

(43) Robert Menasse, Das Land ohne Eigenschaften. Oder Das Erscheinen der Wahrheit in ihrem Verschwinden. In: Das war Österreich, Suhrkamp Verlag, 2005, 47f.

ド、チョコレートが入っていて、有名なザッハートルテとならぶウィーンの銘菓である。Menasseは、第二共和国の多くの人々の精神状態をあらわす象徴として、オーストリアの人であれば誰もが知っているこのPunschkrapfenをあげる。外見はローザ、すなわち表向きは赤つまり社会民主党を支持するものの、中身は実は茶色つまりはナチ的傾向の持ち主で、なおかつそれをアルコールで中和（中立化neutralisiert）しているのである。

　二〇〇八年一〇月一一日、飲酒運転による自動車事故で五八歳のハイダーは事故死する（筆者が滞在していた二〇一八年はハイダー没後一〇年でもあった）。深夜にケルンテン州の州都クラーゲンフルトのバーを酩酊状態であとにしたハイダーは、周囲が止めるにもかかわらず、みずからフォルクスワーゲンの高級リムジン、フェートンの運転席に一人で乗り込み、走り去っていた。制限速度時速七〇キロメートルの緩いカーブを時速一四〇キロメートルで走行し、強引な追い越しをおこない車線をもどした後、道路脇の標識をなぎ倒し車のコントロールを失うと、そのままコンクリート支柱と消火栓に激突し、宙返りをしてようやく制止する。そのあいだに、車体は大破し、ハイダーは即死していた。

　事故後、支持者のあいだでは神格化がはじまり、支持者たちのなかには、何者かの陰謀により暗殺されたと主張するものも登場する。また、かれが最後に立ち寄り痛飲したのが、クラーゲンフルト市で唯一の同性愛者が集う飲食店であったことから、生前からその真偽も含めて一部で取りざたされていた、かれの性的指向が話題にもなった。かれが同性愛者ないしは両性愛者であったという説については、これを否定するものも多く、また肯定したとしても性的指向は私事であり、話題にする必要はないという考えもある。ただ支持者の多くが、性的少数派に非寛容で暴力的な態度をとる政党を率いてきた人物が、自身は同性愛者が集う飲食店に出入りしていたことは、論点とせざるをえないという意見もある（このことは同性のパートナーを公にしているAfDの党首、Alice Weidelについてもいえる）。

　在外研究の一年目、二〇一七年四月に当地に到着した時は、政権は社会民主党のクリスチャン・ケルンを首相とする同党と国民党の左右大連立政権で、緑の党の学生団体の党執行部への批判・造反等がニュースになっていた。五月に

224

第10章　ウィーン市都市内分権制度

入ると、国民党と緑の党の党首の辞任が相次ぎ、新党首が選出された。

　国民党は、党首の刷新に成功し三〇歳代のクルツが党首に就任すると、低迷していた支持率が一挙に回復し、二〇一八年の秋に予定されていた総選挙の前倒しを求めるようになった。クルツは、二〇〇〇年代の日本の小泉純一郎が従来の自民党を「壊す」ことにより党改革を迫り、党の刷新をはかったのと同じように、国民党の改革をせまった。連邦的性質の強い政党にあって、党首就任の際に、人事権をはじめ、みずからに党の権限を集中させることを求めた。こうした姿勢が功を奏して、一時は、自由党の伸張にともない党存亡の危機にすらあった国民党は、またたくまに党勢を回復するのである。

　クルツは、党の象徴的な色をも、国民党の伝統的な「黒」から「ターコイズ」色へとかえる。キリスト教社会主義を体現していた黒を廃し、みずからのよりネオリベ的な姿勢をしめすターコイズを、党の色として設定する。くわえて同時期のフランスのマクロンにならって、生まれ変わった国民党は、旧来の政党ではなく、国民運動である、と表明する。

　結果として五年任期の国民議会は、任期を一年残して、二〇一七年一〇月に総選挙を実施することを決める。連邦憲法二九条一項で連邦大統領に議会の解散権が付与されているが、共和国史上、同項により国民議会が解散されたことはない。解散は議会自身の発議によってなされる。

　総選挙実施が決まると、国民議会の選挙までの残り任期は、残務処理議会ともいえる状況になり、連立を構成する左右の社会民主党も国民党もともに任期内の連立合意の実施を求めて、実現できなかった場合は、相手方に責任を負わせる、といった雰囲気になっていた。全日制学校の実現へ向けた教育改革法案などが、議会で多数をえて可決された。総選挙の実施が決まると、介護の財源、同性婚、難民と移民への対応などが争点化された。各党が選挙目当てのいわゆるばらまき政策Wahlzuckerlをかかげ、解散が決まった議会では各党がそれまでの与野党の枠組みをこえて、ばらまき政策について採決をし、可決をはかっていくFreies Spiel der Kräfteと称される状況になる。

　選挙戦をとおして、党首を刷新し、執行部が若返った国民党が支持率一位で選挙戦を終始優位に進め、これを首相を擁していた社会民主党と右派ポピュリストのシュトラッハ党首率いる自由党が二位争いをしながら追うという展開に

225

なっていた。緑の党は、学生団体の造反、党勢拡大に努めてきたグラヴィシュニック党首の辞任、総選挙の候補者指名をめぐる動揺などによって、苦戦を強いられつづけた。

　選挙が決まった後、夏休み明けの九月に、これから選挙戦が佳境に入るところでウィーンのアウガルテンで開催された収穫感謝祭にあわせた国民党の選挙イベントを観察することができた。国民党の主要な支持基盤である農業者による収穫感謝祭は、国民党が一〇月の選挙へ向けて支持固めをはかるイベントでもあった。当然、クルツ党首も収穫祭のハイライトに登場し、支持をうったえていた。収穫祭は、カトリックの神父が神に感謝の祈りを捧げるものでもあり、国民党のもう一つの伝統的な支持基盤であるカトリック教会の存在を顕在化するものでもあった。この段階ですでに国民党の選挙での勝利は確実視されていたので、党員達は、勝ち方や選挙後の方針を語り合っていた。

　実際に結果として一〇月の選挙では、五月に若いクルツ党首を選出して以降、終始選挙戦を優位に進めた国民党が第一党となり、社会民主党が第二党、僅差で自由党が第三党、ネオス党が第四党、リスト・ピルツが第五党として国民議会に議席をえることとなった。一年前の大統領選では、かつての党首を大統領に当選させることに成功した緑の党は、このとき議席を獲得することができなかった。国民議会選挙は比例代表制にて実施されるのであるが、議席獲得の条件として有効票の四パーセントを獲得しなければならない（国民議会選挙法一〇〇条一項、一〇七条二項）。緑の党はこの壁を越えることができず、一九八〇年代に国民議会に議席をえてのち守りつづけてきた議席を失ってしまうこととなった。

　総選挙の結果をうけて、第一党の保守国民党と僅差で第三党となった右派自由党が、連立交渉を進めることとなった。交渉は同じ時に総選挙があり「ジャマイカ」連立交渉が破談となった隣国ドイツと異なり、順調にすすみ、移民・難民政策を厳しくする保守・右派政権の誕生が確実となった。

　選挙で緑の党が議席を獲得できなかったのは、少なからぬ驚きをあたえるものであった。春の学生組織の混乱、党首の交代、直前に有力議員が離党し新党リスト・ピルツを結党したのが影響したようである。また争点の設定で、国民党と自由党による移民・難民の制限が大きな争点となり、有権者の支持を集め

るなか、これにうまく対抗できなかったともいえる。

　同じように争点について後手にまわり、くわえて選挙PRをめぐって不祥事にみまわれた社会民主党は、現職首相の強みを生かすことができず、かろうじて議席を維持し第二党となった。二一世紀に入り全般的に顕著となる、社会民主主義勢力が直面する困難さゆえに、長期低落傾向からなかなか抜け出せないでいる。党内に自由党との連携をも可とする右派と、これは絶対に避けなければならないとする左派とのあいだの対立もある。引退を表明した社会民主党のウィーン市長の後継をめぐる党内の綱引きもあり、誰が後継者になるにせよ、党内に深刻なしこりを残すのではないか、と懸念されてもいた。そもそも前任者フェイマンからケルンが政権を引き継いだときにすでに党内にはしこりが生じていた。

　結局、雇用をはじめとする経済の指標が悪いわけではなく、大きな失政があったわけでもないのに、二〇一五年の難民受け入れ以降に強まった、排外的な不満に直接訴えかけることに成功した国民党に敗北し、自由党に僅差にまでせまられることによって、社会民主党は政権を失うのである。今回の選挙では、難民の流入にともなう体感治安の悪化をはじめとする有権者の漠然とした不安や不満が、緑の党の落選も含めて、結果を決したといえよう。

　選挙後、約二ヶ月間の連立交渉をへてクリスマス前に国民党と自由党の連立政権が成立した。選挙から二ヶ月で組閣というのは、比較的、早いほうであった。注目されていたのは、かつて緑の党の党首をつとめていたファン・デア・ベレン連邦大統領が、どのような姿勢で右派自由党の新閣僚を信任するのかであった。連立交渉中、連邦大統領は非公式なかたちで、自分が許容できない自由党政治家の名前を表明するなどしていた。また再三、新政権がひきつづき親ヨーロッパ連合の立場を明確にすることを求めていた。結果として、信任はすくなくとも表向きは、慣例に則り、大統領側が難色をしめすようなこともなく、なされた。

　成立した国民党と自由党の新連立政権であるが、この国に滞在しようとする移民や難民には厳しい政権になった。難民申請者については、所持金全てや携帯電話を預けなければならないような制度の改変をおこなうことが両党間で合意された。また直接民主制の強化、社会保険団体の整理・統合、会議所制度の

改革、教育の再建などが連立合意にもりこまれた。国民党のクルツ新首相は、硬直化したオーストリアの政治に「新しいスタイル」を持ち込むとして、選挙戦をたたかい支持をえて勝利し、オーストリア版のいわば岩盤規制に切り込む意向をしめしていたが、こうした点に関しては、今から振り返ると、どこまでできたのかが問われよう。

　連立合意にもりこまれた直接民主制についてオーストリア共和国は、すでに国民発案や国民投票の制度を連邦憲法のなかに有している。国民発案は、全国の有権者の十万名以上の署名等によって実施が可能であり（連邦憲法四一条二項、三項）、国民投票は、国民議会が決することによって実施される（連邦憲法四三条、四五条、四六条）。これまで国民投票は計二回、一九七八年と一九九四年になされている。一九七八年は原発の是非を問うもので、投票の結果、僅差で原発は否決される。一九九四年は欧州連合加盟を問うもので、これは六割をこえる賛成票を集める。国民発案はこれまで三〇以上の発案がなされている。この直接民主制の強化を右派自由党は主張していて、必要な署名数をさらに少なくすることなどを求めている。たいする保守国民党はどちらかというと直接民主制の強化には消極的であるため、その扱いが注目された。

　規制緩和という点においても、こうした改革は、国民党という政党の根本構造にかかわる制度に切り込むものであり、やはり難しさをともなう。オーストリア共和国が連邦制であることによって、政党も州ごとに組織されており、州の組織はとくに州知事の強い影響力の下にある。州の権限が弱まるような改革には与党国民党内からの強い抵抗が想定される。会議所などについても、経済会議所と農業会議所は国民党の既得権の牙城であることから、そのあり方を見直すことは容易ではない。結局、この政権のもとでは、入管政策の厳格化と社会政策・労働政策の弱体化が目論まれただけであった、という見方もある[44]。

　以上、本稿を補う目的で、ウィーン市の都市内分権制度をとりまくオーストリア共和国の政治事情について素描してきた。かならずしも都市内分権制度とは直接かかわりのないような事柄にも及んだが、二〇一〇年代に区会の傍聴を

---

(44)　Natascha Strobl, Radikalisierter Konservatismus, Suhrkamp Verlag, Berlin 2021, S.91f. Stroblはこの著書で従来の保守政党が過激化し、右派ポピュリズムへと変質していく諸相を分析している。

とおして感じたのは、そこで話されるオーストリア・アクセントのドイツ語など、当たり前のことではあるが、当地の政治文化を反映した同制度の運用であったため、このように補った。

　さて序で触れたように、ケルゼンは住民によって選出された合議機関を介在させる行政の分権化に懐疑的であった。この点は、松下も同じであった。筆者は、かつて横浜市の区民会議について松下に問うたことがあるが、松下の見解は消極的なものであった。横浜市を解体し、いくつかの市に分けるのならともかく、現状の横浜市と区を維持したまま、都市内分権を進めるのは無駄であると述べていた。そこで最後に松下とケルゼンの理論的な異同について簡単に言及して本稿を終えたい。

　松下は一九二〇・三〇年代に議会政治を擁護したケルゼンを評価する一方で、ケルゼンの国法を中心とした国家学を批判的にとらえていた。ロックを議会主権論者とみなす松下にとって、議会政治にデモクラシーの本質をみるケルゼンは評価されてしかるべきであった。しかしながら国法を中心に、その執行として行政を理解するケルゼンは、松下がその自治・分権理論において長らく最大の敵としてきた機関委任説そのものでもあった。行政の地域的な下位区分である自治体は国レベルの議会において立法された国法を効果的に執行する下請け機関にすぎないとみなす段階的な論理は、批判されなければならなかった。

　にもかかわらず、都市内分権のレベルでは、松下とケルゼンは、その見解が一致するのである。両者は、このレベルだけみると、分権化の推進について、ともに懐疑的であった。Ⅰでみたように、歴史的に周辺の町村を組み込むかたちで拡大してきたウィーン市は、一九世紀の半ばに拡大をはじめた当初、共同体的な支配の残滓があった。町村を併合して設けられた行政区に自治権をあたえてしまうと、これが中央のリベラルな立法を妨げる拠点となりかねなかった。松下も日本社会の基底にある町内会をはじめとするコミュニティをまったく信用していなかった。

　他方で、松下は都市型社会の先駆基礎自治体の立法・行政に、みずからの自治・分権理論の成否のほぼすべてをかけていたともいえる。法段階説をくつがえす自治体の独自立法を提唱し、国に先駆けて政策を先導する構想をかかげて

229

いた。これにたいして国法レベルの思考にとどまっていたケルゼンにとっては、基礎自治体も法段階説によって、国法の統制を受けなければならなかった。自治体の独自性は、中央のリベラルな立法の執行を妨げ、反動をもたらす危険性があった。

　こうした違いを、松下が先駆的な基礎自治体レベルまでは信用していたが、それよりも下位の層を信用していなかったのにたいして、ケルゼンは国レベルの立法しか信用していなかった、と整理することによって説明できるのかは定かではないが、信用がもしも市民文化の成熟度に関連しているのであれば、市民の政治成熟が進んだ都市型社会の先駆的な自治体における市民参加の一つのあり方として都市内分権制度は、まったく否定されるものでもないように思われる。

【追記】二〇一七年に成立した政権はその後、二〇一九年にイビツァ事件をきっかけに崩壊し、同年の国民議会選挙を経て、国民党と緑の党の連立政権にかわる。二〇二一年にクルツは、公金の流用疑惑から辞任を余儀なくされ、後任に国民党のネイハマーが就く（辞任後クルツは、トランプ支援者のリバタリアン、ペーター・ティールの関連会社の役員となる[45]）。二〇二五年一月現在、前年九月の国民議会選挙の結果をうけて第一党となった自由党と国民党の連立交渉がおこなわれている。ウィーン市では二〇二〇年に選挙があり、社会民主党とネオス党が市政を担い、二〇二五年四月につぎの選挙が予定されている。

---

(45)　Fabio Wolkenstein, Die dunkle Seite der Christdemokratie, Verlag C.H.Beck, München 2022, S.170f. Wolkensteinはこの著書でヨーロッパのキリスト教民主主義勢力に潜む反リベラル・デモクラシー的な傾向とその起源について論じている。

第2部

宮﨑伸光の
自治体学

その１
座談会　宮﨑さんの学問と人を語る

〈参加者〉

法政大学名誉教授　武藤　博己　　九州大学教授　嶋田　暁文

明 治 大 学 教 授　牛山久仁彦　　法 政 大 学 教 授　名和田是彦　　（司会）

　本書を刊行するにあたり、2024年９月11日に、生前の宮﨑名誉教授をよく知る牛山、武藤、嶋田の３先生にお集まりいただき、編著者である名和田が司会を務めて、宮﨑名誉教授を偲ぶ座談会を、法政大学市ケ谷キャンパスのボアソナード記念現代法研究所の会議室にて行なった。以下はその記録である。宮﨑名誉教授の思い出からその政治学および地方自治の研究に至るまで広く話題にしている。

【名和田】お忙しい先生方がこの日この時間帯に予定が合ったとは奇跡のようで大変うれしく存じております。ありがとうございます。本日は、2020年７月16日に惜しくも亡くなられました宮﨑伸光先生、以下親しみを込めまして「宮﨑さん」とお呼びしたいと思いますが、宮﨑さんの思い出を語っていただくとともに、宮﨑さんの研究面でのご業績と教育や社会的な活動の面でのご活躍について振り返る機会にしたいと思っております。どうぞよろしくお願いします。

　もう少し背景をご説明いたしますと、宮﨑さんのご業績を振り返り引き継ぐ形で共同研究ができないだろうかということを考えまして、法政大学ボアソナード記念現代法研究所の研究プロジェクトを提案するという仕組みを使い、私を研究代表者にする形にして、「地方自治基礎理論研究会」という名前の研究会を立ち上げました。３年間研究を続けてきて今年が４年目ですが、４年目には出版をすることができるのが現代法研究所プロジェクトの特徴です。研究プロジェクトに参加してきた方々に宮﨑さんの地方自治研究の成果を念頭に置いたご論稿を寄せていただくほか、それに加えて宮﨑さんを偲ぶ座談会を開催して、その内容を収録することとした次第であります。

　本日は宮﨑さんとの関係が深い、宮﨑さんのことをよくご存知の先生方にお集りいただきました。まず御三方にそれぞれ簡単な自己紹介をしていただきたいと思います。宮﨑さんとの関係についてもご説明いただければと思います。

【武　藤】私は1984年に最初は非常勤講師として法政大学でゼミを担当し、1985年からは常

233

勤で法学部政治学科に入りました。37年後の2021年3月に退職をいたしました。したがいまして3年半くらい退職して経っております。辞めた時は公共政策研究科の教員として退職をしました。法学部から出てしまったので、法学部との関係は今ではほとんどありません。退職時は公共政策研究科におりましたが、専門は「行政学、地方自治、政策研究」と自分では語っておりました。

　宮﨑さんとは自治総研［＝公益財団法人地方自治総合研究所］時代に一緒になりまして、とりわけ後で詳しくお話しさせていただきますが、1998年から「東京市町村自治調査会」というところで政策評価の研究会を持ち、3年間に亘って行ったのですが、その1つのプロジェクトを自治総研にコンサルとして入ってもらうということをしました。そこで宮﨑さんに多いに活躍していただいて、その後宮﨑さんから自治総研を辞めなくてはいけないので「武藤さん何とかしてくれませんか」と言われ、そこで宮﨑さんを法政にお招きしたということがありました。簡単ですが自己紹介となります。

【名和田】ありがとうございます。私としては初めて聞くようなお話がありました。では牛山先生、自己紹介よろしくお願いします。

【牛　山】明治大学の牛山でございます。よろしくお願いいたします。宮﨑さんとはこの中では多分一番古いお付き合いだと思うのですが、自治総研の研究員時代にご一緒しました。どうも大学院時代はちょうど同じ時期に中央大学の大学院にいたようなのですけれども、宮﨑さんは社会人の院生で、私は専業の学生でもあったからか、はたまた、私は指導教員が大原光憲先生、宮﨑さんは横山桂次先生ということで先生同士は一緒に本を書かれたり、研究も一緒にやられたりといった親しいご関係でしたので、不思議なんですが、私自身は宮﨑さんとお目にかかるご縁がなかったのですね。宮﨑さんとの出会いのきっかけは、経緯がありまして、ちょうど私が明治大学の大学院に通っていた頃かと思うのですけれども、元指導教授の大原光憲先生が東京都知事選に立候補するという驚愕の事件がありまして、その時に自治総研が政策的に選挙のバックアップをしてくださるということになりました。当時、自治総研には澤井勝先生・辻山幸宣先生とかがいらっしゃって、その会議をもった時に会議の片隅で記録を取ってパチパチパソコンを打っていたのが宮﨑さんだったんですね。で選挙を通じてもいろいろなお世話になり、そしてまた私が自治総研に入ってからも、いろいろご指導いただいたり、議論させていただいたりということ、それからまあ併せて、小さな所帯ですので一緒にスキーに行ったり、懇親会をしたり、奥様にもお目にかかる機会がありました。その後、私も宮﨑さんも大学の方に移るということになったわけなんですが、経緯としてはそのような感じでご一緒させていただきました。

【名和田】ありがとうございました。では、嶋田先生お願いいたします。

【嶋　田】九大の嶋田です。私の専門は、他の先生と重なりますが、行政学、地方自治論です。私は宮﨑さんとは3つの接点がありました。1つ目は、中央大学では社会科学研究所

というのがありまして、活発にいろんな研究会が設置されていました。宮﨑さんも中央大学出身の研究者ということで、そうした場を通じて、私が院生時代からいろんなアドバイスをしてくれました。2つ目は、地方自治総合研究所です。私は非常任研究員という立場でしたが、宮﨑さんが連合総研［＝公益財団法人連合総合生活開発研究所］から戻ってこられた1999年の9月から2002年3月まで、ご一緒させていただいたというのが2つ目の接点です。3つ目は自治体学会でして、実は私はこの学会に2010年の佐賀武雄大会をきっかけに入ったのですが、ずっと長く幽霊会員状態でした。しかし、宮﨑さんからお誘いいただき、2016年のおおいた日田大会のときに企画部会に入ったのがきっかけで深く関わるようになった次第です。宮﨑さんは2016年から企画部会長になられまして、私はその片腕的役割をさせていただいていました。その関係もあって、亡くなる直前まで名和田先生や私宛てにいろんなご連絡をいただくような、より深い関係性になっていったという経緯です。

【名和田】 皆様、どうもありがとうございます。初めて聞くような話もあって、大変興味深く伺いました。私からも自己紹介をいたします。法政大学法学部政治学科でコミュニティ政策を担当しています。先ほど申し上げた通り、現代法研究所でのプロジェクトで研究代表者ということで取りまとめをいたしております。それでこの座談会の司会をやっているということであります。私の宮﨑さんとの関わりは、記憶をたどりますと、1991年の初めの頃だったと思います。なんかの研究会で知り合いました。手元でその研究会の資料も出てくるのですけども、研究会の名称が書いてないので、なんの研究会かはもはや分かりません。この研究会は、当時話題になっておりました地方自治法に認可地縁法人の仕組みが規定されたことがテーマでした。研究会で宮﨑さんの発言を聞いていると「やけに自治会・町内会に詳しいな」と感じました。それで話してみると、横浜市立大学文理学部文科の社会課程Aの卒業生であるということでありました。私はその時まさにその社会課程Aというところの教員をしていましたので、意気投合いたしました。宮﨑さんは学生時代にいらしたということで、私と重なってはいないのですが、すごく意気投合したのです。宮﨑さんは日本近代史の今井清一先生のゼミだったと聞いていますが、もう1人、地域社会学の越智昇先生という方もかなりお付き合いがあったというか、多くのことを学んでおられて自治会・町内会についても詳しいというわけでありました。こうした経緯から、私が2005年4月に法政大学法学部政治学科に移籍をするという人事においては武藤先生とともに親身になって動いていただいたというふうに聞いております。それで2005年の4月以降同僚となったということであります。

　それでは、この4人で今日は座談会をさせていただきます。

　以下本題の部分ですが、まずは大学院時代から自治総研時代までにつきまして少し話題にしたいと思います。宮﨑さんは1957年3月20日に東京都世田谷区でお生まれになりました。そして1980年3月に横浜市立大学文理学部文科を卒業されました。その後なんと理科

の方の数学課程に進学をされました。学士入学ですね。そして1982年3月に中退をされたということのようであります。その後1年間のブランクを経て1983年4月から1986年3月まで京華高等学校で非常勤講師を務められています。中央大学大学院法学研究科博士前期課程、すなわち修士課程に在学されていた時期です。つまり働きながら大学院に進学をされたということで、先ほど牛山先生から大学院時代は実はあまり接点がなかったというお話がありましたけれども、働かれながら学んでおられたということもあったのでありましょう。1986年3月に博士前期課程を修了されました。修士論文は後で話題になると思いますが、ロバート・ダールに関するものでありました。その後いくつかの大学や高校の非常勤講師を務められまして、1988年の10月から2002年3月まで公益財団法人地方自治総合研究所で常任研究員として勤務をされました。この間、連合総合生活開発研究所への派遣出向も経験されています。そして2002年4月に法政大学法学部政治学科に教授として着任をされた、というわけです。では、できるだけ前に遡ってお話をしていければと思います。まず、大学院時代あたりからどんな経過をたどっていかれたのかということについてお話をいただければと思います。では大学院から自治総研にかけての頃について、牛山先生、ご存じのことを伺えればと思います。

【牛　山】宮崎さんは横山先生のゼミにいらしたので、辻山先生とも近い関係だったと思います。先ほども申し上げましたが、最初にお会いしたのが大原光憲先生の都知事選出馬の頃でしたが、大原先生は選挙の後すぐ亡くなられてしまいました。その葬儀の後、精進落としで皆さんで飲むわけなんですけれども、澤井先生、辻山先生、今村［都南雄］先生が飲んでるときも私は忙しく働いていたんですが、今村先生に呼ばれまして「君よく働くから就職が決まったよ」、「そうですか、どこですか？」、「●●典礼だよ」、「忙しいのに冗談言わないでください（笑）」みたいな会話を交わしました。そんなこともありながらも、自治総研に就職させていただいたわけです。

　そして宮崎さんとはそういうわけで研究員として、当時あの辻山先生が退職された後に私とそれから今早稲田の法学部学術院長をされている田村［達久］先生が研究員として入って、また先輩として、亡くなられてしまったんですけれども、内田［和夫］さん、そして宮崎さんがいらっしゃって、一緒にいろんな研究会をやっていたということがあります。これは嶋田さんもご存じのように、また所長として武藤先生もご存じだったように、まあたくさんのプロジェクトを動かしていたということなんですけれども、特に当時すごく力を入れていたのは地方自治法のコンメンタール作成の作業でした。実は私はそれが嫌でしょうがなかったんです。なんで法律学科から政治学科に来たのにまた法律勉強しなければならないんだと思ったんです（笑）。内田さん、そして特に宮崎さんは緻密にいろいろなことを研究される方でしたので、本当に歴史を深く深く振り返りながら地方自治法の沿革を、いろんな先生方のお話を聞きながら進めるということでやっておりました。とに

その1　座談会　宮﨑さんの学問と人を語る

かくもうそれこそ阿利莫二先生から高木鉦作先生、佐藤竺先生、並み居る当時の第一線、最高位にある先生方からいろんなお話を聞きつつ、地方自治法の沿革をどんどん遡っていくので、時間がかかってなかなか本が出ないということでやっておりましたが、しかし辻山先生からは「とにかく成果を出すことよりも中身を蓄えよ」みたいなお話があって気にせずやっていたということがありました。そんな中で宮﨑さんの担当する巻がありましたが、ヒアリングやあるいは文献調査を通じてこのコンメンタールを一条ずつ作っていたというのが非常に私の記憶には残っているところでございます。

研究とは離れますけれども、宮﨑さんは私からすれば厳しい先輩というイメージなんですが、結構おちゃめなところがありまして、私は自治総研に入って早々に結婚したんですけれども、それで新婚旅行から帰ってきて結構長く2週間ぐらいヨーロッパに行ってきて職場に戻ってパソコン立ち上げたら、「めでたい、めでたい、昨日まで」というテロップが流れるんですよね、宮﨑さんが設定したみたいです。「人のパソコンに何やってるんですか（笑）」って、そういうこともありました。おちゃめな面もある先輩だったと思います。

これもまた学問には関係ないですが、宮﨑さんはらっきょうが大嫌いで、らっきょうを見るだけで、聞くだけで、気持ちが悪くなるということで大変だったと思います。ある時みんなでスキーをしに蔵王に行ったんですけれども、帰りにお土産屋さんで宮﨑さんの奥様と2人で並んでお土産見ていきましたら、らっきょうがあったんですね。「奥様もらっきょうが食べられないんですか」と聞きましたら、「私は大好きなのに、うちでは食べられないんです」とこぼしておられました（笑）。

振り返ると結局私は5年ぐらい自治総研でご一緒しましたので、それからそういった日常生活の面でいろんな思い出があるなということです。大学に移ってからは、お会いする機会がなかったと思います。

研究の分野では私の印象ですと、公共サービスの研究会で、これは本にもなっておりますけれども、こういったところにいろいろウイングを広げておられました。後でも話題になるかと思いますけれども自治労との関係では消防行政に関して非常に熱心に取り組んでおられて、ご存じのように消防においては労働組合はなく協議会［＝全国消防職員協議会］という形式で頑張っておられたと思うんですけれども、そちらに非常に熱心に取り組まれていて、消防の現場の皆さんとも活発に議論されていたというのが印象に残っています。

【名和田】ありがとうございます。大学院時代について武藤先生、嶋田先生、何かご存じのことはないでしょうか。

【嶋　田】宮﨑さんの修士論文との兼ね合いになるんですが、CPS論争という政治学で有名な論争がありまして、宮﨑さんがこれをいち早く発見し、論文にしようとしたのですが、この論争のことをある方に教えたら、その方が先に論文に書いちゃった（笑）という話があります。

237

【牛　山】それは自分も聞いたことあります。

【嶋　田】当時、かなり最先端のものを読まれていて、修士論文も良いものを書かれていて、それを働きながら書かれているというのは素晴らしかったなと思います。

【名和田】実は修士論文もご遺族からお借りしていて、今回の出版に収録したいところでしたが、字数の関係で収録できなかったということがあります。

　大学院時代というか、大学院に入る前のことですけれども、宮崎さんから直接聞いたことですが、大学院になかなか受からない時期があったそうです。英語ができなかったそうです。その時に横浜市立大学に村橋克彦先生という方がおられて、私が横浜市立大学にいた時は経済研究所という教員が５人しかいない小規模な研究所がありましてそこの先生でした。村橋先生は社会政策が専門で、あの時はもう専ら環境政策というか、特に横浜の舞岡という地域で市民と一緒に田んぼの農体験をしながら環境について研究をするということをされていた先生で、私も研究会で何度もご一緒した方です。その村橋先生が宮崎さんの相談に乗って、「何で大学院受からないんだ」「いや英語ができないんです」というような会話があって、英語を教わり、だいぶお世話になったというふうに聞きました。宮崎さんのいた学部とは違う学部ですけどもやっぱり横浜市立大学という小規模な大学でいろんな先生の薫陶を受けながら成長されたんだなというふうに思います。

　その後の自治総研時代については牛山先生からお話があったわけですが、それに関してほかに何かご存じのことはありますか。

【嶋　田】私が聞いた話でいくつかあるのは、自治総研に入る前か少し後の話といった頃の話だと思いますが、偉い先生方から「何を研究してみたいんだ」と言われて「地方議会」と答えたら、「そんなもの研究対象にならない」と言われて馬鹿にされたけれども、「今じゃそんなことはなく、重要性が認識されるようになったよな」と話されたのが記憶に残っています。

　あとは武藤先生が主査でしたけれども「地方公務員研究会」、あれは寝屋川市の荒川俊雄さん、三鷹市の秋元政三さん、八尾市の室雅博さん、武蔵野市の天野巡一さんといった、今から考えてもそうそうたる方々と一緒の研究会があって、自治総研では後にも先にもあのような「実務家を中心とした研究会」はなかったと思います。私個人としてもとても良いご縁をいただいたし、あの当時いろんな研究会がありましたけれども、宮崎さんの思い入れが一番強かった研究会だったんじゃないかなと思っています。

【武　藤】あの研究会は、今までは学者が中心だったのですが、実務家・元実務家に研究者を加えて、人事の実態をいろいろと教えてもらおうということでメンバーの人選についても、宮崎さんと私とでいろいろと幅広くお願いをして作った研究会で、実際に先進的な内容だったのです。メンバーは、私が主査でしたが、天野巡一さん（岩手県立大学・青森公立大学教授）、今井照さん（福島大学教授）、宮﨑伸光さん（法政大学教授）、吉川富夫さ

238

ん（元広島県立大学教授）、南島和久さん（神戸学院大学准教授）、秋元政三さん（三鷹市・法政大学講師）、荒川俊雄さん（寝屋川市・龍谷大学講師）、木下完さん（立川市・東京自治研センター事務局長）、斉藤武史さん（小平市）、室雅博さん（八尾市・奈良まちづくり公社理事）の11名でした。2001年〜2006年の研究会でしたが、2007年12月に自治総研ブックス③として、『自治体職員制度の設計』を公人社から出版しております。

【名和田】宮﨑さんは、自宅に書庫を増設してまで多量の資料を収集しておられたそうです。宮﨑さんが亡くなられた後で、学問を継いで遺稿集のようなものができないかというので、ご遺族にお願いして、その大部分を送っていただきました。段ボールに100箱ぐらいあってまだ開ききれてないし、整理をしきれていない部分が多いのですけれども、自治総研時代に担当したと思われる研究プロジェクトの書類・資料がちらほらとありました。ただ全然見きれていないので、今日お話しできるようなことは何もないのが残念です。今話題にしていただいたほかに目立ったプロジェクトはあったんでしょうか。

【武　藤】それがこれからお話する東京都市町村自治調査会の政策評価のプロジェクトです。これは1998年から2000年の３年間にかけて行ったんですが、１年目は外部のコンサルが事務局をやってくれて、三重県の政策評価を研究しようということになり、1997年の三重県の評価に関する資料を現地に行って取ってきてくれました。だから、私もA4用紙で3000枚の事務事業評価の資料を受け取り、調べました。県レベルの事務事業評価だったのですが、東京市町村自治調査会というのは27市（当時は保谷と田無の合併、西東京市の誕生前）の時代ですから、市町村レベルでできる政策評価の仕組みや方法を研究してほしいと依頼されました。実際に始まったのは12月で、それまで座長が決まらず、自治調査会の関係者から私に依頼がきて、是非ともというので引き受けました。最初の年は残り少ないので、前述の三重県の調査をしました。

　ところが、２年目はいろいろと考え、これでは市町村の政策評価はできないと判断しました。私は広い意味では政策評価ですが、事務事業評価ではなく、施策というもう少し幅の広い分野を対象として、すなわち施策評価をすべきだという考えでした。そこで、図書館行政、広報行政、保育行政、生活道路行政という４つのテーマを選んで、それを研究者が中心となって仕組みや評価方法を考えようではないか、という考え方で始めました。自治総研がコンサルとなって宮﨑さんが事務局担当、そこに研究者の協力を求めました。その研究者メンバーですが、図書館に関しては岩崎恭典さん（中央学院大学・当時、以下同じ）、広報に関しては馬場健さん（聖学院大学）、保育は小島聡さん（法政大学）、道路は私ということで、その施策毎に評価するという方法で運営しました。これら４つの領域で問題意識を持ちながら、評価シートではなくて評価レポートを書いていこうと考えました。

　３年目はこの施策評価と評価レポートという方式を実際に自治体でやってみようと考え、昭島市を題材に全部で10の施策を選んで、実務家と研究者とでレポートを作りまし

た。実務家は昭島市の職員、研究者は、2年目に引き続き、岩崎さん、馬場さんの他に、小原隆治さん（成蹊大学教授）、前田成東さん（山梨学院大学助教授）、それに宮﨑さんにお願いして、私を含めた研究者6人で、自治総研が事務局兼コンサルとして、自治総研の外部委託事業としてやりました。宮﨑さんは非常に熱心に取り組んでくれて、昭島の調査を仕上げました。2001年3月で宮﨑さんはその頃自治総研の常任研究員でしたが、自治総研での採用は10年間だけだからもうすぐ辞めなくてはいけないとのことでした。

　他方、私は1998年から法政大学大学院政治学専攻で「政策研究プログラム」という社会人大学院を始めて、最初の年は100人くらい応募が来て、1年目は42人の入学生を迎えました。2年目も35人以上でしたが、2年間続いて25人以上が入学すると、大学院の教員に1人枠が増えるという制度がありました。この枠をその当時、非常勤でお願いしていた地方自治論の担当者として、昭島市の研究会で頑張ってくれた宮﨑さんに、是非法政にと思ってお招きしたという経緯があります。宮﨑さんとしては、自分が困っていた時に対応してくれたというので、飲むたびにお礼は言われました。

　宮﨑さんは、法政に来てからも、あまり論文書いてないのですよね。真剣に考えすぎて論文を書けなかったという側面もあるのかもしれません。しかも法政大学では、学生センター長を長年務められて、私は「早く辞めて、消防行政をまとめた方がいい」と何度も言ったのですけれども、聞いてもらえなかった、残念だったなあと思います。学生センター長としての仕事ぶりは素晴らしかったのですけれども、研究もしてほしかった。

【名和田】宮﨑さんがよく言っていたのは、自治総研時代は「リアルタイムでいろんなことやってたんだ」とのことで、だから自治総研のような実践的な研究機関におられたことを非常に誇りにされているという印象が強いんですけど、実際には割と理論志向だったのかなと気づきました。なかなかやりたいことができないというのが実態だったのかもしれません。話題が法政大学時代に移ってきています。もう随分お話が出ましたけども、さらに学部での教育活動について話題にしたいと思います。資料で見ると「自治体論」という講義と「演習」を担当されていました。「演習」は、政治学科の場合2年生と3年生が所属します。それから「公共政策フィールドワーク」という科目を担当されていました。それから「現代政策学特講1、2」として科目を担当されていました。部分的にはオムニバス的な要素もある科目がありましたが、そういう時には宮﨑さんがいつも中心的な役割を果たされていました。それから学内においてはさっきから話が出ている、他大学では「学生部長」に当たる、学生センター長をなんと6年間もやったということで、これはかなり健康を害された基本的要因なのではないかと私は思っています。そういう、教員があんまりやりたがらなかった仕事を進んでやってこられたわけです。もうちょっと学問的成果をまとめるということに時間を使われたらよかったのにと私も思います。

　武藤先生のお話で宮﨑さんが法政大学にいらした経緯はよく分かりました。

その1　座談会　宮﨑さんの学問と人を語る

【武　藤】あるとき、宮﨑さんから「地方自治論」を「自治体論」に名前を変えて講義をやりたいという相談を受けたことがありました。もちろん担当者は宮﨑さんなので、名称変更は構いませんと言いました。

　それからもう1つの「公共政策フィールドワーク」なんですが、これは私がインターンシップとして1997年に始めて、講義名は「行政・福祉施設・NPOインターンシップ」という長い名前でしたが、前期は授業をして、夏休みにボランティアと研修をしてもらい、後期は参加者全員がインターンシップの発表をやるという組み立てでした。私が法学部から出てしまったので、宮﨑さんは仕方なく受けざるを得なかったということになると思います。私も1998年からは大学院のほうで忙しかったということもあり、2008年から政策創造研究科、2012年から公共政策研究科で、大学院の専任教授だったものですから、宮﨑さんとはあまり飲む機会も少なくなりました。宮﨑さんにも大学院は手伝ってもらいましたが、講義の曜日が違うと会うこともなく、時々会ってお酒を飲んで大学の話をするという程度でしか付き合うことができませんでした。その後関西大学の永田尚三さんが消防行政の本を出されて、宮﨑さんに「先にやられちゃってるじゃないの」と話をしたりしたこともあります。

　北海道の旭川で開かれた消防協議会の場に一緒に出たこともあります。彼が講演をして、私は聞いているだけでした。その前に自治体学会が函館であって、消防協議会の後に自治労の大会が旭川であって、レンタカーで2人で夕張を通りながら旅行したこともありました。

【名和田】現在の鈴木北海道知事は宮﨑さんのゼミ生ですか。武藤先生は接点はなかったのですか。

【武　藤】私は接点はありません。一度、表敬訪問には行きました。

【嶋　田】鈴木知事は法政の夜間の出身だったんですよね。ゼミの人数は多かったんでしょうか。

【武　藤】鈴木知事は法政の二部の宮﨑ゼミの出身です。二部ゼミの担当者は少なかったので、各ゼミの人数は多かったかもしれませんが、よくは分かりません。

【名和田】人数はそれほど多くなかったと思いますけれども、一時期毎年ゼミ論文集をまとめていて、非常に教育熱心だったように記憶しています。

【嶋　田】一時期、夕張に滞在して研究されていましたよね。

【武　藤】国内研究員の時に長期滞在をしておられましたね。

【名和田】そう、札幌に家を借りておられましたね。法政は割とサバティカルの制度に恵まれていて、そういうことを考えられたのだと思います。

【武　藤】今の鈴木知事が夕張市長だったときに、何らかの形で支援したいという気持ちだと思います。よく考えてみると、夕張市が破綻した際の資料が散逸しそうだったそうで、

241

それを何とかしたいというのを聞いたことがあります。

【名和田】夕張市は法政大学と交流協定を結びましたが、あれはいつ頃だったのでしょうか。今は夕張には毎年は行ってないのですけども、協定があるから何年かにいっぺんは行った方がいいという議論はしています。

【牛　山】明治大学でも地域社会や自治体との社会連携を強化しようという議論があったんですけれども、法政が沖縄大学との交流があるということで宮﨑さんのお名前を聞いたことはあります。

【武　藤】それは沖縄からの学生は来るのですけれども、法政の学生が行くことはありません。それで私は、北海学園大学とも交流をやりましょうと提案し、佐藤克廣さんと打ち合わせをしたら、北海学園は講義の単位が２単位で、法政大学は４単位でしたので、協定はできませんでした。今は法政大学も２単位になったのでできるようになりました。2019年から法政大学法学部と北海学園法学部での間で、単位互換学生交流ができています。おそらく宮﨑さんが提案したものと思います。

【嶋　田】夕張が破綻した際の関係書類を整理されたはずなのですが、その資料はどうなったんですかね。

【名和田】今、先ほど話題にしました段ボールに詰まった資料を少しずつ開けてみていますが、夕張関係の貴重な資料がかなりあるようです。

【嶋　田】宮﨑さんはサバティカルはどれくらいとられたんですか。夕張の１回だけですか。

【武　藤】サバティカルは就任順に順番で来るから、センター長をやる前は全然とってなくて、センター長が終わる頃になってまだ順番は来てないけれども、センター長が終わったというので、それでもらったということだと思います。

【名和田】彼の年齢だと、３回くらいとっていてもおかしくないと思いますが。

【嶋　田】そのサバティカルの頃「本出してくださいね」という話を宮﨑さんにして、「ああ、頑張るよ」という答えだったんですが、出なかったんで、僕も意地悪く「どうなったんですか」って聞きましたら「一生懸命考えたんだけれども、結局まとまらなかったんだ」とおっしゃっていました。でもPCの中に残されたファイルを調べましたら、そのときの目次立てのようなものが出てきまして、なるほどこういうふうな内容の本をまとめようとされていたのだなと思った次第です。そして、同時に、それを見まして、おそらくまとまらなかった原因は全体を貫く分析視角のようなものを設定しきれなかったことにあるのかなと感じました。宮﨑さんは個別具体的なことに非常にお詳しかったからこそ、そこが逆に難しかったのかなと思います。しかし、単著を公刊していただけなかったのは、本当に残念でした。

【名和田】その辺の宮﨑さんの学問の特質のようなこと、これが今日の大きなテーマですので、そこに話を移してまいりたいと思います。宮﨑さんの研究テーマは結構多様だったと

その1　座談会　宮﨑さんの学問と人を語る

思います。地方自治に関するものが多かったと思いますが、中でもさっき話題に出た地方議会、それから自治会・町内会についても関心を持っておられて、これは冒頭私が触れました越智昇先生の影響ではないかと思います。それから民間委託問題を含む公共サービスの問題、中国のことにも関心を持たれて「公共服務研究会」をやってらしたようでした。それから、空き家などの政策的課題、そしてもちろん消防行政については大変たくさんの資料を集めていらして、ご遺族からいただいた資料では量にすれば三分の一くらいはありそうです。他方で、もともと修士論文ではダールを研究されていました。そこで3人の先生には学問上の仕事をどうご覧になるかとということをお聞きしたいと思います。まず最初は武藤先生からお願いします。

【武　藤】宮﨑さんと詳しく話をするようになったのは、1991年以降です。私は留学から帰ってきたのが1991年4月ですが、地方自治法改正で地縁組織の法人化が1991年にできました。その報告をする自治体学会で、宮﨑さんから分科会でいろいろ教えてもらったというのが、最初だったように思います。

　　自治総研とのかかわりは1995年になってからで、地方分権の関係で、くらしづくり部会に対応する研究会を担当して、そこで頑張ったせいなのか、1998年から私が自治総研の研究理事になりました。もちろん初代の代表研究員が恩師・阿利莫二先生で、その弟子だったということもあります。当時の研究理事は佐藤英善先生と今村都南雄先生と私の3人で、割と長いこと3人の体制がありました。ただ研究理事というのはあんまり実質的な内容に関わるということはなくて、自分のプロジェクトをやった限りにおいて、自治体の人事のこととか、それから自分でやっていた第2次の公共サービス研究会は私が主査で、牛山さんにも入ってもらったし、本も出版しました。宮﨑さんとは研究で一緒というのは、先に述べました政策評価の研究会とか、自治体人事行政ぐらいでしょうか。ただ消防行政については、論文をもらいました。自治総研時代は研究会の事務局やコンメンタール自体で大変だったはずで、大学に来たら時間もできるでしょうから、何らかの研究をまとめてほしかったというところです。

【名和田】では牛山先生、いかがですか。

【牛　山】宮﨑さんの自治総研時代力をいれておられたのは、議会、自治会・町内会、そして消防行政という幅広い領域でした。後には公共サービス研究も加わるわけです。あと嶋田先生も武藤先生もおっしゃったけれども、議会は何が論点か、私も議論することはあるんですが、今でも分かりにくいと思っているところがあります。宮﨑さんの場合、お父様が国会の職員だった、たしか参議院事務局のお偉い方で、それで思い入れが強かったんじゃないですかね。ただ、辻山先生なんかが厳しく言っておられたのは、「国会と地方議会を同じイメージでやっているんじゃないの」ということだったんだけれども、なかなか新しい視点が開けない一方で、消防行政に関しては、それ以前には誰も研究していなかっ

243

たし、今こうなってみると、阪神大震災、東日本大震災を経験しましたから、すごく大事になっているので、そこをやっぱり宮﨑先生にはとにかく早くまとめていただければいいなと思っていたところがあるんです。

　実際に、消防現場の職員とも日常的に、定期的に連絡を取り合ったりするところがあったので、いろいろと詳しかったと思います。後には永田先生の業績も発表されますが、だいぶ以前から始められていたわけだし、そこに新しい論点とかどういう課題があるかとかいうことをちょっと自治労から離れたところでも、きちんとまとめられると、すごく宮﨑さんの研究の柱というか、テーマみたいなのがはっきりしたんじゃないかと思います。その意味でこの消防行政については、宮﨑さんにとって、大きな柱になったんじゃないかと思うのですが、研究をまとめられずに亡くなられてしまって残念だなという気がいたします。

　さっきも私言及したんですけど、自治総研でのコンメンタールについては、ある意味宮﨑さんはすごく一生懸命やられていたなと思うんです。送っていただいた講義録［＝本書に収録している講義録］を見てもですね、こんな難しい講義をして法政の学生さん聞いてくれるのかな、私がこんな講義をしたら絶対聞いてもらえないだろうなって思いながら見たんですけれども（笑）、職人芸的に取り組む熱心さがある。ある意味、細部に深掘りしていくっていうところが宮﨑さんの何ですかね、時間がかかってしまうというところに繋がったのかなと思うんですけどね。さっき武藤先生から大学に来たら少しは時間ができるからということを話したということでしたが、当時自治総研は義務的な業務があまりなくて、逆に大学に来たら全く時間がない感じです。自治総研時代にプロジェクトや研究会がたくさんあって大変ではあったんですけど、なんせ宴会が多すぎた（笑）。当時は、市政調査会や日本都市センター研究室などの他の研究機関と比べても本当に自由にやらせてもらえたので、そういう意味では自治総研時代に築かれた土台みたいなものを大学で論文にしたいという思いを大学で活かしてほしかったなと、残念に思います。

【名和田】ありがとうございます。嶋田先生はいかがですか。

【嶋　田】いろんな研究があるんですが、大学院の年報に出されたロバート・ダールの研究なんかは質の高い理論的な研究だと思うんですよね。宮﨑さんは2つの志向がすごく強い。一つには理論的な志向。特に数学をやっていたこともあって「物事をきれいに斬りたい」っていう願望はすごくおありだったんだという感じがいたします。大学院年報の論文は、そういう宮﨑さんの志向がよく表れた論文だと思います。もう一つは、歴史研究的志向というか、過去だけでなく現在のことも含めて、とにかく緻密に細かなところまで正確に全て把握したいっていうその願望が非常に強かったと思うんですね。そういう志向が歴史的な深掘りに向かっていったものとしては、『法学新報』に掲載された憲法95条に関する論文は非常に興味深いものと思って拝見しました。大学時代の恩師であった今井清一先

生の影響もあったのかもしれませんけれども、とても良い論文です。一方、その志向が過去だけでなく現在にも向かっていった最たるものが消防行政研究だと思います。それらを読むと、宮﨑さんの現場への尊敬の念を強く感じます。「机上だけでは何も分からないんだ」という謙虚な気持ちと言いますかね。だから、とにかく消防関係者の現場からの声に耳を傾けていた。というより、根掘り葉掘り聞く。その結果として、普通の現場職員では知らないような現場のことまでよくご存じであったという感じがしますね。面白いエピソードがありまして、これは宮﨑さんが法政大学に行かれた後なんですけれども、たまたま私が宮﨑さんから声がけされて、「アッキー、これから時間ある？」「三重から自分と仲の良い消防職員が来るんだけれども一緒に飯食う？」っていわれて、浅草の「神谷バー」っていう有名なバーに連れていかれたことがあります。「実はこの二人と前回来た時、店の中で全然しゃべれなかったんだよ」、「何でですか、それは」と聞いたら、二人が消防職員なので顔が真っ黒で、「神谷バー」の常連さんから「どちらから？」と聞かれて、宮﨑さんが「自分はこっちの人間なんだけれども、この二人はよその人間なんだよ」って答えたら、常連さんから二人のことを外国人と勘違いされて、「この前の戦争のときは迷惑かけちまったなぁ」とか言われて御馳走されまくってしまい、今さら「実は日本人です」とは言えず、日本語を口にできなかったから、結局店の中で話せなかった、と（笑）。

【名和田】宮﨑さんらしいね（笑）。

【嶋　田】それはともかく、宮﨑さんがなぜ消防行政論を一冊にまとめられなかったのかということについては、先ほども少し言及したんですけど、もう一つの理由としては、完璧主義だったんですね。とにかく今を知るには歴史を知らなきゃいけないということで過去を遡る。多くの場合、消防の歴史というと江戸時代の吉宗の時代にまで遡るんですよね。

【名和田】そういうものは彼の遺した資料の中に多くありましたよ。

【嶋　田】そうなんですが、それは江戸の歴史にすぎないのではないかと。地方自治として消防行政を見るならば、地域ごとの多様性に目を向けるべきではないかと、おそらく宮﨑さんは思っていたんだと思います。宮﨑さんは生前、結構あちこちの県立図書館に行って、消防行政の古い資料を探すんですね。消防団の前身がどうだったとか。多様性をきちんと踏まえることが地方自治研究者としては不可欠だと。そこから、江戸の歴史、東京の歴史に終始するのではない形で消防行政を描きたいっていうそこを考え始めちゃったから、膨大な力が必要になってしまったということがあると思うんですね。宮﨑さんらしいところでもあるなと思ってます。で先ほど永田尚三さんが本を出されたというお話が出ましたが、昨年また2冊目も出されましたけど、永田さんが本を出されたことによって逆に宮﨑さんの独自性が際立ちやすくなったのに、という気がいたします。その意味でとても惜しく感じます。永田さんとの違いは「広域化」を巡る理解の仕方で、宮﨑さんは広域化にかなり批判的なんですね。これにはいろんな理由があるんですけれども、実は消防行政

に関しては交付税措置で消防のための費用として算出されているものが、実際には各自治
体では、一般行政に使われちゃってるところが多分にあって、一方で広域化が主張されて
いるときには、消防単独だと必要な資機材の調達が十分できないとかって話になっちゃう
んだけれども、本来交付税で措置されているんだから、消防費に回していけばいくらか話
は違ってくるはずだと。ではどうしてそうならないかと言うと、消防行政というものの実
態があまりにも住民に対して知られていない、なのでもっと住民に対して説明すべきだ
し、消防というものがもっと身近になっていくようにもっといろんな機能を持ったセン
ターになってもいいんじゃないかというような発想をお持ちだったんですね。そして同時
に消防団と常備消防とが一体的に機能していくということを考える、そのことが一番大事
なんだ、広域化して地域性が抜けてしまうと、それは自治としての消防が失われてしまう
んだ、という趣旨のご議論を展開されていました。この後でお話したいと思ってるんです
けれども宮﨑さんの「ズームレンズ理論」というのがあるんですけれども、消防行政を題
材にして領域社団として自治体を捉えていき、その中で自治の有り様を論じていこうとい
うこれは非常にいい着眼点だったし、大きな可能性を秘めているなというふうに今思って
いる次第です。

【名和田】　私にとっては宮﨑さんが独自の地方自治理論を組み立てる時に「領域社団」とい
う概念を用いたことが非常に気になっていました。それから、これはすでに話題に出しま
したけれども、ご自分の担当講義をある年度から「地方自治論」から「自治体論」に変えら
れました、これも私にとっては気になっていたことでした。さらに、宮﨑さんの「ズーム
レンズ理論」という命名も、私にとって謎めいて見えます。ご遺族のお話だと、ぱっと思
いついて決めたということでしたが。亡くなる前にこうしたいろいろ気になっていたことを
議論できればよかったのですが。やはり宮﨑さんは、地方自治体という存在を社会のあり
方の基礎から理論的に説明したいという理論志向がすごく強かったのかなと思います。そ
れで「領域社団」という観念に着目されたのではないか。政治学科で初年次教育として
「政治学入門演習」というのを開設していますが、ある年度に宮﨑さんも私もそれの担当
をしていたことがあります。その時宮﨑さんはマックス・ヴェーバーの『社会学の根本概
念』をテキストにしていました。この本では、社会関係という単純な概念から組み立てて
いって次第に複雑な社会関係とか組織の類型を組み立てていくスタイルが採用されていま
す。宮﨑さんはああいう手法に非常に魅力を感じていたと思います。嶋田先生がおっしゃ
るように、宮﨑さんが横浜市立大学文理学部理科の数学課程に学士入学されたというのも
そうした理論志向と関係があるのかもしれません。それで、宮﨑さん流の地方自治基礎理
論の展開の中で中心に据えたのが「領域社団」という概念だったわけです。この概念には
私も注目していまして、元をたどると、宮﨑さんの講義録にも出てくるオットー・ギール
ケという人が開発した概念であり、その弟子であるフーゴ・プロイスというワイマール憲

その1　座談会　宮﨑さんの学問と人を語る

法の起草者でもある法学者が発展させた理論でした。宮﨑さんがこの「領域社団」理論、特にプロイスの本について、いつ頃刺激を受けたのかということは分かりませんけれども、若干の憶測はしております。私自身もこの概念に2002、3年頃、非常にインスパイアされていまして、2005年に法政に着任したときに、政治学科の教員達が集まる「政治学コロキアム」という研究会で取り上げました。私にとっては地方自治体と国家も含めて、かつその足元にあるコミュニティ、特に日本の自治会・町内会も含めて、統一的に説明できる理論を組み立てるキー概念になるとの期待がありました。おそらく宮﨑さんも似たような発想で注目したのじゃないかなと推測しています。さっき引き合いに出しました『社会学の根本概念』のマックス・ヴェーバーも、この本の中でまさにこのギールケとプロイスが開発した領域社団という概念を彼なりに組み立て直して「領域団体」という概念を作っているのですね。そういうところを宮﨑さんも学んで、概念を組み立てようとされたんではないかと想像しています。そのコロキアムのとき、武藤先生も宮﨑さんもいらして、武藤先生から「領域社団という言葉では難しくて名和田理論が普及しないからだめだ」と言われました。その時は内心「別に普及してもしなくてもいいんじゃないか」と思いましたが（笑）、その後、武藤先生のご助言に従って「地域的まとまり」という平易な言葉を使うようになりました。この研究会のときに、宮﨑さんはプロイスの主著である『領域社団としての自治体・国家・帝国』という本を持ってこられていて、いろいろと議論してくれました。ひょっとしてこの時の私の議論に若干刺激を受けて、それで領域社団という概念を受容されたんではないかというふうにも想像しています。理論的に組み立てていくというところも含めて、是非一つの著作をまとめていただきたかったなという思いを私も共有しております。

　さて今、それぞれ宮﨑さんのどんな業績やどんな学問的思考が印象に残ってるかについてご発言いただいたわけですけれども、もう少し突っ込んで発展させて、宮﨑さんの学問の全体像などについて、ご発言いただけるとありがたいと思います。どうでしょうか。

【武　　藤】いただいた講義録で検索をすると、領域社団もズームレンズも出てきますので、もっと読んでおけばよかったなと思っていますが、ただそんなに長い説明ではないので、十分には理解できません。ズームレンズ理論については、まず宮﨑さんがすごくカメラが好きでしたから、ズームレンズ理論を使うことによって多様な見方ができるということを、この講義の中では説明しています。ズームレンズは、いうまでもなく、ミクロからマクロまで1本のレンズで撮影できます。なので、それを適用して消防行政を分析するのだろうと思いますが、私としては掴み切れてはおりません。もっと読み込めば、詳しい説明も出てくるのかもしれません。領域社団についても何カ所か出てくるだけで、国も自治体も領域社団だといっています。でも、私にはあまり理解できておりません。

【名和田】そうですね。社団、つまり人の集まりなのだけれども、本質的な要素として、領

247

土、地域がついている、そういう特有なタイプの社団という意味です。

【武　藤】そこに統治権というか統治する力というものが入ってくると、国家の説明になってきますね。

【名和田】大元のギールケとかプロイスとかは統治のあり方について、当時「官憲国家」と言われていました、ドイツの強権的な国家体制を批判する趣旨で、国家も社団なんだと主張したわけです。ゲルマン民族が育んできた社団という原理に基づいて自治体も国も連邦も、「連邦」は当時は「帝国」ですが、組み立てられなければならない、現在はローマ法的な財団的な上から下への強権的な権力原理になっているけれども、それはゲルマン民族の本来のあり方ではない、というのです。秩序を形成し、権力を権力者が行使することを認めるけれども、でもその支配されている側にも固有の権利があることを強調する議論です。権力者と支配される人達との相互的な権利義務関係があるんだと。社団というのはそういうことを表している概念であって、そのゲルマン民族が育んできた社団という法人形態が地域というものをつかんで、自治体も国家もそういうゲルマン的な、ある種自由主義的な原理によって運営されていくのが本来のドイツのあり方だと主張するのです。これをさらに民主主義的に特化させたのがフーゴ・プロイスで、彼はワイマール憲法の起草者になっていくわけです。

【武　藤】社団というと、社団法人の方を考えてしまいます。

【名和田】まさに社団法人です。社団法人というものには、財団法人と違って、そういう自由主義的民主主義的な要素が含まれているというのです。

【武　藤】日本体育協会とか、日本山岳協会とか、あれもみんな社団だったのですけれどもね。

【名和田】社団の場合は会員が法人全体に対する権利を持っていますよね。それに対して財団というのは寄附行為者の意思が支配的です。そこが社団と財団の違いだというのです。

【武　藤】まあ、日本の財団っていうのは、財団法人地方自治総合研究所のようにお金の出方の問題だけの制度だと思っています。

【嶋　田】論文がありましたよね、「『自治』および『行政』—自治体の基礎理論に向けて」っていう、そこでズームレンズ理論の内実が語られているわけですけれども、『法学志林』の故松下圭一名誉教授追悼号に収録されている論文です。私の読みとしては、宮﨑先生は一方では松下理論を念頭に置き、他方で私にコメントを求められたことに示唆されるように私の師匠の今村都南雄の理論をかなり意識していたんだと思います。一定程度、松下理論に対抗しつつ、今村先生的なガバナンス論を取り込んだような理論枠組みを構築されようとしていたように、僕は理解してます。そして、消防行政がそうした理論枠組みで説明する上ですごく役立つ素材だというふうに思いつかれてたんじゃないかなというふうに理解してます。

【武　藤】当然、消防団と常備消防、両方含んで消防行政だと思います。消防団はボラン

ティアの側面もありますが、非常勤特別職の地方公務員ですので、行政かと言えば行政と言えます。

【名和田】現状では消防団は常備消防の付け足し的な位置付けなのでしょうけれども、例えば宮﨑さんもよく言っていたような気がしますが、ドイツでも農村部では職業消防は費用が高すぎて持てないのでボランティア消防のみがあります。これらをひっくるめて消防行政の研究対象だというふうに宮﨑さんは考えていたと思います。

【嶋　田】実際問題、火が起こった時に消防団が火を抑えなければ、常備消防の出番はないと思うんですよね。だから一体的なものとして考えていかなければいけないということですよね。

【牛　山】宮﨑さんがどう考えていたかということは分からないけれども、私は宮﨑さんのいい点でもあり悩ましい点でもあったのは、最初のCPS論争でもそうだし自治体論もそうだと思う点があるんです。理論的な研究がお好きで、そういうところから現場に入っていった。それは自治総研にいたからだと思うんですけれども、消防の機能というところだけを考えたら、できるだけ効果的、効率的、合理的に消防活動ができたらいいとなるじゃないですか。けれども私も嶋田さんも同じ意見だと思うんだけれども、地域の支え合いの中でやっていく中で、効率性重視だけではなく、公共的に消防もやっていくんだ、みたいなこととの、理論的な面とその機能的な面をうまくつなげながら進めていくのが難しかった。消防も、機能面だけを考えれば理論的にすっきり考えられるわけですよ。そういう消防論にとどまらず、それに対抗的な議論として宮﨑さんの消防論というのを、機能面のところとも整合性をとりながら、研究成果をまとめられたらよかったなあと思います。逆に言うと、それが宮﨑さんにも悩ましかったんだろうと。今お話をうかがいながら思いました。

【嶋　田】宮﨑さんからすると、地域性を排除した時に消防が機能するのかっていう、そういう建て付けの議論なんですよね。今おっしゃったとおり、理論的な問題関心とそういう現場の細かなところとのすり合わせがやっぱり難しかったようですね。でも最後亡くなる直前の最後の最後に、ようやく踏ん切りがついたのだと思うんですよね。ズームレンズ理論で斬っていこうと。まず新書のような形でそのズームレンズ理論の内容を簡単にまとめて、その上で消防行政を題材にして自治体学を探る研究書にまとめようと。そういう構想を亡くなる直前に名和田先生と僕に示してくれていたんです。しかし宮﨑さんには残された時間がなかった。

【牛　山】自分も２年くらい前に病気した時に思ったけれども、人生限られているんだから頑張らなきゃって思う一方で、頑張りすぎちゃうと、命縮めちゃうかなと思ったりしました。宮﨑さん、どう思っていたか分からないけれども、体力も落ちている中で頑張られて、なかなか悩ましかったし、辛かったでしょうね。（一同頷く）

【武　藤】宮﨑さんが授業をやっていたのは2020年の途中ですよね。第８回までしかないで

すから。講義を引き継いだのは堀内［匠］君だったかな。

【名和田】ゼミはそうですね。しかし「自治体論」の講義の方は、秋学期は堀内さんにお願いしましたが、春学期は第8回で打ち切りました。半動画になっていた講義資料が配信されるというやり方でしたが、私がそれを全部見た上で「これは2単位に値する」と学科会議で認めていただいたのです。そして、毎回課題を出しておられたので、それを政治学科の教員で手分けして採点して単位を認定しました。

【牛　山】授業を継続して担当されているさ中に亡くなられたんですか。

【名和田】学期中に亡くなられたので、本来14回あるはずのものが8回しかなかったんですね。当時コロナだったから彼は凝った半動画のファイルを配信して、それを学生に見てもらって課題を出す、というふうにして授業をしていました。

【嶋　田】無理しなければというのは私も本当に思っていて、実は亡くなるのが7月16日ですけど、7月1日には徹夜してるんですね。7月1日には完全徹夜で授業の準備仕上げましたっていうメールが来たんですよね。

【名和田】その嶋田さんの反応メール、今でもよく覚えています。実に後輩らしい配慮に満ちた文面でしたね。「何でそんな馬鹿なことしてるんですか、また徹夜されたんですか」というのですが、宮﨑さんに対する敬愛と心遣いがにじみ出ています。

【嶋　田】7月16日の木曜日に亡くなったんですけど、その前の週の金曜日つまり6日前に僕お電話をいただいたんですね。それは自治体学会の案内文を自分は書けないから、君ともう一人で書いてくれと。それはこちらがぞっとするくらい暗い声でした。大丈夫かなあと思ってたんですけれども、さすがに7月1日に徹夜してますから大丈夫と思ってたら…。

【名和田】一人部屋ではなくて大部屋だったと聞いていますが、それも暗い調子に聞こえた原因かもしれません。周りを気にしながら、電話したりパソコンをやったりしてたのでしょう。本当に命懸けている感じでしたよね。そのもう少し前だったかと思いますが、「ドイツのこういうことについてなんかいい文献知りませんか」とのメールをいただいたことがあって、その時私が知っていた『19世紀ドイツの地方自治』というドイツ語の本を紹介したら、その返事は来ませんでした。「いやそんな分厚い本を読んでいる時間はないんだよ」という思いでおられたのかも知れません。

【嶋　田】授業を動画で残しているじゃないですか。

【名和田】大元の教材は"tyrano"というツールで作られている動画で、クリックすると先に進んでテキストが現れるというものでした。それを私が下手なやり方ではありましたが、mpeg形式に変換して保存して研究会の皆さんにも見ていただきました。

【嶋　田】それを残すっていうことは、途中もう厳しいかもしれないって思いも宮﨑さんの中にあったんですかね。ていうのはそれがすごい凝った作りだから。やはり、自分がいなくなったとしても、きちんと残したいというのがあったんでしょうか。

その1　座談会　宮崎さんの学問と人を語る

【名和田】“tyrano”というツールを彼は最初から知ってたわけではないようです。3月、4月くらいの段階で勉強して、材料を集めて作っていたようです。学問外的なツールの使い方の習得に相当な時間を使っているはずで、かなり気合を入れて作成されたようです。凝り性ですよね。

【牛　山】普通、他人のコンピュータにあんないたずらしないでしょ。私は、当時、自分では、そのやりかたも良く分からなかった。（一同笑）

【名和田】私はどちらかというと理論的な側面でばかり見てたのですけれども、彼はズームレンズ理論なり、領域社団論なりを展開して、最後はやはり消防行政という具体的な分野の業績をまとめたいという構想だったのでしょうか。

【嶋　田】消防行政論を自治体論としてまとめたいっていうことだったんじゃないかと思います。

【名和田】理論的全体像を作りたいという構想だったのですよね。

【牛　山】やっぱり自治総研で澤井さんと辻山さんと一緒にお仕事をされていたのが大きかったと思います。辻山さんからは、いつも「現場を見ろ」という強い指導がある、そこでご自身の理論的な課題と自治体現場や地域社会とをどうつなぐかっていうところを、大学に移られても悩まれていたということだと思います。

【名和田】私からすると、宮﨑さんは実証面で一貫しているタイプなのかなとずっと思ってたところに、最終盤で理論的なこだわりも強いのだなと気付かされましたが、最初から両方の側面を持っておられたのですね。

【嶋　田】まさに大学に2つ行かれているというのが、象徴的だと思うんですよね。数学系と歴史系と。

【武　藤】私の知っていた限りにおいては、実務の面が強かったかと思います。2007年に自治総研のブックスで、『自治体職員制度の設計』という著書を出しましたが、執筆者を見ますと、宮﨑さんはいないのです。書いていなかったことに気づきました。

【名和田】その点でややまた話が元に戻ってしまうのですけれども、先ほど来話題に出てくる論文などではほとんど註がないのですね。だから武藤先生がおっしゃったように領域社団論で彼が本当は何を考えているかとかいったことが、本文だけしかないからあんまり伝わってこないところがあります。何を根拠にそういう論を組み立てたのかということの註がない論文が晩年にあって、やっぱり忙しかったんだなと思うのです。本当に残念なことです。あれだけ歴史とか細部にこだわる人が註を付けなかったのは残念だし、ご本人が残念に思っていると思います。

【牛　山】印象としてはご自身の主張とか議論っていうのがすごく強いし、辻山さんの研究業績への論評をたびたび聞きましたけど、結構強気でしたよ。「辻山さんは言葉が欠けてる」とか「理論的にはこうなんだ」とかね、すごく細かい情報とか、ものには書かないか

もしれないけど持っていて、「本当はここはこうなんだ」とかね。私は、細かい指摘には「そんなのどっちでもいいんじゃない」と思っていたりしたところもあるんですが（笑）。すみません、アバウトで。ただ、一方で、さすが良く知っているよなと思ってました。それをまとめて、註をちゃんとつけて、宮﨑さんの本にするという時間があればなあ、と。まだまだ、これからだったのになあと思います。

【嶋　田】註をたくさん付けるという形ではまとまらなかったんでしょうね。どんどん細部に入っていってしまって、一冊にまとまらなかったんでしょうね。

【名和田】ありがとうございます。さて、もしご存知でしたら話題にしていただきたいことがさらにありまして、1つは自治体学会でのご活躍です。

【武　藤】私は、自治体学会では年報委員会に随分と関わりました。特に、論文の査読に関わりましたが、その後に宮﨑さんが年報委員会に入ったので、一緒に作業したっていう記憶は、ありません。宮﨑さんも多摩の研究会、行政技術研究会にいたけれども、ほとんど名前だけでした。でも、報告者がいない時にときどき報告していたように思います。

【嶋　田】是非ご紹介したいエピソードとしては、日本行政学会の共通論題で宮﨑さん1回登壇されたことがあったんです、コメンテーターで。多分そのときのことだと思うんですが、今村先生が宮﨑さんに「君、どうせ行政学会なんてどうでもいいんだろ？」っていうふうにおっしゃったそうなんです。そのことを私は後から宮﨑さんから伺って、宮﨑さんは「確かにそうなんだよな、自分にとって大事なのは行政学会より自治体学会なんだ、ってその時思った」って言ってくださったんですよね。宮﨑さんは現場のまさに細かいところを含めて、そこを知りたい、単に机上で勉強しているだけでは分からないことが現場にはあるということで、現場の職員さんとの交流の場としての自治体学会をすごく大事にしていたんですよね。企画部会長になられたことも非常に誇りにされてたと思うんですよね。

【武　藤】私が自治体学会に関わっていた頃には宮﨑さんはあまり関わっていなかったような気がします。多摩の研究会の人達はすごく関わっていて、自分もその一環として関わってたというか、巻き込まれていったという感じでした。私が留学から1991年に戻ってきたら、「武藤君、会費が払われてないから」って西尾［勝］先生から直々に言われて、会費を収めました。

【牛　山】宮﨑さんは自治体学会に力をいれておられましたよね。行政学会でも政治学会でも、あまりお会いしなかった。

【武　藤】行政学会では宮﨑さんに会った記憶がないですね。

【嶋　田】共通論題が1回あったということだけですかね。

【名和田】もう一つ、自治体学会と並んでお話を伺いたかったのは、千葉県地方自治研究センターのことです。センターが立ち上がって最初の創刊号は私も寄稿させていただきました。ただその後のことは全然存じません。宮﨑さんは千葉は地元で、思い入れがあったし

その1　座談会　宮﨑さんの学問と人を語る

責任も感じておられたと思いますけれども、何かご存知でしたら是非お話しいただければと思います。

【武　藤】千葉県地方自治研究センターでは、公契約条例の関係でシンポジウムを宮﨑さんが企画してくれて、話をしたことがあります。その原稿を直したりして、それからずっと千葉自治研センターの報告書を送ってもらっています。その後、宮﨑さんは理事長になって、随分と頑張っていました。送ってもらっている報告書を見ると、例えば杉田［敦］さんとか廣瀬［克哉］さんとかの同僚達を誘って、また自治体学会の知り合いを巻き込んでシンポジウムを仕組んで、そして雑誌に掲載できるようにしていました。よくやるなあと思っていました。報告書は月刊誌でしたかね。北海道自治研究センターも熱心だけれども薄かったし、千葉は結構厚かったですね。

【嶋　田】『自治研ちば』のことですね。月刊誌ではなく、年3回の発行です。

【武　藤】そうでしたか。それでも、しっかりやっていらしたと思います。

【牛　山】千葉は、僕なんかに言わせると、宮﨑さんのテリトリーという気がしていました。自治研センターではなく、県の市町村研修所に2年ぐらい呼ばれて行ったんですけど、宮﨑さんが、ずっと講師をやってらっしゃって、最初に行った時に、研修所の人が「宮﨑先生が牛山先生のレジュメを見たいっておっしゃっているんですけどご提供していいですか」って言うので、いや「お目汚しなので渡さないでください」って、見せるとまた怒られるから断ったんですが（笑）。やはり研修所もそうだし、自治研センターもそうだし、なんか千葉の地元のところはね。地元にもすごくそういう意味じゃ関心をもたれていた、コミットメントしようとされていたというのはすごく感じましたよね。

【嶋　田】言及しておきたいのが、『自治研ちば』に掲載された論文としてはおそらく宮﨑さんのものが一番数として多いのではないかという点です。「数字でつかむ自治体の姿」というのをずっと連載されていて、合計で19回連載されているんです。財政学的な分析をかなりしっかりとされてて、まさに数字を大事にされる宮﨑さんらしい仕事でした。

【牛　山】まさに数学科ね。

【嶋　田】おそらくそれと密接に関連するんですが、千葉県地方自治研究センターでは『地域政策策定に資する千葉県市町村の基本データ集』というのを作成していて、2020年度から2022年度のものがHPに掲載されています。それによると、宮﨑さんの発案で2017年10月に立ち上げられた「ちば地域政策研究会」の最初の研究会において、宮﨑さんが千葉県市町村の地域政策の現状と課題について問題提起をしたそうなのですが、その際に説明資料として示されたのが、『地域政策策定に資する千葉県市町村の基本データ』でした。その後、この基本データを恒常的に収集整理していくことが必要との共通理解が深まり、2018年9月からデータ集の作成に着手したとのことです。それと、2018年でしたかね、福岡の地方自治研究所の30周年記念のイベントがあったんです。北海道でも同じタイミング

253

で記念イベントがあったので、北海道を回ってから、福岡にいらっしゃってくださったんですね。その時、私が報告したのですが、「とても刺激を受けた」とおっしゃって、「千葉県地方自治研究センターもこれからもっとよくなるように改革していくんだ」というようなことをおっしゃっていました。あとは、ちば自治体法務研究会のお話があります。これは空き家の本、宮﨑さんの編著の本は２つあると思うんですが、議会の本と困った空き家の本、これはまさにちば自治体法務研究会を舞台にしてまとめられたもので、とてもいい本です。自治体法務なんだけれども行政学的な観点が他の本に比べると強くって、やはり宮﨑さんが編著者という特徴が出てるなっていう感じです。

【名和田】遺された資料の中に空き家問題に関する資料が結構あったので、私もびっくりしていました。宮﨑さんの口から「空き地・空き家問題」を聞くことはなかったものですから。

【嶋　田】写真が趣味だったので、あちこちの空き家のとんでもない状況の写真をたくさん撮っておられて、見せていただいたりしました。

【名和田】あまりに豊富な宮﨑さんの生涯と学問について語っていただきましたが、時間もずいぶん経ちましたので、終わりに臨んで最後に一言ずついただければと思います。では武藤先生から。

【武　藤】はい。あの学生センター長を何であんなにやったのか、ちょっと理解できません。面白い仕事ではないのですので。とにかくやる人がいません。教員が学生部長になるのですが、その下に事務の職員がいて、助けてくれます。私も経験しましたが、各学部から学生部長補佐として仕事をします。それを１年間やると、とても大変で、もう結構ですとなります。学生と怒鳴り合ったりするのですが、そういう仕事をよく６年間もしました、よくやったなあと思っています。自分の母校でもない法政のために、よくやってくれました。学生部長とかになる人は、法政出身者が多かったと思います。とにかくできれば避けたい仕事なのですが、それを何であんなに長いことやったんだろうと、理由が分からないのです。

【嶋　田】武藤先生からそう求められているのかなって思ってました。

【武　藤】いやいや、私は早く辞めた方がいいって助言しました。早く消防行政をまとめてくださいと、ずっと言ってきました。

【名和田】ある種の道徳的義務意識に基づいて、人がやりたくないが誰かがやらなければならない仕事を引き受ける、というのは、宮﨑さんが関心を寄せていた自治会・町内会を支えるパーソナリティでもあるように思います。

【武　藤】道徳観ですね。私の自治会活動もそうですが、やってくれる人がいないから、やっているわけで、やってくれる人がいれば、助かります。

【牛　山】私も学科長７年もやったけど、何で７年もやったかっていったら、「間違えた」としか言いようがないですよ（笑）。なんかやっちゃったというかね。とっかかりがあると

その1　座談会　宮﨑さんの学問と人を語る

仕事は次々と来るし、東大出身の先生が多くいるところで関係のないところから来た上で
の、法政のメンバーとして…。

　　噂で聞いて、私もネットでいろいろ拝見したけど、中傷もひどいですもんね。インター
ネットで検索すると無茶苦茶書かれてましたよ、個人攻撃が。こんなこと言われたら耐え
られないよなあと思います。僕だったら辞めちゃうよって思います。

【武　藤】私も、攻撃されたことがありました。インターネットで「武藤博己」で検索すると、
　　一番に中核派のサイトが出てきて、私のことを暴力教師って書いてあったりしました（笑）。

【嶋　田】講義録の中に中核派が教室に乱入してきて妨害してくるのを抑え込んだんだって
　　いう話が出てきますよね。僕はそれを見て、学生達に教育の環境を確保するんだという思
　　いと、それと同時に、法政大学とは無関係のところから来たからこそ、そういう重たい、
　　面倒くさいことをやることによって、自分も法政の一員としての存在意義をきちんと持ち
　　たいっていうかな、そういう願望やいろんなものが重なったと思ったんですよね。

【牛　山】やっぱり宮﨑さんは、自治総研で澤井さん・辻山さんがいて、創成期を作ってき
　　た人達のすぐ後で、やっぱりこうあるべきだとか、そんなんじゃだめだとか随分言われた
　　んだと思うんですよね。そこにちょっと若いのがこう入ってきて、私達なんかは辻山先生
　　なんかとはこっちから「教えてくださーい」みたいな感じじゃないですか。その辺で軋轢
　　というか、変な意味での人間関係の軋轢ということではなくてね、悩ましい面とか、やり
　　たいこともなかなかできないとかいうような中でね。しかし時間は我々の時は本当にあっ
　　たんですよ。よく「信長の野望」とかやってて池田さん（当時事務局長で、その後龍谷大
　　学教授・故人）に怒られたとか（笑）。「うちは憲法順守してるんだから、戦争ばっかしして
　　んじゃねーよ（笑）」とか言われたんですけど。本当に各自できる環境とそこでどうやる
　　かっていうところと、さっきの理論的な部分とまあいろんなところで悩まれていたんだろ
　　うと思います。また連合総研への出向というのも、ご本人にとってはあまり希望されるこ
　　とではなかったと思う。とはいえ、10年で辞める約束っていうのは辻山さん一流の、言っ
　　てただけじゃないのという感じはするんですけどね。だってそんな雇用条件は無理で一方
　　的に首は切れないんでね。まあそういうことを言うんだろうな。でもそれを深刻に受け止
　　めちゃったというところもあるんだろうなと思いますね。でも結果的には法政に来ること
　　ができたんで、良かったと思うんですけれど、なんかこう世代間のとか、理論と現実と
　　か、あと10年あればね、違う業績で進まれたと思うんですけどね。本当に残念だったし、
　　逆に言うと嶋田さんにそんなにいろんな本音を語っていたというのが羨ましいですよ。
　　やっぱり僕らには言えなかったと思うんだよね。俺はこうなんだとかああだとか。もう
　　ちょっとお話しできればよかったというふうに思いますね。

【武　藤】私もお酒は随分一緒に飲みましたけれども、学問的な話はあまりしなかったと思
　　います。とにかくこの人は酒が強いという印象が強く残っています。でも、帰宅途中に

255

公園で居眠りしてしまって、カバンを取られたという話を聞いたことがあります。

【一　同】そういやありましたねえ（笑）。

【嶋　田】やっぱり後輩思いというか、教育とか育てるってことに対して思いを持っていらっしゃったなと思います。こちらからお聞きすると２倍３倍にして返して下さるようなところもあって、それこそ亡くなる１年前に消防行政の話をメールでちょっとお聞きしたら、その都度、膨大な説明がやってくるというような状況でした。その教え方も非常にソフトに手取り足取り教えてくださるような感じでした。一方、自治体学会の企画部会での様子なんかを今振り返ると、投げかけをされることが大変多かったですね。「君、これどう思う？」みたいな感じですね。答えを言わずに、はぐらかしながら考えさせたり、非常にオタッキーなことを語って煙に巻きながら考えさせるみたいな。そういうところがすごくあったなと思ってます。あと、何度も申し上げますが、やはり本当に残念だったのは、まとめるための視角（ズームレンズ理論）を得て、まとめる決断がようやくできたのに、残された時間がなかったことです。２つの魂、２つの志向の折り合いがつかなかった。とりわけどうしても歴史的あるいは事実の細かなところにこだわりを持ってしまうっていう、そこが宮﨑さんの良さであり特徴でもあると思うんですけどね、ただやっぱりそこへのこだわりが研究をまとめるってことができなかった一つの理由かなと思います。もう一つはいろんなことの関心があちこち行くところが、それはいいところでもあるんですけれど、それによって、例えば夕張のこととか議会のこととかいろいろやられるんだけれども、まとめられる前に関心が他のところに行ってしまうというか、新しく出てきてしまうんで、僕もそういうところがあるんで分からなくはないんですけど、そこもまあ研究がうまくまとまらなかった原因の一つかなあと思っています。見方を変えれば、まさに研究者らしい研究者でもあった、知的好奇心が抑えきれないところが…。うーん、ただしかし、最後になって、やっと決断できた。さぁこれからっていうところだった…。返す返すも残念でなりません。なので、今は、宮﨑さんがおっしゃりたかったことを少しでも後世に遺していきたいな、代弁していきたいなと思ってる次第です。本日は、本当にありがとうございました。

【名和田】私も最後に一言述べますと、皆さんが語られたことと同様のことになってしまうのですが、やっぱり2005年４月から同僚となりましていろいろと教えてもらえると思ったし、いろいろと議論もできると楽しみにしていたんですよ。しかし結局ずっとさっきから話題になってるように学生センター長等々の仕事で超多忙で、教育熱心だし、今話題になりました大学の外の仕事もたくさんされていて、ほとんど議論する時間はなかったんですね、非常に残念です。しかし、だからこそ彼の発した言葉はよく覚えています。片言隻句に至るまで。こういうとき彼はこう言ったとかいうことがよく印象に残ってるものがたくさんありまして、本日私がお話ししたことはその一端ということでもあります。今後もこ

その1　座談会　宮﨑さんの学問と人を語る

の印象を大事にして研究を続けていきたいなと自分で思っています。

　座談会はこれで終わりといたしましょう。大変お忙しい中、本日はどうもありがとうございました。

【一　同】ありがとうございました。

その2
宮﨑伸光名誉教授
2020年度春学期「自治体論Ⅰ」講義録

〈解題〉

以下の講義録は、宮﨑さんが亡くなられる直前まで行なっていた「自治体論Ⅰ」（2020年度春学期）の講義録である。この講義の内容については、本書の第1部第1章及び第2章をも参照していただきたい。

この時期はコロナ禍真っ最中で、講義はほぼオンラインで行なわれていたが、この「自治体論Ⅰ」はちょっと凝った作りで、“tyrano” というツールを用いて、受講者がクリックすると先に進んで簡易な動画とテキストが表示されて止まり、受講者が納得するとまたクリックして先に進む、といういわば半動画形式であった。我々は、ご遺族の了解を得、法政大学情報センターのご協力のもと、この半動画教材のファイル群全体をサーバーからコピーした。その後、このファイル群から、半動画の中で表示されているテキストを抽出したのが、以下に示す講義録である。ところどころに示している画像も、このファイル群の中から取得したものである。ただし、解像度が十分でない写真を別な写真に差し替えたものがある。

各回では、いわば導入的に時事問題が扱われており、そこでは、架空の学生の登場人物が数人登場し、さまざまに意見が交わされる。大変興味深い部分ではあるが、地方自治に関連したテーマではないこともあり、この部分は原則として省略することとした。各回の講義の冒頭には目次が示されているが、そこには最初に時事問題を扱うことが掲載されており、この記載は残してある。

また、講義の中で学者の写真などが示される場合があり、それはここでも画像で紹介することとした。

宮﨑さんが遺してくれたファイル群からテキストを抽出したと言っても、編集上迷う点がいろいろとあった。例えば上記のような半動画教材であるため、このテキストを抽出して眺めると、改行がやや多すぎることとなる。一部改行を削除したりしたが、原則としてそのままとしている。また、講義中に学生との対話のようになっている箇所もあったが、これも通常の文章にした。ただ、第5回の「5　記憶と類推に基づくヒトの行動」の（1）と（2）

は、本書第1部第1章でも論じたように、宮﨑さんが初めて講義で論ずる理論モチーフであり、学生の反応を確かめながら慎重に話を進めている雰囲気が伝わってくると考え、学生との対話形式を残してある。

　それから、第7回の終わりには、それまでに提出された課題リポートに関して述べた部分があり、これも迷ったが、宮﨑さんの授業や教育に対する態度を知る手がかりとなると考えて、残すことにした。などなど、宮﨑さんがこうした書籍にした場合に同様の判断に至ったかどうかわからないところもあるが、共同編著としておゆるしいただきたい。

　さらに各回の末尾には「謝辞」があり、半動画を作成するにあたって使用した"tyrano"というツールのほか無料で使える画像素材などに関して感謝の意が表されていたが、これは削除した。

　講義は残念ながら第8回で終わっている。最期まで病床でこの教材づくりを続け、7月16日に宮﨑さんは別な世界へと旅立たれたのであった。

〈名和田是彦〉

第1回　開講

〈第1回の目次〉

1．2020年度「自治体論Ⅰ」開講の辞
　(1)　自己紹介
　(2)　本講の目指すところと何を学ぶか
　(3)　到達目標
　(4)　授業の進め方と方法

2．受講上の諸注意
　(1)　画面操作方法
　(2)　受講者氏名入力
　(3)　受講生への要請
　(4)　諸注意のまとめ

3．自治体「制度」を考究する視点
　(1)　本講が着目する「制度」について
　(2)　集合的意思表現
　(3)　歴史性と地域性
　(4)　制度と政治過程

4．地方自治論から自治体論へ
　(1)　法政大学における「地方自治論」
　(2)　「地方」
　(3)　「自治」
　(4)　「自治体」

1．2020年度「自治体論Ⅰ」開講の辞

2．受講上の諸注意
　　　（本書では省略）

3．自治体「制度」を考究する視点

(1)　本講が着目する「制度」について

　本講では、「制度」に着目して考察を進めていきます。まずは、この「制度」そのものについて少々考えてみましょう。

　一般に「制度」とは何か、という問題は、極めて難問です。
　平凡社の哲学事典によれば、

> 「人間が社会生活のうちにあって意識的、無意識的に『うち立てた〈具体的存在〉』」であって、「人間によって『つくられ、役立たされ』ているかぎり、人間の統御と支配のもとにあるが、そのもつ固有の法則と論理が自己展開し人間の統御と支配がそれに及びえなくなるとき、それは人間に対して単に客観的な外在的な存在としてだけでなく、疎遠な、拘束的な力として、つまり『疎外態』として働くようになる。」

などと書かれています。
なんのこっちゃ？？
さっぱり意味がわかりません。

　どうやら大上段に構えてみたところで、正面突破はできそうにありません。
　そこで、見方を少々変えてみましょう。

〈教材中の宮﨑教授〉
このほか何種類かの写真が用意されており、
時折瞬きするようにも設定されていた。

その2　宮崎伸光名誉教授　2020年度春学期「自治体論Ⅰ」講義録

先の事典で書かれていたことは、要するに「社会生活のうちに形成された行動ないし思考のパターン」ということではないでしょうか。

なんとなくわかる気がしませんか。

これでいきましょう。

本講が着目する「制度」とは、

　　　「社会生活のうちに形成された行動ないし思考のパターン」

と考えましょう。

とはいえ、「社会生活のうちに形成された行動ないし思考のパターン」といっても、まだ抽象的ですね。

これを「自治体論」という本講に即して具体化するならば、政治的ないし法的な社会制度、ということに限定できるでしょう。

政治的ないし法的な社会制度であれば、それが役立つ限りは人々の統制下に置かれますが、いわゆる一人歩きをし始めて、人間の統制が及ばなくなるときには役立つどころか、逆に人々を拘束する力として作用することにもなりかねません。こうしてみると、先の事典の記述も頷けるところです。

(2)　集合的意思表現

ここで問題になるのは、制度が「役立つ限り」という限定です。

これはどういう意味でしょう。

確かに、人によって「役立つ」「役に立たない」は、バラバラでしょう。

しかし、「社会生活のうちに形成された行動ないし思考のパターン」が「役立つ」ということからは、当該「社会生活」において、共通の価値観が存在していることが推認されます。

たとえば、賛否両論あるとはいえ、現在の日本には死刑制度が存在しています。これを例にとりましょう。

意外に思う人も少なくないかもしれませんが、日本には「人を殺してはいけない」という法律はありません。

日本にあるのは、殺意をもって人を殺した場合には、刑法の定めるところによって、死刑までをも含む厳しい罰に処される、という法制度です。

つまり、法律には「人を殺してはいけない」とは書かれていませんが、死刑を含む重い刑罰を刑法に用意する制度によって、殺意をもって人を殺す行為を抑制し、「人を殺してはいけない」という共通の価値観を実現しているのです。

すなわち、制度は、その有効性が及ぶ範囲において、共通の価値観に基づく集合的意思を

263

表現している、ということができます。

　ここで改めて本講では制度を「社会生活のうちに形成された行動ないし思考のパターン」として捉えるということを確認しておきましょう。

　そして「社会生活のうちに形成された」というところに着目します。

　また、集合的意思についても「その有効性が及ぶ範囲において」という限定がありました。

　これらは、いずれも制度を共有するコミュニティ、すなわち、この場合であれば「法制度共同体」の存在が前提とされています。

（3）　歴史性と地域性

　とすれば、いつどこでも通用する普遍的な制度はあり得ない、ということになります。

　たとえば、江戸時代の幕藩体制が仮に当時の世情に適うものであったとしても、それは現代日本の社会に適合するはずがありません。

　また、たとえば現在の米国社会の政治制度をそのまま中東諸国に当てはめようとしても、うまくいくはずがありません。

　すなわち、制度には歴史性と地域性があります。

　再度強調しておきましょう。

　いついかなる時と場所にも通用する普遍的制度は、あり得ません。

　先に、制度は、共通の価値観に基づく集合的意思を表現している、と述べました。

　しかし、そのことは制度が「共通の価値観に基づく集合的意思」そのものを表しているというわけではありません。

　それは、たとえば法律の立法過程を思い描いてみれば、すぐ理解できるはずです。

（4）　制度と政治過程

　法律による解決が望まれる何らかの立法事実があるとき、立法作業は始められますが、それが実際に法律として結実するまでには、錯綜する権謀術数に揉まれることが普通です。

　力ずくのゴリ押しもあれば、妥協することもあるでしょう。ようやく実現した法律は、原案とは似ても似つかない換骨奪胎されたものになっているかもしれません。

　つまり、制度は常に妥協的産物なのです。もし仮に、共通の価値観に基づく集合的意思が生かされて制度化されたとしても、社会は流動的で常に変化します。いずれにせよ、制度は本質的に変化の要因を内包しています。

　ただ、その一方で、現実の政治過程は既存の制度を前提として展開します。

　この制度と政治過程の関係について、学生時代に私は師匠から次のように教わりました。

その2　宮﨑伸光名誉教授　2020年度春学期「自治体論Ⅰ」講義録

　　制度と政治過程は、あたかもゴムホースとその中を流れる水のような関係にある。ゴ
　ムホースは決して硬いものではなく、流れの方向を変えることができる。

　私は、素晴らしい比喩だと思います。

　制度とは固定的なもの、それを学ぶとは丸暗記をしなければならないもの、などと誤解す
る人は少なくありません。

　しかし、本講ではそのようには考えません。

　私は「制度は、常に次なる制度を自らの胎内に宿しているのである」と表現したことがあ
ります。

　制度は変わる。いや、変えていかなければならないのです。

　ならば、どのように変えていけば良いのか。

　それを考察するためには、そもそも既存の制度がどのような必要から生まれたのか、を学
ぶことなどが必要です。

　本講では、シラバスにも記載したように、既存の言説に囚われず、現行制度を前提とせず
に自治体政府を導出し、その制度を考究します。

4．地方自治論から自治体論へ

（1）　法政大学における「地方自治論」

　本講の科目名を見て、「おや？」と感じられましたか。

　「自治体論」とは、見慣れない。「地方自治論」あるいは「地方行政論」が普通ではない
か、と思った方が少なくないかもしれません。

　いやいや、「自治体論」だろうが「地方自治論」「地方行政論」だろうが、そもそも関心が
ないのでどっちでも構わない、という方が大多数でしょうか。

　私は、高等学校の教壇に立っていたこともありますが、高校までの初等中等教育の段階で
は、自治制度は実に軽く扱われていますので、そのような気もします。

　実は、法政大学の法学部においても、長く「地方自治論」という科目が開講されていまし
た。伝統的な重要科目として位置づけられていたと言っても過言ではないと思います。

　「地方自治論」に関連する科目も重視され、学会をリードする重鎮ともいえる諸先生が講
義を担当されていました。

　1988年までの「地方自治論」は、そうした居並ぶ巨頭のおひとりであった阿利莫二教授が
担当されていましたが、同年第14代の法政大学総長に就任するにあたり、講義を非常勤講師
に委ねることになりました。

　その3人目の非常勤講師が私でした。託されるにあたり、私には、ご自身がお使いになら

265

れていた講義ノートのコピーが手渡されました。前任の2人の方にはなかったそうですから、よほど私の代講に不安を感じられていたのかもしれません。

　それはともかく、私は、責任の重さを感じながら、2年間代講を務めました。

　この非常勤講師の経験とは無関係に、私は、縁あって法政大学に招かれ、研究機関から転職することになりました。そして、すでに阿利先生は他界されていましたが、「地方自治論」の後任担当教授になりました。

　当初、私は法政大学「地方自治論」の伝統的な特色を活かしながら、どのように自分なりの特色を出すかに腐心していました。しかし、あるときに大胆な改変を思い立って以来、それを実現したい思いを禁じ得なくなりました。

　そして、「地方自治論」から「自治体論」へと転換するわけですが、それを決断させた思いの一端は、まさに基礎概念を再検討することから明らかになることでしょう。

(2)　「地方」

　さて、ここまで何気なく「地方」という言葉を用いてきました。実は、例年の教室で行う授業では、わざとこれを声を出して読まずにここまで進めるようにしています。

　それはどうしてかというと、この「地方」という漢字2文字を何と読むか、という話をしたいからです。

　「地方」は「ちほう」に決まってる！　という声が聞こえてきそうです。あるいは、あえて発音しないところを見ると、いや、これまで読まないできたということを、わざわざ述べているところを見ると、違う読み方があるのかもしれない、と勘ぐる人もありそうです。

　そうなんです。もともと「地方」は「ちほう」とは読まなかったのです。

　この言葉自体は古くから用いられていたのですが、その昔は「ぢかた」と読まれていました。

　では、いつ、どうして読み方が変わったのでしょうか。

　実は、江戸時代までは「ぢかた」でした。時代が明治に改まったとき、新政権の中枢を担ったいわゆる藩閥官僚が「ちほう」という読み方を広めたのでした。

　なぜでしょう？

　少し難しい表現ですが、この「ちほう」という言葉は、相対概念です。

　この相対概念という言葉自体を理解するために、他の言葉で説明しましょう。

　2011年3月に発生した東日本大震災のとき、福島第一原発が爆発したことはご存じでしょう。放射線に汚染された物質が辺り構わず飛び散りました。

　そして、その結果として周囲の広大な地区は人が住めない地域になりました。

　そうした避難指示区域は、時を経て次第に解除されるようになりましたが、それはどうしてでしょう。

　そう、安全基準を満たすようになったからです。

266

その2　宮﨑伸光名誉教授　2020年度春学期「自治体論Ⅰ」講義録

　さて、ここで考えてみましょう。

　そもそも安全なものに安全基準はあるでしょうか。

　安全基準は、危険なものにしか設定されないのです。

　つまり、安全基準があるということは、それ自体が危険なものであることを示しています。

　もうおわかりでしょうか。

　安全という言葉は、相対概念なのです。

　「安全」という言葉を用いた瞬間に、発話者に意識されているか無意識なのかは別として、その背後には「危険」が潜んでいるわけです。

　では、相対概念である「ちほう」の対に位置する概念は何でしょう。

　それは、「ちゅうおう」に他なりません。

　私たちが「地方」という言葉を用いるとき、その背後には「中央」が存在しています。

　これこそまさに、天皇を中心とした明治維新政府を確立しようとした藩閥官僚の狙いであったわけです。

　今、どれほどこの意味の「地方」が私たちに浸透しているか、例を挙げてみましょう。

　流通機構が整備された現在、どんなに山奥の秘湯に出向いても、名物として温泉まんじゅうの類いを見ることができるでしょう。それを販売しているところに「地方発送承ります」と書かれた幟を見ることも稀ではありません。

　そうした光景に私たちは違和感を覚えません。

　しかし、その幟に書かれている「地方」とは何でしょう。

　これは「全国各地」あるいは「全国どこでも」という意味ですね。

　つまり、この場合は幟が立っているところがまさに「中央」なのです。

　これに対して、江戸時代までの「ぢかた」は相対概念ではなく、機能概念でした。

　今日用いられている「地域」という言葉は、たとえば「○○小学校の学区という地域では～」とか、「アジア地域では～」などと、違和感なく目的と機能に応じて広狭柔軟に用いられます。「ぢかた」も同様だったのです。

　もちろん、時の権力者がいかに横暴であっても、言葉の用法をまるごと変えることなどできるわけがありません。たとえば「関東地方」というときの「地方」は、もともとの「ぢかた」の用語法を遺しています。

　ともあれ「ちほう」という概念は、中央集権国家体制を確立するという政治的意図に基づいて流布されたということは、しっかり覚えておきましょう。

（3）「自治」

　次は「自治」です。この言葉は、2通りに読み解くことができます。

　「自ら」「治める」と、

「自ずから」「収まる」です。

どうでしょう。「自ら」「治める」と読み解くことはできても、なかなか「自ずから」「収まる」とは思い当たらないのではありませんか。

では、どうして私たちは「自治」という言葉を見て「自ら」「治める」と感じるのでしょう。

この問いに対しては、私は確固たる証拠をもって答えることができません。ただ、おそらくは戦後民主主義教育の賜物ではないかと想像しています。

実は、この「自治」という言葉も決して新しい言葉ではありません。

江戸時代の文献にも出てくるそうですが、私自身は明治時代に入ってからの文献で多く目にしています。

その時代の「自治」は、地域社会においていさかいごとが絶えないのは、いつの世も同じだが、そこは地域のカオ役やそれなりの仲裁役が出番と心得て丸く収める、こうした「自治」の精神こそ日本が誇る美風であり、問題が政治化することが抑えられてきた、などという文脈で語られています。

まさに「自ずから」「収まる」ということに他なりません。

おそらくこれは少なくともある程度は農村社会の実態を反映した用語法だったと思います。

しかし、今日の私たちには馴染みが薄いのではないでしょうか。

ところで、私は「自治」を

属性を共有する諸個人の集合において拘束力ある行為規範を自ら定立すること

と捉えています。

本講で後に詳しく触れますが、このように「自治」を把握する限り、それは人間社会の至るところに見ることができます。

(4) 「自治体」

さらに、予め触れておきたいのは「自治体」という用語です。

似たような言葉には「地方公共団体」「地方自治体」「地方団体」などがあります。

このうち「地方公共団体」は日本国憲法に記されている「憲法用語」です。

これを地方自治法では「普通地方公共団体」と「特別地方公共団体」に分けて規定しています。

つまり、「普通地方公共団体」と「特別地方公共団体」は、「法律用語」です。

一方、「地方自治体」は憲法や法律の用語ではありません。そこで一部の教科書では「地方公共団体」こそ正式名称であり、「地方自治体」は俗称に過ぎないと書かれています。

しかし、いくらなんでもそうした扱いは酷いでしょう。「地方自治体」という言葉は、広く世間一般に認知されていますし、マスコミでも使用される頻度が「地方公共団体」よりも

その2　宮﨑伸光名誉教授　2020年度春学期「自治体論Ⅰ」講義録

圧倒的に多く、普通に使われる言葉です。

　これに対し「自治体」は、「地方自治体」との区別があまり意識されずに用いられているように感じます。

　ただし、現在は制度自体が廃止され実効性を失った法律の一部に「自治体警察」という言葉が残っています。先ほどの理屈から言えば、その意味では「自治体」も俗称ではなく正式名称ということになろうかと思います。

　私自身は、地方自治体の「地方」が「中央」の存在を前提としている点で好ましくないと思いますので、なるべく「自治体」という用語を用いるようにしています。

　「地方自治論」を「自治体論」に改めた理由もここにあることがおわかりいただけたことと思います。

　なお、「地方団体」という言葉はあまり目にすることがありませんが、中央官僚が自治体を見下しているとしか思えないような態度でこの言葉を用いることがあります。もちろん、本講ではこの言葉は引用以外には用いません。

　ここで、さらに1つ付け加えておきましょう。「政府」という言葉の用語法です。

　一般に、日常会話において「政府」という言葉は、中央政府の行政府を指して用いられています。それはそれで間違いとは言えないのですが、政治学や行政学では、もっと広い意味で用いられることが普通です。

　すなわち、たとえば「政府の機関」といえば、中央政府における行政府の機関ばかりではなく立法府や司法府の機関も含められますし、中央政府ばかりでもなく、自治体政府の執行部や議会までもが含まれます。

　「政府」という用語自体が翻訳語ですが、明治時代に参考とされたドイツ語では「政府」に当たるRegierungが狭義、すなわち現在の日常用語と同じ意味で、英語のGovernmentは広義、すなわち政治学や行政学の用法と同じ意味で用いられています。

　本講に限らず、政治学や行政学の文献でも当然のことながら、「政府」は、頻出しますので注意してください。

第2回　古典的地方自治理論
　　　　～民主主義と地方自治をめぐる古典的議論～

〈第2回の目次〉
　1．時事問題を考える　①「3つの密と3つのクラブ」
　　(1)　問題提起
　　(2)　甲（1佐藤サクラ）の見解
　　(3)　乙（1田中ミノル）の見解
　　(4)　論点の整理と課題
　2．ドイツ国家学（行政法学）に始まる理論
　　(1)　国家と社会をめぐる背景
　　(2)　伝来説
　　(3)　制度保障説
　　(4)　固有権説
　3．地方自治と民主制
　　(1)　対立説
　　(2)　必要説
　　(3)　統治効用説
　　(4)　住民自治と団体自治
　4．政府間関係の類型論
　　(1)　政府間関係の横と縦
　　(2)　地方中央関係の評価軸
　　(3)　地方中央関係の古典的2類型
　　(4)　多様に存在する組織と資源配置

その2　宮﨑伸光名誉教授　2020年度春学期「自治体論Ⅰ」講義録

1．時事問題を考える　①「3つの密と3つのクラブ」
（本書では省略）

2．ドイツ国家学（行政法学）に始まる理論

　今回の主題は「古典的地方自治理論」です。

　「古典」と称されるからには、長期間の風雪に耐え多くの人々に支持された理論に違いありません。

　しかし、同時にそれは古臭いカビが生えたような、いわば「手垢にまみれた」論説かもしれません。

　もちろん、何についてであれ言説は、その時代背景をわきまえ、適切な文脈において捉える必要があります。

　本講で取りあげる古典的地方自治理論は、ドイツ国家学（行政法学）を起点とします。

　かつての「地方自治論」の授業では、ドイツの歴史と共に解説していました。しかし、延々と沿革をたどることには、飽きてしまう（眠くなる）学生が少なくありませんでした。

　実は、正直なところ、私自身は社会科の教員免許を持って高校の教壇にも立っていましたが、担当は「政治経済」や「現代社会」で、「世界史」は得意ではありません。そこで、話術にどうにもゆとりがないことを自覚していました。

　今日「自治体論」として振り返ることを前提にすれば、1800年代辺りから話を始めることで十分と気持ちを切り替えました。

　とはいえ、実は後々の考察に欠かせない基礎知識が続々出てきます。いきなりのレベルアップで難しいかもしれませんが、しっかりノートをとって、不足を感じたらそれぞれ復習に力を入れて補ってください。

(1)　国家と社会をめぐる背景

　さて、これは誰だかわかるでしょうか。

　正解は、きっと受講者の皆さんもどこかで名前を目にしたことがあるグナイストです。

　本名はHeinrich Rudolf Hermann Friedrich von Gneist（ハインリヒ・ルドルフ・ヘルマン・フリードリヒ・フォン・グナイスト）という長い氏名で、1816年8月13日に生まれて1895年7月22日に78歳で亡くなりました。

　グナイストは、1882（明治15）年3月に憲法調査を命じられて横浜港から出港した伊藤博文らがまず最初に教えを

〈グナイストの肖像〉

271

請うた人物です。伊藤らは、真っ先にプロイセン王国の首都ベルリンにグナイストを訪ね、立憲君主制に関する講義を受けました。もちろん、そこで伊藤らが得た知見は、帰国後に起草された大日本帝国憲法に多大な影響を及ぼしています。

ちなみに、1882（明治15）年といえば、早稲田大学の前身である東京専門学校が創立された年です。

ときは自由民権運動の高揚期にあたります。「板垣死すとも自由は死せず」で有名な岐阜事件（板垣退助遭難事件）が発生したのは、同年4月のことでした。

なお、法政大学の前身である東京法学社は、それより2年前の1880（明治13）年に誕生しています。

当時のグナイストは1858年からベルリン大学の正教授でしたから、確かに学者には違いありませんが、その経歴を見ると、その翌年から1893年まではプロイセン王国下院議員、さらにドイツ帝国の統一が完成した1871年から1883年まではドイツ帝国議会議員を兼ねる政治家でもありました。また、同大学の正教授に就任する前にはベルリン上級地方裁判所や大審院の試補（調査官）を勤めていましたし、さらに後にはプロイセン王国上級行政裁判所の判事にもなっています。

実は、現在のドイツでも大学教授と高級官僚や政治家の間には出入りが少なくありません。いわゆる知的エリートが層をなしており、そうした一群の人々の間では職業間を隔てる塀が低いとも言えます。

それに引き換えどこぞの国では、演芸やスポーツなどの一芸に秀でた有名人と政治家の間の垣根が低いかもしれませんね。

まぁ、余談ですが。

なお、ドイツの職業層を考察する際には、学識豊かな知的エリート層だけを見ていたのではダメで、その一方にはコツコツと技能を磨いてその伝承と発展に努めるマイスター（親方職人）に対する敬意が確立していることも忘れてはいけません。

さて、ここでグナイストが活躍した時代の社会背景をその少し前から概観しておきましょう。

いくつかの留意点が考えられますが、まずナポレオン・ボナパルト（Napoléon Bonaparte）によって攪乱された欧州各国の支配権を再配置することが目指され、1814年9月に開催されたウィーン会議とその結果としてのウィーン体制が重要です。

ウィーン会議は「会議は踊る、されど会議は進まず」という言葉でも有名ですね。会議出席者は、いずれも各国宮廷代表ないしその封建的な利益を最大限追求しようとする保守、というか復古主義の反動勢力でしたから、なかなか議論が進みません。最終議定書の調印が行われたのは翌1815年6月のことでした。

ドイツに関しては、プロイセン、オーストリアをはじめとする35か国と4つの自由都市か

その2　宮﨑伸光名誉教授　2020年度春学期「自治体論Ⅰ」講義録

らなるドイツ連邦が形成されましたが、この小国乱立状態が後々の統一帝国に向けた動きの火種となります。

　また、いち早く産業革命を成し遂げ、資本家（ブルジョア）と賃金労働者（プロレタリア）の階級分化と両者間の対立が著しくなった英国の影響も見逃せません。

　産業革命によって急速な発展を遂げた資本主義社会の生産様式は、遅れはしたものの欧州大陸にも及びました。ドイツ諸邦においても、経済的な力を蓄えた新興社会勢力の勃興は、封建的支配体制に脅威を与えました。

　そこで、経済的自由主義に根ざした社会変革を求める勢力とそれを封じ込めようとする反動勢力の攻防が、さまざまな形で展開されました。

　そうした状況下で祖国ドイツを追われたカール・マルクス（Karl Marx）が、フリードリヒ・エンゲルス（Friedrich Engels）と共に「万国の労働者よ、団結せよ」という有名な呼びかけで締めくくった『共産党宣言』を出版したのは1848年のことでした。

　マルクスとエンゲルスは、資本主義的生産関係は発展するとともに必然的に崩壊していく矛盾をそれ自身の内側に抱えている、と喝破しました。そして、労働者階級（プロレタリアート）こそが社会を変える変革主体であり、労働運動こそが資本家階級（ブルジョアジー）支配の崩壊、すなわち社会主義革命を導く、と階級闘争を煽りました。

　ドイツにおける社会主義革命についてマルクスは、次のように展望しました。

　すなわち、まず封建的支配体制を打倒して資本主義国家を成立させるところまではブルジョアジーとプロレタリアートは共闘する。

　しかし、その後の資本主義的生産関係の確立とともに内在する矛盾によって両者間の階級対立は激化が避けられず、プロレタリアートが成長することによってブルジョアジーによる搾取支配を打破し、プロレタリアの人間性を回復する革命の道が開かれる、という見通しでした。

　グナイストは英国の社会情勢に多大の関心を寄せ、1840年代の後半には3回現地を訪ねています。その際に得られた知見を基に、積極的な言説を展開して活躍したのは1860年代ですが、その間の1850年代は、マルクスにとっては欧州大陸を追われて転じた亡命先の英国において極貧に耐える生活を余儀なくされていた時期でした。

　マルクスは、困窮にも耐えて精力的に自らの活動を続けますが、1883年3月14日に64歳で他界しました。グナイストは1816年生まれですから、1818年5月5日に生まれたマルクスとは、立場は全く異なりますが、同じ時代を共有していたのでした。

(2)　伝来説

　渡独してグナイストを訪ねた伊藤博文一行は、グナイストが夏休みで温泉旅行に向かうと、ウィーン大学にローレンツ・フォン・シュタイン（Lorenz von Stein）国家学教授を訪

273

ねました。シュタインは、伊藤らの求めに積極的に応じ、自身が提唱する国家と社会の軋轢論等を2か月にわたって自宅で特別に彼らに講じました。

なお、シュタインは、主にフランスの動向に着目して自らの理論を発展させ、ドイツ型の立憲体制を批判的に論じていましたが、日本については、彼なりの国情理解に基づき、むしろドイツ型の立憲体制の構築を勧めました。

グナイストは、シュタインとも親しく、英国に関心を寄せた彼の問題意識は、まさにその国家と社会の軋轢論を基礎に置いていました。

ちなみにシュタインは、1815年11月18日生まれで1890年9月23日に72歳で亡くなっています。グナイストとの年齢差はわずかに1歳でした。

シュタインの国家と社会の軋轢論とは、強引かつ大胆に要約するならば、「国家」たるものは普遍的利害を代表する倫理的な存在であるべきだが、その内側に成長してきた「社会」においては私的利害の追求が進む結果として貧富の差が拡大し階級闘争に進展するなどの軋轢が生じる、という基本認識に立脚するものでした。

なお、伊藤らは帰国すると、シュタインを「石先生」などと呼び、最も多くの示唆を得たと機会あるごとに述べました。(ドイツ語の「Stein」は日本語の「石」を意味します。たとえば、アインシュタインは「1個の石」という意味です。)

そこで、後々山縣有朋や後藤象二郎などといった人々がシュタインの許を訪ね「シュタイン詣で」という言葉まで生まれました。

シュタイン自身は、「社会」に生じる利害対立をいかに「国家」に反映させるか、という自由主義的参加論の観点から解決策を見出そうとしました。

しかし、実際に制定された大日本帝国憲法の条文を見る限り、シュタインの影響は同憲法を作成することに止まったようにも見えます。

それは、起草者の伊藤博文がグナイストの影響を実はより強く受けていたためなのか、あるいはシュタインの自由主義的参加論にある種の危険思想を感じたもう1人の起草者井上毅をはじめとする周囲の圧力が強かったためなのか、興味がそそられる論点ですが、その研究は大学院以上の水準になりそうです。

グナイストは、英国における「法治国家」と「社会」の自治に、ドイツの現実が抱える国家と社会の軋轢を解決するヒントを求め、「国家」に対しては法の支配によって恣意的な運用を排す官僚制改革、「社会」に対してはその多様な利害関係を国家意思の下に統合することを主張しました。

地方自治とは、国家の定める法律により、地方団体の経費で名誉職によって執行される形態をいう、とするグナイストの地方自治論は、自治の意義を国家の諸機能を果たすための委任先として認めるものでした。

ここで1点、誤解され誤用されることが多い言葉に注意を向けましょう。

その2　宮﨑伸光名誉教授　2020年度春学期「自治体論Ⅰ」講義録

　それは「名誉職」という言葉です。

　これは、名誉ある「地位」としての職、と誤解されることが少なくないのですが、もともとは地位とは関係なく、次の2つの性質を備える職のことです。

　すなわち、第1に無給であること。特定の任務に係る手当などの費用弁償を除き、いわゆる給与などの支給がされない職であることです。

　そして、第2には、指名を受けた場合に、誰もが仕方がないと認めるほどの重大な理由がない限り、それを断ることができない職であるということです。

　もっとも、この2つの性質を備える職を担うことができる人材といえば、経済的かつ時間に余裕がある人でしょうから、実質的には社会的「地位」や「名声」も関わってくるでしょう。いわゆる名望家と呼ばれる人に多く期待が集まることも当然と言えばそうかもしれません。

　懸案のドイツ帝国の統一は、1871年1月に実現しますが、本講では思い切りよく、そこに至る過程の大部分を省略します。

　ただ、オーストリアとプロイセンの覇権争いは、最低限押さえておきましょう。

　オーストリアは神聖ローマ帝国以来の伝統を誇っていましたが、領土内に独立を志向する多種多数の民族を抱えていました。

　一方、プロイセンはさまざまな特権を享受していたユンカー（領主貴族）の力が強いという古い封建制度を残しながらも、炭鉱と鉄道開発などにより産業革命が進み、経済的な自由を求める新興勢力が着実に力を伸ばしていました。

　オーストリアを中心にドイツの統一を図る大ドイツ主義とオーストリアを排斥してプロイセンを中心とした統一を目指す小ドイツ主義の対立は、プロシア・オーストリア戦争（普墺戦争）にまで進みます。

　プロイセンにおいて強引に軍国主義化を進めたのは、ビスマルクです。彼は、1862年に宰相、すなわち王権神授説を信条とするプロイセン国王ヴィルヘルム1世（Wilhelm I.）から首相としての任命を受けると、その就任演説で「問題は言論や多数決では解決できない。解決できるのは鉄と血である」述べたことから「鉄血宰相」と呼ばれました。

　ビスマルクは、議会ですでに多数を占めていた新興ブルジョアジーが陸軍拡張案を否決したにも関わらず軍備を拡張しました。

　そこには、ドイツの統一によって「強いドイツ」を実現させること自体は、新興ブルジョアジーの望むところでもある、という彼なりの判断があったと言われています。

　ところで、ビスマルクの本名を知っていますか？

　ビスマルクの本名は、オットー・エドゥアルト・レオポルト・フォン・ビスマルク＝シェーンハウゼン（Otto Eduard Leopold von Bismarck-Schönhausen）です。

　長いですね。この本名からも彼氏がユンカー出身であることがわかります。

　わかるんですよ！

275

勉学を進めれば、わかるようになると思いますので、ここではこれ以上の深入りは避けます。

　1866年に開戦した普墺戦争は、わずか7週間でプロイセン側が勝利し終結しました。

　戦いに敗れたオーストリアは、その翌年、すなわち1867年にマジャール人が求め続けてきたハンガリー王国を認め、その領土が半減しました。とはいえ、再編されたオーストリア＝ハンガリー帝国では、なおもオーストリア皇帝がハンガリー王を兼ねるなど、オーストリアによる強力な支配権が残りましたし、独立を求めるさまざまな民族運動はむしろ激化していきました。

　普墺戦争の結果を得ても、ドイツの統一は完成しませんでした。

　それはナポレオン3世が率いるフランスが南ドイツ4国をめぐる動きに干渉したからでした。

　そこで、ビスマルクは、さらなる軍事力の強化と巧みな外交戦略等によって、フランス側から宣戦を布告させ、これを打ち倒しました。

　これが1870年のプロイセン・フランス戦争（普仏戦争）ですが、開戦のきっかけの1つとしては有名なエムス電報事件があります。情報操作と世論誘導という側面からもたいへん興味深い史実です。とはいえ、本講では省略します。

　普仏戦争で勝利を収めたプロイセン軍は、翌1871年1月18日にパリ郊外のヴェルサイユ宮殿を占拠しドイツ帝国の皇帝戴冠式を挙行しました。

　このときをもって、ドイツの統一、すなわちドイツ帝国が完成したということになります。

　ドイツ帝国は、大小22の君主国と3つの自由都市からなる連邦国家でしたが、そこにオーストリアは含まれません。

　また、初代皇帝の戴冠式に招かれた人々は、王侯、高級官僚、軍人といった関係各国等の封建体制を代表する要人ばかりであり、新興ブルジョアジーは1人もいなかったことにも留意が必要です。

　ドイツ帝国には、25歳以上の男性から直接選挙で選ばれる帝国議会と各邦国の代表からなる連邦参議院が置かれました。

　しかし、連邦参議院の議席数がプロイセンに手厚いばかりか、両議院の議決権の範囲も極めて限られていました。

　また、皇帝はプロイセン国王の世襲制で、帝国宰相もプロイセン宰相の兼務、しかもその責任は皇帝に対してだけに負うものとされていました。

　こうしたドイツ帝国の体制は、確かに直接公選制議会などに着目すれば、一見民主的にも見えます。しかし、その内実は旧体制の延長でした。そこで、外見的立憲主義と呼ばれることがあります。

　ドイツ帝国の宰相となったビスマルクにとっての内なる敵は新興ブルジョアジーとドイツ西南部に根強いカトリック教会、そして次第に力量を増しつつあった社会主義勢力でした。

　そこで彼氏は、有名な「飴と鞭」の政策を積極的に打ち出します。

その2　宮﨑伸光名誉教授　2020年度春学期「自治体論Ⅰ」講義録

政治的には旧来の保守ないし反動的な姿勢を崩さないものの、経済政策の面ではブルジョアジーが求める自由主義政策が取り入れられ、粘り強く反抗したカトリック教会とは妥協策に転じる一方で、社会主義に対しては強権的な弾圧政策、すなわち「鞭」が振るわれました。

そして、同時に労働者を懐柔する目的をもってさまざまな社会政策が実施されました。これがいわゆる「飴」の部分ですが、例えば強制加入の社会保険制度など、後々の労働政策ないし「福祉国家」の原点にもなりました。

少し詳しく内政面に着目すれば、ドイツ帝国成立直後の体制整備課題は、第1に警察機構の再編でした。

これは、かねてからグナイストが主張するところでもあり、政治家としての彼氏は国民自由党の論客として帝国議会で論陣を張りました。

当時、いや、そのしばらく前から、旧来の騎士団領やユンカーの所領が売却される事態が農村部において見られるようになっていました。これらの領地においては、王から警察権をも含む包括的な支配権が特許されていましたが、とりわけ騎士団においては警察権の行使がためらわれるなどの弊害が現れていました。

さらに、ユンカーにおいても包括的な支配権そのものを持て余す事態もあり、所領の売却を機にうやむやとなる事態も発生していました。

一方、警察官僚の側を見ても、とりわけ農村部においては、恣意的な権力行使が横行する実態がありました。

これに対して、都市部においては、日々の暮らしに関わる広義の警察行政に当たるところは、郡の監督の下で町村（Gemeinde）といった地域行政主体が担い、公安、道路、水利、建設、消防といった権力行政に係る部分は警察管区長が担っていました。

グナイストは、都市部で実施されている制度を農村部に広げ、法に基づく警察行政を確立することを主張しました。

ただし、町村は財政力等にバラつきが大きいことなどから、当面、制度改革の主体として位置づけることは無理、としました。そして、町村の「自治」を尊重するとしながらも、それを包括する郡（Kreis）のレベルに名誉職の官吏を置き、「自治団体」をその監督対象とすることで、有機体としての国家の統一性を図ろうとしました。

実際、こうしたグナイストの構想は、ドイツ帝国における行政体制整備にいち早く採り入れられ、警察制度改革は郡制改革から実現していきました。

さて、グナイストの発想に受講者の皆さんは違和感を感じませんでしたか。

現代に生きる私たちの実感からすれば、遠い世界の議論のようにも思えますが、彼氏のような考え方は案外支持者が多く、また、今日でも時折その残滓（残りカス）と思われるような言説に触れることがあります。

ところで、この人は誰でしょう。
わかりますか。

これは難問でしたね。
正解は、ヴァルター・イェリネク（Walter Jellinek）です。
あぁイェリネクなら、どこかで名前を聞いたことがある。
『一般国家学』（原著『Allgemeine Staatslehre』1900年）の著者で、美濃部達吉の天皇機関説に影響を与えた国家法人説の論者だ、と思った人もいるでしょう。

残念でした。違います。

〈ヴァルター・イェリネックの写真[1]〉

ここが難問たるゆえんです。
一般国家学を著したイェリネクは、ゲオルグ・イェリネク（Georg Jellinek）でして、ヴァルター・イェリネクは、その息子です。1885年7月12日にウィーンで生まれ、1955年6月9日にドイツのハイデルベルクで69歳の生涯を閉じています。
ぐっと時代が近づいてきましたね。
この人は、次のように語っています。

　　地方団体の権限は根源的ではなく、国から与えられてはじめて生ずる。

どうでしょう。
彼氏によれば、地方団体の地域は同時に国の地域であり、住民は同時に国民であるから、その権限は国に委任されたものである、というわけです。
実は、日本でも1979年から1995年まで4期16年間東京都知事を務めた鈴木俊一は、同様の考え方をときおり示していました。
鈴木俊一は、旧内務省のエリート官僚で、日本国憲法の体制に合わせて旧制度を統廃合することで現在の地方自治法にとりまとめた、いわば地方自治法の生みの親ですが、当時の思想的背景をここに垣間見ることができます。
もっとも、彼は、強い支援を受けていた自民党との関係が3期末にこじれ始め、4期目の選挙で自民党の党本部と公明党が手を組んで対抗馬を立てると、東京の自治を守れ、との主張を展開しました。

(1)　出典：Otto Bachof, Martin Draht u. a.（Hrsg.）(1955) "*Forschungen und Berichte aus dem Öffentlichen Recht. Gedächtnisschrift für Walter Jellinek*", Isar Verl. より。

その2　宮﨑伸光名誉教授　2020年度春学期「自治体論Ⅰ」講義録

　それがご都合主義だったのか、考え方を根本から改めたのか、直接インタビューする約束を取り付けていたのですが、彼の体調からスケジュールの調整が許されないまま時を過ごしました。そして、本心を伺う前の2010年5月14日に、彼は99歳でこの世を去りました。

　もちろん、彼の自伝『官を生きる──鈴木俊一回顧録』1999年、にはそのあたりのホンネは記されていません。

　ずいぶん遠回りをしたようにも思いますが、ここで本項目の題名、すなわち「伝来説」と呼ばれることを説明しましょう。

　グナイストにせよ、W・イェリネクにせよ、「自治」を認めるとはいえ、その権能は国から与えられるものであるという点で共通しています。また、国から与えられるものであるからこそ、「自治」が認められる団体は国の監督下に置かれる、ということを当然と捉えます。

　すなわち、自治団体の「自治」は国に由来するもの、という意味で、国から「伝来」する「自治」なのです。

　そこで、こうした論説は「伝来説」と呼ばれるようになりました。

　さてさて、ここまでの講義で思わぬ時間を要してしまいました。

　もっとも、例年の授業でも本日予定していた内容は、1回の講義で終わったことがありません。

　今回は、一応ここで区切ることにしましょう。

　先にも少々触れましたが、今回の講義でやや丁寧に触れた事項は、日本の第二次世界大戦敗戦前後とその後の日本国憲法体制における自治制度、および今日の制度運用に係る諸問題に大きく影響を及ぼします。

　しっかりと復習をしておいてください。

小結

　さて、今回のオンライン授業はいかがでしたでしょうか。

　第1回の授業後にいただいたコメントを参考にして、多少場面構成等を変えたところもありました。

　これからも受講生の要望に応じて、できるところは（と限定付きですが）手直しを加えていこうと思います。

　第3回古典的地方自治理論（その2）は、5月19日に配信する予定です。

　本講はその前日までサーバーに留置します。何度でもアクセスしてください。

　今回はこのへんで、次は第3回の本講でまたお会いしましょう。

終講

第3回　古典的地方自治理論（その２）
　　　～民主主義と地方自治をめぐる古典的議論（つづき）～

〈第３回までの目次〉

1．時事問題を考える　①

（1）　問題提起

（2）　甲（１佐藤サクラ）の見解

（3）　乙（１田中ミノル）の見解

（4）　論点の整理と課題

2．ドイツ国家学（行政法学）に始まる理論

（1）　国家と社会をめぐる背景

（2）　伝来説

--ここまで第２回

（3）　制度保障説

（4）　固有権説

3．地方自治と民主制

（1）　対立説

（2）　必要説

（3）　統治効用説

（4）　住民自治と団体自治

4．政府間関係の類型論

（1）　政府間関係の横と縦

（2）　地方中央関係の評価軸

（3）　地方中央関係の古典的２類型

（4）　多様に存在する組織と資源配置

その2　宮﨑伸光名誉教授　2020年度春学期「自治体論Ⅰ」講義録

今回は、前回の続きです。

２．ドイツ国家学（行政法学）に始まる理論（つづき）

さてさて、前回をごく簡単に振り返り、先送りしたところに繋ぎましょう。

(1)　国家と社会をめぐる背景

　伊藤博文らを通じて大日本帝国憲法にも大きな影響を及ぼしたグナイストの活躍した時代について概説しました。

　その時代は、オーストリアを排除したドイツ帝国の誕生前後でしたが、封建的な国家支配体制を維持しようとする勢力と、産業革命後に力を蓄え議会において経済的自由主義に基づく社会変革を主張した新興ブルジョアジー勢力が緊張関係を高めていました。他方、この両者にとっては、革命を志向するプロレタリアートの芽を摘むことが共通の課題でもありました。

(2)　伝来説

　グナイストは、「国家」に対しては法の支配によって恣意的な運用を排す官僚制改革、「社会」に対してはその多様な利害関係を国家意思の下に統合することを主張しました。

　地方自治とは、国家の定める法律により、地方団体の経費で名誉職によって執行される形態をいう、とするグナイストの地方自治論は、自治の意義を国家の諸機能を果たすための委任先として認めるものでした。

　現代に生きる私たちの実感からすれば、遠い世界の議論のようにも思えますが、案外後々までも、彼氏のような考え方を支持する言説は見られます。

　たとえば、一般国家学を著したゲオルグ・イェリネクの息子、ヴァルター・イェリネクは、次のように語っています。

　　　地方団体の権限は根源的ではなく、国から与えられてはじめて生ずる。

　彼氏によれば、地方団体の地域は同時に国の地域であり、住民は同時に国民であるから、その権限は国に委任されたものである、というわけです。

　グナイストにせよ、W・イェリネクにせよ、「自治」を認めるとはいえ、その権能は国から与えられるものなので、当然そうした団体は国の監督下に置かれる、と考えます。

　すなわち、自治団体の「自治」は国に由来するもの、という意味で、国から「伝来」する「自治」なのです。

　そこで、こうした論説は「伝来説」と呼ばれるようになりました。

281

(3) 制度保障説

さぁ、ここから新たな段階です。

この人は誰でしょう。
わかりますか。

正解は、カール・シュミット（Carl Schmitt）です。1888年7月11日に生まれて1985年4月7日に96歳で亡くなりました。

彼氏は、アドルフ・ヒトラー（Adolf Hitler）に一時期重用され、後に失脚します。

〈シュミットの写真(2)〉

前回はドイツ帝制の成立前後の話でしたが、今回はそのドイツ帝制が崩れてからの話です。

ドイツ帝制の崩壊を導いた第一次世界大戦の講和会議は、1919年の1月にヴェルサイユ宮殿で開かれましたが、そこで示された条件は、戦勝国フランスのドイツに対する意趣返しの色彩が濃いものでした。

このパリ講和会議の結果として樹立されたヴェルサイユ体制では、ドイツは領土を大きく奪われたばかりか、軍備が厳しく制限され、さらに戦争責任による損害賠償責任という過去に例のない莫大な賠償金の支払い義務を負わされました。

一方、新生ドイツにおいては、1月に国民議会選挙、2月に大統領選挙が行われ、7月末にはヴァイマル憲法が採択されて、8月11日に公布されました。同憲法は、初めて基本的人権の尊重が規定されるなど、当時としては最も民主的な憲法で、その影響は後々の日本国憲法にも及んでいます。

ヴァイマル憲法は画期的でしたが、もちろん白地に線を引くようなわけにはいきません。かつてのドイツ帝国の諸邦を基にした連邦制が採用されました。そして、それらを統括する大統領に強大な権限を認めた共和制でありました。後々そのことが、ヒトラーの独裁に途を開くことにもなります。

また、経済の側面では、ヴェルサイユ体制によって強いられた苛酷な条件の中でも、とくに負担しきれない高額の賠償金によってドイツの通貨であるマルクの価値が1兆分の1にまで下落するほどのハイパーインフレが発生するなど、壊滅的な状況に陥りました。当時の完

---

(2) 出典：Hans Barion, Ernst Forsthoff, Werner Weber (Hrsg.)(1994) *Festschrift für Carl Schmitt zum 70. Geburtstag dargebracht von Freunden und Schülern*", 3. unveränderte Aufl., Duncker & Humblotより。

その2　宮﨑伸光名誉教授　2020年度春学期「自治体論Ⅰ」講義録

全失業率は28％にまで達していたそうです。

　たいへん雑な要約であることを自覚しながら簡単に述べると、そうしたドイツ経済の破綻状況を救う働きで最も効果を発揮したのは、米国からの投資でした。しかし、それに頼ったために、1929年の米国に発した世界恐慌の大波をもろに被ることにもなります。通貨切換に伴うデノミネーションで通貨価値の下落を押さえるとともに、投資に応じた雇用が創出されることによって、いったんは失業率も５％まで回復したものの、米国からの資金供給が途絶え、回収される事態にまで進むと、再びドイツ経済は苦境に陥り失業者が巷に溢れるようになりました。

　民衆の多くは、出口の見えない経済社会状況に不安を抱き、積もる鬱憤のはけ口と現状を打開する強い政治的リーダーシップが求められました。

　カール・シュミットといえば「友・敵理論」が有名ですが、それはこうした状況の下で形成され、1932年の著書『政治的なものの概念』（原題『Der Begriff des Politischen』）で詳細に論じられています。

　シュミットは、普通選挙に基づく代議制による法の支配は、社会が比較的安定している時期の国では妥当するとしても、緊急ないし危機が急迫している「例外状況」を想定の外に置いていると断じます。

　彼氏のいう「例外状況」の典型事例は、戦争状態です。

　対外的緊張関係が戦争にまで高まるとき、国家の支配層や優勢な集団の意思は社会的不安に乗じて、反対する集団や個人の意思を暴力的手段を用いてまで圧殺してしまう。そして、国家はその構成員に対して、生命を国家に投げ出して敵を殺戮せよ、と命じます。

　この事実こそ、国家に主権があることを示している、とシュミットは主張します。

　道徳においては善・悪、美術には美・醜、経済ならば利・害が、それぞれに固有の対抗関係であるように、政治には「友・敵」関係がある。ただし、政治については、単に表面上の対立や衝突があるだけでは、それが競争関係を導くかもしれず政治固有の対抗関係たる政治的対立とはいえない。

　互いに相手を殲滅しあう状態にまで発展したときに敵は明確となり、政治的対立の状況が生まれる、と議論の基礎が設定されます。

　そして、例外状況において決定を下すものこそ主権者であり、その意味で国家こそ主権者、そして社会に優位する、と論じました。

　シュミットのこうした主張は、閉塞感が漂う当時の状況に馴染み、ヒトラーが率いる国家社会主義ドイツ労働者党（ナチス）の思潮とも親和的でした。

　ヒトラーは1933年１月に首相に就任しますが、それを機に、シュミットは積極的にヒトラーに協力をするようになります。

　同年首相に全権を委任する法が制定され、さらにその翌年に大統領が死去すると、ヒト

283

ラーはその職務までを兼ねる総統職（Führer：フューラー）を創設して自らその地位に就きます。そして、議会を形骸化に追い込み独裁体制を確立しました。

ヒトラーは一貫して反ユダヤ主義を貫き、ナチスが政権を獲得して以来、それを国是と位置づけました。ホロコースト（ユダヤ人等に対する組織的大量虐殺）にまで及んだ史実は、今でこそ暗黒の歴史と認識されていますが、当時の世相としては、熱狂をもって受け入れられたこともまた史実です。

なお、シュミットは、ナチスが政権を奪取する前にユダヤ人の主張を擁護する文章を記していたことなどを理由として、1938年にヒトラーのもとを追われます。

さて、敵を明確にしてその殲滅を図るというシュミットの友・敵理論は、その歴史的役割を終えた古臭い主張でしょうか。

私は、敢えて和解不能の「敵」を措定して対立構図を際立たせ、その相手に派手な一方的攻撃を仕掛ける政治手法が近年において多々見られるようになってきたと感じています。ごく最近の事例で言えば、「○○ファースト」という言葉がその匂いを発しています。

「敵」か「友」かの二者択一を迫ることで、その他の多様な可能性が捨象されます。相手の立場を理解しようとする努力も無視され、ギスギスした関係ばかりが残ります。

こうしたいわば安手のポピュリズム的手法で中身のない対立を煽ることは、シュミットの友・敵理論とは似て非なるものであることを理解する必要があります。

シュミットの理論に限られることではありませんが、諸説のよって立つ前提ないし背景等の理解なくして、特定の理論もどきを振りかざすことは、慎むべきことです。

とりわけシュミットの友・敵理論については、いわば危険な香りが漂います。丁寧な利害調整に努める民主的努力の否定に直結しかねないことに留意する必要があります。

さてさて、前置きが長くなってしまいました。カール・シュミットは、地方自治をどのように捉えていたのでしょうか。

実は、案外素っ気ない表現で示しています。

> 自治制度は、国家の内部に存立するものであり、
> 　　国家によって法的に認められた制度が保障するものの一例

シュミットによれば、自治制度は、国家の内部に存立するものであり、立憲国家であれば憲法によって保障され、その範囲内で法によって認められた制度の一例である、というのです。

一例というからには、他にも類例があるはずです。

彼氏自身は、たとえばとして、婚姻制度、日曜日を休日とする制度、所有権の制度といった制度を並列しています。

これらは、いずれもどのように決めようが、決めないよりは決めた方が混乱がなくて良

い。そして、決めるならば、主権の存する国家の憲法によって保障された範囲内で、恣意的運用を禁じるために法で決めれば良い、ということです。

これは、婚姻の制度を例にとるならば、一夫一婦制だろうが、一夫多妻制だろうが、はたまた多夫多妻制だろうが、とにかく婚姻に関する制度を憲法の範囲内で国家内の統一を図るように法で決めておけば良いということです。

休日制であっても、バラバラよりは決めておいた方が良い。ただし、この場合は背景に宗教や慣行が関係してくることに留意が必要となります。所有権ともなれば、話はさらに複雑になりますが、その本質はやはり同様ということになります。

ここで、シュミット自身は例として挙げているわけではありませんが、身近な興味深い一例として「左右」の問題を挙げてみましょう。

私は、過半数の生徒が暴走族に関係していて「教育困難校」の分類に入る高校の教壇に立っていたこともあります。教員の立場で学校現場を経験したことのない人には、なかなか想像が付かないと思いますが、そうした学校では生徒の暴発に怯える教員が、実際に少なくありません。

ただ、私については、ある事件がきっかけで全体を束ねる「スケバン」が私の忠実な子分になりましたので、怖いものなしでした。

当時の暴走族は、ときおりチキンゲームと呼ばれる「決闘」をしていました。そのやり方はいくつかありますが、簡単なものは、それぞれが乗ったオートバイで1直線上に離れて向かいあい、合図によって同時に発車するというものでした。

当然、両者がそのまま走り続ければ正面衝突します。そこでどちらかが避けますが、先に避けた方が「チキン」すなわち「弱虫」ということで敗北です。

その話を聞いたとき、両者が同じ方向に避けたらぶつかるのではないか、と尋ねた私に、周りを囲んでいた生徒たちは、素人だね〜、と笑っていました。

10回やれば、間違いなく10回とも、オートバイはそれぞれ左側に避けるので、衝突しないそうです。

なぜか、と聞いても聞くだけ野暮なのですが、経験上必ず左に避けるそうです。

それから考えると、いろいろと思い当たることがあります。

たとえば、リンクヴァンデルンク（Ringwanderung　日本語では輪形彷徨ないし環形彷徨と呼ぶらしいのですが、あまり日本語で耳にしたことはありません）という登山などで見られる現象をご存じでしょうか。

私は、学生時代に残雪期の山中でいわゆるホワイト・アウト（辺り一面真っ白で視界不良）の状態になったときに1度だけ経験があります。方向感覚を失い、同じ場所をグルリ回ってしまう状態です。

この回る方向ですが、ほぼ例外なく左周りになるのだそうです。

また、陸上競技のトラックは、左周りですね。これも同じ距離を走るにしても右回りよりも左周りの方が早いからだそうです。スピードスケートのリンクもそうですね。

　こうした現象は、北半球だけではなく、南半球においても同じだそうです。

　どうしてそうなるのか、心臓が左側にあるとか、平均すると右足の方が左足より長いとか、いろいろ俗説はあるようですが、本当のところは今日でも解明されてないということです。

　最近目にすることが少なくなったような気がしますが、駅の階段に「ここでは左側通行」という表示を見たことはありませんか。

　あれは、一般に道路上の歩行者は右側通行とはいえ、駅の「ここ（だけ）では左側通行（をお願いします）」という意味ですね。それは、先の暴走族のチキンゲームと同じ理由です。

　つまり、正面から来るものに対して左側に避ける方が自然なので、群衆を左側通行に整序した方が人々の流れがスムーズになるという経験則に基づいているわけです。

　ところで、1949年にスイスのジュネーヴで採択された条約に道路交通に関する条約（ジュネーヴ交通条約）があります。同条約には、自治体の権能に係る興味深い論点も含まれているのですが、今それは省略するとして、1点だけ、日本で大きな問題になった規定について紹介します。

　それは、歩行者（ないし自動車）の通行方向区分です。右側通行でも左側通行でも構わないのですが、1つの国内では統一させることになりました。

　これがなぜ日本で問題になったか、わかりますか。

　日本がこの条約を批准したのは1964年ですが、問題の年は1972年でした。これはヒントになるでしょう。

　1972年といえば、沖縄が本土復帰した年です。

　それまでは米軍の治政下にありましたから、歩行者は左側、自動車が右側通行でした。しかし、ジュネーヴ交通条約を守るために、それを逆転させる必要が生まれたのです。

　いかに大変なことであったか、たとえばバスの昇降口が道路の内側を向くことになりますから、全車両を交換しなければなりませんでした。また、かつて行政職員であった方からは、一部に道路の交差点を付け替える必要もあったと聞きました。

　ちなみに、現在沖縄に駐留する米軍の基地内はどうなっているかというと、囲むフェンスの外側と同じく、歩行者は右側、自動車は左側通行です。

　「左右」の問題は、交通行政に止まりません。写真展や美術展など文化行政においても作品の配置に応用することができます。

　すなわち、鑑賞者の流れを円滑にするためには、作品を極力左周りに配置し、足を止めてじっくり鑑賞してほしいところについては、部分的にでも鑑賞者の足を右に運ぶように展示すれば良いのです。知っておいて損はない情報でしょう。

その2　宮﨑伸光名誉教授　2020年度春学期「自治体論Ⅰ」講義録

(4)　固有権説

もう1つ、典型的な説を紹介します。

さて、この人は誰でしょう。

正解は、オットー・フリードリヒ・フォン・ギールケ（Otto Friedrich von Gierke）です。1841年1月11日プロイセン生まれで、1921年10月10日にベルリンで81歳の生涯を閉じました。

ギールケといえば、ドイツ民法の制定に寄与した人物として有名です。

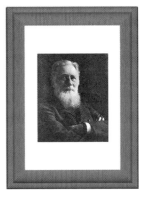

〈ギールケの写真[3]〉

彼氏は、社会集団の発展に着目します。家族から国家に至るまで、さまざまな集団が形成されることで社会は成長すると述べました。

　　　自治的集団は、社会の発展と共に歴史的実態として存在する。

こうしたギールケの説は、歴史実態論とも呼ばれます。

実は、固有権説には、さまざまな変種があります。いずれも、国家の存在とは別に自治ないし自治団体の存在が認められますが、その論拠はいろいろで、現在でも新説が提起されることが少なくありません。

ここでは、固有権説をギールケに代表させることに止めます。

さて、ドイツの歴史を背景に、ここまで伝来説、制度保障説、固有権説の典型的な3説を説明しましたが、これらは2つに大別できることが理解できると思います。

すなわち、伝来説と制度保障説は、ともに国家の存在を前提にして自治を捉えています。

その一方、固有権説では、国家の存在以前に自治の存在を認める点が大きく異なっています。

さて、日本では、これまでどの説が有力とされてきたか、わかりますか。

実は、第二次世界大戦に敗戦するまでは、圧倒的に伝来説が有力でした。というか、天皇を中心とした中央集権国家においては、他の説を主張することはほとんど考えられない状況でした。

では、戦後はどうでしょう。

戦後の日本国憲法下の民主政策により、伝来説は説得力を大幅に低下させましたが、案外

---

(3)　出典：［1911］(1987) *"Festschrift Otto Gierke zum siebzigsten Geburtstag dargebracht von Schülern, Freunden und Verehrern"*, Keipより。

287

その後も根強く、ときおりその残滓が見え隠れすることは、すでに触れたとおりです。

そして、現在のところでは、裁判所の判例などから判断する限り、制度保障説が多数説ないし基本的な考え方とされているようです。

学説として、制度保障説を挙げて、それを支持するといったような直接的な表明を見ることはなかなかありませんが、種々の法律案が練り上げられて国会の審議にかけられるまでの過程をつぶさに見ると、ときに議論の中で制度保障説が前提となって論じられていると見受けられることがあります。

しかし、先に簡単に述べたように、固有権説もさまざまな形で姿を現しています。決して侮ることはできないというところでしょうか。

もっとも、私自身は、こうした3説のすべてが「古典的」であると見ています。この場合の「古典的」の意味は、「古臭い」ということです。

私自身の説は、後に本講で展開しますので、今少しお待ちください。ただ、強引に分類すれば固有権説のバリエーション（変態？）の1つと位置づけられるかもしれません。

さてさて、またもここまでの講義で思わぬ時間を要してしまいました。

どうも、1回の講義にどれぐらいの内容を盛り込めば良いのか、適切な量がわかりません。慣れないオンライン授業の難しいところです。

今回は、一応ここで区切ることにしましょう。

次回は、ようやくドイツを離れます。今日の常識を前提にすると、ちょっと考えにくいような論争がかつてありました。その紹介に話を進めていこうと思います。

小結

さて、今回のオンライン授業はいかがでしたでしょうか。

前回（第2回）の授業後にいただいたコメントには、まったく思いもしなかった点に関する指摘もありました。互いに矛盾するコメントもありましたので、すべてを反映することはできませんが、一部については今回、また今回間に合わない点については次回の授業に反映したいと思います。

第4回古典的地方自治理論（その3）は、5月26日に配信する予定です。

本講はその前日までサーバーに留置します。何度でもアクセスしてください。

では、今回はこれで結びとします。第4回の本講でまたお会いしましょう。

終講

その2　宮﨑伸光名誉教授　2020年度春学期「自治体論Ⅰ」講義録

第4回　古典的地方自治理論（その3）
　　　～民主主義と地方自治をめぐる古典的議論（つづき2）～

〈第4回までの目次〉

1．時事問題を考える　①
　(1)　問題提起
　(2)　甲（1佐藤サクラ）の見解
　(3)　乙（1田中ミノル）の見解
　(4)　論点の整理と課題

1．時事問題を考える　②
　(1)　問題提起
　(2)　甲（2高橋キヨシ）の見解
　(3)　乙（2伊藤和子）の見解
　(4)　論点の整理と課題

2．ドイツ国家学（行政法学）に始まる理論
　(1)　国家と社会をめぐる背景
　(2)　伝来説

---ここまで第2回

　(3)　制度保障説
　(4)　固有権説

---ここまで第3回

3．地方自治と民主制
　(1)　対立説
　(2)　必要説
　(3)　統治効用説
　(4)　住民自治と団体自治

4．政府間関係の類型論
　(1)　政府間関係の横と縦
　(2)　地方中央関係の評価軸
　(3)　地方中央関係の古典的2類型
　(4)　多様に存在する組織と資源配置

3．地方自治と民主制

今回は、前回の続きです。

今回は、ようやくドイツの歴史を離れます。

時は、第2次世界大戦の終了後、1952年ですから、ずいぶん今日に近づいてきましたが、現在の私たちが共有すると思われる「常識」を前提にすると、ちょっと考えにくいような論争が国際的に華々しく戦われたことがあります。その紹介に話を進めていこうと思います。

（1）　対立説

論争の舞台、その幕が切って落とされたのは、1952年のパリで開かれた第2回世界政治学会議でした。

1952年といえば、サンフランシスコ講和条約が締結されたのがその前年で、同条約が効力を得たのがこの年の4月28日ですから、ようやく日本が世界の主要各国に独立国としての再出発を認められた年です。

世界政治学会議とは、世界各国の政治学研究者が一堂に会する国際学術会議で、その名称を日本語に訳せば「国際政治学会」ないし「国際政治学会議」となるところですが、そうしますと、政治学の一分野である「国際政治学」の学会ないし会議と誤解されかねません。そこで、日本語で表記するときには「世界政治学会」とされています。また、今日では「世界政治学会議」とはあまり目にしませんが、ここで紹介する論争が日本でも話題にされていた頃など、かつてはそう表記されることも少なくありませんでした。

ちなみに、大会は3年に1度開催されています。日本では、2006年の7月9日から13日までを会期として、福岡市の福岡国際会議場を中心に約70の国・地域から2,200人ほどの政治学研究者が集まり、開催されました。

そのときは、私も参加しましたが、ちょうど7月1日から15日の博多祇園山笠と時期が重なり、市内に活気が溢れていました。それは良かったのですが、ステテコや締め込み姿の「粋な」姿も多く見られ、日本人の服装が誤解されて世界に伝えられるのではないか、と少々心配にもなったことを、実は会議自体の内容よりも、よく覚えています。

さて、それはともかく、ここに紹介する1952年の世界政治学会議では、現実社会の要請として、第二次世界大戦後の世界における秩序が大きな課題になっていたことは容易に想像することができるでしょう。

そうした状況下で、「爆弾発言」とも言うべき主張がゲオルグ・ラングロット（Georges Langrod）によって展開されました。

本講を準備するに当たり、ラングロットの写真を探したのですが、見つけることができませんでした。思い起こせば、これから紹介する論争に私自身が初めて触れたのは、ガリ版刷

290

その2　宮﨑伸光名誉教授　2020年度春学期「自治体論Ⅰ」講義録

りの研究報告でした。ガリ版といっても、わからないかもしれませんが、その説明をすると長くなりそうなので、わからないときは何かで調べてください。大きなコピー機はすでにありましたが、今日のようなパソコンやプリンタ等がまだ無かった時代の話です。

　そのガリ版刷りで興味を覚え、調べ始めたところ、関係文献がたくさん見つかりましたが、写真を見た記憶はありません。おそらく、当時も写真が添えられた文献は無かったのではないかと思います。

　ラングロットはフランス人ですが、遠く南米に渡り、ブラジル大学の教授として教育・研究生活を過ごしていました。その彼は、概略次のように論じました。

　　　民主主義　→　全体に対する平等主義
　　　地方自治　→　偏狭・雑多・寡頭化と腐敗の可能性

　すなわち、民主主義にはいろいろな形態があり得るが、およそ民主主義と呼ばれるためには、全体に対する平等主義が認められなければならない。

　一方、地方自治と呼ばれるものは、特定の狭い地域だけに通用する偏狭なものであり、雑多である。さらに実態を見る限りにおいて、少数のボスの存在による寡頭化とそうした力を得た者、あるいは力を得ようとする者による腐敗の可能性が高い。

　そこで、民主主義と地方自治は相容れないものである、と主張したのです。

　ラングロットは、研究報告の最後を次の言葉でまとめたそうです。

　　　民主主義が完成したあかつきには、地方自治は死滅する。

なんとも格好良い宣言ではありませんか。

　あっけにとられる聴衆の中、自らの主張を言い切って、清々しい思いを胸に壇上から下がるラングロットの姿を想像すると、何か声をかけてやりたくなるような気持ちさえ起きるのは、私だけでしょうか。

　もちろん、私もその場にいたとすれば、あっけにとられた聴衆の一人であったことは、間違いありません。「民主主義」も「地方自治」も、ともにプラスのシンボルと信じて疑わない身としては、ラングロットの主張そのものは受け入れ難いものですが、その切れ味鋭い大鉈の一振りには、お見事、と言うほかないような気がします。

　ラングロットをいわば震源地とする大きな揺さぶりに対しては、明確かつ説得力のある反論はなかなか現れませんでした。それぐらい、誰もが「民主主義」や「地方自治」といった基礎概念を漠然と捉えていたのかもしれません。

　そうした状況下で、ラングロットの主張を肯定する論者も現れました。なかでも、最も著名なのは、次の人です。

291

この写真の人は、レオ・ムーラン（Léo Moulin）というベルギー人で、1906年2月25日に生まれ、1996年8月8日に90歳で亡くなっています。生まれも亡くなった場所もブリュッセルですが、いくつかの研究機関を渡った後、この論争参加当時はブリュッセル大学の教授でした。もともと社会学者ですが、ベルギー政治学研究所の所長も務めました。また、フランス語で作品を発表する作家でもあり、食通・ワイン通としても著名な人です。

〈ムーランの写真〉

そのムーランの主張は、概略次のとおりです。

地方自治の実態は、ほとんど個人的な利益擁護
→ 国家全体の利益に反する

すなわち、ムーランはラングロットと同様に地方自治の実態に着目し、そこに「個人的な利益」ばかりを追求する姿を見たのでした。そして、そうした「社会」の利己主義は、「国家」全体の利益に反すると論じたのです。

こうしたムーランの議論が「国家」と「社会」をめぐる古典的な視座を踏まえ、その連続線上に位置することは明らかでしょう。いきなり出てきたものではないだけに、ラングロットほどの切れ味はなくとも、かなりの説得力を備えていたことは疑い得ません。

ラングロットやムーランの主張は、民主主義に対する「対立説」と呼ばれます。

(2) 必要説

ラングロットの華々しい問題提起や、継承された社会観に基づくムーランの議論などに支えられた主張は、関係者の間に波紋を投げかけました。しかし、おそらく当時の学会における圧倒的多数者は、この対立説に簡単には同意できないという思いを共有していたことでしょう。

第二次世界大戦のいわば後始末の時期ですから、これから世界の民主主義を構築していこうとする時代背景において、地方自治がその障壁となる対立要素として位置づけられることは受け入れ難いと感じられていたと思います。

しかし、民主主義を基調とする政治体制の下で、地方自治の意義をどのように認めるのかについて、もちろん誰もが認める明確な合意などあり得ませんし、あたかもいきなり投げつけられた剛速球にどう対応したら良いのか、戸惑うばかりだったのかもしれません。

なかなかラングロットのような切れ味鋭い反論は現れませんでしたが、そうした中でも次の人物の主張は目を引くものでした。

その2　宮﨑伸光名誉教授　2020年度春学期「自治体論Ⅰ」講義録

　この写真の人物は、サミュエル・キース・パンターブリック（Samuel Keith Panter-Brick）という英国人です。1920年9月29日に生まれ、2013年10月18日に93歳でその生涯を閉じています。

　パンターブリックは、1950年にロンドン大学の教授となり、1985年に退職するまでを同大学で過ごしましたが、その主要な研究対象はアフリカで、現地に足を運び危険な状況に何度も遭遇しながら、植民地と内戦の研究を進めた国際関係の専門家です。

　若き日のパンターブリックは、大学への進学を望みましたが果たせず、大陸派遣軍に入りました。1940年5月のことだそうですから、20歳になる直前ですが、フランス東部で軍用トラックの運転をしていたところを襲撃され、運良く命は助かったものの、それからの5年間は捕虜になり、重労働を強いられる一方で、さまざまに思索を深めています。

〈パンターブリックの写真〉

　後々の研究生活の背景には、この経験があります。パンターブリックは、ロンドン大学を退職した後もアフリカへの情熱を失わず、そのフランス植民地からの脱却を生涯の研究テーマとしました。

　パンターブリックは、そうした人物ですから、自治が民主主義にとって不可欠な重要な要素であることに信念がありました。そして次のように述べました。

　　地方自治は、世論を形成する
　　　→　民主主義の訓練の場

　地方自治は、世論を形成する。したがって、民主主義の訓練の場になる。また、地方自治は過度の中央集権主義の防波堤としての役割も担う、ともパンターブリックは論じました。

　このパンターブリックの主張も、現実をとことん観察して導き出されたものでした。ただ、同じ現実とはいえ、ラングロットやムーランとは着眼点が異なっていました。

　さて、この際に高等学校や中学校で誤って教えられることが少なくない言葉について、正しく理解してもらうために説明を加えておきましょう。

　それは、「世論」という言葉です。

　しばしば、高等学校や中学校、すなわち初等中等教育の現場において、「世論」は「よろん」と読んでも「せろん」と呼んでも構わない、と教えられることがあります。テレビを見ていても、言葉を大切にするアナウンサーですら、誤用することが近年しばしば見られるようになりました。

よろしいですか。「世論」は「よろん」であって、「せろん」とは読みません。少なくとも政治学を学ぶ学生であるみなさんは、絶対に間違えてはいけません。

　「世論」という言葉は、もともとは「輿論」と表記しました。しかし、この「輿」という文字は、現在の常用漢字表にはありません。つまり「法令、公用文書、新聞、雑誌、放送など、一般の社会生活において、現代の国語を書き表す場合の漢字使用の目安（2010（平成22）年11月30日内閣告示第2号）」には含まれない文字です。

　常用漢字表は、目安であって制限ではない、とされていますが、その前身の当用漢字表が第二次世界大戦敗戦直後の1946年に国語審議会により発せられると、そこに含まれない文字が同音で読まれる文字に置き換えられる事態が多く見られました。常用漢字表は、当用漢字表に掲載された文字を一つも削らず、それにいくつかの文字が加えられたものですが、なおそこにも含まれない漢字については、文字の置き換えがそのまま現在にも続いています。

　「輿論」の「輿」もその一つです。同じく「よ」と読み、意味の面からしても「輿論」は「世の中の論」に違いないので、「輿論」は「世論」と表記されるようになりました。

　なお、「世論」が「せろん」と読んではいけない理由は、単にもともとの「輿」という文字が「せ」とは読まないだけには止まりません。

　「輿論」の「輿」という文字は、御神輿を表します。つまり、「輿論」には、大勢の人々によって担がれ、支えられている、という意味が込められています。この意味の面からも、単に「世の中」の雑多な意見の一つではありません。

　同じような例を挙げましょうか。

　「障がい者」という表記を目にしたことはありませんか。そして、平仮名が混在しているのはなぜだろう、と疑問に感じたことはないでしょうか。

　「障がい者」については、「障害者」と表記されることも多くありますが、もともとの言葉は「障碍者」です。この「碍」という文字は、当用漢字表にも常用漢字表にも含まれません。そこで、同じ音で読まれる「害」という文字に置き換えられるようになりました。

　しかし、「害虫」という言葉や「損害」といった言葉を想起するまでもなく、漢字の「害」には悪い意味が込められる場合が少なくありません。

　また、ここで正確に伝えることは難しいのですが、日本手話では「障害」を横棒を折るような仕草で表現します。そして、機械等の「故障」についても同じ形で表現します。この両者は、文脈によって区別されますが、私は、それを習ったとき、たいへん悲しい思いを感じました。

　もともとの「碍」という文字には、悪い意味や壊れているといった意味はありません。ことは人権問題にも関わるという意識を得た人々が、漢字表記を避けて「障がい者」と平仮名混在の表記を進めるようになりました。

　私自身は、さすがに「輿論」とは書きませんが、平仮名混在表記にも違和感を覚えますの

294

で、なるべく「障碍者」と表記しています。

　ちょっと違いもありますが、「子ども」という表記にも留意しましょう。この平仮名混在の表記は、子どもの基本的人権を国際的に保障することを目的として、1989年の第44回国連総会において採択された「児童の権利に関する条約（子どもの権利条約）」がその契機となりました。1990年に発効し、日本では1994年に批准された同条約の主旨に鑑み、それまで一般的であった「子供」という言葉に含まれる「供」という文字に違和感を覚えた人々によって、平仮名混在の「子ども」という表記が用いられるようになりました。

　もともと江戸時代や明治期の漢字表記は、かなり自由というか融通無碍のところがありました。たとえば、夏目漱石は「冷槍とした」と記しています。もちろんこれは「ひんやりとした」ということなのですが、今日では「誤字」あるいは「変換ミス」としてバッサリ切り捨てられ、直されることでしょう。

　何気ない表記の背景には、深淵な理由が潜む場合もあるということ、気にとめておきましょう。

　話をパンターブリックの主張に戻しましょう。

　実は、彼氏もラングロットのお株を奪うような決め台詞を遺しています。

　　　そもそも（ラングロットの言う）民主主義の完成など、どこにもない。

　お見事、ではありませんか。

　格好良いですね。確かにパンターブリックの言うように、民主主義に完成などあり得ません。パンターブリックの主張は、民主主義に対する「必要説」と呼ばれます。

　こうして、対立説と必要説は、まさに名勝負の様相を呈することとなり、さまざまな議論が飛び交うようになりました。

（3）　統治効用説

　ラングロット・パンターブリック論争とも呼ばれた対立説と必要説の名勝負は、世界規模で盛り上がり、日本にも多くの議論が紹介されました。そこで、当時専門書や教科書を見ればたいてい言及されている主要な題材の一つでした。

　ところが、ある時期から、それが見られなくなりました。勝負あり、とされたのか、論争自体が飽きられたのか、意味を失ったのか、実は、私自身は事情の変遷に納得のいく説明を見いだせていません。とにかく、現状を素直に述べると、「地方自治論」「自治体論」「自治体学」などと看板を掲げる研究者ですら、このラングロット・パンターブリック論争そのものを知らない若手が現れています。

　習ったことがない、という言葉を若手研究者の口から直接聞いたときには、思わず絶句し

ました。習わずとも研究を進めれば当たると思うが、というような趣旨の言葉で、私としては優しく応じましたが、まったく関心がありません、と断言されて二の句が継げなくなった記憶があります。

それはともかくとして、次は、このラングロット・パンターブリック論争を十分に意識されながらも、独自の観点から新たな議論を組み立てた方です。

ようやく日本人の登場です。写真の人物は辻清明です。「つじ・きよあき」が本名ですが、「せいめい」さんと呼ばれることもご本人はまんざらではなかったようです。私が初めてお会いしたときはすでにご高齢でありましたが、ご本人の口から「つじ・せいめい、でございます」と丁寧に名乗られ、恐縮した記憶があります。

彼氏は、1913年4月5日の生まれで、1991年7月30日に78歳で亡くなっています。1974年に当時の定年を迎えるまで東京大学の教授を務め、その後国際基督教大学で教鞭をとられました。ちなみに、本学の武藤博己教授は、本学の法学部を卒業した後に国際基督教大学の大学院に進み、辻教授の指導を受けた門下生です。

〈辻清明の写真[4]〉

辻清明は、行政学、それも日本の官僚制の研究で学会に大きな足跡を遺しましたが、1976年に『日本の地方自治』という岩波新書を著しました。

同書で、彼氏は、地方自治には「抑制」「媒介」「参加」の三つの機能があると論じました。

抑制の機能とは、国家が人民に対して剥き出しの暴力を振るうことを地方自治が抑えるということです。

媒介の機能とは、地域社会の繁栄なくして国家の繁栄はありえず、地方自治はそれを媒介するということです。

参加の機能とは、人々の政治参加はいきなり国政というわけにはいかず、まず身近な地方自治についての参加が期待されるということです。

そして、この「抑制」「媒介」「参加」の三機能が認められることによって、地方自治は民主主義にとって役に立つ、と主張されました。

実は、本講の前身である「地方自治論」を私が担当することになった経緯を紹介したところでお名前を挙げた阿利莫二教授（法大総長）は、辻清明の東大時代の門下生です。その阿利によって辻のこうした主張は、地方自治が民主主義を標榜する政治体制にとって役に立つ

---

(4) 出典：辻清明追想集刊行会 編（1993）『回想の辻清明』辻清明追想集刊行会 より。

という意味で「統治効用説」と名付けられました。

　この辻清明の『日本の地方自治』は、今日でも入手が可能なようです。今となっては古臭く感じられるところもありますが、当時の時代背景を念頭に置きながら読めば、おそらくいろいろと新たな発見が得られると思いますのでお勧めします。ちなみに、私が前職の研究機関に採用された際にまず課題として与えられたのは、同書を読んで報告をすることでした。それによって、私の力量が試されたということだったと思います。

（4）　住民自治と団体自治

　次は、「地方自治」に関するテキスト類に必ずといって良いほど登場する「住民自治と団体自治」論です。

　正直な話をすると、私はこの「住民自治と団体自治」論には、ほとんど意味を見出すことができないので、無視したいと思っています。

　しかし、それにも関わらずここで採りあげるのは、就職試験や公務員の採用試験、あるいは昇級昇格に関係する種々の試験等で、この「住民自治」ないし「団体自治」を答えさせる愚問が後を絶たないからです。

　世の中一般、どのような試験であっても、出題者の能力を超える問題は出題されません。そのことを踏まえ、「住民自治」ないし「団体自治」を正答とするような出題があれば、出題者の程度は推して知るべしと見てよろしいかと思います。

　さて、文句を一通り並べましたので、そのうえで簡単に説明しましょう。

　たとえば、いくつかの自治体とそれを包括する国があったとして、自治が認められるということは、各自治体の団体としての自治が認められることに他ならず、国が好き勝手に介入することは許されない、というのが団体自治ですね。

　そして、そうした各自治体の内部を見るとき、そこに暮らす住民の自治が認められていなければ、そもそも自治とよべるものが当該団体には存在しない、ということが住民自治です。

　この「住民自治と団体自治」論は、突き詰めれば、それだけの話です。

　たったそれだけの話で、深みも発展性も感じられないこの「住民自治と団体自治」論がなぜしぶとく生き残っているのか、かなり昔に少しだけ探りを入れたことがあります。ずいぶん昔のことなので、細かいことは一切忘れてしまいましたし、改めて調べる気もまったくありませんが、確か、発端は意外に古く、やはりドイツの歴史に求めることができたと思います。そして、日本には役人によって輸入され、彼らが伝承する教科書の類いに削除されることなく引き継がれてきました。さらに不勉強なテキスト類の執筆者が、それらからの引用を重ねてきたことで、今日に至っているということだったと思います。

　おっと、誤解の無いようにしなければなりません。ここではかなり勢いに乗って思い切った表現をしていますが、巷に出回っているテキストの類いに何らかのかたちで「住民自治と

団体自治」論に触れる部分があったとしても、それ即ち著者が不勉強の証、と言っているわけでは決してありません。念のため。

この「住民自治と団体自治」論がほとんど無意味であるという見解は、そこまで露骨な表現ではないにせよ、他の方によっても論じられています。

ただ、それもここで詳しく紹介するまでもないことです。

一例としては、地方自治の要諦として「住民自治と団体自治」ではなく、自己責任に基づく自己決定権こそが重要なのだ、という主張を一時期見ることができました。しかし、今日ではそうした議論すら下火と言える状態です。

いずれそれに類した主張が再び興隆するかもしれませんが、この「自己責任に基づく自己決定権」については、自治体の話だけに限られないことに留意することが必要です。たとえば終末期医療をめぐる問題など、さまざまなところで論点となり得ます。見方を変えれば、ある意味で議論の発展性を秘めているかもしれないと指摘しておきましょう。

4．政府間関係の類型論

本講では、すでに第1回の時点で「政府」という基本用語に解説を加えました。

そこでも触れたように、日常生活用語として用いられる「政府」は、中央政府の行政部のみを指して用いられることが多く、それは天皇を中心とした中央集権国家体制を樹立した明治維新政府が範としたドイツのRegierungと同義です。また一方では、政治学や行政学の分野では、英語のGovernmentと同じく、「政府」の対象はより広く解され、立法・司法・行政の三権の総体を指すと共に、中央政府に限られるものではなく、一個の政治単位である自治体にも認められます。

そうした多様な政府の間の関係に着目し、比較検討を可能とする分析枠組みが提起されています。

(1)　政府間関係の横と縦

政府間関係という言葉は、西尾勝・東京大学教授（当時）や今村津南雄・中央大学教授（当時）といった行政学者が「『政府関係』研究集団」を名乗った1983年に用いられて以来広まった比較的新しい言葉です。

もちろん普遍性が感じられる捉え方ですから、多種多様な関係が存在することが容易に想起できますが、「『政府関係』研究集団」と同じく、ここでも自治体政府と中央政府（国）の関係に焦点を絞り考えます。

その関係は、大きく二種類に分けることができます。つまり対等型政府間関係と階統型政府間関係です。

その2　宮﨑伸光名誉教授　2020年度春学期「自治体論Ⅰ」講義録

対等型政府間関係は、ヨコ型ないし水平型の政府間関係とも呼ばれます。

また、階統型政府間関係は、タテ型ないし垂直型の政府間関係とも呼ばれます。

このうち対等型政府間関係は、複数の政府が文字通り互いに対等な立場に立つ関係ですから、一見想像しやすいように思います。しかし、実際は、私たちの頭の中では何故か序列をつけたがる癖がありますので、かえって難しいことが普通です。

私たちは、なんとなく村よりは町、町よりは市、市よりは都道府県、都道府県よりは国、といった序列の呪縛に絡め取られていると思います。

冷静に考えれば、村と国でどちらかが「偉い」ということは無いはずです。

実は、対等型政府間関係を考察することは、案外難しいのです。

一方、階統型政府間関係はどうでしょう。

ここでは「階統型」という耳慣れない言葉が出てきました。

この「階統型」とは、カタカナで表記すれば「ヒエラルキー」もしくは「ハイアラーキー」です。政治学を学ぶうえで絶対に外すことができない基本概念ですが、「ヒエラルキー」はドイツ語の「Hierarchie」、「ハイアラーキー」は英語の「hierarchy」ということで、いずれも一般には「階層制」ないし「階層制組織」と訳される言葉です。

政治学では、一般にいわゆるピラミッド構造をなす階層制を意味します。

日本では、すでに江戸時代の文献に「お上（オカミ）」に対して「下々（シモジモ）」という言葉が現れますが、現代の中国では「上に政策あれば、下に対策あり」と囁かれることがあるそうです。この両者に共通することは、支配者と被支配者をタテの関係とみなし、その上部に少数の権力者、下部に多数の一般人を位置づけていることです。

私たちも、いつの間にかそうした発想に馴らされています。そして、基礎自治体政府、広域自治体政府、中央政府といった各級政府にいわれなき序列を付けてしまいがちです。

そこで、政府間関係については、一見単純に見える対等型政府間関係よりも、階統型政府間関係の方に馴染み、そのイメージも描きやすいようです。

ただし、互いの位置が交換可能な対等型政府間関係とは違い、階統型政府間関係においては上下の関係がほぼ一方的であることに十分な注意を払ってください。

(2)　地方中央関係の評価軸

集権←→分権　《自律的意思決定の範囲》

分離←→融合　《委任執行の程度》

集中←→分散　《執行区域単位の広狭》

分立←→統合　《担当機関の多元性》

自治体と国との関係が集権的か分権的かという分析枠組みは古くからあり、理論的にも、

299

また現実の政治体制を評価するうえでも、さまざまな人によってさまざまに論じられてきました。しかし、そうした単純な二分法では、その間にグレーゾーンを認めたとしても、なかなかピタリと当てはまるものではありませんでした。

そのもどかしさを突破する分析枠組みは、天川晃・横浜国立大学教授（当時）によって提起されました。

天川は、自治体と中央政府の関係を２本の軸を用いて整理しました。

第一の軸は、〈集権〉――〈分権〉の軸、第二の軸は、〈分離〉――〈融合〉の軸です。そして、この両軸を直交させることで、〈集権・分離〉〈集権・融合〉〈分権・分離〉〈分離・融合〉の四つの型が設定され、現実の政治体制をそれぞれを志向するものとして配置することが試みられました。

〈集権〉――〈分権〉の軸は、自治体政府が中央政府との関係において、どの程度まで自律的に、その住民の意思に従って、意思決定をすることができるか、ということです。

地域独自の個性や固有の利害に関する決定は中央政府には任せられないとすれば、〈分権〉志向に結びつくでしょう。

また一方では、国民全体の福祉の向上あるいは均等化のためには画一的な決定が必要であるとすれば、〈集権〉志向に結びつきます。

〈分離〉――〈融合〉という軸は、自治体政府と中央政府との関係において、自治体の地域内で実施される中央政府の政策をどの政府が担うのか、ということです。

自治体の区域内においても中央政府の機能は中央政府の機関が独自に分担するとなれば、〈分離〉ということです。中央政府の政策を機能的合理性に基づいて個別的に進めようとすれば、〈分離〉を志向するでしょう。

また一方で、自治体の区域内では、中央政府の機能も自治体がその固有の機能とあわせて分担するとなれば、〈融合〉ということです。中央政府の政策を地域を基礎として総合的に進めようとすれば、〈融合〉を志向することになります。

これを西尾は、天川モデルと呼び、次の３点において高く評価しました。

すなわち、

(1) 従来の〈集権〉――〈分権〉の軸に新たに軸を付加したことによって、〈分離〉――〈融合〉の軸をめぐる問題の重要性を浮かび上がらせたこと。

(2) 分権化・集権化、分離化・融合化のそれぞれを行為主体の配置と結びつけることによって、政治過程分析にも有用な道具立てを提供したこと。

(3) 自治体と国をそれぞれ一枚岩の主体として扱わなかったこと。

のそれぞれです。

とはいえ、西尾は基本的に天川モデルを受容しながらも、さらに２本の軸を加えることを提唱しました。

その2　宮﨑伸光名誉教授　2020年度春学期「自治体論Ⅰ」講義録

すなわち、〈集中〉——〈分散〉、〈分立〉——〈統合〉の2軸です。

ここで、

〈集中〉とは、行政サービスの生産と供給がより広域レベルの機関に留保されること。

〈分散〉とは、逆に行政サービスの生産と供給がより狭域レベルの機関に委ねられること。

〈分立〉とは、担当機関の多元性が高いこと。

〈統合〉とは、逆に、担当機関の多元性が低いこと。

ですが、モデルが緻密になった反面、1枚の図に示すことはできなくなりました。

(3)　地方中央関係の古典的2類型

　自治体と中央政府の関係を論じる際には、現実の政治体制を踏まえてもう一つ古典的な2類型の分類があります。

　いわゆる「アングロ・サクソン型」と「ヨーロッパ大陸型」です。前者は英米型、後者は独仏型とも呼ばれます。

　この2類型は、文化の違いとしてさまざまな領域で現れますので、これまでにみなさんも何かで目にすることがあったのではないかと思います。ただ、何事につけ意識していないと見過ごすということもありますので、ここで改めてこの2類型をしっかり理解しておきましょう。

　この2類型を考える際には、まず統合主体としての中央政府で、その内部に自治団体を認めていない国はない、という事実を確認することが大切です。

　つまり、完全な中央「集権」国家はありません。また、その一方では、中央政府の存在がない自治団体の寄せ集めも体をなしえませんので、完全な地方「分権」国家もありません。

　こうしてみると〈集権〉——〈分権〉の軸は、相対的な位置関係に過ぎないように見えるかもしれませんが、そうそう単純な話でもありません。

　アングロ・サクソン型は、統合主体としての中央政府が形成される前から存在していた種々の自治団体が、その形成過程においても解体されることなく存在し続け、中央政権の確立後も個別に自治権が認められるかたちで成立しました。

　したがって、アングロ・サクソン型においては、自治体の権限は制限列挙主義が採られるのが普通で、自治体と国との権限調整は、立法ないし司法によることが多くなります。

　一方、ヨーロッパ大陸型においては、統合主体としての中央政府が形成される際に、それまで存在していた諸邦やその内部で認められていた「中間権力」が解体され、中央政府の支配機構としての再編を経て成立しました。

　したがって、自治体は同時に国の下部機関として位置づけられ、その権限は包括的に授権されます。自治体は地域における総合行政主体とされますが、国による監督権限が留保されることも多く、行政統制が自治体に及びます。

301

このように対比すると、アングロ・サクソン型は固有権説、ヨーロッパ大陸型は伝来説に馴染むように見えると思います。原則として自治体と国の権限や役割が明確に分かれているアングロ・サクソン型は「レイヤーケーキ」、判然としないヨーロッパ大陸型は「マーブルケーキ」と類推されることもあります。

　アングロ・サクソン型は英米型とも呼ばれますから、その代表例が英国と米国であること、ヨーロッパ大陸型についても独仏型とも呼ばれますから、ドイツとフランスがその代表例であることは容易にわかると思います。

　ちょっとだけ、それぞれの国についてこだわってみましょう。

　英国は、ときに「連合王国」と記されることがあります。これは、その正式名称に由来しています。英国の正式名称は「United Kingdom of Great Britain and Northern Ireland」すなわち、そのまま訳せば「大ブリテン・北アイルランド連合王国」です。

　私は、スコットランドの民宿（B&B）で宿の主人と雑談をしていて、つい「イングランドでは……」と言いかけてしまい、その言葉を遮った親爺さんに延々と説教をされたことがあります。「ここはイングランドではない、そもそも……」という話だったと思うのですが、いわゆる東北弁のような訛りもあいまって、正直なところ、ほとんど聞き取れませんでした。ただ、叱られているということだけはよくわかりました。ちなみに、その親爺さんの孫にあたる坊やは民宿の建物が「戦争前」からそのままだと自慢していましたが、その「戦争」とは第一次世界大戦のことでした。そういえば第二次世界大戦で空襲を免れた京都では、「先の戦争」とは1467年から11年間続いた「応仁の乱」と聞いたことがあります。

　英国は、しばしば「地方自治の母国」と表現されることがあります。しかし、その自治権の範囲は、制限列挙方式で個々に認められた権限に限られることに留意が必要です。

　米国は、「アメリカ合衆国」と表記されますね。日本は、第二次世界大戦に敗れた後、同国によって単独占領支配されて以来、その従順な「同盟国」になっていることは周知の事実です。

　さて、なぜ「アメリカ合衆国」なのでしょう。同国の正式名称は「United States of America」ですから、アメリカ合州国が正しいはずです。

　この訳は福沢諭吉に由来し、彼は意図をもってそう訳したとされていますが、私には理解できません。義務教育の場において、児童・生徒が答案に「アメリカ合州国」と書いたら、どのような思いで教師は×をつけるのでしょう。明らかな誤訳は直ちに直すべきだと思います。

　その「アメリカ合州国」ですが、当初は州の自治も本国である英国の許しを得て認められたと観念されていました。しかし、時を経て州法も独自に改正されるようになり、その自治権が確立していきました。

　ドイツについては、本講では必要に応じて歴史のつまみ食いをしました。ただ、まだ正式名称には触れていませんでした。「Bundesrepublik Deutschland」すなわち「ドイツ連邦共

その2　宮﨑伸光名誉教授　2020年度春学期「自治体論Ⅰ」講義録

和国」が正式名称です。第二次世界大戦の敗戦国として、分割統治をされた影響もあり、自治体の組織形態は今日なお極めて多様です。

　自治体の権能は、地方自己行政（Kommunale Selbstverwaltung）として、国の行政権の範囲内にあると理解されています。したがって、自治体に設置されている議会もドイツでは諮問機関の一種である行政機関と位置づけられています。ただし、そのことは実質的に自治権を制約することとは別の問題です。むしろドイツの自治体議会は非常に活発で、自治権の拡充にはたいへん熱心です。

　フランスは、ナポレオンの時代に獲得した諸邦の旧支配者をその旧領地からいかに切り離すかに腐心し、彼らをパリに集めるとともに、自らの腹心を各地に配することでヨーロッパ大陸型の基礎を築きました。つまり、独仏型の原型はフランスに由来します。

　フランスの正式名称は「République française」（フランス共和国）です。ヨーロッパ大陸内とは別に海外領土もあり、13のrégion（レジオン、地域圏）に分けられています。その地域圏は、さらに101のdépartement（デパルトマン、県）に分かれていて、330のarrondissement（アロンディスマン、郡）ないし3,830のcanton（カントン、小郡）と基礎自治体であるcommune（コミューン、市町村）から成っています。

　この基礎自治体（市町村）は、36,569もあります。フランスの人口は6,300万人弱ですから、単純に計算すると基礎自治体の平均人口は1,700人ちょっとということになります。実際は、500人未満の自治体が6割近くを占め、ほとんどの自治体は5,000人未満です。

　実は、ドイツも基礎自治体は5,000人未満が全体の約75％を占め、20,000人未満にまで範囲を広げるとおよそ95％の自治体がそこに含まれます。

　日本では、いわゆる平成の大合併のとき、基礎自治体の足腰を強くするという名目で、概ね10万人の人口規模が目指されましたが、さて、どうでしょう。

（4）　多様に存在する組織と資源配置

　本講では、後に政府機構を導出する予定ですから、ちょっと先回りした話になりますが、自治体の執行機関をどのように設計するかについては、実に多様に考えることができます。

　たとえば、すでに簡単に触れたところですが、第二次世界大戦の後、敗戦国のドイツは、米・英・仏・ソの4か国に分割統治され、それぞれの占領政策に基づいてまったく異なった組織再編が行われました。

　米国が占領した地域では、さすがにナチスの指導者原理は削除されましたが、その他については、基本的に旧制度が維持されました。

　英国が占領した地域では、英国型の市町村組織に再編されました。

　フランスが占領した地域では、ヴァイマル初期の制度とナチスの台頭以前の制度の混合形態になりました。

303

ソ連が占領した地域では、連邦から外れ、単一制国家であるドイツ民主共和国（東ドイツ）が樹立されました。

　一般に、行政執行機関と議会との関係において、大統領制と議院内閣制があることは中学校や高等学校でも習いますし、後にやや詳しく考究しますので、ここでは略しますが、さらに参事会がこれに加わると話は複雑になってきます。

　参事会とは、自治体に即して説明するならば、執行機関からは市町村長ないし副市町村長に相当する者、議会からは議長ないし副議長、あるいは議会選出の実力者といった、いわばボスの集合体です。

　これが当該自治体の政策を事実上決めたり、あるいは直接執行したりする役割を果たします。

　いずれもさまざまな形態が理論的にあり得ますし、実際にあったのですが、ここではまず第二次世界大戦後のドイツに実例を求めてみましょう。

(i)　参事会制（Magistratsverfassung）

　シュタイン都市制度改革に由来するもので、公選制代表機関として評議会が設置されます。重要事項はその評議会で決定されますが、その他については評議会から選任される参事会が執行機関となります。なお、市長は、参事会の議長が兼ね、行政機関の長として指揮監督権を行使します。

(ii)　北ドイツ議会型（Norddeutsche Ratsverfassung）

　英国占領地域に設けられた制度です。

　公選制の評議会が立法機関と執行機関を兼ねます。市長は、評議会の議員によって互選される議長が兼ねますが、儀礼的な代表に過ぎません。実際の行政執行は、評議会が任期6年から12年の事務総長（Gemaindedirektor）を選任し、そのいわば行政専門官に委ねられます。

(iii)　南ドイツ評議会制（Süddeutsche Ratsverfassung）

　1920年代の南部ドイツ・ヴァイマル共和国で当時のプロイセンに対する強い対抗意識から生まれた制度と言われています。公選制の評議会（Rat）は、立法機関かつ執行機関と位置づけられました。市長も公選制ですが、評議会の議長を兼ねることとされていました。

(iv)　首長型（Bürgermeisterverfassung）

　ナポレオン占領下で導入されたフランスの市長制度に由来するものです。公選制の評議会が置かれ、その互選によって議長が選任されますが、その議長が市長を兼ねます。

　市長は、評議会の議決に基づいて行政を執行しますが、行政執行の実務は評議会によって選出される複数の助役が、市長の指揮下で各行政部局の長として担います。

その2　宮崎伸光名誉教授　2020年度春学期「自治体論Ⅰ」講義録

(v)　町村総会制（Gemeindeversammlung）

　ドイツを離れれば、近年日本でも話題になりました町村総会制という制度もあります。直接民主制ですから、一見最も民主的な制度のように見えますし、実際に日本でも事情をよく知らないと思われる方々がそのように主張されていました。しかし、スイスや米国の一部の実例を見ますと、原案を用意し、事前に総会のシナリオまで作成する事務局の思いどおりに運ばれることが多々あるようです。

(vi)　市支配人制度（city manager system）

　また、米国には、株式会社の経営形態に範を採る市支配人制度という制度の実例もあります。

　これは、市長を廃止し、もしくは極めて儀礼的な役割に止め、実際の行政執行をその道のプロに委ねる制度です。市支配人は任期を決めて議会によって選出され、議会に対して責任を負うという位置づけになります。

　いずれの制度もさらに詳細に検討を加えれば、さまざまに小分類することができます。

　政策を実施する際には、財政資金、権限、人員、資機材そして、技術、情報などの政策資源が欠かせませんが、これまた多様な政府間関係において、それらをどのように配分するか、またその配分自体をどのように決定するか、多様性は実に幅広く拡大していきます。

　さてさて今回の授業は、ここまでです。

　次回は、これまでの古典的な議論を離れ、私自身の考察を展開してみようかと思います。もちろん、他では聞くことができないお話になります。

小結

　さて、受講者の皆さん、今回のオンライン授業はいかがでしたでしょうか。

　第5回の講義は、6月2日に配信する予定です。

　本講はその前日までサーバーに留置します。何度でもアクセスしてください。

　次回は、これまでと多少構成を変えて講義を行う予定です。

　これまで時事問題で協力してもらった面々にも再び協力をお願いすると思います。

　とはいえ、正直なところでは、まだどのように構成しようか、決定的な構想は浮かんでいません。

　ともあれ、第4回「自治体論Ⅰ」はこれにて結びといたします。

終講

第5回　領域社団の形成と自治の普遍性
〜独自の視点から自治の普遍性を導く〜

〈第5回の目次〉

1．はじめに

2．記憶と類推に基づくヒトの行動

　　(1)　非力な動物の行動パターン

　　(2)　記憶、類推、行動に係る類型化と意思

　　(3)　イワシの群れをどう見るか

　　(4)　見ようとする「意思」と見える「もの」

3．領域社団の形成

　　(1)　移住型生活様式と定住型生活様式

　　(2)　多様な地域共同社会集団の成員

　　(3)　「私たち」の共有属性と規範

　　(4)　自治の単位集団の存立要件

4．属性共有集合間の関係

　　(1)　親戚関係

　　(2)　独立・交差・包摂

　　(3)　包摂関係における受容条件

　　(4)　自治の普遍性

その2　宮﨑伸光名誉教授　2020年度春学期「自治体論Ⅰ」講義録

みなさんこんにちは。

「自治体論Ⅰ」第5回の授業を始めましょう。

今回は、前回までとは違い、私独自の考察を講じます。オンラインの講義形式で上手く伝えられるかどうか心許ないのですが、思い切って試してみることにしました。

本科目の今年度は、形式の上でも実験的な授業ですが、今回はさらに内容においても実験の要素を加えることになります。さて、どうなることでしょう。

受講生の反応も大いに楽しみです。課題リポートでは建設的な意見を期待します。

1．はじめに

今回は、これまでと授業の構成を変えます。いろいろ考えたのですが、シラバスで予告していた構成に無理に合わせることはやめました。

その一つですが、前回までのように、時事問題を採りあげて多角的に検討することは、今回はお休みします。

前回までは、時事問題として新型コロナウィルス感染症（COVID-19）関係の話題を毎回採りあげてきました。とくに「アベノマスク」については、なかなか良いタイミングだったのではないか、と思っています。もちろん、それは今にして思えばということであり、偶然そうなっただけのことですが。

ちなみに、私の手許には、「アベノマスク」も「10万円」も未だに届いていません。私自身に限って言えば、不織布製のマスクは多少の蓄えがありますし、賃金も振り込まれていますので、まだ届かない両者がないと直ちに生活に困る状態ではありません。「アベノマスク」と「10万円」の定額給付金は「不要不急」の類いと言えるかもしれません。

何人かの学生に尋ねてみたところ、「アベノマスク」は到着と未着に分かれました。一方、「10万円」については、この間、親許で生活をしている学生は、届いたかどうか知らない、と異口同音に答えました。

さて、どう評するべきでしょうか。ただ、親子喧嘩の火種にならないことを願うばかりです。

時事問題の主題としては、もちろん、他にもさまざまなことが考えられます。私としては、「時事」といっても、少し視野を広げ、対象とする時間も長くとって主題を選びたいと思っていますが、なにぶん新型コロナウィルス感染症の衝撃が大きく、どうしても避けられませんでした。

今回、時事問題の検討を1回休むことで、これを区切りとして視野を他に向けようかと考えています。とはいえ、これまでも具体的な課題はギリギリまで絞り切れないのが通例でしたから、どうなることか、わかりません。

２．記憶と類推に基づくヒトの行動

（1）　非力な動物の行動パターン

宮　﨑　ヒトは記憶と類推に基づいて行動します。

学生１　いきなりどうしたんですか、「自治体論」なのに前回は数学を持ち出し、今回は何ですか。

宮　﨑　まあまあ、「ヒト」ってわかるかな。

学生１　それぐらいは、……。生物の一種として人間を見るときに「ヒト」って表記する和名だと思います。

宮　﨑　そうですね。では、ヒトをその他の動物と区別する特徴は何だろう。

学生１　二足歩行でしょうか。

宮　﨑　それもそうだ。生まれてからのほんの一時期以外は、原則として二足歩行をする動物はヒトだけです。

　　　　他にも、たとえば道具を用いる動物は他にもいるとしても、その道具を作るための道具を使うのはヒトだけですね。まだまだ、いろいろヒトだけの特徴はあろうかと思います。

　　　　ここで着目したい特徴は、ヒトは独りでは生命を維持できないということです。

　　　　多くの野生動物は、生まれると同時に厳しい生存競争にさらされながらも、自立して生き抜く歩みを始めます。もちろん、自ら餌を獲得する術が得られるまでを親の庇護の下に暮らす動物も少なくありませんが、そうした動物でも、そのわずかな期間を過ぎれば自立に向かいます。

　　　　ヒトは、そうした自立に向かう力が極めて弱いと言えるでしょう。その非力さゆえに周囲の支えが欠かせません。

　　　　自然界の捕食関係の中で、弱い動物は、しばしば群れを作ります。

　　　　たとえばイワシは、群れを形成することでカツオやマグロあるいはイルカといった捕食者から自らの身を守ろうとします。確かに集団で塊を形成すれば捕食者は狙いを定めにくくなり、個々の身が晒される危険は減少するでしょう。イワシは、捕食者が接近すると塊の状態になりますが、捕食者が去るとその集団は解散します。

　　　　ところが、高速カメラを用いた観測などから、右に左にと機敏に方向を変えるイワシの群れにはその先頭を行く、いわゆる統率者が存在しないことがわかっています。

　　　　もしかするとイワシには、危機回避の意図はなく、ただ群れをなす外形を生じさせているのかもしれません。イワシの群れは、本能による反応パターン、すなわち先

その2　宮崎伸光名誉教授　2020年度春学期「自治体論Ⅰ」講義録

天的に備える知恵としか説明がつかないのでしょうか。

学生2　イワシとヒト……？？

（2）　記憶、類推、行動に係る類型化と意思

宮　崎　まあ先を急がずに。

とはいえ、時間も限られていますので、細かいことは省きながら話を進めましょう。

ヒトの行動は、過去の記憶に照らして、将来起きるであろう事象を予測する作用を経て現れるとは思いませんか。

学生1　言われてみればそのような気もします。でも、いちいち考えて行動しているとは思えませんが。

宮　崎　それはそうです。でも、「過去の記憶に照らして」というところを広く柔軟に解したらどうでしょう。

たとえば何らかの体験から苦痛を伴う刺激を得たヒトは、応答の術を過去の記憶に探り、そこから待避行動などの具体的な反応が導かれて、行為として顕れる、と捉えれば、反射と呼ばれる瞬時の反応や体調を顔の表情や身体の姿勢で示すなど、どうしようかなどと考える暇のない行為についても統一して考えることができるでしょう。

学生1　なかなかよく理解できるとは言えませんが、たとえそうだとしても、それはヒトに限られることでしょうか。

宮　崎　確かに芸を仕込まれた動物を想像すれば、ヒトに限られる話ではありませんね。

また、反射のような瞬間的な行為だけでなく、たとえば、自転車、スキー、水泳など、一定の技能は一度身につくとそれから離れる空白期間が何年あっても、まさに身体が覚えているということもあります。

そこで、次に「記憶に照らして」「予測する」ことに着目します。この「記憶」と「予測」を媒介するものは何でしょう。

ここは「意識」を一般的には「無意識の行為」と呼ばれる行為の背景に拡張した概念を持ち込んで考察したいところですが、それを省くとして、少なくとも「言語」が大きな役割を果たしていることに違いはありません。ヒトは、抜群の言語能力を媒介として「記憶」を「予測」に繋げます。

ただしここでは「言語化」される前にヒトの行動を左右する重要な段階の一切を省きましたので、言語は記憶を予測に繋ぐ十分条件であっても必要条件ではない、ということを指摘しておきましょう。

学生1　十分条件と必要条件の違いって何だっけ。

309

学生2　私の出番ね。AならばBが成り立つとき、AはBの十分条件で、逆にBはAの必要条件ですよ。一般に、AならばBが成り立つときでもBならばAは成り立つとは限らないでしょ。これが成り立つとすれば、必要十分条件でAとBは同じことになりますね。集合Bに集合Aがすっぽり全部含まれている図をイメージすれば「AならばB」はわかりやすいわ。

宮　﨑　次に行きますよ。「過去の記憶」と「将来起きるであろう」は、どういう関係でしょう。

　　　　ここでは「過去の記憶」が類型化され、それに応じた「過去の行為」とその行為によって「過去に起きた」ことの記憶が連鎖して「将来起きるであろう」という予測を導くと考えられます。つまり、ここに「過去」から「将来」への転換が認められます。

　　　　つまり、同じような経験にいわば成功体験があればそのときと同じような反応をし、反対に失敗体験があればそれを繰り返すまいとして別の反応をする、ということです。その際、「同じような」と見なせるかどうかの判断、すなわち「類型化」の判断において、言語が主要な道具となります。

　　　　たとえば、一般に眼前に急速に接近する何物かが突然現れたとき、ヒトは思わずそれを避けようと体をかわします。この何物かのいわば正体がわからないときの瞬時の動作はいわゆる反射に他ならず、言語の介在はないかもしれません。しかし、急迫する物体について一定の判別がつけば、それによっても反応は変わるでしょう。そうした形状の判別とは、対象を類型化する作用に他なりません。

　　　　その類型化に言語が媒介するとき、一括りにされた対象には、たとえば球状の比較的小ぶりな物であれば「ボール」といった名称が付与されます。さらに、同じボールであっても、幼児用のフワフワに軟らかいボール、革製のバレーボール、芯の詰まった公式野球のボールなど大きさや硬さはさまざまであり、これらに対する避け方は過去の記憶によって違ってきます。

　　　　たとえば、幼児の遊び相手をしているときに投げられたフワフワボールであれば、それが自分の顔に命中すればむしろ喜ばしいかもしれませんが、公式野球の観戦中に飛んできた打球は避けなければ大けがをしかねません。つまり、行為を導く「類型化」は、対象物それ自体ばかりではなく、それがどのような状況下にあるかまでも含めて、さまざまに行われます。

　　　　また、ヒトが記憶から行動を導く過程においては、ヒトの積極的な意思が影響を及ぼすことも否定できません。とはいえ、ヒトの意思自体も本人に蓄積された記憶によって生み出されます。ただ、その一方でヒトの意思は本人の記憶自体をも喚起します。この相互作用から導出される行動の候補に一定の方向性とその方向に即した

その2　宮﨑伸光名誉教授　2020年度春学期「自治体論Ⅰ」講義録

序列を配する作用は価値観と呼ぶことができるでしょう。

　　　ヒトの行動は、過去の記憶に照らして、将来起きるであろう事象を予測する作用を経て、価値観に基づく選択によって現れると思います。

学生1　イワシはどこへ行ったのでしょう。

宮　﨑　まあ、慌てずに、もう少し。

　　　もちろんヒトは、経験した事象、ないし身体に受けた刺激のすべてを記憶のいわば浅瀬に留め置くことはできません。ヒトそれぞれに容量の限界があり、通例、記憶の多くは忘却の深海に沈みます。

　　　ヒトは幸福と不幸を体験したとき、一般に幸福体験の情報をより多く記憶に留め、不幸体験は忘れてしまう傾向があります。それは、不幸体験が導く苦況を日常生活から遠ざける方向に作用する価値観によると思います。一方、ヒトは未知の事象に遭遇し、記憶の深海にまで類似情報を求めてもそれが見当たらないとき、不安を覚えます。そのような理解不能の状態における感情が高まり、拒絶の反応を呈するまでに至るとき、それを恐怖と呼ぶことができるでしょう。

(3)　イワシの群れをどう見るか

　ヒトは、それはあたかもズームレンズを装着したカメラで写真撮影をするかのように、狙いを定めて、それぞれの価値観に左右されて整序された情報を、その能力に応じて感覚器に刺激として受け入れるのではないでしょうか。

　すなわち、ズームレンズの焦点距離を短くとれば画角は広がり、イワシの群れと捕食者の距離に関係を見ることができますが、特定のイワシを追うことはできません。一方、焦点距離を長くとれば画角は狭く、特定のイワシの泳ぐ速度と方向の変化は見えますが、群れの全体像を把握することはできず、それが捕食者の存在と関係があるかどうかを見ることはできません。

　焦点距離が短ければ被写界深度（ピントが合う前後範囲）は深く、長ければ浅くなりますが、同じ焦点距離でも被写界深度は絞りによって変化します。つまり、大きく絞り込めば被写界深度は深くなり、イワシの群れは大きな一つの集団として行動しているかのように見えます。一方、絞りを開放すれば被写界深度は浅くなり、狙いを定めた特定のイワシ以外はぼけて見えなくなります。

　また、露光時間を短くとれば（高速シャッター）、イワシの瞬間の姿が捉えられますが動きはわからなくなり、長時間露光（低速シャッター）にすれば、ぶれて個々のイワシの姿は捉えられませんが動きの軌跡を捉えることができます。

　実際の写真撮影では、感光部に届く光量について絞りとシャッタースピードはトレードオフの関係になります。さらに感材の感度を調整したり、被写体に補助光を当てることもあり

ます。同じ被写体でもこれらの設定次第で全く違う画像が得られますから、使用可能な機材の範囲内で撮影意図に応じた組み合わせが選ばれます。

（4）　見ようとする「意思」と見える「もの」

　ここまで縷々述べてきたことの意味がわかるでしょうか。

　イワシの群れを「外敵から身を守ろうとする行為」と見ること自体が、予め意味を付与して習性を見ているのではないか、ということです。そして、広く一般にそのように観察されてきたということ自体が、反面において、ヒトが自身の集団生活を「外敵から身を守ろうとする行為」として意味付けてきたことの証であり、類推の対象をイワシに求め安心を得ようとする偏向の結果なのではないかということです。

　動物が群れをなして行動することは、結果として自らの身を守る場合に限られるわけではありません。その反対にオオカミやライオンなど捕食者の立場においても、集団行動は見られます。その場合も、集団で餌となる動物を襲うことで捕食の成功確率は上がりますが、当該捕食者がその事実を知り、互いに協調した行為に結びついているかどうか、捕食される側の集団形成と同じように疑問が残ります。

　ヒトは、種々の野生動物と比べれば、それぞれの個体に強い牙も角も嘴もなく、トゲトゲで身体が覆われているわけでもありませんから、明らかに弱いでしょう。しかし、狩りないし漁労により捕食者の位置に君臨してきました。それは集団行動のなせる業でしょう。つまりオオカミやライオンなどの集団行動を観察しその意味を得心する際にもヒトの行動様式が反映されていると考えられます。ただし、ここでイワシの群れと違うところは、獲物を狙う捕食者集団には特定の統率個体の存在が確認されていることです。ヒトもまた「効率よく獲物を得るための手段」として統率者の下で集団的な狩りをしていたことが反射的に推測できるのではないでしょうか。

　さらにヒトに近いとされるサルは、集団生活を常態としています。

　サルの集団生活には、地位と役割が存在することが認められてきました。すなわち、社会性です。サルの世界は、独りでは生命を維持することすらできないヒトが、地位と役割が存在する社会生活を自覚し、維持発展させてきたことをいわば姿見のように映し出しています。

　要するに、ヒトが見ようとする「意思」とヒトに見える「もの」は切り離すことができないということです。同じものを見るときでも、電子顕微鏡を用いる場合、肉眼で注視する場合、天体望遠鏡で見る場合では、みな違った様相を呈します。この事実をわきまえて「自治」を見つめたいと思います。

その2　宮﨑伸光名誉教授　2020年度春学期「自治体論Ⅰ」講義録

3．領域社団の形成

（1）　移住型生活様式と定住型生活様式

　さて、すでに触れたようにヒトもまた自然界の生存競争から自由ではあり得ません。食料の確保は、おそらく採取と狩猟に始まりますが、その段階では獲物を求めて移住する生活様式が一般的であったことでしょう。しかし、記憶と類推による想像力から、当面の生命維持に必要な量を超える余剰の必要性を覚えたヒトは、食料を保存して備えたり、栽培ないし養殖の技術を発展させるなどして、定住型の生活様式を生み出しました。

　騎馬民族に代表される移住型生活様式においては、一群を率いる統率者の下にそれに従う者からなる社会が構成されます。移動する範囲が季節により画されることもありますが、獲物を求めて大きく移動することもあるでしょう。そうした社会では、統率者の支配権は、それが及ぶ成員の範囲が地理的な範囲よりも重視されますが、豊穣な地域を求めて集団間に紛争が生じることもあるでしょう。必ずしも外延が明確ではないとはいえ、一定の地域を主要な生活の根拠地、すなわちいわば地元とする領域性が認められる場合もあることと思います。なお、移住型生活様式における回遊も、もちろん闇雲に行われるものではありません。それもまた、記憶と類推によって得られる期待と確信に基づいた行動に他なりません。

　漁労については、極めて小規模の場合を除いてやはり集団による共同作業で獲物を追いますが、やや事情を異にします。外洋はもとより内水面であっても、ヒトは記憶と類推から漁場を選びますが、毎度確実に釣果があがるとは限りません。漁場は、とりわけ広い海原に及ぶ場合など、その独占が難しく多数集団の競合が生じます。しかし、個々のそうした集団すなわち漁船団等に着目すれば、一般にそれぞれの母港周囲に漁村を形成し定住します。

　他方、農耕民族に代表される定住型生活様式においては、いわゆる土地に縛られた社会が形成されます。収穫物の分配はもとより、その生産手段としての土地をめぐって支配権が争われ、土地の領有権は次第に集約の方向に向かいます。成員間の転出入が少なく、その同質性が高い定住型生活様式において生産力は格段の発展を遂げ、社会生活はその規模を大幅に拡大しました。そして、領域社会としてのまとまりが幾重にも形成されてきました。

　移住型生活様式の社会と定住型生活様式の社会は、ともにそれぞれの生業に即したかたちで領域性を帯びた共同社会を形成しました。この両者は、前者が後者のいわば縄張りを侵すなどの衝突を繰り返し、しばしば緊張を孕む関係になりましたが、生産力の格差を背景として後者が優位に立ち、地図は色分けされていきました。

（2）　多様な地域共同社会集団の成員

　地域社会の成員としては、その社会の維持に積極的に貢献し得る共同性の担い手が核をなします。いわば働き手です。その周囲には、かつてその働き手であった引退者と将来働き手

313

になることが期待される者がいます。これは、加齢による引退や一人前と認められない若年者を意味することはもちろんですが、そればかりではありません。傷病を得た者、転入して日の浅い者なども含まれます。さらに、必ずしも生産活動に従事するとは限らない血縁者など生活を共にする者も加わり、より広くは当該地域に生活実態のある者全てに及ぶこともあります。また、必ずしもその地に生活する者ではなくとも、当該地域社会に格別の貢献が認められる者などが特に成員として認められることもあり得るでしょう。

　成員の範囲とその規律方法は、具体的に見れば多種多様ですが、こうして一定の地域すなわち領域に基礎を置く共同性を帯びた継続性を有する社会集団がさまざまに形成されてきます。そして、こうした過程を認めるならば、どのような共同性に着目するかによって、つまり、どのような共同性を見ようとするかによって、社会集団の見え方が変わってくるのは当然のことです。

（3）　「私たち」の共有属性と規範

　ヒトは自らの意思のままに自由に行動したいと思います。他の動物の思いは、そもそも思い自体を脳裏に描くか否かも定かではありませんが、少なくとも観察によれば、行動に対する抑制を嫌うようです。いや、先に述べたところに従うならば、他の動物も自由に行動したいはず、と仮説を立てて観察し、それを否定しない結果を得て、観察者に安心が得られます。

　しかし、記憶から類推を駆使するヒトの思考は、自らの思いだけに止まりません。自分がそう思うならば、他人も同様に思うに違いないと想像します。つまり、諸個人の自由が互いに衝突することを察知し、自由には限界が画されるという規範を認めます。

　個々のヒトは、通例、他者との関わり、すなわち社会性を幼児の頃から次第に身に付けていきます。それは母子の関係に始まり、親子兄弟姉妹にまず拡がります。多くの場合に同居し生計を共にする親子兄弟姉妹は「家族」として濃密な関係を形成し、成長の拠り所になります。そしてヒトは、「家族」のソトに位置する社会の存在を知り、次第に社会の中で生活が成り立つことに理解が及んでいきます。

　ヒトは、社会生活を営むうえで習慣や価値観を始めとするさまざまな属性において他者との共通性を見出し、その共通性を有しない者は「私たちとは違う」と思います。

　また、何らかの共有属性を自覚してウチ／ソトを分ける社会集団を形成するとき、その成員間には「私たち」という仲間意識が芽生えます。それは、当該社会集団の成員か否かを分かつばかりではなく、成員としての自覚から、その一員としての行為規範の基礎となる倫理観をも導きます。そして、その倫理観を共有し得ない者や共有を拒む者を成員から排除するなど、成員間に共有される規範が生じます。

　この属性共有集合において新たな共有属性として定立される行為規範は、成員すなわち「私たち」を自覚する諸個人によって主観的に認められることで維持され、その属性共有集

合の外延、つまり範囲を決めることになります。

（4）　自治の単位集団の存立要件

　こうした行為規範の形成は、生活文化の全般に及びますが、具体的に考えれば難しい話ではありません。たとえば共通の趣味で集まるサークル活動に即して見てみましょう。

　生花を愛好する人が集い、ともにその技術や感性を磨くとします。別に何々流といった家元制度を想起する必要はありません。単に愛好家の集いを思い浮かべるだけでも、そこには活動場所の設定、集合日時、素材や道具の準備等々、幾多の決めごとがあり、またメンバー間の挨拶や口のきき方など、特段取り決めを意識しないまでも、抵抗感なくひとりでに従う行為規範が成立するでしょう。

　一般に、諸個人がどのような趣味を持ち、どのようなサークルに属すか、また、そこにどのような決め事があるかはその他の者には関係がありません。つまり、趣味を通じて集まるサークルは、「私たち」という成員の自覚とその「私たち」が揃って認める集合意思に基づいた行為規範を共有する限りにおいて存立します。

　ところが、存立の条件がそうとばかりは言えない自治の単位集団もあります。特定の社会集団の存在が、他の社会集団のあり方に影響を及ぼす蓋然性が高いと予見される場合です。

　ウチ／ソトの関係で言えば、ウチの者の主観的意思ばかりではなく、ソトの者との関係において初めて存在が認められる社会集団の場合、当該社会集団が相互に他者の存在を認め合う「相互承認」が必要になります。この関係が成立することにより、当該社会集団それぞれの内部限りの「私たち」の行為規範は安定します。

　映画などで見るヤクザの世界の縄張りを想起してみましょう。もちろん本当のところは知りませんが、その種の世界では、互いに抗争のリスクを回避するために、内心面白くないと思いながらも、「平時」には相手の存在を認め「共存共栄」が図られているように描かれています。

　そうした構図は、いわゆる「国家」と呼ばれる社会集団についても同じです。

　多くの教科書は、「国家」の三要素として「主権」「国民」「領土」を挙げています。「国民」については多重国籍、「領土」については帰属問題といった重なりをめぐる論点が無いわけではありませんが、一般に、「国民」についてはそれぞれの成員に自覚があり、「領土」については、実効支配下で暮らす人々の意識があります。そこで、問題含みであることを自覚しつつも、一応これら二要素についてはウチ／ソトの峻別に係る主観的条件は満たされていると考えることにしましょう。

　しかし、それでも今日の国際社会においては、そうした主観的条件だけでは「主権」は認められません。国際連合を想起しましょう。いわゆる主権「国家」の成立は「相互承認」に基づいています。

各国および一定の地域は、「国家」という呼称が適切であるか否かは別として、内政不干渉原則を互いに認め合うことで、それぞれの行為規範が保たれています。ここでも実態としては、この「内政不干渉原則」が動揺していることは否定できませんが、深入りは避けることにします。

4．属性共有集合間の関係

（1）　親戚関係

　再び「家族」に着目しましょう。

　もちろん、現実の家族形態はさまざまで、一括りにすることは難しいのですが、先に触れたように、親子兄弟姉妹から成る血族が同居し生計を共にする場合に、そうした集合は一般に「家族」として認められます。

　さらに、血族の範囲を祖父母やおじ・おば等にまで拡げ、そこに姻族も加われば「親戚」という集合も形成されます。この場合、「私たち」の濃淡、すなわちウチ／ソトの関係で見れば「家族」「親戚」「アカの他人」の順に前者が後者に内包される包含関係の図式が成立します。

　俗に「子は親を選べない」と言われます。確かに血族関係は先に述べた趣味のサークルなど自らの意思で集う主観的な関係とは異なる客観関係のようにも見えます。しかし、親戚関係のウチ側において種々の生活支援が行われることは珍しくなく、逆に親子の縁を切る「勘当」や親戚づきあいを絶つ「絶縁」などが行われることもあります。

　つまり行為規範に着目する限り、親戚関係もまた社会生活を営むにあたり主体的に形成されると見ることができます。

　「親戚」は、客観的関係から見ても決して固定的な集団ではありません。姻族に着目すれば、もともと無関係であった者が婚姻関係を結ぶことによって「親戚」が拡大します。むろん離婚によってその逆となることもあり得ますが、その場合には離婚によって直ちに親戚関係に基づく行為が解消するか否かは別の問題でしょう。とはいえ、客観的な集合関係としては分裂することになります。「親戚」の核をなす「家族」についても、子どもが育ち家計を離れて独立すれば、その関係は変容します。

（2）　独立・交差・包摂

　以上を念頭に置きながら、より一般的に属性共有集合間の関係を見てみましょう。

　一般に、それぞれに属性を共有する２つの集合AとBの相互関係を考えると、互いに何ら共通するところのない①「独立関係」を一方の極とすれば、一つの属性共有集合が他のそれを完全に包み込む③「包摂関係」がもう一方の極になります。そしてその間に互いに一部の

その2　宮﨑伸光名誉教授　2020年度春学期「自治体論Ⅰ」講義録

要素を共有する②「交差関係」が位置し、これらの三種に類型化することができます。

これらを図示し、併せて数学記号を借りて表現すると【図1】のようになります。

また、独立関係にある2つの集合AとBが交差関係に転じると、新たにその全体としての和集合Cないし共通部分としての積集合Dが生まれます。この関係は【図2】に示すとおりで、CとDとの関係は【図1】の包摂関係になっています。

これを親戚関係に即してみると、互いに「アカの他人」と相手を見ていた親戚集合AとBの要素間に婚姻関係が生じ、両者が交差関係になることで、姻族としての結びつきからその和集合C（＝A∪B）が新たに拡大した親戚集合になるということです。この場合、AとBの積集合D（＝A∩B）の要素は、妻と夫ということになります。

妻と夫であれば、通例は本人同士の積極的意思により成立すると解されるものの、それぞれの親戚にしてみれば、自らの意思とは無関係に親戚集合が拡大したことになります。この場合は、包摂される側の集合の要素が主導して包摂する側の集合に変容を来すことになりますが、一般には既存の集合の内部に一定の条件を画して要素を限定し、新たに包摂される集合が作られる場合があります。

いわゆる許婚の婚姻形態がそれに当たるでしょう。許婚とは、親戚集合AとBにそれぞれ属する親ないし親代わりの者が、それぞれの子どもが幼少のうちに結婚させる約束を取り交わし、その二人がそれなりの年齢に達したときにその意思に関わらず実行させて親戚関係を結ぶものです。

この場合、【図2】のAとDの関係で見れば、Aの一部である子どもが妻ないし夫としてBとの交差関係を結び、Dとして新たにAに包摂される集合として画されたことになります。BとDの関係も同様です。もちろん集合Dの要素は妻と夫の二人だけです。

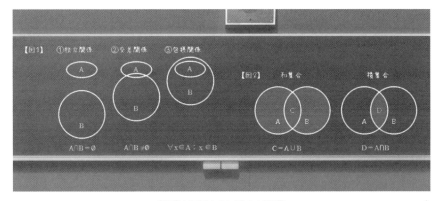

〈講義中に示された図1と図2〉

317

（3） 包摂関係における受容条件

　こうしたいわば包摂する側に存在する強大な力の影響を受けてその内部に包摂される集合が画された場合は、それが包摂されるウチ側の諸個人によって否定されることなく受容される場合には安定しますが、受け入れがたい押しつけと見なされれば著しく安定性を欠くことにもなりかねません。

　つまり、包摂関係においては、包摂される内部集合Dの誕生のいきさつとは別に、その存立がDのウチなる諸個人によって「私たち」のこととして受容される限りにおいて安定します。それは、当該属性共有集合の成立を主導した包摂する側の主体、すなわち【図2】で見ると、Dから見ればソトにも見えるCからDを控除した差集合（A∪B－A∩B）とDとの間に、やや歪な形態ながら相互承認類似の関係が成立しているからです。

　属性を共有する集合内部における行為規範は、いつ誰の手により生み出されたかより、現に成員に「私たち」のこととして受容されているか否か、の主観的条件が存立の決め手となるでしょう。

　各国とその法令によって地理的範囲やその権能が規定されている自治体が包摂関係にある属性共有集合の典型例であることは、包摂する側の国も「相互承認」に基づく属性共有集合の一つであることを示した今では、もはや容易に理解できるでしょう。自治体と国は、他にも無数に存在する領域を基礎とする集団のともに一例に他なりません。これらを領域社団と呼ぶとすれば、とくに包摂関係にある領域社団については、包摂する側を広域社団、包摂される側を狭域社団と相対的に呼ぶことができます。

　広域社団が狭域社団の範囲を決めた場合、たとえば、宗教、民族、人種、言語など、さまざまな共有属性に由来する生活文化圏域とそれがうまく馴染まないときには、厳しい緊張状態が発生することも理解できます。

（4） 自治の普遍性

　ここまでに述べたことから明らかなように、諸個人を要素とする属性共有集合には無数の種類があるとともに、さまざまな意味で拘束力のある行為規範がそれぞれに定立されており、一定の限界の下でその集合行為には自由が認められます。これこそが「自治」に他なりません。

　したがって「自治」は、個人における自由を社会集団において見出そうとしたときに見える、諸個人が「私たち」と思う範囲を基礎として拘束力ある行為規範を互いに守る自覚的共同営為です。そして、それは人間社会のいたるところで観察できます。

　あらためて指摘するまでもなく、本講の主要な関心事は、自治体の制度に向けられます。そこで、さまざまな「自治」の中でも一定の領域を基礎とする領域社団における政府機構の制度を導出する作業が次に続きます。

その2　宮﨑伸光名誉教授　2020年度春学期「自治体論Ⅰ」講義録

　とはいえ、今回の講義内容は、これまでと比べて難解であったかもしれません。復習には相当の時間を要することと思いますので、この先は次回に送ろうと思います。

　受講者の皆さん、しっかり復習しておいてください。おそらく本講全体を通じて、今回が最も難解になろうかと思います。ここを乗り越えれば、きっと次回以降はさほど難しくないと思います。

小結

　さて、受講者の皆さん、今回のオンライン授業はいかがでしたでしょうか。

　第6回の講義は、6月9日に配信する予定です。

　本講はその前日までサーバーに留置します。何度でもアクセスしてください。

終講

第6回　統率者の選出と統率者に対する授権
〜地域共同社会の統率者をどのように決めるか〜

〈第6回の目次〉

1．時事問題を考える　④（氏名について）
　(1)　問題提起
　(2)　甲（4東不思議）の見解
　(3)　乙（4長谷川喜怒哀楽）の見解
　(4)　論点の整理と課題

2．社会生活と法規範
　(1)　規範と法
　(2)　人治から法治へ
　(3)　3つの「せいとうせい」
　(4)　形式的法治主義と実質的法治主義

3．統率者の選出
　(1)　多様な選出方法
　(2)　権威と能力
　(3)　機会均等
　(4)　押しつけ

--今回はここまで

4．政策執行に関する授権
　(1)　政策課題と政策執行
　(2)　政策執行に伴う権限
　(3)　政策執行に伴う責任
　(4)　授権の限界

その2　宮﨑伸光名誉教授　2020年度春学期「自治体論Ⅰ」講義録

みなさんこんにちは。

「自治体論Ⅰ」第6回の授業を始めましょう。

1．時事問題を考える　④（氏名について）
（本書では省略）

前回は、諸個人を要素とする属性共有集合には無数の種類があり、さまざまな意味で拘束力のある行為規範がそれぞれに定立されていると述べました。

そして、「自治」は、

- 人間社会のいたるところで観察できる。
- 個人における自由を社会集団において見出そうとしたときに見える。
- 諸個人が「私たち」と思う範囲を基礎として拘束力ある行為規範を互いに守る自覚的共同営為である、

としました。

「自治」の単位は、実にさまざまですが、富の分配ないし再分配機能を含む暮らしに係る多様な機能を果たす地域共同社会のあり方はとりわけ重要です。それはヒトの生死にも直結する場合があるからです。

その視点から見る場合、どのような名称で呼ばれようとも狭域広域さまざまに存在している地縁団体、自治体、そして国、あるいはEUや国連までもが、地域共同社会を構成する単位集団としては等しく、ただ焦点の選び方によって異なる像を見せます。

本講は、そうしたさまざまな「自治」の中でも自治体に主要な関心を向けて論じますが、理解の容易性を考慮して、説明に現行制度の実例を挙げる場合など、必要に応じて適宜それ以外の地域共同社会を構成する「自治」の単位にも焦点を移すことにします。

2．社会生活と法規範

前回は、大別して2つの生活様式、すなわち移住型と定住型のそれぞれを採りあげ、ともに領域社団、すなわち一定の地域を基礎とした共同社会の形成に至る道筋を、極めて概略とはいえ、たどりました。

移住型の生活様式であれば採取や狩猟、定住型の生活様式であれば栽培や養殖など、いずれにせよ食料の調達や確保は、共同生活を営む際の最重要課題であったことは想像に難くありません。

採取や狩猟あるいは漁労であれば、どこにどういった人員や道具を集めて向かうか、その

際誰が統率者となるか、もちろん天候などの偶然性に左右される面もあるでしょうが、集団行動の組織編制によって成果が変わることは、ヒトの記憶と類推から想像されることでしょう。したがって、実際に獲物を求める行動の前に大方は決められ、さらに現場において臨機応変の対応が求められます。

また、栽培については通例春夏秋冬の１年、養殖については通例産卵もしくは稚魚稚貝から食用に適するほどの成長に至るまでの複数年を周期とする経験、すなわちまさに記憶と類推を基に食料の確保が進められます。

農業技術の獲得と伝承については、私には忘れられない思い出があります。

私自身が、そろそろ40代にさしかかろうかという年齢で、日本全国各地を飛び回っていたときのことです。ある農家で同年代の農業後継者を目指す意欲に溢れる方と出会いました。

高校を卒業して他に就職することなく家業の農業に従事したというので、もうベテランですね、と何気なく私の口から出た言葉に鋭い反応が返ってきました。

> 子どもの頃から家業は手伝ってきましたが、お手伝いと職業はまったく違います。高卒後は見習いの時期が何年かあって、ようやく一通りを覚えて20年というところです。ということは、私は、同じ作物をまだ20回しか作っていないということです。わかりますか、まだ20回です……

私は、この言葉に衝撃を受けました。

その「20回」には１度として同じ気象条件が繰り返されることがありません、と話は続けられました。

私の口からは、まさに何気なく喋った言葉でしたが、何気ない言葉故に、私は深く反省しました。同年代の相手をベテランと呼んだ私は、自分自身の内に宿る驕った気分をそのとき強く自覚したのでした。

農家は世代を超えて技術や知恵あるいは技能などを地域共同社会に伝承します。その際、統率者の役割は、個々の農家の生業に直接関わる事象の枠を遙かに超え、当該地域共同社会に暮らすうえで必須の生活様式全般について、成員をとりまとめることになります。

それはたとえば、祭礼、冠婚葬祭、あるいは子供会・若者衆・年寄り連など呼称はさまざまですが年齢階梯諸集団等を取り仕切る姿などに現れてきます。なお、通例これらのいずれも、由来をたどれば当該地域の農業と縁があります。

集団生活を営むという点では、狩猟ないし漁労を中心とする共同社会においても同様のことが言えます。それぞれの地域共同社会生活に応じた生活様式、すなわち生活文化と言い換えることも可能ですが、それを継承しさらに時代に合わせて発展させる役割が統率者に求められるようになります。

つまり、地域共同社会における統率者の間からは、それぞれの生活文化全般を率いる役割

その2　宮崎伸光名誉教授　2020年度春学期「自治体論Ⅰ」講義録

を担う存在へと発展的変貌を遂げる者が現れてきます。

(1)　規範と法

　食料の確保に統率者をはじめとした成員の地位と役割が重要な影響を及ぼすとすれば、確保された食料の分配にもそれが及ぶことは当然です。

　誰しも、記憶と類推に基づき、食料の確保については、生命を維持するために必要な最低限度に始まり、将来の危機を想定した余剰の備蓄に至るまで、少しでも多くを得たいと思います。

　そこで、この基礎的な欲求に基づく最重要課題をめぐって幾多の諍いが勃発したことは想像に難くありません。

　そうした諍いは、結局暴力によって決着が付けられたこともあったでしょうし、何らかの方法によって平和裏に解決したこともあったでしょう。

　ただし、紛争の規模が拡大したり、強引な平定が繰り返されたりすると、積み重なる対立の構図は定着し、その意味で構造化に向かいます。

　すなわち、暴力支配が横行する地域共同社会においては、もはや支配者と呼ぶべき統率者やその取り巻きから成る少数の支配層と、それ以外の人々から成る多数の非支配層の分断をもたらします。

　そして、その格差が顕著になるとき、積極的に抵抗の意思を示し、暴力には暴力で対抗してその地位を転覆させようとする者が現れることもあります。

　そうした対立構図が先鋭化すると、一方では、強い者に積極的に加勢して自らの安泰を図る者が現れます。いわゆる「勝ち馬に乗る」処世術です。

　また他方では、支配者が求める労力や資産の提供など最低限の要求を受け入れることで消極的な支持の姿勢に終始し、支配権の争奪には関与しないことで生活を守ろうとする者も多く現れます。

　これはまさに、少数者による多数者に対する支配の構造が樹立されるさまを示しています。

　一般に、国のレベルで支配層の内部において立ち上がった者が支配権を新たに奪取した場合は「クーデター」、非支配層が支配構造を転覆させた場合は「革命」と呼ばれます。

　そして、地域共同社会の支配権をめぐる戦いに決着がつくと、勝者は敗者に厳しい仕打ちを課し、見せしめとするなどの手を打ち、しばしば次なる反抗の企てを事前に阻止しようとします。これは「カウンター・クーデター」や「反革命」などとも呼ばれます。

　より狭域の地域共同社会においても、これに同種の事象は、いわゆる意趣返しのような陰湿な虐めなどに見られることがあります。

　とはいえ、こうした剥き出しの暴力による支配では、およそ安定した社会を確立することはできません。

支配者にしてみれば、旧体制が保持されれば「悪夢再び」、新体制に刷新されれば「明日は我が身」の危険から脱し得ません。

　また、そうした闘争に積極的な役割を演じようとしない多数者にしてみても、暴力により支配権を得た者が、暴力の行使を背景にどれだけの労力や資産の提供などを自分たちに課すか、などの不安が広がります。

　労力の提供は、狭域の共同社会においては勤労奉仕、広域の共同社会においては兵役などとして現れ、資産の提供については、狭域の共同社会においては各種の募金や会費、広域の共同社会においては納税などの形態で現れます。

　つまり、剥き出しの暴力によって支配される社会は、常により強い暴力に怯える社会に他なりません。

　そこで、一定の共同性を帯びた社会生活を安定して維持発展させるためには、成員が互いに納得して認め合う行為規範の下で生活することが欠かせません。

　もちろん、そこには個々人の幸福追求が最大限認められていなければ、成員間に納得を得ることが不可能でしょう。

　しかし、時と場合によっては、自らの自由に制約を課すことがあるとしても、成員間の紛争を防止し、あるいは発生した紛争を解決に導く行動原理、つまり成員個々の自由よりも優先される行為規範が内包されることも認められます。

　そうした行為規範を認め合い、その下で地域共同社会の生活が営まれることで、成員間には当該社会への帰属意識と安心感が醸成されます。

　とはいえ、地域共同社会における暮らしが、成員個々の自由を何らかのかたちで抑制していても、成員間の衝突やトラブルは必ず発生します。

　そこで、対立する当事者の間に分け入り、両者の言い分をそれぞれに聞いて解決策を探るなど、地域共同社会には調整する役割の者が求められます。

　また、現に発生している生活に関連した諸課題を解決するため、あるいは多義的な含意が込められるものの「より良い暮らし」を実現するため、成員個々が保有する資源では成し遂げることができない事業等でも、それらを合わせることで達成できる見通しが得られることは一般にいろいろあります。

　当該地域共同社会全体の大きな目標、それは社会全体の幸福追求や公共の福祉など、いろいろに呼ばれますが、そのために成員に負担を求めたり、成員の気ままな行為に制限をかけたりする規制の役割を担う者も求められます。

　さらに「困ったときはお互い様」という言葉もあります。弱者救済は、まさに地域社会の共同性が発揮されるところです。地域共同社会を支える側に立つ成員も、いつ支えられる側に立場が転換するかは誰にも予想がつきません。

　地域共同社会の誰もが安心して日々の暮らしを過ごすことは、当該社会全体の幸せに他な

324

りません。地域共同社会には、財もしくはサービスを然るべき対象者に給付する役割を担う者も求められます。

そしてもちろん、成員を不当に規制することがないように、地域共同社会には、そうした力を統制する仕組みが不可欠ですし、財やサービスの給付については、それが単なる恣意的な恩恵の類としてではなく実施されるために、公正ないし公平を担保するための仕組みも欠かせません。

こうして、地域共同社会の自治には、共有する行為規範から成員が逸脱せず、安心して暮らすために不可欠な仕組みの制度化が求められ、そのあり方を示す法が定着していきます。

(2) 人治から法治へ

地域共同社会には、調整する役割を担う者、規制する役割を担う者、給付する役割を担う者、の３者が必要であると述べました。

地域共同社会の生活文化を取り仕切る統率者は、当該共同社会を代表するとともに、この３者の頂点の役割を一身に担います。

そうした統率者は、人をその意に即して動かす権力を得て、当該地域の支配者として振る舞いがちにもなります。

ただ、さまざまな衝突やトラブルを成員の納得を得て解決するには、その存在が他の一般人とは違うということを見せつける必要があります。

そこで、過去における事例に詳しい生き字引のような古老などが語る当該社会の慣習や蓄積された行為規範を持ち出したり、宗教的権威者の威光を利用したり、いわゆる学識経験者の知恵を借用したりします。

支配者の身近にさまざまな特権が与えられた宗教界の権威者やいわゆる御用学者が侍る事例はいくらでもあるでしょう。

実例の有無については有力な根拠となる資料が手許にはありませんが、少なくとも理屈の上では特定の個人を絶対的な最高権力者、すなわち絶対的支配者として認める社会においては、その絶対的支配者の行為を抑制し得るものは本人の内心以外には存在しようがありません。

しかし、絶対的支配者がその内心に秘める思惑と、広く当該地域共同社会に共有される倫理ないし行為規範は、かつて実在した暴君や啓蒙専制君主の例を思い起こすまでもなく、符合することもあれば相容れないこともあります。

もしかすると当該支配者の思いつきのような発案の根拠は、占い師による託宣かもしれません。

仮に当の本人はいたって真面目に悩みに悩み、その結果として占いに頼ったとしても、それがそのまま直ちに具体的な施策として現行施策を排して実施されるようであれば、いわゆる朝令暮改の弊も免れないことになるでしょうし、そもそも誰も責任をとる者がいませんか

ら、当該社会は安定しません。

　そこで、個別対応を要する調整においてもそうですが、とりわけより一般的な規制や給付については、公正を確保するために不当および不公平を防ぐ仕組みが重要です。もちろんさまざまな工夫が想定されますが、いずれにせよ行為が当人の内心のみに拘束される絶対的支配権を否定しなければ始まりません。

　狭域の地域共同社会においては、ときに重要な地域政策の決定に際して関係者が必ず足を運んでお伺いを立てる「○○天皇」などと陰で呼ばれる有力者が公式の代表者とは別に存在することがあります。

　そのまったく非公式な「鶴の一声」で「無理が通れば道理が引っ込む」事態があることは、テレビドラマや小説等の作品に見覚えがあるでしょう。確かに、現在なおそうした実態が一部にあることは事実です。

　もちろん、タテマエとしては認められず、公にはされませんが、某県の職員から同県の予算案について最終調整段階のやや手前からの実務が庁舎外、具体的には総理大臣経験者の事務所ビルで実質的に行われていることを明かされたことがあります。

　なお、その総理大臣経験者もすでに亡くなり、短期とはいえ中央政権の交代を挟んだ現在では、少なくともその県の例はすでに過ぎ去った昔話になったと思います。

　こうしたタテマエのうえでは存在するはずがないいわゆる「陰の実力者」の実例は減りつつある、とも言われますが、少なくとも噂のレベルでは根絶されてはいないようです。

　たとえ根絶の達成は難しくとも「タテマエのうえでは存在するはずがない」と関係者間に共通した理解はあります。

　そうした共通理解自体に、何人に対してもその人の「胸三寸」でことが決められるような絶対的支配権を認めてはいけない、という倫理自体が普遍化していると見ても良いのではないかと思います。

　広域の地域共同体については、本講ですでにその糸口に触れています。

　欧州で絶対君主制が打破される過程において、一挙に共和制へと転換しなくとも、旧封建体制の復活を阻止する条件として、国王といえども憲法に従うこと、すなわち憲法を絶対的な権限が及ばない枠として設定し、その制約の下でのみ王権の存続を認めた立憲君主制がそれです。

　これらは総じて「人による支配」から「法による支配」あるいはもっと縮めて「人治から法治」への転換と呼ばれています。

　なお、法にはさまざまな存在形式があり法源と呼ばれます。法の分類方法もいろいろありますが、法源は文字で記されているか否かで大きく成文法源と不文法源の２つに分けることができます。

　成文法源は、文字で記された文章の形式を備えた法ですから、解釈の余地を残すとはい

326

その2　宮﨑伸光名誉教授　2020年度春学期「自治体論Ⅰ」講義録

え、不文法源に比べて明確で安定しています。そこで、一般に成文法源が法源の主たる部分を占め、不文法源はそれを補完する役割を担います。

　　　成文法源：①憲法
　　　　　　　　②法律
　　　　　　　　③条例
　　　　　　　　④政令
　　　　　　　　⑤自治体の首長が定める規則
　　　　　　　　⑥条約
　　　　　　　　⑦その他（省令・中央政府の各組織による規則等）
　　　不文法源：①慣習法
　　　　　　　　②条理（社会通念）
　　　　　　　　③判例

　ちなみに、現在の日本国を例にとれば、成文法源には、①憲法、②法律、③条例、④政令、⑤自治体の首長が定める規則、⑥条約、⑦その他（省令・政府の各組織が定める規則など）があり、不文法源には、①慣習法、②条理（社会通念）、③判例などが含まれます。

　さらに付言するならば、仮に地域共同社会の全員に共有される規範を表現することが目指された法であっても、その地に暮らす人々のすべてに周知の機会が保障されるわけではありません。

　たとえば江戸幕府が定めた法の一部は高札によって周知が図られましたが、いかに当時の識字率が同時期の世界各地に比べて高かったとはいえ、あらゆる人々がその内容を理解できたわけではありませんし、多くの人々にとってはその必要もありませんでした。

　悪いことをすれば捕まり、お仕置きを受ける、という理解は必要でも、個別の犯罪行為にどのようなお調べがあり刑罰が科せられるかは、担当する武士が心得ておけば十分とされました。

　一方で、呼称はさまざまですが「村の掟」についてはそうはいきません。不文律を含めて生活に直結する決めごとを厳守することは、地域共同社会で暮らすための最低限の条件でした。

　また、高齢化が急速に進む今日の地域共同社会に目を転じても、高齢者や障碍者を対象とする福祉政策が申請主義をとるために、当該制度そのものが対象者に十分周知されない場合や、理解されても申請することに困難を抱える場合があります。

　つまり、成文法源であっても、文字の読み書き能力自体が階層の分断を示している社会もありますし、そのことを含めて法により保障されている制度に成員のすべてが等しくアクセ

スする機会が保障されているものでもありません。

　法は、一見万人に共通した平等の外形を装いつつも、当該地域共同社会における運用に目を向ければ、そうはいかない場合があることにも留意が必要です。

(3)　３つの「せいとうせい」

　さて、みなさんは「せいとうせい」という言葉を耳から聞いたとき、漢字３文字で表記される何を思い浮かべるでしょうか。

　おそらくは「政党制」という回答が多いことでしょう。

　もちろん、正解です。

　それはそれで正解ですが、ここでは他に二つの重要かつ少々難しい「せいとうせい」も採りあげます。

　それは、「正当性」と「正統性」です。

　まずは「政党制」について簡単に触れておきましょう。

　政党に似て非なる団体に圧力団体があります。この両者は、限りある政策資源を自らの指向に沿うように、つまりそれぞれの利益を拡大する方向に向けて分配するように求める点で共通しています。

　政党と圧力団体の差違は、前者が政権の獲得と維持を目指す団体で、後者は政権に影響力を及ぼす団体として区別されることが一般的です。

　圧力団体は、特定の業種を単位として組織されることが多く見られ、特定の政党に資金援助をしたり、世論喚起をしたりしてそれぞれに有利な政策の実現を目指します。

　一方、政党の成り立ちはいろいろですが、特定の政見ないし価値観に基づいて同志や資金援助を募り活動を進めます。

　日本国における現状を見れば、政党は国政に関する選挙を中心に組織されています。ただし、国会の内部においては、複数の政党が歩み寄って会派を形成し、それが議会運営の単位になっています。いざ議決となれば、いわゆる「会派拘束」が機能することが慣例ですし、それに反せば所属政党から何らかの不利益を被ります。

　したがって、国会の会派構成を見れば多数決の結果は事前に明らかなので、少数会派の役割は、そこに至る前の折衝とマスコミ等を通じた世論喚起が中心にならざるを得ません。

　本来政党は志を同じくする仲間の私的な集合体のはずですが、こうして中央政界を実質的に動かすことが、政党制と呼ばれるゆえんです。

　同様のことが、狭域の地域共同社会について見られても良さそうですが、日本国における自治体の現状を見れば、かならずしもそうとは言えません。

　政党も圧力団体も多くは中央政界に働きかける本部機能の下に特定の地域を活動の範囲とする下部組織を従える階統制の形態が採られています。

その2　宮﨑伸光名誉教授　2020年度春学期「自治体論Ⅰ」講義録

　ただ、圧力団体の地域組織は、必ずしも常時活発な活動を行うわけではなく、いざ選挙となると急に活性化するところも少なくないようです。

　もっとも、一般にはあまり目立ちませんが、日常活動としては、多くの場合に組織構成員相互の親睦が主で、次におりに触れて自治体の行政組織に直接接触を図る活動が行われているようです。

　政党についても似たところがあります。やはり地域組織は、必ずしも日常活動は活発ではなく、いざ選挙となると急に活性化するところが少なくないようです。

　とはいえ、狭域の地域共同社会における政治家としての経験が、次の比較広域共同社会における政治家へのステップとされることが少なくないことも事実です。

　共産党や公明党など少数の例外はありますが、多くの政党は自治体における選挙の際に立候補者に所属政党を名乗らせず、無所属候補として擁立します。

　また、日本国においてはいわゆる地域政党もわずかの例外を除いて発達していません。そのわずかの例外についても、支持者の増加を見ると全国政党を目指して組織改編等が行われたりしました。

　これは、政治的姿勢をはっきりさせて対決することや地域における諍いを好まない日本の伝統的美風による、などと説明されることもありますが、いわゆる先進諸国に類例を見ない戸別訪問の禁止など、選挙制度のあり方自体の影響も考えられます。

　自治体における選挙の際に所属ないし支援を受ける政党名が明らかにされないとはいえ、選出された後の政治活動は階統制組織の枠を超えることはなかなかありません。政治活動に係る資金や情報などのさまざまな資源を支持母体たる階統制組織に頼るからです。また、そうした階統制組織内部の上下関係が広狭地域共同社会自体に同一視され、しばしば序列関係で捉えられる一因ともなっていることは否定できません。

　さて、日本国の現実に例を採ることで少しばかり話の先取りもしてしまいました。

　ここからは「正当性」と「正統性」についてです。

　「正当性」は英語で表記すれば「justness」で「正統性」は「legitimacy」です。

　と言っても、これだけでは何の説明にもなりません。

　「正当性」とは、「正」も「当」も正しいという意味ですから、正しさを示す言葉であることに間違いはありません。眼前の事象が、道理に適っているかどうか、地域共同社会に引きつけて述べれば、当該社会の倫理とそれに基づく行為規範を前提としてそれから逸脱していないかどうか、という判定基準となります。

　まったく別の例を挙げてみましょう。

　ここにお母さんと小学校2年生の娘、そして小学校入学を来年に控えた息子がいるとします。このお母さんが姉弟の大好きなお菓子を三つだけあげて、二人がどうするか見守る場面

329

を想起しましょう。

　まず、賢いお姉ちゃんは、三つでは二人で分けられないので、もう一つちょうだいとお母さんにねだることでしょう。しかし、お菓子は三つしか残っていません。

　すると多分お姉ちゃんは、私の方が大きいから、と言って二つを先に取り一つを弟に渡そうとするでしょう。しかし、それでは弟は満足しません。泣き出してしまうかもしれません。

　次に、お姉ちゃんは、お母さんに一つのお菓子を二つに分けてほしいと頼み、弟と同じく一つと半分という分け方をすることでしょう。

　さて、この場合に正しい分け方はどれでしょう。

　どの分け方も正しいようにも見えます。

　しかし、弟が泣き出すばかりではなく、暴れ出したらどうでしょう。お姉ちゃんは、自分の取り分を我慢して弟に二つ差し出してなだめるかもしれません。

　あるいは、一つをお母さんに返すこともあり得ます。ただし、それをお母さんの分とするか、後でこっそり自分で食べるかは別の問題です。

　つまり、先に例示した分け方以外にも可能性はあります。そして、いずれも見方によっては「正当性」を有する回答ということになります。

　要は、当事者が納得することができれば「正当性」を満たすことになります。

　「正統性」は、具体的な決定について、当事者が納得し承認する意味上の根拠です。地域共同社会に引きつけて述べれば、当該社会の倫理とそれに基づく行為規範そのものが一定の拘束力を有することが認められるかどうか、という判定基準になります。

　この「正当性」と「正統性」は、しばしば混同されやすいため、よく裁判の場面が例に挙げられて説明に用いられます。

　世間の注目を集める裁判がテレビで報じられる際、しばしば判決の主文が読み上げられた後、まだ判決理由が述べられている最中に傍聴していた一部の人が外に飛び出し、テレビカメラに向かって「不当判決」などと書かれた横断幕等を示すことがあります。

　もちろん敗訴の予感があればこそ、事前に用意された横断幕等ですが、それを掲げた当人は、裁判の結果を認めがたい、すなわち「正当性」が認められないと確信しています。

　しかしながら、そうした人でも裁判制度自体、すなわち裁判所の存在と権威については認めているわけです。

　象徴的に表現するならば「正統性」が認められる裁判所による「正当性」が認められない判決もあり得る、ということになります。

　三つの「せいとうせい」のうち「政党制」は、他の二つとまったく別の文脈において登場しますので、混同されることはほとんどありませんが、「正当性」と「正統性」は、それぞれの意味を正しく理解しているはずの人同士の会話でも、ときに混ざることがあります。そこで前者が「当たるせいとうせい」、後者は「統べるせいとうせい」と呼ばれることがあり

その2　宮﨑伸光名誉教授　2020年度春学期「自治体論Ⅰ」講義録

ます。

「正当性」と「正統性」は、いずれも政治学では基礎概念に属しますので、目にする機会は少なくないのですが、「当たる〜」や「統べる〜」を初めて耳にしたときは、なんとも不思議な思いと言うか、気持ち悪いと言うか、違和感を覚えた記憶があります。

すでに述べたように、地域共同社会においては「調整・規制・給付」が必要とされ、統率者がこのそれぞれの頂点をまとめて一身で担います。

とはいえ、単身でできることには大きな限界がありますし、単身にすべてを任せることは法治主義が許しません。

そこで、「調整・規制・給付」の役割を担任する人を決め、組織を作る、あるいは既存の組織にその任務を担わせるために、当該地域共同社会において正当と見なし得る手続きが、まず必要になります。

そして同時に、当該地域共同社会の成員に不当な規制などの不利益が及ばないように、また、財やサービスの給付が適正に実施されるように、統率者を監視し、必要に応じて抑制の機能を働かせる仕組みを作り出す正当な手続きも必要です。

そもそも地域共同社会自体は、さまざまな環境に応じてそれぞれが発展してきましたから、そうした必要を満たすための努力とその結果もいろいろあります。まさに地域性と時代性を備えた諸制度が存在しています。

とはいえ、地域共同社会の成員の多数が、仮に消極的であったとしても、納得して認める制度でなければ安定性は確保されません。しかし、一見合理的な外形を備える成員の全員参加を求める意思決定方式が、実際にはごく一部の意向がほぼそのまま通過する結果を導くことは、本講ですでに触れました。

そこで、何らかのかたちで代表を選出し、その代表を通じて意思を集約し決定する術が工夫を重ねつつ伝承されてきました。

もちろん、そうした「代表」そのものが指し示す意味など、細部においてはさまざまな違いがありますが、代表制民主主義が、とりわけ一定の規模以上の地域共同社会において、統率者やその監視機能を担う組織を構成する者の選出など、社会の必要を埋める正当な手続きを導くと一般に見なされるようになりました。

とはいえ、基本的に多数決の原理に基づく代表制民主主義においては、多数者の意向に即した諸決定に少数者は常に不満を抱くことになりかねません。これは多数者による少数者の支配と呼ばれる現象で民主主義の裏面とも言えます。

そこで少数意見の尊重という声も聞かれますが、多数者と少数者間の見解に著しい隔たりがある場合など、具体的にどのように尊重されるのかという点では問題を多く残します。

なお、多数決の勝敗とその結果の正当性は本質的には無関係です。敢えて両者の関係を述

べるならば、正しいから多数者の支持を得たとは言い切れず、多数者の支持を得たから当面正しいと認めようということに過ぎません。

仮に敗者の側が多数の支持を集めることができたとすれば、そちらの選択肢が当面正しいと認められていたということになります。つまり、多数決原理には、その背景に試行錯誤を繰り返すことで、よりましな答にたどり着くであろうという信念が隠されています。

とはいえ、それも多数決で当該事象に関する集合意思を決すること自体に合意が得られていること、すなわち正統性が認められていればの話です。

たとえば、財政の窮乏化に苦しむ自治体において、障碍者福祉にかける予算の大幅削減が議題に上ったとします。これを単純に多数決で決しようとすれば、通例障碍者とその関係者は自治体内の少数派ですから、簡単に関係予算が大幅削減されてしまうでしょう。

しかし、ことは障碍者の人権にも関わり、当該自治体の基本政策方針に人権擁護が掲げられているような場合などでは、多数決で決められる問題ではない、とされるかもしれません。

「多数者の専制を許すな」といったプラカードが掲げられるデモ行進など、当該地域共同社会の成員や志を同じくする人々による直接行動が単純な多数決の実施を阻むこともあり得ます。

つまり、正統性を支える根拠に深刻な懐疑が生じたとき、少数派はその決定に拘束されることを潔しとせず、サボタージュやデモ行進、あるいは反乱、暴動などの直接的実力行使に訴えてでも自ら「正当」と信じる主張を貫き通すことがあり得ます。

したがって、地域共同社会においてその成員が安心して日々を暮らすためには、当該社会における行為規範に適い正当とみなされる手続きを経て、生活関連諸課題の解決に役立つ社会的装置を導出する集合意思の確立が求められます。

そうした社会の装置は、自治体以上の広域共同社会においては政府（government）と呼ばれることが相応しいでしょう。

（4）　形式的法治主義と実質的法治主義

「正当性」と「正統性」の次は、実際にどのようにして地域共同社会において統率者を選出するか、と話を繋ぎたいところですが、その前に「人治から法治へ」の転換に伴う法治主義から派生する問題をあと一つ簡単に触れておきましょう。

本講では、第2回の講義で鉄血宰相と呼ばれたビスマルクがプロイセンの議会ですでに多数を占めていた新興ブルジョアジーが陸軍拡張案を否決したにも関わらず軍備を拡張したことに触れました。この事実は、議会意思を完全に無視し、予算措置ゼロの状態で陸軍の規模を拡大する措置を進めたことに他なりません。

どうしてそのようなことができたのでしょう。

ビスマルクを首相に据えた国王ヴィルヘルム1世は、その強行にむしろ不安を抱いていた

その2　宮﨑伸光名誉教授　2020年度春学期「自治体論Ⅰ」講義録

と伝えられています。それもそのはずです。まさに立憲君主制からの逸脱行為ですから、普通に考えれば自らの身が安泰でいられるはずがありません。

しかし、策士でもあったビスマルクの主導によりプロイセンはドイツの統一に成功し、多額の賠償金も得ましたので、結果としては財政の帳尻は問題とならず、国王は難を逃れました。

この歴史的経緯は、立憲体制が樹立されたとしても、それが直ちに法治主義に基づく体制を築くものではないことを示しています。

再び話は国政レベルになりますが、日本国の二つの憲法を例に採り、大日本帝国憲法と日本国憲法における法治主義を比較してみましょう。

大日本帝国憲法（旧憲法）は、欽定憲法であり天皇が臣民に下賜するものとされましたが、三権分立が規定されると共に、その第二章に「臣民権利義務」の規定が置かれ、一応法治主義の体裁を備えていました。

たとえば、「第一章　天皇」の「第一条　大日本帝国ハ万世一系ノ天皇之ヲ統治ス」に始まる条文は、第四条に「天皇ハ国ノ元首ニシテ統治権ヲ総攬シ此ノ憲法ノ条規ニ依リ之ヲ行フ」とあり、これだけを見ると、いかにも天皇制絶対主義が立憲主義に譲歩の姿勢を示しているかのように見えます。

しかしながら、第二十九条の「日本臣民ハ法律ノ範囲内ニ於テ言論著作印行集会及結社ノ自由ヲ有ス」などに見るように、一見広範な自由もそのすべてが「法律ノ範囲内」という限定の下で認められていました。

さらに、同じく第二章に配された第三十一条には、同章のあらゆる規定、すなわち「臣民権利義務」のすべてが「戦時又ハ国家事変ノ場合ニ於テ天皇大権」の劣位に置かれました。

加えて、第一章の第八条には「法律ニ代ルヘキ」緊急勅令の規定があり、続く第九条には独立命令という極めつけとも言える規定まで置かれていました。

この独立命令とは「……公共ノ安寧秩序ヲ保持シ及臣民ノ幸福ヲ増進スル為」に発せられる天皇の命令であり、同種の規定は、手本とされたプロイセンの憲法にもない独自の規定でした。

また、臣民の権利には第二十四条に裁判を受ける権利の規定もありましたが、やはりそれも「法律ニ定メタル裁判官ノ裁判」に限定され、旧憲法に8か月遅れて制定された「行政庁ノ違法処分ニ関スル行政裁判ノ件」という法律により、実際には行政庁を相手とする裁判はほとんど門前払いの扱いを受けました。

旧憲法は、確かに天皇制絶対主義と立憲主義の化合物ですが、こうした内容に鑑み、外形的法治主義ないし形式的法治主義に基づくものと呼ばれています。

一方、日本国憲法（現行憲法）は、旧憲法の改正手続きを踏まえ、章の構成や配置も似ていますが、その内容はまったく異なります。

前文には、憲法を確定したのは「正当に選挙された国会における代表者を通じて行動」す

333

る日本国民とあります。

そして、基本的人権の永久不可侵性を前文、「第三章　国民の権利及び義務」に配された第十一条、さらに「第十章　最高法規」に置かれた第九十七条のそれぞれにおいて宣言しています。

加えて、「第四章　国会」では、第四十一条に「国会は、国権の最高機関であつて、国の唯一の立法機関である」と前文にある「正当に選挙された国会における代表者を通じて行動」することに基づく国会の最高機関性の規定もあります。

裁判については、「第六章　司法」の第七十六条に旧憲法体制下に存在した行政裁判所を否定する規定が設けられており、第三章第三十二条の「何人も裁判所において裁判を受ける権利を奪はれない」など、その実質的保障規定もあります。

さらに、同じく第三章第十七条には国家賠償制度の規定もあり、国民の不利益救済も実質化されています。

これらの規定に鑑み、現行憲法は実質的な法治主義に基づくと評されています。

3．統率者の選出

ここでようやく地域共同社会における統率者を実際にどのようにして選出するか、に話が進みます。

「調整・規制・給付」の3機能をそれぞれの頂点において一身で担う地域共同社会の統率者は、自治体以上の広域地域共同社会においては生活関連諸課題の解決を図るための社会的な装置である政府（government）の一機関として位置づけることができます。

さて、そうした社会的装置を実際に担う人物を正当に選ぶためには、予め何をどのように決めておけば良いでしょうか。

（1）　多様な選出方法

ここでは、誰が、どのような人の中から、どのような方法で選ぶか、が考察の対象になります。順に考えてみましょう。

まず、誰が選ぶのか、ということですが、これは選出に係る有権者の範囲を確定するということ、さらに言い換えれば、有権者資格の設定です。

すぐに思いつくことは、当該地域共同社会に責任を果たす能力を有する者に限られるということですが、さて、この条件によって住民の中から子どもは除外されるとしても、何をもって責任を果たす能力を有すると判定するのかは極めて曖昧です。

また、それを誰が決めるのか、と問題を立てると、その誰を誰が決めるのか、と無限連鎖が始まり、いつまでたっても確定できないということにもなるでしょう。

334

その2　宮﨑伸光名誉教授　2020年度春学期「自治体論Ⅰ」講義録

　そこで、とりあえず無難と思われる線を試しに引いてみて、実践しながら改良の余地を探るということになります。

　年齢の条件で言えば、日本国内の選挙では1945年に20歳が有権者資格が得られる年齢として再出発され、その後さまざまな議論が重ねられてきたものの改正には長期間至らず、2016年6月になって18歳に引き下げられました。

　自治体合併をめぐる投票では、これは政策選択に係る住民投票ですから、有権者資格という点は同じとはいえ、やや性質を異にしますが、2002年9月29日に岩城町（秋田県）で高校生の投票参加が全国で最初に認められています。

　また、責任を果たす能力が別の側面から捉えられ、当該地域内に不動産など一定の財産を所有することや地域への貢献実績ということで納税額が基準とされた例も国内外に多数あります。

　次に、どのような人の中から選ぶのか、ということですが、これは被選出資格の設定ということです。

　一般には、有権者の中から候補者を出すことが、選ぶ者と選ばれる者の同一性を担保するという観点から望ましく思われそうです。しかし、日本国の自治体ではそうはなっていません。

　自治体の有権者は当該自治体に住所を有する者に限られますが、被選出候補者にそうした住所要件は課せられていません。これは、しばしば狭域の自治体において適任者を見出すことが困難な場合に備えた仕組みである、ともっともらしい解説がなされますが、歴史をたどるとそれは正しくありません。

　市制・町村制は、現行地方自治法の施行によって廃止された旧法ですが、その規定では人口と財政の規模が大きい都市に住所要件がなく、弱小町村に住所要件が課せられていました。つまり、先ほどの説明は成り立ちません。

　極めて簡単に要点を述べると、住所要件の有無は、人口と財政の規模が大きな都市に中央政府の息がかかった人物を送り込む可能性を秘めた制度で、弱小町村はその視点からは相手にされていなかったということが真相です。

　なお、現行の市町村長の被選挙資格は25歳以上で、18歳以上の投票有権者資格とは開きがあります。これは、若いうちは年齢を重ねることで市町村長に必要な経験と能力が涵養されるという、根拠らしい根拠がない信念あるいは共同幻想によるものと言えるかもしれません。

　そして最後は、どのような方法で選ぶかということになります。

　本講では、すでに剥き出しの暴力と選挙を先回りして例示していますが、もちろんそれだけに限られるものではありません。

　選出方法を大別すれば、自薦、他薦、輪番、抽選、押しつけ、といったところが想起されます。そして、このそれぞれについて多様な方法が編み出され、実践されてきました。

　つまり、地域共同社会の統率者等を選出する方法は、極めて多岐にわたります。そのすべ

335

てを採りあげることは無理ですが、いくつかを選び、それら選出方法の背後に潜む正統性の根拠、すなわち当該地域共同社会における倫理と行為規範に接近してみましょう。

（2）権威と能力

　すでに触れたように、確かに剥き出しの暴力による支配は現実に存在しました。いや、今日でも探せば実例は地球上のどこかにあります。広狭を問わず地域共同社会における暴力支配は、安定性に欠けますが、それにも関わらず、消滅しないのはなぜでしょう。

　剥き出しの暴力支配を徹底するために、反抗する者に厳しい措置をとり、見せしめにするという方法は、すでに述べました。しかし、そうした恐怖支配体制も更なる新興勢力の台頭に怯えますから、理由にはなりません。

　暴力支配を安定させる方向に運ぶ秘訣は、むしろ暴力を最後の切り札として日常的には隠すことです。そして、人智の及ばない権威に頼り、一般の人々から距離を置くことです。

　たとえば、神話として伝えられる話は世界中にありますが、それが政治権力の維持のために利用された例は数多くあります。

　大日本帝国では天皇は現人神とされましたし、西欧には王権神授説が絶対君主制の下で流布されました。また、狭域の地域共同社会においても神のお告げによって超人的な力を得たとされたり、我こそは神仏の生まれ変わりと自称した「指導者」の例が頭に浮かびます。

　また、見方によっては類例と位置づけることも可能と思いますが、現在を生きる人には変えようもない家柄や家系に権威を頼る場合もあります。世襲制はその一つです。

　日本国の天皇は、万世一系とされました。ヒトは誰でも親から生まれてくるわけですから、万世一系がどのような意味をもつのか怪しいところですが、その地位は世襲制で途切れることなく継続してきたとされています。

　さらに、その開祖が神話と結びつけられ、当代の天皇が現人神であるという神格化と合わせて伝承され、それを疑うことを許さない教育が権威とそれに頼る権力を補強しました。

　以上は、別に極端な事例を求めた結果ではありません。背後に暴力支配を隠す地域共同社会の支配者は、一般に、その支配権を許す行為規範ないし倫理観を広く当該社会に共有させようとして、自らに都合のよい道徳思想の流布を心がけるものです。

　また、能力評価によって統率者の支配権の正統性を認めさせる手法もあります。

　もちろんそれには、統率者としてふさわしい能力の有無をどのような試験で見極めるのかという問題がつきまといますが、その結果に人々の共感というか、納得を求めるという点では、人智を超えた権威に頼る手法と同じくイデオロギーによる支配の類いにまとめられるでしょう。

　いくつか例を挙げてみましょう。

その2　宮崎伸光名誉教授　2020年度春学期「自治体論Ⅰ」講義録

家柄や家格：

　これはすでに述べた権威の源泉とも重なります。

財産や納税額：

　これについてもすでに触れました。

経歴ないし実績：

　これは狩猟に出かけた際の臨機応変の対応などを想起すれば容易に理解できると思いますが、そこまで遡らなくとも、先代の統率者の眼鏡に適い後継者として指名を受けることや、当該地域社会において名を馳せた有名人で誰言うと無く次代を担う人物と認められることも含みます。

専門ないし教養試験：

　これは中国発祥の科挙の制度を想起すればよいでしょう。ただし、科挙そのものは高級官僚になるための登竜門でした。出題内容は、実務とは関係が薄い四書五経の丸暗記などでしたが、出自に関係なく登用される可能性が開かれており、大変な難関であったことでも知られています。ちなみに、歴代の合格者の氏名は北京市の孔子廟にある石碑に成績順で刻まれています。なお、試験による選出の場合には、誰が出題者を務めるかということも問題になります。

学歴：

　政治家の学歴詐称事件が後を絶たないことからは、一般に学歴が統率者の能力を決めると思われているようです。しかし、当然のことながら、両者を直に結ぶ根拠は見出し難いでしょう。

年齢：

　候補者の年齢も、ある種の能力を示すものと捉えられます。ただし、どのようなシンボルとしてアピールするかで、その意味は変わってきます。たとえば、若いうちは元気と将来の可能性、過去とのしがらみのなさなどが、有力なアピールポイントになるでしょう。そして、年齢を重ねると多様な人生経験が統率者に求められる種々の能力を涵養したと主張され、高齢になれば健康とさらなる経験の強調に加え、若造に任せても良いのか、などという主張に繋がります。

選挙：

　見方によれば選挙も統率者としてふさわしいか否かの能力選別と見ることもできるかもしれません。選挙有権者による対立候補との比較検討の結果は、得票という形で可視化される選別の結果に違いありません。すでに触れましたように、有権者資格と候補者の被選挙資格は、必ずしも等しくありません。しかし、選挙制度が成り立つ背景には、当該地域共同社会においてある種の同質性が意識され、成員仲間のウチから統率者を選出するという自覚が存在します。制度上立候補に住所要件がないにも関わらず、しばしば

337

立候補予定者が事前に選挙区域内に住所を移すことが見られますが、それにはヨソ者として不利になることを避ける狙いがあります。日本国内ではほとんど見られませんが、当該地域共同社会の選挙制度自体やその運営実務が正統性の危機に陥り、不信感が拡散すると、予想される選挙結果を受け入れ難い者によって、それが判明する前に破壊行為を伴う実力行使が見られることもあります。そうした破壊行動をあえて行う者にとっては、正当な選挙のイメージが前提としてあり、それと乖離した不当な選挙が行われているという判断があります。一方、強引に選挙を進めてきた側にとっては、その結果は民主的に正当な手続きを経ていると主張できるという判断があります。

ということは、この両者とも選挙という手法自体については肯定的に捉えているということです。選挙制度は、民主制を支える制度の一つに他なりません。民主制にもいろいろありますが、イデオロギーの側面から見れば、大方好意的な評価が確立しているように思われます。

（3）　機会均等

次に、輪番制や抽選による決定方式を見てみましょう。

輪番制は、極めて狭域の地域共同社会ではよく見られる方法です。

いわゆる自治会・町内会等と概括できる地縁団体は、他国に類例を見ない日本国独特の制度ですが、その規模は数世帯程度の小さなものから、1,000世帯を超える大規模なものまでいろいろあり、活動実態も実にさまざまです。

私は、かつて会長代行を兼ねる副会長を1年間だけ拝命したことがあります。その自治会は、域内に終点を含むバスの停留所を四つ抱える広さがあり、当時はほぼ全戸が一戸建てで約1,000世帯、3,000名を超える住民が暮らす巨大な規模でした。

全域は五つのブロックに分けられ、さらに各ブロックは20軒弱の班によって構成されています。そして、各班ごとあるいは2班に一つ各家庭から排出されるゴミの集積所があり、毎週輪番で交替する班長がその掃除も担任します。

もちろん班長の仕事はそれに止まりません。回覧板の管理や会費の徴収などのほか、いわゆる雑用がいろいろあります。また、防災訓練などのイベントの際には、班の統率者としての任務があります。

さて、これほどの大規模な自治会・町内会等は稀ですが、輪番制の班長等にゴミステーションなどとも呼ばれる一時集積場所の衛生を保つ任務が委ねられているところは少なくありません。

ところが、同じ自治会・町内会等でも会長は選挙で選ばれるところが多いようです。もっとも、長年にわたり、同一人物がずっと会長を務めているところもあります。もちろん、規模の小さな自治会・町内会等では、会長も輪番制で交替しているところもあります。

その2　宮﨑伸光名誉教授　2020年度春学期「自治体論Ⅰ」講義録

　とはいえ、多くのところで、なぜ班長は輪番でも会長は選挙で選ばれるのでしょう。班長と会長には、どこに違いがあるのでしょうか。

　そのヒントの一つは、やはり規模の違いです。

　各班は、比較的狭域の地域共同社会である自治会・町内会等に対しては、それに内包されるさらに狭域の地域共同社会とも位置づけられます。

　班長が統率する範囲は、いわゆるご近所に限られますから戸数は知れたものですし、顔と名前、さらには当該世帯の種々の事情などを互いに良く知っていることが通例です。その点アパートの住人は一般に近所づきあいに消極的な人が比較的多く、自治会・町内会等の運営には苦労するところです。

　班長の任務は、ホンネを言えば誰もしたくないけれど、誰かが担任しなければならない、との思いからお互い様ということで順番に担われているのかもしれません。昨今では隣近所の事情がわかることから、高齢単身世帯などは気の毒ということで順番が飛ばされる柔軟な対応をするところも見られます。

　つまり、輪番制が受け入れられる背景には「お互い様」という負担の公平感や「お気の毒」という事情の熟知があります。したがって、互いによく知らない者同士の関係においては成立が難しくなります。また、求められる任務が誰でも遂行可能で必要に応じて交替することも可能であるという前提もあります。

　一方、会長については、いろいろな事情が考えられます。班長と同じように誰かがしなければ、という使命感から候補者として手を挙げる人もいるでしょう。

　また、会長として知名度を高め、より広域の地域共同社会における来るべき選挙への出馬を考えている人もいます。同様のことは、地元小中学校のPTA会長についても当てはまります。

　また、長年会長を務めれば「自治功労者」ということで叙勲の対象にもなり得ますので、じっとその時を待つような人もいます。

　会長に就任すれば、地元の生活課題に係る各種の苦情や陳情、あるいは請願などを関係諸機関に繋ぐ仕事も生まれます。また、地元小中学校のイベントに招待され挨拶を求められることもあります。各種選挙の投票立会人を依頼されることもあります。

　こうして、さまざまな形で当該地域共同社会の枠を超えた関係諸機関との接触機会があります。

　それを疎まずに淡々とこなしていく余裕がないと自治会・町内会等の会長は務まりません。

　となれば、いわゆる第一線を退いた退職者の第2の社会貢献の場ということにもなります。会長等の役員に高齢者が多いことも頷けます。

　なお、会長が選挙によって選ばれるとしても、その選挙が複数の対立候補によって争われるとは限りません。むしろ、狭い地域共同社会においては、妙なシコリを残さないように対立が避けられる傾向があります。後継候補者の発見、説得、擁立は、自治会・町内会等の会

長の隠された重要任務に他なりません。

　そして当該地域共同社会を二分するような大問題が発生しているような例外状況を除き、多くの場合には、手を挙げた候補者がそのまま次代の会長として選出されているようです。

　求められる任務が誰でも遂行可能という条件を突き詰めれば、抽選で決めれば良いとされるかもしれません。

　実際、自治体や国で実施される選挙では、獲得票数がまったく同数の場合は、そのどちらの者でも当選者になり得ると判断されます。そしてそうした状況に備えて予めくじが用意されています。

　私が見せてもらった例では、かつては「こより」が多く、その先に赤い印がつけられているものが当たり、すなわち当選とされていました。しかし、近年では「こより」そのものを知らない若手職員もいるせいでしょうか、付箋を使ったくじをいくつかの自治体で見るようになりました。他にはマッチ棒や丸箸など、いずれにせよ、初めて目にすると驚くぐらい簡易なものが普通です。

　くじ引きで決着をつけることが許されるなら、ジャンケンではどうか、と考えたくなります。しかし、そうはいきません。ジャンケンでは後出しや事前の勝ち負けに関する闇取引などを防ぐことができないからです。

　あみだくじも事前に結果がわかる可能性があるということで、工夫すればできそうですが、避けられているようです。

　要するに、輪番制やくじ引きに正統性が認められるのは、機会の均等が相応しいものに限られるということです。

（4）　押しつけ

　残る選出方法は、押しつけです。

　他の選出方法が積極的選出だとすれば、これは消極的選出です。

　誰かが担任しなければならない、しかし自分はその任に就きたくない、といういわば自分勝手な動機がその背景に渦を巻きます。

　小中学校のPTA役員をめぐる選考は、その典型事例でしょう。もちろん、積極的に担いたいという希望者もいますが、近年では決して多数派ではなさそうです。

　いわゆる女性の社会進出が推奨され、共稼ぎが一般化した頃からでしょうか、仕事が忙しいという理由で専業主婦に押しつけて済まそうとする傾向が目立ってきました。押しつけられる側にしてみれば、たまらない理屈ですが、劣勢に立たされたことは否定できません。

　一般に、押しつけて担任を回避しようとする側の者は、選出される者の適性には関心があ

その2　宮崎伸光名誉教授　2020年度春学期「自治体論Ⅰ」講義録

りません。珍しくも手を挙げた者をまず支持し、次いで矛先を自分以外、この場合は専業主婦に向けます。

　複数の子どもを抱える専業主婦には、何年も続けて役を担任せざるを得なかった者もいますが、そうした人にも、ベテランだからとか、経験を活かして、などと理由を探して容赦はありません。

　そうした事態が大きく影響を及ぼしたのでしょう。近年PTA活動の停滞ないし崩壊といった危機感が学校関係者の間で話題になっています。

小結

　さて、今回のオンライン授業はいかがでしたでしょうか。

　第7回の講義は、6月16日に配信する予定です。

　本講はその前日までサーバーに留置します。何度でもアクセスしてください。

　第6回「自治体論Ⅰ」はこれにて結びといたします。

　それでは、第7回「自治体論Ⅰ」で、またお会いしましょう。

終講

第7回　統率者の選出と統率者に対する授権（その2）
～地域共同社会の統率者をどのように決めるか（つづき）～

〈第7回までの目次〉

1．時事問題を考える　④（氏名について）

2．社会生活と法規範

　(1)　規範と法

　(2)　人治から法治へ

　(3)　3つの「せいとうせい」

　(4)　形式的法治主義と実質的法治主義

3．統率者の選出

　(1)　多様な選出方法

　(2)　権威と能力

　(3)　機会均等

　(4)　押しつけ

・・・ここまで第6回

4．政策執行に関する授権

　(1)　公共政策課題と政府機能

　(2)　信託と優越的地位の承認

　(3)　統率者と実働部隊の責任

　(4)　授権の解除

5．課題リポートの中間講評

　(1)　基本的留意事項

　(2)　形式要件

　(3)　内容

　(4)　より良い文章表現へ

その2　宮﨑伸光名誉教授　2020年度春学期「自治体論Ⅰ」講義録

みなさんこんにちは。

「自治体論Ⅰ」第7回の授業を始めましょう。

本講では、諸個人を要素とする属性共有集合には無数の種類があり、さまざまな意味で拘束力のある行為規範がそれぞれに定立されていることを基礎として考察を進めています。そして、

- 「自治」は、人間社会のいたるところで観察でき、
- 個人における自由を社会集団において見出そうとしたときに見える、
- 諸個人が「私たち」と思う範囲を基礎として拘束力ある行為規範を互いに守る自覚的共同営為である、

と考えます。

こうして「自治」を捉えた場合、たとえばことさらに国と自治体の違いを強調して済ませるよりは、まず地域共同社会を構成する領域社団、すなわち「自治」の単位として共通するところを明らかにする必要を感じます。

析出される共通要素は、おそらくその他の地域共同社会においても、それぞれに具現化して見えると思うからです。

本講は、そうしたさまざまな「自治」の中でも自治体に主要な関心を向けて論じますが、前回にも述べたように、必要に応じて適宜それ以外の地域共同社会を構成する「自治」の単位にも焦点を移しながら考察を進めることにします。

今回は、前回の続きである「4．政策執行に関する授権」から講義を始めます。そして、時事問題を採りあげることなく「課題リポートの中間講評」をその次に挟みます。その理由は、改めて述べます。

4．政策執行に関する授権

まず講義に入る前に、内容を再編したことに伴い、(1)〜(4)の題名が前回に予告したものと変わっていることをお知らせします。

(1)　公共政策課題と政府機能

ヒトが独りでは生命を維持することができず、地域性を帯びて共同社会を形成しながら日々の暮らしを送る以上、いくら各自がそれぞれのワガママを抑制したからといっても地域共同社会の成員相互間に衝突ないしトラブルは避けがたいでしょう。

343

また、日常生活における諸課題の中には、個人ないし家庭内では解決が困難な課題もいろいろ想起できますが、それらには必ずしも成員相互間に発生の原因があるわけではなく、当該社会の外部からもたらされる問題も含まれます。

　さらに、必ずしも日常生活上の課題とは言えないものでも、ひとたび問題が表面化すれば日常生活を脅かすような諸課題もあります。

　これら日常生活に少なからず何らかの関わりがある生活関連諸課題は、視点を変えて見たときには、うまく対処すれば、個別事例に関係する特定の成員を超えて、不特定多数の生活向上に結びつくことが望み得るものもあるでしょう。

　たとえば隣家の楽器練習がうるさいとなれば、お互いに話し合って、夜の練習を控えてもらうことで解決するかもしれません。さらにそうした自粛協力の和が当該地域に広がれば、静音の住宅街などとして不動産の資産価値が上がることもあり得ます。

　しかし、課題が大きく困難になればなるほど、その場で解決できるような話ではなくなります。

　たとえば乳児の死亡を防ぐためには、より一般的な衛生状況全般の改善、あるいは検診やワクチン・予防接種などの乳幼児死亡率の低下を目指す諸策を通じてようやく当初の目的を確実にすることが見込まれるでしょう。

　このように地域生活に関係する課題は、実に多種多様ですから、解決ないし予防の方法も多岐にわたります。さらにいくつか例示してみましょう。

　たとえば地域が河川によって分断されているところで、対岸に容易に渡る手段が求められているとします。

　そうしたところでは、資金を有する者が作業員を募り、渡船を開設してその需要に応えることが考えられます。投資した資金は、利用者から料金を徴収することで回収され、さらに利潤が追求されることでしょう。

　また、同じ事情を抱えた別のところでは、通行料金の徴収を見込み、渡船ではなく架橋事業に投資されるかもしれません。

　それぞれの事業者は、船の運航ないし橋の建設を専門にする者かもしれませんが、そうではない場合もあり得るでしょう。いずれにせよ、課題の解決に貢献しています。

　別の例としては、農業用水の確保を挙げてみましょう。

　農村社会において、飲料水を井戸に頼るところであっても、一般に農業用水の確保は地域社会全体の生命線とも言うべき重要課題です。しかし、河川から集落の田畑にまで安定的に水を引くことは簡単なことではありません。

　もちろん土木技術も必要ですし、開発、維持、補修のいずれについても作業に当たる人員を要します。かつてその多くは古老とも呼ばれる人であったことでしょうが、経験と知恵を備えた事情通の指揮の下に労力を結集させ、課題の解決に当たることが求められます。

その2　宮﨑伸光名誉教授　2020年度春学期「自治体論Ⅰ」講義録

その際、労力の提供元は、必ずしも直接その水利を利用する農家には限られません。茅葺き屋根の定期補修などもそうですが、象徴的に表現すれば「ムラの総出」で実施されます。

地域共同社会をある程度俯瞰して見たとき、そうした共同性が、見えてきます。

厄災から地域共同社会を守ること、そして地域共同社会の融和を図ることも地域社会に暮らす者に共通の課題でしょう。ムラを挙げての祭礼の実施が、先に述べたように生業に何らかの関係をもちつつ継承されてきたことは、当該地域共同社会に通じるそうした願いを示しています。

もちろんそうした祭礼こそ千差万別ですが、同時に披露される神楽や太鼓など芸能の伝承活動を例外として、通年かけて準備がされる例はまず乏しく、時が近づくと準備作業が俄に盛り上がることが通例です。これは、若者組や老人会など年齢階梯組織と重なりを有することで祭礼の再生産が確保されているからです。

さらに安全安心な生活を希求するということに例を求めるならば、世界各地で地雷撤去作業を進めるNGOや「全ての人々が可能な最高の健康水準に到達すること」を目的とする世界保健機構（WHO）なども、地球規模の共同社会における生活課題の解決に向けた仕組みと言うことができるでしょう。

以上、簡単に例を挙げただけでも、特定の課題解決に向けた仕組みとそうではないもの、あるいは、常設の仕組みと必要に応じて臨時に設置される仕組みのそれぞれがあり、さらにそれらが組み合わされて機能するものもあることがわかります。

極めて大雑把に概括するならば、特定の課題解決に向けた仕組みは、受益者の範囲が確定しやすい場合には対価の徴収がしやすいでしょう。渡船や架橋の例がそうです。しかし、受益者の範囲が広範囲で必ずしも明確ではない場合はそうとも言えません。地雷除去のNGOなどがそれを示しています。

特定目的のために設立された組織による課題解決には、必要な技能の習得に長期間が見込まれるものや常に最新の技術や情報を導入する必要があるものが向いていることでしょう。

しかし、そうした組織であらゆる事態に対処することは無理ですし、渡船や架橋の例を見ても利用者が見込みを下回れば、必要はあっても維持ができないこともあり得ます。

対して、特化された目的がなく、あるいはもともとそれがあったとしても明確ではなく、成員相互の親睦を図るため、地域社会の発展のため、地域の福祉向上のため、などさまざまに目的らしきものが掲げられる組織、あえて括るとすれば一般目的の組織、は事情が少々異なります。

もともと生業の共同性に根ざした組織は、年齢階梯組織など、やはり一般目的の諸組織を複数内包します。またそればかりではなく、自立困難になったものを含めた特定目的組織も必要に応じて内包します。

そして、時と場合に応じて直接、あるいは内包する諸組織に役割を与えて、諸課題の解決に当たります。その対象は眼前に実在する課題ばかりではなく、将来発生するかもしれない諸問題や予測が困難な事故・事件に対する事前の備えまでもが含まれます。

　また、もちろん稀にしか発生せずそのときどきに人手さえ集めることができればなんとかなる課題もその守備範囲に含まれます。

　したがって、成員に費用負担を求めるとしても、特定の課題対処に充てるための徴収はむしろ例外的になり、集められた資金の使途は、その大部分が成員に指定されることなく、任せられることになります。

　生活関連諸課題の解決のためとはいえ、一般目的のために費用負担が求められるとすれば、そこに限界を画す正統性を備えた歯止めが欠かせません。

　その第一は、信頼性です。

　誰しも信頼のおけない人間に資産の一部を預けて物事を依頼しようとは考えないでしょう。日々の生活に係る課題解決についても例外ではありません。

　すでに見た統率者の選出方法は、具体的には、顔と名前が一致するぐらいの狭い範囲の社会なのか、当事者が属する党派等の実績から推測するほかないような規模なのか、など場合によっていろいろですが、いずれも前提として信頼のおける者の中から統率者を選ぶということにほかなりません。

　続く第二は、計画性です。

　すなわち、問題の所在や発生に至る仕組みを明らかにし、対処法の選択肢を用意し、比較検討し、選択し、実施する手順を予め用意する必要があります。そして、一区切りが付いたところでこれらのすべてを顧みて、次の対策に備えるということです。

　これは、言い換えれば対象を公共政策課題として捉えて対応をすることが不可欠であるということです。社会の統率者たらんとする者は、その候補者の段階で自身の対処政策を明らかにし、成員にその賛否に係る判断を仰ぐ必要があります。

　とはいえ、それは一般論であり、狭い範囲の地域共同社会においては、あえて声高に自身の政策ないし対処方針を叫ばなくとも、日頃の態度や活動から周囲の者に十分了知されることもあるでしょう。

　そして第三に、継続的安定性を挙げることができます。

　これは、ときの統率者一代限りにしか通用しないような安定性に欠けるものに費やしてはならないということです。規模の大きな課題については、目標の達成まで年月を要するものもあるでしょう。当然、統率者がその過程で交代することも視野に含めて課題解決に向かうべきです。

　こうして費用を集めて公共政策課題として捉えられる地域共同社会における生活諸課題の解決に向けた社会的装置が形作られ、政府機能（governance）を果たします。

その2　宮﨑伸光名誉教授　2020年度春学期「自治体論Ⅰ」講義録

　政府機能のそれぞれについては、狭広さまざまな地域共同社会において共通性を有しながらも、各々に特徴的な側面も見ることができます。

　具体的にどのような社会装置によって政府機能を働かせるかは、当該課題の発生が見込まれる頻度、規模、および対処に必要とされる人員、技術、装備、情報等々のさまざまな要因が総合的に勘案されて判断されることでしょう。

　同様の課題についても、渡船と架橋の例に見るように、解決策はさまざまにあり得ます。おそらくどのような課題についてみても、普遍的な正解などあり得ないでしょう。つまり、選択そのものには自由があります。

　とはいえ、事柄の性質に応じて自ずと大方の選択方向は決まるでしょう。ただ、すでに指摘したように、ヒトの記憶と類推には不幸を遠ざける一般的傾向があります。

　いわゆる「転ばぬ先の杖」よりは目先の事象に囚われがちなことは寺田寅彦の「天災は忘れた頃にやってくる」という言葉からも汲み取ることができます。けだし名言と言うべきでしょう。「想定外の事態」と言い訳される事象によってもたらされる不幸が繰り返されていることは否定できません。

　実際に政府機能を果たす組織とその手法に関する判断の決め手となるのは、必要と見込まれる費用と当該課題を放置した場合に想定される状況を天秤にかけることかもしれません。

　統率者のリーダーシップ、すわなち政策執行に伴う権限行使の範囲や限界をどのように定めるか、あるいはその暴走をいかにして予防ないし抑制するか、これらも正統性をめぐる問題に帰着します。

(2)　信託と優越的地位の承認

　地域共同社会の日常生活における身近な諸問題については、当事者間において直接、ないし適切な仲介者を得て、譲り合うなどして解決を導くことがまず求められるとはいえ、現実の問題としては、なかなかそう丸く収まるものばかりではないでしょう。

　顔見知りをたどると全員に行き着くような社会では、そうした課題の一つひとつに第三者がいわゆる首を突っ込みがちで、それが煩わしく思われることもままあります。

　まして、政府機能を果たす社会的装置が直接介入することは、後々の近所づきあい等を考慮すると、一般的には望ましくないことも少なからずあるでしょう。

　しかし、問題が特定の当事者を超える公共政策課題ともなれば、政府機能を果たす社会的装置は、仲介者としても、また関連諸政策を直接執行する社会的装置の一つとしても、その役割を果たす必要があります。

　そうした公共政策の執行装置としては、村落社会においてはさまざまな呼称がありますが、親方とカオ役衆、自治会・町内会等の地縁団体においては規模等によって組織形態はさ

まざまですが、会長と役員などがそれに当たります。

また、自治体においては、首長と町村役場、市役所、ないし都道府県庁、そして国においては、大臣と中央各省庁の官僚組織、さらに国際機関では、やはりさまざまな組織形態がありますが、事務総長と事務局ということになるでしょう。

そして、それぞれの成員との間には、公共政策課題の解決を目的とした信託と呼ぶべき考え方が生まれてきます。

すなわち、地域共同社会において発生する公共政策課題に備えて政府機能を果たす社会的解決装置に、そうした課題解決の予防、対処、解決という目的に資する限りにおいて、一定の権能を認めるという社会的な規範です。

そうした規範の下では、政府機能の執行装置に、一定の強制力を含む権力的作用の行使までもが認められます。

権力的作用は、その非対等性が大きな特色になります。つまり信託関係の下において、公共政策を執行する社会的装置には、その役割に応じた優越的地位が認められるということです。

これを今少し詳しく見てみましょう。

まず、政府機能の執行装置は公共政策課題を予防、対処、解決するために設置されますから、その手続きに正統性が認められる限りにおいて、当該装置が下した判断やその判断に伴う行為等を対象となる当事者をはじめ成員の誰もが尊重し、遵守しなければなりません。これは一般的大原則です。

次に、公共政策の執行に係る諸行為の正当性を判定する役割を担う政府機能の社会的装置が当該社会の必要に応じて設置されたとしても、そうした装置が不当と判断するまでは、当該行為が有効と見なされて当面の通用性が確保されることも必要です。

比較広域の共同社会にこの種の判定装置が設置されれば、内包される比較狭域の共同社会における政策執行の当不当に係る幅に制限を課すこともできるでしょう。

しかし、当該狭域共同社会に根強い文化の伝承等による価値観の相違がある場合などでは、強引にことを運ぶとなかなか受け入れ難い緊張関係が発生し、その解決が困難になることもあり得ます。

また、いくら公共政策を執行する社会的装置に強制力を認めたとしても、その決定に従って動こうとしない者が現れることも想定する必要があります。とりわけ義務的行為の履行がない場合に、強制的に当該義務を実現させるにはどうしたら良いでしょうか。

そのような場合、まず思いつくのは、とりあえず政策執行を担う社会的装置が当事者に代わって当該義務的行為を行い、後にそれに要した資源の補填を当事者に請求するという手法です。

しかし、こうした解決方法が有効となる場合は、極めて限られます。それは、本来義務を

348

負う当事者以外の者によっても為し得る義務、すなわち代替作為義務以外には適用できないからです。

また、代替作為義務の条件を満たすものであっても、実際にはこの手を発動しにくい理由があります。

その一つは、要した費用の回収が難しいということです。本来義務を負う当事者は、当該費用の負担に耐えられるとは限りません。善意に解すならば、費用の負担ができないからこそ現状の問題が放置されていると見ることもできます。

また二つには、とくに危険な建築物や大型工作物の撤去が求められる場合などに躊躇される理由があります。それは、見た目が派手ということです。事情を良く知らない者が、強制撤去されるさまを見たとき、それはあたかも強引に強権が発動されたようにも映ります。

とはいえ、成員の顔と名前を全員が知るような狭い地域等においては、親方やカオ役衆ないし町内会・自治会等の会長や役員のお出ましを待つまでもなく、見るに見かねたいわゆる「お節介」の手によって当事者の了解を得ること無く、問題状況が解決されることもあり得ます。

その場合に要した費用が請求されて精算されるのか、あるいは菓子折程度で済まされるのか、はたまた「ご苦労さん」の一言で終わるのか、それとも「余計なことをしやがって」と内心にシコリを残すのかは、時と場合によることでしょう。

義務を果たそうとしない本人に代わって当該義務が履行された状態を導くことが困難だとすれば、残された手としては、なんとか本人自身に義務を果たさせるしかないでしょう。

次第に表面上隠されていた権力の暴力性が露わになってくることは避け難くなりますが、一定の手続きを事前に決め、それを厳格に守ることで多少強引な手法でも正統性は担保されます。

たとえば不法占拠の解消は、本人だけしか履行できないという意味で、代替性がない義務の典型例でしょう。これに対しては、一連の手続きを踏まえてなお居座る場合には、強制退去という手段しか解決手段はなかろうと思います。すなわち、本人の身体に強制を加えることになります。

金銭の納付義務については、対価性が明白なものであれば原則として対価サービスを停止して、それまでの未払い分を請求することになります。この場合の例外は水道料金です。このサービスを止めてしまうと生死に直結する虞れもありますから、完全に止めてしまうわけにはいきません。

対価性が明確ではないものや、未払い分の額が大きい場合など、やはり一連の手続きを踏まえたうえで差押えと競売措置等による換価処分を経て充当することが考えられます。

しかしこれらは、いくら事前に手続きを定めておくとはいえ、お互いに顔見知りであればやりにくいに違いありません。狭い社会では難しいところです。

また、手続きを整備する暇がなかったり、予め定められた手続きを踏む時間的余裕がない場合も想定されます。そのような即時に手を打たなければならない場合は、とりあえずの処置で急場をしのぎ、後々の検証に正当性の判断を委ねることも認められて然るべきでしょう。

　たとえば所有および管理者が不明の工作物によって道路がふさがれている場合であれば、まず撤去が先でしょう。その場合、当該道路の管理者が誰かによって、撤去作業を担任する社会的装置は変わってきます。

　暴力性という点では、さらに極端であっても認められる例もあります。

　地域共同社会における安寧秩序を維持するためには、厳密な条件の下で、組織的に管理された武装とその使用が認められる実力装置の必要も認めざるを得ません。

　武器の携帯を許された者は、その使用を選択する場面においては、おそらく緊迫した状況下であるとはいえ、他に依るべき手段はないか、厳密に使用が許される条件に該当するか、など瞬時に冷静な判断を下すことが求められます。そして、もちろん事後には検証されることになります。

　こうした剥き出しの暴力に連なる強制的な手法の他には、経済的制裁あるいは心理的圧力を加えて誘導する方法が用意される必要もあります。

　経済的制裁としては、過ちを正し、繰り返しを防ぐ目的をもって、制裁金の類いを徴収する方法が容易に思いつきます。

　もちろん、これは身体に直接的な強制作用を及ぼすものではありませんが、財産に係る一種の強制作用に他なりませんから、予め基準を定め厳正に適用することが求められます。

　しかし、対象者が取り締まりの能力を遙かに超えて常態化している場合には、いわゆる「一罰百戒」とならざるを得ないこともあるでしょう。

　俗に言う「ねずみ取り」は、その典型です。正直なところ、それに「引っかかる」と、本人は「悪いことをした」というより「運が悪かった」と思いがちです。

　制限速度の設定が厳しすぎるという主張もあり得ますが、交通事故の予防ないし抑制のためという制限速度設定本来の目的が一般に勝ります。制限速度を緩和し引き上げたところで、今度はそれを守らない車両が増えるばかりという経験則があるからです。

　経済的制裁には、他に契約等の取引を停止するという手段も考えられます。

　公共政策の実施は、一般に政府機能を担う社会的装置のみで為し得るものでもありません。必要な物品の調達に止まらず、種々の事業実施の多くは外部事業者との契約によって進められます。そこで、一定の期間そうした契約の対象から当事者を外すということです。

　この手は、容易に想像されるように、そもそも相手方に一定の契約実績と将来の契約見込みがなければ通用しません。

　ただし、地域公共政策に係る契約を結ぶ事業者は、そうした契約を通じて地域社会に何某かの貢献をしているという印象を他者に与えます。そして、そのことが広告宣伝に利用され

ることもありますので、当該事業者にとっては単に儲け口を失う以上のダメージになること
が普通です。

そのほかには、氏名公表という手もあります。当然の義務を履行しない事業者が、その氏
名を公表されることは、一般に悪い印象を与えますから、経済的制裁としての効果が見込ま
れます。

しかし、狭い地域共同社会においては、もともと氏名が知れ渡っているかもしれません。
あるいは、いわゆる「確信犯」のような場合、どうぞ公表してください、と開き直られると
もはやそれに対抗する手段はありません。

また、稀な事象ではありますが、氏名が公表されることによって、その存在感自体が高ま
る逆効果を生むこともあります。

残るは、心理的強制です。一見拘束力が弱そうにも感じられますが、工夫次第では単純に
そうとも言えません。

心理的強制が最も効果を発揮するのは、噂話が人々の行動を決めるような状況にある社会
です。ことの真偽は別として、噂が噂を呼ぶ事態になると、悪評を立てられた当人はいても
立ってもいられない状況に追い込まれることがあります。そして、その場から退場するか、
自らの姿勢や行いを悔い改めることになります。

とりわけ生業と結びついた共同生活社会においては、いわゆる「仲間はずれ」の制裁がこ
れに加わると、生活そのものが成り立たなくなります。そうなれば、単純な経済的制裁措置
よりも陰湿かつ重厚な仕置きの効果を発揮することになります。

また、学校教育や社会教育等を通じて種々のキャンペーンを繰り返し、意識を高める手法
も長い目で見て公共政策課題の解決装置がうまく機能するための倫理感を育成していると見
ることができます。

(3) 統率者と実働部隊の責任

地域共同社会における統率者は、必要とされる「調整・規制・給付」のすべてを組織上の
頂点において一身で担います。その責任は重いと言えましょう。

統率者に課せられる責任は、反射的に当該統率者に対する評価基準にもなり得ます。責任
を全うし得ない者に統率者の資格はない、と考えられるからです。統率者を攻撃する声は、
しばしば「責任追及」という外形を示します。

さて、地域共同社会における統率者に求められる責任とはどういったことでしょう。

おそらく地域共同社会における統率者に求められる責任には四つの側面があります。

任務責任
　仕事をする責任（duty）
対応責任
　全力を傾注する責任（responsibility）
説明責任
　事後に説明する責任（accountability）
負担責任
　事後に賠償を伴う責任（liability）

　それは、「任務責任」すなわち仕事をする責任（duty）、「対応責任」すなわち全力を傾注する責任（responsibility）、「説明責任」すなわち事後に説明する責任（accountability）、そして「負担責任」すなわち事後に賠償を伴う責任（liability）のそれぞれです。

　すでに触れましたように、公共政策を執行する統率者にはその下に実働部隊が組織される社会的装置が構成されます。責任の側面から両者を見たとき、このそれぞれの違いは明瞭になります。日本国内の自治体について見てみましょう。

　まずは、任務責任についてです。

　統率者、すなわち自治体の場合は市町村長ないし知事といった首長は、階統制構造を原則とする実働部隊の頂点に立ち、その指揮監督の下に実働部隊が組織的に任務責任を果たすべく働きます。

　階統制構造の例外は、専門技術や知識等を必要とする場合や特命事項を対処する場合などのスタッフ組織です。

　しかし、現行の自治体の例を見ると、スタッフ機構まで含めて階統制に位置づけられていることが多く見られますので、この両者は必ずしも明確に区分できるものでもなさそうです。

　首長は、自らが選出される際に頭の片隅にすらなかった課題に対しても、現実に対処を迫られれば分掌を定め取り組むとともに成果を出さなければなりません。

　一方、実働部隊にしてみれば、基本的には首長との関係において任務責任を負うことになります。

　したがって、その職に応じて責任の範囲は決まります。首長からの下命を待って、その職責を果たすことで十分と考えられがちです。

　もちろんそうした消極的姿勢も誤りではありません。いや、むしろこれまで多くの自治体において一般的であったのかもしれません。

　定年を迎えた退職の際に「大過なく過ごすことができて～」などとホンネで挨拶をするこ

その2　宮﨑伸光名誉教授　2020年度春学期「自治体論Ⅰ」講義録

とが普通である、といわば常識化されていること自体が、ほとんどの場合に実情をよく知らない者が抱く印象に過ぎないとはいえ、そのことを暗示しているかもしれません。

しかし、首長の知恵袋の役割を果たす企画系はもちろん、一見連日繰り返される定例業務に追われる担当であっても、さまざまな手段を用いて種々の知恵を上司を媒介として階統制組織の上層部に伝え、実施にまで運ぶ実例が見られることもあります。

そうした努力を繰り返す職員は、ときにスーパー公務員などと称されて外部からの注目を集めることもあります。とはいえ、その多くは、派手さはなくとも自主的な、学習会等によって育まれてきました。

しかし、闇雲とも評し得るリストラが進行した近年では、人員、財政ともにかなりを失い、そうした人材を育てる職場環境は厳しさを増しました。今や首長の役割としては、これまでにも増していかに柔軟な研修機会を保障するかということが大切になっていると思います。

次に、対応責任について見ましょう。

統率者たる首長は、政治家でもあります。

唐突に感じられるかもしれませんが、このことが当人の行動様式に大きく影響を与えます。

統率者、すなわち自治体における首長は、365日24時間当該地域共同社会、すなわち当該自治体の公共政策課題に対処するため全力を尽くして働いている、と言えば、それは虚言です。これは、誰の目にも明らかでしょう。

また、歴史上どこを探しても、そのようなことを期待した制度は存在したためしがありません。

首長には、当該自治体の実働部隊、すなわち職員の誰よりも高額の給与が支給されます。階統制組織の頂点に位置するから、でしょうか。

かつての東京都知事の中には、週に4時間しか職務室に出勤せず話題になった人がいました。それでも果たせる勤めに高額の給与となれば、俗に言う「いい商売」でしょう。

確かに都知事選挙ともなれば、当選には多大のエネルギーや大勢の協力が不可欠でしょう。しかし、見方を変えれば選挙運動は就職活動です。日頃から政務と称して政治家としての「畑を耕す」作業に力を入れることもわからないではありません。

件の元都知事は、大局を見据えた判断と有能な人材の活用、そして結果に責任を負うことこそが知事の職務であり、かける時間の多寡は問題ではない、と言い張っていた記憶があります。

それはともかく、実働部隊たる自治体の職員にとっての対応責任はまったく違います。

一般職の職員には職務専念義務が課せられます。原則として勤務時間内に他のことをすることは許されません。また、勤務時間を超えても、ときに残業や早出が当然と思われる場合があります。

たとえば、災害時の避難所の設営と運営を想起すればそれも理解しやすいでしょう。日頃

353

の職務とは無関係に、かつ当の本人自身が被災者の一人であるとしても、自治体職員が避難所の開設等にあたることは当然と理解されています。

しばしば休憩時間と混同される休息時間の制度もこの全力を傾注する責任に関係があるかもしれません。

休息時間とは、ダラダラと仕事を続けているとどうしても作業効率が落ちることから、手休めの時間として短時間職務から離れる時間です。

したがって、休憩時間の前後に間を置かず設定したり、始業時刻の直後や退勤時刻の直前に設定することはできません。また、休憩時間とは違い、何らかの事情によって確保できずに過ごしたとしても代償措置はありません。

現実的には、休息時間の意義に理解が及ばず、休憩時間とほぼ似たような運用をしている自治体もあります。

休息時間は、一面において働く者の権利としての側面もありますので、不適切な運用の末に第二休憩時間との誤解を受けて廃止されることがないように適正な運用を心がけるべきだと思います。

説明責任と負担責任は、ともに政策執行の事後に係る責任です。

説明責任は、もともと不正会計を防止する観点から論じられました。歳入歳出の詳細など財務会計上の記録を正確に残すことで、後々の検証に耐えることが求められます。これについては、担当する職員が職責を忠実に果たすとともに、首長が必要な情報を隠すことなく、まずは担当職員に渡して適切な資料の作成を促し、次いで広く一般に公開する姿勢が大切です。

負担責任は、やりっ放しにしない責任ですが、正当な行為の結果として一部に負担を強いる場合の賠償責任と不法行為の結果として発生させた負担を補償する場合の双方があります。

とくに後者については、組織体としての首長とその下の実働部隊全体による不法行為の場合と首長の個人的作為ないし不作為による不法行為の場合があります。

この最後の場合は、補償額がとても個人では負いきれないほど巨額になる場合もあり、ときおり問題にされます。

組織としての不法行為や正当な行為の結果としての負担を賠償する場合については、原因の発生時における首長が、賠償ないし補償の実施時には交代している場合も多々あります。被害者救済の観点からも対応が急がれるところです。

ところが、現実には、そう上手くはいきません。なかなか決着がつかず、すでに原因発生時の職員ですら多くが定年退職をした場合など、当該組織内に不満のホンネが渦巻くこともあります。

さて、こうしてみると自治体の首長、すなわち統率者と、自治体においては役所の職員組織、すなわち統率者の下に位置する実働部隊、の役割の違いがいろいろと出てきました。

ここで、極めて簡単にではありますが、一応整理しておきましょう。

その2　宮﨑伸光名誉教授　2020年度春学期「自治体論Ⅰ」講義録

　自治体の首長、すなわち統率者は、当該自治体、すなわち地域共同社会の全体に対して四つの側面から成る責任を負い、その範囲に限界は画せません。そして、次の選出機会において有権者から直接審判を受けることになります。

　一方、自治体の職員組織、すなわち統率者の下に位置する実働部隊は、その頂点に位置し全体を代表する統率者、つまり首長に対して直接の責任を負いますが、それは職責の範囲に最低限の基準が置かれます。

　かつて知り合いの自治体職員から、首長は消耗品で職員は備品、という比喩を聞いたことがあります。

　確かに特別職の首長は短期間で交代することがあっても在任中にどのような実績を上げたかによって評価は分かれますが、職員の場合はそうはいきません。

　職員は頂点に位置する者が掲げる政策目標に向けて実現に努める役割とともに、それが誰であろうと変わりなく安定的継続的に進めなければならない業務もあります。それを組織的に遂行するためには、政治性から距離を置くときも必要ですし、一定の能力と研鑽が欠かせません。

　消耗品の首長は、地域における公共政策課題の解決を図る社会的装置の詳細に及ぶ仕組みまでも熟知する必要はなく、その意味で素人でも務まりますが、備品たる職員の組織はそうはいきません。少なくとも職務に関係する仕組みについては熟知する必要があります。

　そのため、職員任用の方法もかつての出自やコネによるものから、一定の資格や試験による能力主義に改められるようになりましたし、昇格についても能力評価がさまざまに工夫されて採り入れられています。

　消耗品と備品の類推は、なるほど的を射ていると思います。

（4）　授権の解除

　これまでにも述べてきたように、地域共同社会においてひとたび正当な手続きを経て選ばれた統率者であっても、それはその人物に権力者としての全権が白紙委任されるわけではありません。もちろん、それは自治体の場合にもあてはまります。

　一方、その反対に、自治体の首長に限らず、人や組織、あるいは財政を動かす権力を得た人物は、しばしばそれが信託によるものであることを忘れ、まったく意のままに動かせるものと思い違いをしがちです。

　仮に、そのような不心得が発生したとしても、少なくとも選出される時点において、当の本人はその選出方法に正統性を認めていたはずです。そこで、選出方法を決める際に同時に統率者の暴走を予防する手立てを組み込むことが考えられます。

　まず思いつくのは任期です。日本の自治体については、首長の任期は基礎自治体とも呼ば

れる比較的狭域の市町村、広域自治体とも呼ばれる比較的広域の都道府県を通じて4年間とされています。

この4年間という期間自体に意味はありません。ただ、世界に目を転じてみても任期を4年間と定める選挙制度は数多くあります。各地の経験を重ね合わせ、手頃な長さと判断されているのかもしれません。

ただ、同じ4年間であっても、再選を認めるかどうか、認める場合にもそこに上限の設定があるかどうかは、さまざまです。

ここでまず確認しておきたいことは、任期の定めがあることで、明確に区切りが設定され、その間に一定の成果が求められているということ、それと、いかに強大な権力者として振る舞おうとも必ずその区切りにおいて新たな審判を受けざるを得ないということです。

だからこそ、一般に選挙制度に任期の規定は切り離せず、かつ現役首長の一意によって延長ないし廃止することは許されません。

任期の他にも、心身の状態が職責に堪えられない状況に陥った場合、明白に信託の限度を超えて暴走ないし迷走をした場合、いわゆる信用失墜行為に類する非行がある場合など、任期の途中であっても解任させる手続きも必要です。

これらはいずれも、誰がその状態を判断するかという問題があります。

心身の状態が職責に堪えられない状況に陥った場合については、医師の見立てに本人が従わない場合もあり得るでしょう。また、交通事故等にあって突然意思の疎通が不可能な状態に陥ることもあるかもしれません。

そうしたことがあり得ることも踏まえて仕組みを作る必要があります。

信託の限度を超えた暴走ないし迷走を判断することは、確かに難しいと思います。しかし、選挙等の選出過程において争点にならなかった問題、あるいは意図的に隠された問題について、選出された者が信任を得たと主張すれば、それは、この基準で判断されるでしょう。

最も判断が難しいのは、首長の具体的な行為が信用失墜行為にあたるかどうかということだろうと思います。

犯罪行為に手を染めたということであれば、判断は容易なようですが、それでも本人は職務とは無縁であると主張するかもしれません。

マスコミが発達し、インターネット上に怪しげなものを含めて雑多な情報が氾濫する今日では、人々がかなり情動的に動きかねないということも前提に置きつつ、慎重な制度化が求められます。

いずれにせよ、任期途中に解任を求める手続きは必要ですが、それが実際に発動される場面は、決して穏やかではありません。当該社会は不安状況にあると言えるでしょう。

なお、同じく任期の途中であっても、本人の意思によって首長の職を辞す仕組みも必要です。

心身の状態が職責に堪えられない状況に陥ったことを本人が自覚した場合のほか、任期途

356

その2　宮﨑伸光名誉教授　2020年度春学期「自治体論Ⅰ」講義録

中の解任が求められその成立がほぼ確実に見込まれる場合などが考えられます。

あるいは、まず現実的にはなさそうですが、任期途中ですでに自身の政策目的を達成し職に止まる意義を喪失したとき、もまったくあり得ないわけではありません。

近年では、特定の政治判断について信を問う、などと宣言して任期途中で職を辞し、残りの任期をかけて選挙に再出馬する首長の例も見られます。

そのような選挙実施に係る費用や政策投票との違いを考慮に入れない事例は、辞任を認める趣旨からは問題を孕みますが、そのこと自体も含めて有権者の審判において考慮されることでしょう。

また、選挙制度をはじめとする統率者の選出方法ばかりではなく、統率者に授権される権限自体を分割したり、その範囲を決める社会的装置を別に定めたりする工夫も別に必要でしょう。

それでも権力を握った者の性として、いわば思い上がることが避けがたいとするならば、最後の手段は当該選出に係る有権者による直接統制ということになります。

本講では、項を改めて、順にそれらを検討していくことにします。

5．課題リポートの中間講評

今回は、当初まったく予定しなかった課題リポートの中間講評をここに挟むことにしました。自治問題の検討を止めてまでそうしたのには、もちろん理由があります。

それは、受講生の多くが学生としてまったく初歩の初歩である課題リポートの提出について、いわば「お作法」を知らないのではないか、という深刻な疑念を抱いたからです。

我が身に振り返ってみれば、いつそれを身につけたのでしょう。正直なところ記憶にありません。つまり常識に属することに違いありません。しかし、本講でこれまで提出された課題リポートには、唖然とさせられるものが後を絶ちません。

そういえば、毎年のように成績評価を行う時期になると、教員の間ではどれぐらい下駄を履かせるか、といった類いの話が囁かれます。つまり、教員の間には、すでに諦観が広まり、水面下で学生の実態に合わせて不合格者が過度に出ないように調整されています。

学生諸君としては、それに甘えていて良いものでしょうか。明らかに異常事態です。高等教育の役目かどうか、甚だ疑問ではありますが、誰かが常識を伝える必要があると痛感しました。

同僚数名に相談したところ、所詮無駄、あるいは、どうしてそれが常識と言えるのかなどと食い下がって反抗してくるのが関の山だから、止めた方が良い、という意見が多く聞かれました。

確かにそうかもしれません。しかし、このまま社会に送り出すのも無責任のような気がし

ますので、あえて火中の栗を拾う決断をしました。

　以下には、厳しい表現が含まれるかもしれませんが、素直に耳を傾け、常識に適う、その意味で高得点を狙える課題リポートの作成を研究してください。

（1）　基本的留意事項

　まず、出題者が示した条件を満たすことは最低限必要でしょう。ところが、それすら守らないものが後を絶ちません。

　たとえば、提出期限です。本講の課題リポートは、学習支援システムを利用して提出することになっていますから、締切時刻を過ぎてしまえば受け付けられません。

　対面手渡しを採用している場合には、締切日を過ぎてから持ち込まれる例があります。そして、尤もらしい言い訳が語られますが、通例教員は聞くそぶりをするばかりです。私もかつてそうしていたときがありました。

　次に、出題者の意図を汲むということも大切です。課題に取りかかる前に、なぜ出題者が課題提出に条件をつけたのか想像を巡らし、それに合わせるよう努めることです。

　たとえば、用紙の左上をステープラー止めにせよ、という指示があるとすれば、その条件から提出されたリポートが左側を揃えて綴じられることが容易に想起できます。

　そうした条件に反して右側をステープラーで止めてしまうと余計な一手間の迷惑をかけることになります。もちろん想像には限界がありますし、多くの場合には出題者の意図を気遣ったところで採点には影響を与えません。それでも回答者は、自分なりに考えるべきです。

　さらに、多くの場合に採点者でもある出題者にとって読みやすいかどうかも考慮するべきです。

　手書きの場合には、読みやすさということで字の巧拙が意識されることもありますが、多くの場合にそれは問題ではありません。ただ、殴り書きはいけません。

　現在ではパソコンのワープロソフトを用いることが普通になりましたから、字の巧拙はますます無関係になりました。代わって、文字フォントの選び方があります。とはいえ極端に小さな文字を用いる人はいないでしょう。あまり神経質になる必要はありません。

　ただ、特定の機種に依存する文字には留意を要する場合があります。かつて私の苗字にある「﨑」という文字が機種やOS（オペレーション・ソフト：windowsなどの基本ソフト）に依存しており、トラブルが多く発生したため、私は自分のハンドル・ネームにその文字を使っていません。

　文章自体にも読みやすいものとそうではないものがあります。句読点の配置や段落の構成にも読みやすさの観点からの点検が必要です。

358

その2　宮崎伸光名誉教授　2020年度春学期「自治体論Ⅰ」講義録

(2)　形式要件

　本講の課題リポートに即して、少々細かく見ていきましょう。

　本講において提出者に求められる主な形式要件は、次のとおりです。

　①締切時刻　　②文字数　　③提出ファイル形式

　まず①の締切時刻ですが、これは次回講義発信日の前日いっぱいということになっています。学習支援システムのおかげで、当日00：00になると同時に締め切ることが可能になりました。

　逆に、手渡しの場合にとても参考になった提出者の表情や一言二言の感想が漏れてくることがなくなってしまいました。

　次に②の文字数ですが、ここには大きな問題が潜んでいます。

　本講の課題リポートでは400〜800字程度としていますが、これをどう読むかということです。

　400字の分量があれば条件を満たし十分合格だろう、と多くの学生が思い込んでいるようです。

　しかし、あえて厳しい表現をすれば、それはまったくの間違いです。

　最初の「400〜」は、それに達しない場合に採点対象外になります、と解しましょう。

　最後の「程度」が、実は重要です。これはだいたい前後2割と解してほぼ間違いありません。

　そして「〜800字」ですが、通例、短い文章よりは長めの文章が回答としては好まれます。そもそも収まりにくい内容をなんとか制限字数内に収めることが求められているからです。

　したがって、「400〜800字程度」という指示は、事実上800字から1,000字ぐらいの分量までまとめよ、という出題と考えるべきです。

　これは、ほぼあらゆる小論文形式の試験においても同様です。「○○字程度」という指示は、実は曲者なのです。

　ちなみに、記述式問題によくある「簡単に説明せよ」という指示も曲者といえばそうかもしれません。

　そのような出題をすると、最近では決まって1行程度の乱暴な回答が目に付きます。おそらく私に限りませんが、少なくとも私は、1行で回答が書けるはずもない出題をしているわけで、内容を見る前に×印をつけて採点を終わりにします。そういうものです。

　③提出ファイル形式は、以前の私であれば、割と無頓着だったところです。しかし、本講で学習支援システムを通じて提出を求める際に、その便利さを知ってしまいました。

　紙ベースで提出を求めていたときは、タテ長、いわゆるポートレート・スタイルにA4版、そのかなり昔はB5版のリポート用紙を用いて、左側に穴を開けて全体を綴じていました。そこで、左側2センチメートルは文字を書かないように、などと指示していたこともあります。

　今や、印字すら必要に応じて、ということになりました。

　本講では、添付ファイルの形式で提出することを求めています。添付されるいわば母体となるファイルにも名称の統一と提出者の氏名を記入するようにしました。

359

その氏名ですが、なぜ「ひらがな」と指定されているのか、ここにも頭を働かせるべきです。もちろん、読みにくい氏名に誤りがないように、という趣旨です。

　教材に登場するキャラクターや時事問題として氏名およびキラキラネームを採りあげたことからも、私のある種のこだわりが感じられると思います。

　肝心の添付されるファイルですが、一太郎形式、ワード形式、テキストファイル形式のいずれかから選択するようにと指示しています。実際には、圧倒的にワード形式で提出されていますが、回数をここまで重ねても、そしてあえて注意喚起をしていても、まだこれを守らない受講生がいます。

　添付の形式を踏まず、直接課題リポートが記されたファイルが送られてきたり、アップル社のワープロソフトPagesのファイルが添付されていたりします。Pagesは、書き出す際の、手間というほどのことはありませんが、ほんの一手間を介すだけで条件を満たすはずです。

　かつて私もアップル社製のパソコンを使用していた時期がありますが、今は手許にありません、とすでに受講生には伝えています。それでもなおこの条件を守らない者に良い感情を抱くはずがありません。

　どうでしょう。そんな書かれてもないことがわかるはずがないじゃないか、という文句もでてきそうに思います。しかし、繰り返しになりますが、これらはみな常識の範囲内の話で、特別なことではありません。素直に従い、これからも必要に応じて思い起こすよう心がけた方が得策です。

（3）　内容

　内容については、どちらかというと高得点を狙うためのノウハウということになろうかと思います。したがって、出題者によっては多少観点が変わるかもしれません。

　とはいえ、ここではやはり共通項、すなわち常識的なところに限って簡単にまとめてみましょう。

　まず、課題として何が求められているのかを明確に意識することが基本です。

　どんなに詳しく丁寧に論じられていても、それが出題者の求める方向と別を向いていれば点数にはなりません。当たり前のことです。

　本講では、あえて本筋からではなく、時事問題に関するところに課題を置いています。

　何か意味があるはずです。

　そう考えて指示を読み直すと、自治体論ならではの視点を読み取ることができるリポートには高い評点を付与します、といったヒントが露骨に明示されています。これを念頭に置きながら、課題に取り組めば良いのです。

　次に、インターネット情報に安易に頼らないことです。インターネット上に投稿されている情報には、投稿者自身が自覚しないこともありますが、その背景に何らかの意図が必ずあ

ります。俄に信じると大きな誤りに陥ることもあり得ます。

とはいえ、インターネットは便利ですし、現状では図書館等に調査に行くことも困難ですから、とにかく慎重に扱うように留意してください。

冷静に考えれば、フェイクニュースが飛び交うインターネットと必ず裏取りを経て記事になる新聞とでどちらが信用できるかは、火を見るよりも明らかでしょう。近年では、その新聞自体が自己主張をかつてより隠さなくなりましたので、比較検討の面白さは増していると言えるでしょう。

オンライン授業が増えたためという分析もありますが、最近では、全国の大学で剽窃ないしいわゆるコピペ（コピー＆ペースト）の増加が問題とされています。

インターネット情報の切り貼りを検知するソフトウェアも実用化されており、同僚にも活用している教員がいます。

しかし、かようなアプリケーションソフトに頼るまでもありません。教員はみなその道の研究歴を有するプロフェッショナルです。そう簡単にその目はごまかせません。

本講の受講生は概ね200名規模ですが、かつてその倍以上の学生が受講していたときでも、その種のインチキは見逃しませんでした。手口がバレた学生はたいてい驚きを隠しませんが、教員はみなさまざまな経験を経ていますので、浅知恵が勝るはずもないのです。

(4) より良い文章表現へ

より良い文章による表現を志向する視点から、課題リポートを考えて結びとしましょう。

まず、やはり基本的なことですが、日本語の文章としての決まりや慣行を守ることです。

たとえば、段落の冒頭は1字下げて記す、ということがこれに当たります。この基本中の基本が守られなくなったのは、マイクロソフト社製のワードが普及したことによるものではないか、大きく構えれば、米国製ソフトの日本文化への侵略ではないか、と考えています。

実は、ワードに限らないのですが、欧米に誕生したワープロソフトは、欧文タイプライターをパソコン上でどのように実現するか、という発想から発達してきました。そこで、日本語の段落や罫線の引き方については、最初からあまり配慮されていませんでした。

一方、四国に生まれた一太郎は、その前身のソフトのときから、いわば活字を拾うことに源流がある日本語タイプライターとはまったく別の発想で発達してきました。たとえば罫線には最初からこだわりがあったようです。もともと言葉ないし文章に対する姿勢の違いがソフトウェア開発に反映しています。

手書きの文章よりも漢字が増えてしまうのは、致し方ないでしょう。私も鬱陶しいなんて、手書きではまず書きませんが、ワープロソフトならへいちゃらです。

さて、文字で「へいちゃら」なんて言葉はあまり見ないでしょう。

日本語には、話し言葉と書き言葉があります。これを意識することも大切です。敬語の使

用法が難しいのと同様に、この区別も学生にとっては案外難しいかもしれません。ちなみに、男言葉と女言葉もありますが、やはり次第に区別されなくなってきていると思います。

次に、文章の構成をしっかりと練ることです。

いわゆる「起承転結」で構成するとなれば、800字は単純均等割りでそれぞれ200字ずつになります。相当内容を精査し吟味しないと各項目200字は厳しい制限でしょう。良いリポートが長めの文章になることは、この辺りにも理由があります。

あとは、しっかり読み返すことも大事です。とくに音読をお勧めします。

書き終えてすぐの音読よりは、できれば一眠りを挟み、頭を休めてからの音読が効果的です。そして原文に妙にこだわることなく、引っかかるところはドンドン書き直しましょう。私は、それまでパソコン上で作業を進めた文章でも、この音読の段階では印字して読み上げることを常としています。

最後に、文章の上達方法は、なんと言っても毎日何かを書くことです。おそらく量ではなく、毎日の継続が文章表現力を格段に高めます。

今年度春学期は、オンライン授業ばかりで、求められる課題リポートが数多くなっていることと思います。しかし、学習とは本来そういうものです。出題する側もそれなりにさまざまな工夫をこらしてオンライン教材を作成しています。

いつまでこうした状態が続くかわかりませんが、共に努力を重ねていきましょう。

さて、受講者の皆さん、今回のオンライン授業はいかがでしたでしょうか。

毎回、課題リポートに併せて受講生から多くのコメントが寄せられています。ここに改めてお礼を申しあげます。

コメントは、実に多彩と言うべきで、先にも述べたことがありますが、中には互いに矛盾する内容も含まれています。

また、まったく想定外の指摘も少なからずあり、とても助かっています。

実は、受講生から寄せられたコメントをヒントとして、本講のプログラムは毎回書き換えています。細かいところは、当初のものからずいぶん変わりました。その意味では、進化し続けています。

大胆に変更したいところもありますが、一気に変えてしまうと、受講生の間に戸惑いが生じるかもしれませんので、徐々に変えていき、あるとき気づいたらすでに大きく変わっていた、という感じになることを目指そうと思うのですが、それはとても難しそうです。

受講生ばかりではなく、テストをお願いした同僚からも、一様に指摘を受けていながら変えていない点もあります。

それは、たとえば表示を戻る機能の付加です。

つい勢いに任せて、トントンとエンター・キーを叩き、あるいはタップを繰り返し、ある

その2　宮﨑伸光名誉教授　2020年度春学期「自治体論Ⅰ」講義録

ところでちょっと戻りたい、となっても戻れないのが不便だということです。

私としては、それは重々承知です。そして敢えてそうした機能を付けていないのです。

本講は、教室における対面授業をできるだけ再現しようとしています。もちろん、種々の制約の中でできる限り、ということです。

さて、教室、それも大教室で、一方的に教員が喋る形式の授業において、ちょっと待った、と声を掛けて途中で止め、遡ることを求めることができるでしょうか。

私は、無造作なトントンないしタップは止めてほしいのです。受講生それぞれにとってちょうど良いタイミングでトントンと前に進むことを求めているわけです。

だからこそ、ここはしっかり確認してほしいと思うところは、単にトントン等を受けてすぐ次に進むのではなく、場面に応じて0.5秒から数秒の間を開けて次に進むように設計してあります。

そうはいっても、教室の授業ではできない遡上ができるとすれば、それはオンラインならではの利点ではないか、という声も聞こえてきそうです。

そこで、プログラム開発当初は予定していなかった中断して行う保管（セーブ）や保管した途中からの再開（ロード）機能を初回の段階から付加しました。区切りと感じたところでセーブをしておけば、少なくとも最初からではなく、そのセーブをしたところからロードで再開できるようにしたわけです。

なお、細かいことを明らかにすると、セーブやロードなどの部分は、私が作成したプログラムではなく、既製品です。そのため、ちょっとした不具合があるのですが、ほとんどの人は気づかないと思いますので、そのままにしてあります。

ついでにマニアックな話を少々すると、本体プログラムはHTMLの第5版およびCSSに従い、JavaScriptとそのアプリケーション・パッケージを用いて記述しています。詳しい方は、なんだウェブサイトと同じ造りじゃないか、と気づかれるでしょう。そのとおりです。

さて、次回第8回「自治体論Ⅰ」は、6月23日に配信する予定です。

本講はその前日までサーバーに留置します。何度でもアクセスしてください。

なお、今回の課題リポートは、ここまでの本講義の感想、ということにします。感想とはいえ、今回の中間講評を踏まえたものになっているかどうか、という観点から採点をします。そのつもりでしっかりと記述してください。

しつこいようですが、課題リポートは400〜800字程度で、締切日時は次の授業予定日の前日、すなわち6月22日の、翌23日に日付が変わるまでです。

これまでと同様に、添付ファイルによる提出とします。送信する際には「第7回自治体論Ⅰ課題リポート（◇◇　◇◇）」（◇◇　◇◇の部分は、ひらがなで自分の氏名を記す）と投稿自体に題名を付し、添付するリポートの本文には氏名と学生番号を記入してください。

今回中間講評というかたちで改めて注意喚起をしましたので、次回以降は形式要件などの条件についてはさらに厳守を求めます。守られていないものについては、採点の対象から外すことを覚悟してください。

　では、今回はこれで結びとします。第8回の本講でまたお会いしましょう。

終講

その2　宮﨑伸光名誉教授　2020年度春学期「自治体論Ⅰ」講義録

第8回　統率者に対する統制
　　　　〜「殿」の思い上がりの予防と対処〜

〈第8回の目次〉

1．時事問題を考える　⑤（自転車問題）

　(1)　問題提起

　(2)　甲（5越智ノボル）の見解

　(3)　乙（5カミ奈乃）の見解

　(4)　論点の整理と課題

2．執行機関の多元的配置

　(1)　政治的「偏向」と独善の排除

　(2)　教育委員会

　(3)　各種紛争処理委員会

　(4)　警察および消防

‥‥‥‥‥‥‥‥‥‥‥‥‥‥‥‥‥‥‥‥‥‥‥できたとしてもここまでに限定し再編

3．執行機関に対する関与機関

　(1)　諮問機関

　(2)　監査委員

　(3)　議会

　(4)　裁判所

4．主権者による執行統制

　(1)　苦情と情報公開請求

　(2)　住民監査請求

　(3)　住民訴訟

　(4)　住民投票

みなさんこんにちは。

「自治体論Ⅰ」第8回の授業を始めましょう。

まずは先週を休講に致しましてご迷惑をおかけしましたこと、お詫び申しあげます。

急遽発生したよんどころのない事情によるものでした。

発生した事情は、少々かたちを変えて、今も継続しております。今回の本講も1日遅れになってしまいました。

1．時事問題を考える　⑤（自転車問題）
（本書では省略）

さて、しつこいようですが、本講では、諸個人を要素とする属性共有集合には無数の種類があり、さまざまな意味で拘束力のある行為規範がそれぞれに定立されていることを基礎に考察を進めています。

そして、

- 「自治」は、人間社会のいたるところで観察できる。
- 個人における自由を社会集団において見出そうとしたときに見える。
- 諸個人が「私たち」と思う範囲を基礎として拘束力ある行為規範を互いに守る自覚的共同営為である、

と考えます。

こうして「自治」を捉えた場合、たとえば日本独自の自治会・町内会等をはじめ、市町村や都道府県といった自治体、あるいは国も、地域共同社会を構成する領域社団という観点からは、同種の単位に見えます。

自治体はそうしたさまざまな「自治」の中でも政府機能を考察するには、広狭両地域共同社会からの挟み撃ちの対象とも表現し得る制限ないし枠を見出すことも比較的容易ですので、最も適していると思います。

今回も、自治体以外の地域共同社会を構成する「自治」の単位である領域社団にも、必要に応じて焦点を移しながら考察を進めることにします。

2．執行機関の多元的配置

これまで見てきたように、自治体の首長は、自治体の有権者から選挙で当選して選出されたとはいえ、その権力行使か白紙委任されたわけではありません。

366

その2　宮﨑伸光名誉教授　2020年度春学期「自治体論Ⅰ」講義録

しかし、自治体の首長に限らず、地域共同社会の統率者として正統な手続きを経て選出された者は、ややもするとその信託による制約を忘れ、自らの手中に収めた権力の及ぶ範囲を拡大しようと試みます。

ヒトは、記憶と類推により、そうした傾向の再現が常にあり得ることを理解し、防止するために選出の仕組みに任期とその途中であっても解職の手続きを入れ、それが当事者の一存では変えられないものとしてきました。

しかし、それだけではいわゆる「殿ご乱心」の状態、即ち統率者の自分の権力で何でもできるかのような思い上がり、あるいは思い違い等を完全に防止することは不可能です。

そこで、そうした事態を適宜に避けるために、選出方法以外にもさまざまな工夫が編み出されてきました。

自治体において、首長の暴走を予防するとともに、政府機能として効率よく専門的業務を遂行するためには、首長が頂点に位置して直接統括する政府機能を分散させ、それぞれに公共政策課題への取り組みを分担させることが考えられます。

すなわち、執行機関の多元的配置です。

(1)　政治的「偏向」と独善の排除

執行機関の多元化という考え方は、日本の自治体では、第二次世界大戦の敗戦後に事実上の単独占領国であった米国の行政委員会制度が持ち込まれて初めて本格的に導入されました。

もともと天皇大権の下で独仏型（ヨーロッパ大陸型）法体系が一貫していた内務行政の一部とされていた地方制度は、このまさに英米型（アングロ・サクソン型）制度の導入によって、あたかも部分的に接ぎ木されたかのような体制になりました。

その一部は上手く馴染まず廃止されましたが、今日まで根強く続くものもあります。

ちなみに、隣国の大韓民国（韓国）は、大日本帝国に「併合」されていましたから、その法体系も日本に強制的に揃えられていたところ、大日本帝国の敗戦により「併合」が解消された後は、この米国型の制度が同様に導入されました。

すなわち、やはり独仏型（ヨーロッパ大陸型）に英米型（アングロ・サクソン型）が接ぎ木された状態になっています。もっとも、その後に軍事政権までもが誕生した韓国では、自治体の権能は極めて厳しく抑制されていましたので、現在までは、日本国とはいろいろと違う道筋をたどっています。たとえば、自治体の首長は長く任命制でした。

普通選挙制度が導入される少し前に、私は韓国に招かれ、その国会議事堂で日本の普通選挙で選出される自治体の首長に関する講演をしたことがあります。

昼は国会議員、夜はさまざまな市民活動家を前にして別の会場での講演でしたが、聴衆はいずれも真剣で質問等も旺盛でした。私としても、良い経験をさせていただいたと思い起こします。

367

さて、日本国占領の実務に当たったGHQは、どうして強引に自治体の執行機関に多元化を
もとめたのでしょうか。

　それは、大日本帝国の地方制度が、天皇を頂点に置く中央集権的封建体制を支える象徴的
な存在であるという判断に基づいていたからでしょう。

　たとえば、市町村長はそれぞれの議会による間接選挙で決められていました。

　いや、より正確に表現するならば1926（大正15）年から1943（昭和18）年までを除き、市
長および町村長はその推薦候補者が選ばれるばかりであり、就任にあたっては、市長は内務
大臣の選任、町村長は府県知事の認可が必要とされていました。

　とはいえ、その選挙事務は現職の市町村長の下で実施されていました。そこで、今日では
想像を絶するような露骨かつ強引な選挙妨害等が発生することもありました。

　民主化政策の一環として普通選挙の導入を構想したGHQは、自治体における選挙において
も党派制が強まることを意識して、その悪影響を予防するために、各政党から距離を置く選
挙管理委員会が絶対必要と見ていたようです。

　そのことは、日本政府当局者の口を借りて、帝国議会においても表明されています。

　つまり、政治的「偏向」の悪影響を排除することを目的の一つとして、執行機関が多元的
に配置されました。

　目的は、今一つあります。

　それは、一言で表現するならば、独善の排除です。

　占領政策の策定と間接実施に当たったGHQは、やはり独善も党派制の悪影響と考えていた
ようです。これは、より原理的に考察するならば、民主制における多数派の志向が必ずしも
正当ではない、ということに帰着します。

　政治信託の本質を理解しようとせず、多数派の専制とも呼ばれる多数者の少数者に対する
支配が無条件に貫徹されるようであれば、それは権力者の思い違いが増幅の一途に向かう兆
候です。

　執行機関で解決が図れるような問題であれば、間に立つ者を配し、意見を違える両者とは
距離を置く専門的立場から下す判断を尊重する仕組みによって、そうした危惧は解消され得
ると見込まれます。

　では、この二つの理由から現行制度に遺る、代表的な仕組みを見てみましょう。

（2）　教育委員会

　確かに、特定個人の政治的信念やその背景にある宗教観等に、とりわけ幼い子どもの教育
が左右されることは正当とは言えないでしょう。それを防止するにはどうしたら良いでしょ
うか。

　自治体の首長による政治性に教育が振り回されないために工夫された制度が必要である、

その2　宮崎伸光名誉教授　2020年度春学期「自治体論Ⅰ」講義録

と説明されることはしばしばあります。

　それゆえに現行制度においては教育委員会が各自治体に設置され、公立の小中学校ではいわゆる義務教育を中心とした教育が実施され、日本全国で一定の教育水準が確保されている、という説明もよくされています。

　しかし、私立学校は市町村教育委員会の直接対象から外れ、都道府県知事の所管とされています。チグハグではありませんか。

　また、この一定の教育水準というのも曲者です。しばしば、全国どこでも平等な教育機会が与えられ、平等な教育内容を受けることができる、と義務教育の語義からは一気に飛躍した説明がこれに加えられることがあります。

　しかし、生活環境や歴史的経緯が極めて多様な各地において、本当に平等な教育の機会や内容が確保できるでしょうか。また、その追い求めようもない目標よりもずっと大切な伝えるべき事柄が地域社会にはあるのではないでしょうか。

　私は、こうした人々に誤解を与える空虚な言葉は安易に用いるべきではないと思います。

　自治体における教育行政の分野には、その他の行政領域にはない「教育財産」という概念があります。かつてはこの教育財産に係る分野だけは独自の予算編成権が認められていたこともありました。

　現在でも、教育財産として位置づけられる自治体の財産は原則として他の目的には使用できません。

　容易に想像できるように、これがたとえば児童数が減少した小学校の校舎ないしその一部を、増加傾向にある高齢者の必要と利便性に応じた施設にそのまま転用することの障害になることも少なくありません。

　では、どうして教育財産といういわば殻が生まれたのでしょうか。

　それは、明治時代に遡ります。もちろん江戸時代にも寺子屋や藩校等で学識を得る努力をしていた者や商家で「読み書き算盤」を必要に迫られて学んでいた者などはいますが、農家をはじめ庶民の多くは、学問など不要と考えていた時代です。

　天皇を中心とした絶対主義的中央集権体制のイデオロギーを浸透させることや徴兵と徴税などのために、最低限の学校教育は必要と考えられ、いわゆる明治の大合併は現在の小学校の前身を維持できることを最低限の村の規模とすることを目途に進められました。

　しかし、全国的学校建設には相当な費用を要し、なかなか設備を整えることは困難でした。そこで多額の寄付や物品を寄贈品で集めることが考えられました。そして、その象徴とも言うべきものがピアノでした。

　ピアノを複数の学校、すなわち2台以上寄付した者を対象とする勲章授与方策の運用が始められると、その誘導策はかなりの効果を発揮し、数多くの学校にピアノが配置されました。

369

とはいえ、そのまま放って置くと、運営継続費用に難渋した学校は、そのピアノなど金目のものを現金化してしまうかもしれません。そうしたことを防ぐために「教育財産」という枠が設けられたのでした。

学校教育が及ぼすイデオロギー効果は、とりわけ児童に対して絶大なものがあります。現在でも長野県で小学校時代を過ごした者は、おそらくほぼ全員「信濃の国」を歌えるはずです。

「信濃の国」は、もともと長野県師範学校附属小学校の郷土唱歌として1900（明治33）年に作られましたが、1968（昭和43）年５月20日には、正式に長野県歌として認められて告示されています。

近年でも知事が県外の出身者を副知事などの主要職に招くにあたり、「信濃の国」が歌えるか、といった意地悪質問が多方面から飛び出すこともあるそうです。

韓国では「独島は我が領土」という歌が1982年に作られ、1996年からは小学校の教科書にも載り日本が領有権を主張する竹島（その韓国名が独島＝ドクト）の韓国による実効支配を正当化する役割の一翼を担っています。

大日本帝国においては、学校教育と社会教育を通じて天皇が「現人神」であること、その「國體の護持」に身命を懸けることがこの上も無く貴いことであることなどが徹底して教え込まれました。

そして、帝国臣民のすべてが、内心に一点の曇りもなくそれを信じ込んでいたかどうかは別として、少なくとも疑いを語ることすら認められなかったことは忘れられてはいけないイデオロギー支配貫徹の例でもあります。

こうした事実に鑑みると、先に指摘したチグハグも理解できそうです。

教育委員会は、民主化改革の一環としてGHQの強い指導で教育委員会法に制度が具体化され設置されました。

しかし、その教育委員会法は、レイマンコントロール（素人による専門家の暴走防止）原則に基づく公選制教育委員の規定もろとも、1956（昭和31）年の地方教育行政の組織及び運営に関する法律（地教行法）により廃止され、この地教行法で教育委員は任命制に改められました。

併せてこの新法により、文部大臣と、当時の機関委任事務体制の下で文部大臣の指揮監督を受ける立場にあった都道府県教育委員会の、市町村の教育行政に係る人事権の掌握をも背後に控える「指導的地位」が明確にされました。

こうした改革の前後を通じて、学習指導要領に基づく教科書検定制度が維持強化されてきたことは象徴的です。私立学校の場合は、その設立理念を尊重する必要もあり、直接教育委員会制度の体制には馴染みませんが、都道府県知事が調整等の役割を果たすという仕組みにされています。

370

その2　宮﨑伸光名誉教授　2020年度春学期「自治体論Ⅰ」講義録

　いわゆる「日の丸君が代問題」で人事上の強行処分が乱発され、教育基本法が改められ、教員免許が更新制に改められるなど、近年の学校教育現場は一定の方向性をもって変容を遂げることが、政治的中立性の名目の下で市町村長の手が届かないところで進められつつあるように見えます。

　しかし、そのまた一方では、小学校区あるいは中学校区において地域に開かれた学校が地域社会から求められてきました。

　学校施設の開放がさまざまな形で模索されてきましたが、学校施設の管理運営をめぐり、PTAやNPOに委ねる柔軟な対応を試みたところがあれば、頑なに学校主催行事以外の施設利用を拒むところも現れました。

　学校は一定の広さがありますので、避難所としての活用も見込まれるところですが、調理室や上下水道の利用が問題になったところもあります。また、体育館を避難場所に指定するところが多くありましたが、耐震補強などの不備が発見され、結局校庭の利用だけに制限されたりもしました。

　ちなみに、私は、大規模震災を想定した小学校等のいわゆる「引き取り訓練」の愚なることをかなり以前から指摘しています。

　引き取り訓練では、学校では、地震発生と同時に机の下などに頭を隠すことは良いのですが、そのあと上履きのまま列をなして「お・か・し」の注意、すなわち「押さない」「駆けない」「喋らない」を守って校庭に集合、点呼を受けて保護者の迎えを待ちます。

　一方、家庭からは保護者が子どもを迎えに学校に急ぎます。そして、教員による確認を経て子どもを連れて自宅に帰るという想定です。

　何が問題かというと、自宅に戻った後の親子はどこへ向かうかというと指定された避難所、すなわち多くの場合に通っている小学校に逆戻りするわけです。大震災となれば、通学路は危険物だらけのことと想定されます。その危険な道を往復する行為は、愚かと評する以外にないと思います。

　また、今日ではどれだけの保護者がそうした対応ができるかもわかりません。どう見ても健康な三世代が同居するなどの大家族か専業主婦が家庭にいるということを前提にした古い仕組みに思われます。避難引き取り訓練が予定されている日にパート勤務を休んで備えるという話も珍しくありません。

　実際に発災した場合は、学校に迎えに行く保護者自身も少なくとも通学路1往復半の危険に晒されることになります。

　それはそうと、こうした問題を含む地域社会各様の課題やそれに係る要望への対応も、現在の制度を前提とすると教育財産を所管する教育委員会の役割に違いありません。

　現行教育委員会制度の根拠法である地教行法は、実は「暁の国会」と呼ばれた深夜に強行採決されて成立した制度です。

その施行により露骨な姿を現して以来、広域共同社会の政府による過度な圧力行使が委員会制度設立当初の趣旨を破壊し、さらに乖離を加速しつつあるのではないかという視点で問題にされることもありましたが、そのすでに強固たる体制を前にしてあまり議論は活性化していません。

全国各地では過疎化が急激に進行しており、都会でも少子化傾向に歯止めがかからず、狭域の共同社会には学校教育をめぐる問題だけでも解決が急がれる課題が山積している状況にあります。市町村教育委員会には、そうした現況に発する種々の要請に如何に応えるかが問われています。

現行教育委員会制度の運用実態は、狭広双方の地域共同社会からの緊張状態の当面の均衡点として見る必要があり、その観点を離れた一方的非難の応酬ばかりでは、肝心の正統性が揺らぎかねない危機を迎えることでしょう。いわゆる虐め問題の組織的隠蔽などは、その兆候の一部にも映ります。

(3) 各種紛争処理委員会

独善の排除は、GHQが日本の自治体にもたらした行政委員会制度の今一つの目的でした。

たとえば、公共政策執行装置の頂点に立つ首長は、執行機関の職を天職と心得て日々努力を惜しまない職員に対しても、その意に沿わないことがあれば、人事権を振りかざして、ややもすると理不尽な扱いをするかもしれません。

また、たとえそれが誤解に基づく判断であったとしても、選挙の際に対立候補の肩を持ったと思われた職員に対して意趣返しの意を込めた異動など冷遇の嫌がらせをするかもしれません。さらに甚だしい場合は、降格降級の措置までもが考えられます。

こうした横暴を止めるための仕組みはどうしたら良いでしょうか。

自治体においてこの種の問題の発生を抑えるには、人事行政に関する専門の行政委員会を置き、一定の独立性を認めることで、第三者性を確保してその中立的判断を求めるとともに、その結論が権威をもって尊重されることが適切でしょう。

そうはいってもそうした専門機関の出番が必要とされることは必ずしも頻繁に起きるとは想定しにくいかもしれません。

そこで、委員会の設置には工夫が必要になります。

現状の具体策としては、町村に公平委員会、市と都道府県には人事委員会が設置されています。この両者の相違は、人事委員会が職員給与の勧告機能を合わせもつことにあります。

また、近年における現実問題としては、一般に新規発生紛争件数は少ない傾向にありますので、自治体間共同の社会的装置として設置されることあります。実際、大規模都市を除く県内すべての市町村で一つの人事委員会を共同設置するところがあります。

一方、そうした地域に隣接しながらも考え方を異にする地域もあります。各市単独の人事

委員会を設置し、それぞれの機能を働かせています。

　いずれの場合も、処遇等をめぐる集団紛争は、解決までに長期間を要して係争中が続く場合が多く、新規の個別紛争は発生してもさほど長期化することなく終結しているようです。

　ここでは、まず他にも自治体の首長に過度な権限が集中して弊害をもたらしかねない要素を個々に挙げて、実際にどのような制度上の工夫によって、その予防ないし対処の必要に応えているかを示すべきですが、以下は、敢えて典型的な実例のみを挙げることに略します。

　たとえば、今となっては現実味が感じられないかもしれませんが、GHQは、大日本帝国の不在地主による農地支配の解放をなくして封建制の解体はあり得ない、と強く確信していました。

　そこで、農地解放は民主化政策の最大の課題とも言うべく、多少、いやかなり強引に進められて行くことになります。

　そして市町村に設置された農業委員会が、その政策実施を具体的に担いました。

　今日では、その元々の使命は影を潜め、むしろ生産緑地法に係る都市部の農地や耕作放棄地の転用問題など農地の適正運用等にかなり業務の重心は移っています。

　また、出発時の対象が農地でしたから、山地には手が届かず山林地主が遺り、いわゆる「里山」問題に影響が及ぶ地域もあります。

　なお、米軍基地に農地を奪われた逗子市や沖縄県の北谷町には農業委員会はありません。

　また、民間事業者を対象とする労働紛争の処理、都市計画決定に伴う道路建設や再開発用地等をめぐる紛争の処理等を自治体の首長限りに任せてしまうことは、問題を孕みそうな好例でしょう。

　これについて現行制度上の工夫としては、広域の自治体に地方労働委員会や収容委員会が設置されています。

　かつて千葉県には成田空港（当時は新東京国際空港という名称）の建設を実力で阻止することを狙い、中核派などが関係施設ばかりか個人までも標的とするテロ行為を繰り返しました。

　そこで身の危険を感じる収容委員会の委員になり手がなくなり、千葉県の収容委員会は長期間に渡り機能を失う状態に陥りましたが、ようやく再開されることになりました。

　なお、中核派といえば、近年なお市ヶ谷校地の正門前でビラ配りやアジ演説を繰り返すなどして法政大学に対して組織的業務妨害を繰り返すあの集団のことです。

　私が初代学生センター長を拝命した2008〜2013年度の当初時点では、中核派とその同調者は授業中の教室内に入り込み妨害行為などを繰り返していました。

　しかし、そうした暴力行為を恐れながらも眉をひそめる一般学生をはじめ、学園生活を護ろうと強い意思と態度を示した大学職員と同僚教員のご協力を得て2〜3年でそれも鎮まり、現状に近づいてきました。

（4） 警察および消防

　もちろん、いかなる社会においても、多数者が認める規範に不平不満を抱く者は存在します。定立された行為規範から暴力を振るうなどして逸脱する者に対して、ときには平和を守るための最低限度の物理的強制力が必要とされる場合があることは前回すでに指摘しました。

　その際、武装と武器使用までもが認められる場合もあると述べました。もちろん、その執行には厳格な条件と事後の検証が欠かせませんが、その実施に関する枠組みを定め指揮監督する機能は、どのように実現したら良いでしょうか。

　現況としては、都道府県に公安委員会が設置され、その役割を担っています。公安委員会も行政委員会の一つに違いありませんが、少し特殊な存在です。

　とはいえ、社会秩序の安寧維持を目的とした機能が期待される社会的装置は公安委員会には限りません。少し視野を広げて考えてみましょう。

　たとえば、かつての農村社会においては、寺がその役割の一端を担っていました。村の掟を破った者は、その状態にもよりますが、いきなりお上に差し出されるのではなく、まず寺において反省と修行の日々を送ることが強制させられるという例が少なくありませんでした。

　これは全国各地に見られたことで、今日でも手が付けられないほどの「悪ガキ」を保護者がもてあまして寺に預けるということがときにあります。

　そうした事実を前提におけば、実は学校などの教育機関も同様の機能が期待される社会的装置として見ることができます。

　学校が児童生徒の生活時間のかなりの部分を拘束していることは明らかです。ただ、いわゆる「不良」の多くは遅刻早退は平気でも、とりあえず学校には自ら登校します。学校に仲間がいるからです。もっとも、特定の学校を越えて結集する暴走族や半グレの場合は、学校よりは仲間の集合場所を優先します。

　高等学校の事例ですが、かつて私が暴走族に関係する生徒が過半数を占める教育困難校に勤務していたことはすでにお話しましたが、そこに赴任したとき校長から最初に指示されたことは、授業時間中に生徒を教室から出さないように努めること、という一点でした。

　最初はその言葉の意味がよくわからなかったのですが、後に忠実な子分になったスケバンに尋ねたところ、私の授業がある日は集会がないということでした。

　さらに同様の機能を果たす地域集団が精力的な活動を展開する場合もあります。私が勤務していた高校がある自治体ではありませんが、公立高校の教員と地元の若手事業者が協力してサッカーチームを作り、過去に補導歴や犯歴のある青少年と試合を重ねていた話を聞いたことがあります。サッカーを通じて若いエネルギーを発散させ、試合後のジュースを交えた語り合いでは、相互に得るものが大きいということでした。このサッカーの例では、過剰に熱を帯びた例外的場面を除き、暴力は影を潜めますが、矯正教育という点では共通性があろ

うかと思います。

　また、対象が補導歴や犯歴のある青少年ということからは、矯正施設という実力装置にも思い至ります。

　児童相談所や少年院がそれに当たると思いますが、児童相談所の場合はこうした装置に含めることは適切ではないかもしれません。児童相談所は矯正を主要目的とするものではなく、相談業務を通じて関係者の調査を行い、適切な処置に結びつける窓口としての役割を担います。

　矯正装置としての少年院が必要となれば、合わせて相談役として寄り添う役目も浮かんできます。現状では、保護司がそれに当たります。そしてさらに、対象者を広げて考えれば、保護司が担う役割は対象者年齢を青少年に限らず必要でしょう。受刑者の社会復帰に助言を与えるなどの役目も期待されます。

　さて、保護司とは別の人物がそうした機能を担うことを想定できるでしょうか。

　現状では、保護司の役割に含められています。

　ここでまた、つい受刑者という先回りをしてしまいました。ようやく犯罪容疑者を確保する役割を担う警察官、取り調べの間に留置する施設、拘置所ならびに刑務所の必要性にも届いたところです。

　しかし、ここまでくると、あとは大規模暴動などに対処するために自国民に対して銃器を向けることまでもあり得ることを否定できない軍隊を含め、暴力装置の色彩を極めて濃厚にします。

　これらの、地域共同社会生活の安寧を維持するための広義の警察機能に連なる社会的装置は、ここまでの話から容易に想像できるように、同一の地域共同社会に完備する必要はなく、適切な連携をとることこそが重要になります。

　これまた先回りしてしまいました。後に改めて説明します。

　地域共同社会生活を安心して暮らすためには、犯罪行為のような他者による被害を想定するばかりではなく、どんなヒトでも必ず何かしらやらかした経験がある「失敗」に備えることも大切です。

　もっとも失敗といってもさまざまですから、それがもたらす新たな課題が自分自身もしくはその家族等の極めて身近な範囲に止まれば広く社会に費用負担等を求めて安全装置を日常から用意しておく必要はありません。

　問題は、誰かがやらかした失敗の悪影響が、広く第三者に及ぶことが記憶と類推から想定され、当該共同社会において不安が広がっている場合です。

　まさに火災がその典型例に当たります。

火災は、付け火（放火）という犯罪行為や自然発火に端を発することもありますが、古来より火の不始末による失火が避けがたく続発しています。もっとも、特定の共同社会に着目すれば、その発生は極めて稀であることが普通です。とはいえ、一度発生すればその被害は甚大になりかねません。

　これにはどのような社会的装置で対処すれば良いでしょうか。

　まず、火災が稀な事象であるということに着目しましょう。

　江戸時代に農村部の共同社会の構造が概ね定着してくると、年齢階梯組織が各地に誕生しました。

　この若者組などと呼ばれる若者衆ならではの組織は、当該地域共同社会の生活様式に適う種々の共同作業を担いました。これに経験を有する年長者の下で、いざ火災対応で出動するための訓練も適宜行われ、火災対応の役目が託されました。

　一方都市部では、八代将軍徳川吉宗の時代に江戸の町火消がいろは48組に再編されるなどして、身分関係を残しながらも、いわゆる「大江戸八百八町」の全域を対象とする消防機能を組織的に果たす社会的装置が整備されました。

　その町火消も日常においては鳶職人であり、もともとは火事の発生を知ると真っ先に出入りの商家に向かい、荷物の運び出し等に始まり、火の手が近づくと破壊消防に活躍していました。

　こうした江戸の消防体制は、各藩の財政力等の事情に応じて全国に広まりましたが、なかでも加賀藩のお抱え鳶による火消部隊の活躍は目覚しく、数多くの芝居や講談等で演じられ、粋な話として伝えられました。

　ここで注目したい事実は、幕府中枢及び大名の屋敷を火災から守るために直轄常備された臥煙と呼ばれる集団を例外として、町内一般および農村社会の火災対応は、火災対応専従者によるものではなく、日常的には他に仕事を有する者が必要に応じて招集されていたことです。

　次に、火災対応には大量の人力と機械力が有効であるということに着目しましょう。

　江戸の町で活躍した火消集団には、数人が力を合わせて操作する腕用ポンプが配置されるようになりました。それまでの龍吐水（水鉄砲、心太を押し出す道具のような形態）は、纏持ちの服装に付着する火の粉に放水する程度の能力しかありません。そこで、腕用ポンプには、格段の消火能力が期待され、場合によっては発揮できたでしょうが、実際には相当な重量のため現場に運ぶだけでも大変でした。

　時代が明治に変わり、消防は警察の一部に再編されました。これは、江戸末期の消防を指揮していた武士が実際に果たしていた機能が付け火と火事場泥棒の防止、発見、捕縛であったことを承けています。

　とはいえ、警察組織が火災対応の全体を直接行うことは事実上無理です。そこで、町火消や農村部における消防担当組織を消防組に再編し、これを指揮することで機能を果たすこと

376

その2　宮﨑伸光名誉教授　2020年度春学期「自治体論Ⅰ」講義録

が目論みられました。

　なお、明治期には、腕用ポンプをはるかに超える消火能力が期待され、放水用蒸気ポンプの導入もありましたが、さらに増した重量のために、ほぼ役に立たずに終わりました。

　その後の消防機能を果たす社会的装置の沿革は略しますが、消防組は、ときに警察組織に組み込まれることを拒む集団との抗争の矢面にも立ちました。法制度の改定で「土手組」などと呼ばれた「私設消防組」を規制しようとした中央政府の狙いは、必ずしも順調に進んだわけではありません。

　時代がずっと進み、第二次世界大戦中の空襲が激しくなると、地域社会の火災対応機能には変化が求められました。

　そうした事態に応じて、消防組は防空団と合わせて警防団へと再編され、警察機構が睨みを利かす、法制化された地域一般目的の自治会・町内会等の組織の下に位置づけられました。

　そして、これが現在ある消防団の原型です。

　なお、大日本帝国の敗戦後に断行された警察機構の民主化が、GHQによる民主化政策の重要な柱の一つであったことは、今日では周知に属しますが、消防行政機能を警察機構から独立させることは、そのなかでも枢要な位置を占めていました。具体的には、中央政府の出先機関として位置づけられ、都道府県知事に次ぐ二番目の中央政府派遣高級官僚とされていた警察トップを頂上に据える階統制暴力組織の統制から消防行政を抜き出すことでした。そのため、市町村消防行政の確立が徹底して求められ、中央政府から都道府県そして市町村に向かう指揮監督系統は完全に撤廃、わずかに情報提供と協力要請の可能性だけが遺されました。

　現在消防団は、中央政府の定めた消防組織法に設置の根拠規定を置き、その団員は特別職地方公務員とされていますが、実態としては、その制服を着用しながらも消防行政業務以外に従事していることが少なくありません。それは、こうした沿革を知れば、一応の理解ができるところです。

　さて、受講者の皆さん、今回のオンライン授業はいかがでしたでしょうか。

　人の名前で遊ぶようなことは一般に控えるべきですが、この際受講生のみなさんには、あらためてさまざまな角度から「名付け」という行為自体を考えてほしいと思い、継続しています。

　実は、今回登場してもらった「越智ノボル」という名前は、私自身が社会学を学んだ実在の越智昇先生から拝借しました。学生時代に、落ちて昇るとは、変わったお名前ですね、と申しあげたことがあります。

　先生からのご返答は、私にとって意外なものでした。

　先生のご祖先は代々愛媛県で、そこでは別に珍しい苗字ではなく、むしろ都会に出てから

「エッチ」さんと何度も呼ばれて、からかわれたような気分になった、ということでした。「昇」というお名前には特段の思いは感じられませんでした。

　また、「カミ奈乃」さんの苗字「カミ」には、神、紙、髪、守、加美など、いろいろな表記に出会ったことがありますが、とりわけ中学生時代の同級生に「神」という苗字の男性がおり、「神様」宛の封書を見せてくれたときには、驚きました。もちろん、その中身は普通のお便りです。

　「奈乃」という名前は、近年増えている感じがします。これはキラキラネームなのかどうか、判断が難しい、というか、あえてそう分類することもなさそうです。私のゼミナールでは「○○カナ」「○○ナノ」と名前で遊べそうな組み合わせが、同時期に複数組在籍していたことがあります。

　さて、次回の第9回「自治体論Ⅰ」は、今のところ7月7日に配信する予定です。本講はその前日までサーバーに留置します。何度でもアクセスしてください。

　最後に、あらためて休講と配信遅延をお詫び申しあげます。

　では、今回はこれで結びとします。第9回の本講でまたお会いしましょう。

終講

［編著者］

名和田是彦（なわた・よしひこ）法政大学教授　　　はしがき、第1章、座談会
宮﨑　伸光（みやざき・のぶみつ）法政大学名誉教授　講義録

［著　者］（50音順）

牛山久仁彦（うしやま・くにひこ）明治大学教授　　　座談会
嶋田　暁文（しまだ・あきふみ）九州大学教授　　　第2章、座談会
竹野　克己（たけの・かつみ）法政大学客員研究員　第9章
谷本有美子（たにもと・ゆみこ）法政大学准教授　　第6章
土山希美枝（つちやま・きみえ）法政大学教授　　　第3章
徳田　太郎（とくだ・たろう）法政大学兼任講師　　第8章
林　　嶺那（はやし・れおな）法政大学教授　　　　第7章
細井　　保（ほそい・たもつ）法政大学教授　　　　第10章
武藤　博己（むとう・ひろみ）法政大学名誉教授　　第5章、座談会
宗野　隆俊（むねの・たかとし）滋賀大学教授　　　第4章

法政大学現代法研究所叢書　56

地方自治基礎理論の探求〜宮﨑伸光の自治体学をめぐって〜

発　　　行　2025年3月21日　初版第1刷発行

編 著 者　名和田是彦・宮﨑伸光

装　　幀　木下悠（YKD）
発 行 者　法政大学ボアソナード記念現代法研究所
発 行 所　一般財団法人　法政大学出版局
　　　　　〒102-0071 東京都千代田区富士見2-17-1
　　　　　TEL 03-5214-5540　FAX 03-5214-5542
　　　　　ホームページ　https://www.h-up.com

印刷・製本　大東印刷工業株式会社

©Yoshihiko Nawata / Nobumitsu Miyazaki 2025 Printed In Japan
ISBN978-4-588-63056-9 C3336

≪法政大学ボアソナード記念現代法研究所叢書≫

1	法律扶助・訴訟費用保険	1,200円
2	自治体行政と公務労働	1,200円
3	冷戦史資料選　東アジアを中心として	1,200円
4	高齢化社会における社会法の課題	2,000円
5	教育法学の現代的課題	1,500円
6	世界史のなかの日本占領	2,200円
7	弁護士倫理の比較法的研究	2,000円
8	国際労働基準とわが国の社会法	2,500円
9	西ドイツ債務法改正鑑定意見の研究	4,500円
10	外国人労働者と人権	2,400円
11	昭和精神史の一断面	3,000円
12	子どもの権利条約の研究〔補訂版〕	3,500円
13	日本の雇用慣行の変化と法	3,800円
14	各国警察制度の再編	3,800円
15	ドイツ債務法改正委員会草案の研究	3,200円
16	労働条件をめぐる現代的課題	3,400円
17	子どもの人権と裁判	2,800円
18	少子化と社会法の課題	3,300円
19	アジア・太平洋における地方の国際化	2,800円
20	町の法曹	4,700円
21	契約法における現代化の課題	2,800円
22	組合機能の多様化と可能性	3,300円
23	法における歴史と解釈	3,100円
24	会社法の現代的課題	2,900円
25	公益事業の規制改革と競争政策	3,200円
26	法と遺伝学	2,700円
27	ポスト公共事業社会の形成　市民事業への道	3,200円
28	社会国家・中間団体・市民権	3,500円
29	グローバル・コンパクトの新展開	4,000円
30	グローバリゼーションとグローバルガバナンス	2,900円
31	市民的自由とメディアの現在	4,400円
32	会社法の実践的課題	2,300円
33	Being Responsible in East Asia	2,000円
34	市民社会と立憲主義	3,000円
35	20世紀の思想経験	2,600円
36	東アジアの公務員制度	4,200円
37	民意の形成と反映	4,000円
38	社会と主権	3,800円
39	日ロ関係　歴史と現代	2,800円
40	境界線の法と政治	3,000円
41	金融商品取引法の新潮流	3,000円
42	現代総有論	2,700円
43	自治体議会改革の固有性と普遍性	2,500円
44	（発刊予定）	
45	行政課題の変容と権利救済	2,600円
46	一般社団（財団）法人法　逐条解説（上）	4,000円
47	クラウドワークの進展と社会法の近未来	4,300円
48	労働法における最高裁判例の再検討	5,000円
49	公的規制の法と政策	2,600円
50	国際秩序が揺らぐとき—歴史・理論・国際法からみる変容	3,200円
51	会社法と金融商品取引法の交錯	2,300円
52	消費者紛争解決手段の発展に向けて—実体法・手続法の課題—	2,800円
53	権威主義化する世界と憲法改正	2,300円
54	実効的救済の現状と課題	2,600円
55	（発刊予定）	
56	地方自治基礎理論の探求～宮崎伸光の自治体学をめぐって～	4,500円

＊　本広告の表示価格は税別です。